Dr. med. Andrea Schmelz

Gesundheit und Erziehung für mein Kind

Dr. Andrea Schmelz

Gesundheit und Erziehung für mein Kind

Die besten Ratschläge für Kinder von 0–6

Bibliografische Information der Deutschen Bibliothek:

Die Deutsche Bibliothek verzeichnet diese Publikation in der Deutschen Nationalbibliografie; detaillierte bibliografische Daten sind im Internet über http://dnb.ddb.de abrufbar.

Gesamtbearbeitung: Stephanie Villiger
Covergestaltung: Judith Wittmann
Stephanie Villiger
Lektorat: Nicole Luzar
Druck: Druckerei Joh. Walch, Augsburg

Alle Beiträge wurden mit Sorgfalt recherchiert und überprüft. Die in diesem Buch veröffentlichten Informationen und Tipps können aber ärztliche Beratung und Betreuung nicht ersetzen. Die Beiträge enthalten keine individuellen Ratschläge. Für die Behandlung von Beschwerden und Erkrankungen empfiehlt es sich auf jeden Fall, ärztliche Hilfe in Anspruch zu nehmen. Bitte haben Sie Verständnis dafür, dass wir deshalb keine Leseranfragen mit der Bitte um persönliche Gesundheitsratschläge beantworten können. Für Hinweise und Anregungen allgemeiner Art, die das Buch betreffen, sind wir jedoch jederzeit dankbar.

ISBN-10 3-936994-18-8
ISBN-13 978-3-936994-18-6

riva Verlag
Frundsbergstraße 23
80634 München
Tel.: 089/44 44 679-0
Fax: 089/65 20 96
info@rivaverlag.de

www.rivaverlag.de
riva ist ein Imprint des FinanzBuch Verlags

riva

Für Fragen und Anregungen:
schmelz@rivaverlag.de

Fordern Sie unser Verlagsprogramm an:
vp@rivaverlag.de

Vorwort

Kinder sind ein Geschenk des Himmels, aber bis sie aus dem Gröbsten heraus sind, bescheren sie uns Eltern einige schlaflose Nächte. Sind es in den ersten Lebensmonaten oft heftige Dreimonatskoliken, die die Kleinen plagen, erwischen die Größeren einen Infekt nach dem anderen mit Husten und Ohrenschmerzen. Doch was tun, wenn die entblähenden Tropfen Ihrem Baby offensichtlich nicht helfen? Was lindert die Beschwerden bei Schnupfen, wenn Sie nicht gleich abschwellende Nasentropfen geben wollen? Und muss es bei Ohrenschmerzen wirklich schon wieder ein Antibiotikum sein?

Weil solche Fragen früher oder später bei allen Eltern auftauchen, schreibe ich im Gesundheitsdienst **„Gesundheit & Erziehung für mein Kind"** (der Newsletter erscheint monatlich im FID Verlag, www.fid-verlag.de), wie Sie Ihrem Kind sanft und wirkungsvoll mit natürlichen Mitteln helfen können. Als Ärztin und Mutter von zwei Kindern – mein Sohn Martin ist sechs Jahre alt und meine Tochter Hanna ist fünf – ist es mir sehr wichtig, dass nicht gleich die „chemische Keule" zum Einsatz kommt. Bei Ohrenschmerzen bekommen meine Kinder erst mal ein Zwiebelsäckchen und das passende homöopathische Mittel – und damit lässt sich die Gabe eines Antibiotikums fast immer vermeiden. Meine Tochter Hanna ist sehr anfällig, was die Lunge angeht, und stand schon zweimal kurz vor einer Lungenentzündung. Mit Quark-Brustwickeln konnten wir diese nebenwirkungsfrei stoppen und sind um ein Antibiotikum herumgekommen.

Damit auch Ihr Kind mit natürlichen Mitteln gesund werden und bleiben kann, habe ich Ihnen in diesem Buch das Beste aus **„Gesundheit & Erziehung für mein Kind"** zusammengestellt. Erfahren Sie, wie Sie Erkrankungen Ihres Kindes mit Homöopathie, Akupressur, Heiltees und alten Hausmitteln behandeln können. Lesen Sie, ob und wann Sie z. B. die Vorhautverengung Ihres Sohnes operieren lassen sollten oder wie Sie Ihr Kind wirksam gegen Zecken schützen.

Sorgen bereitet vielen Eltern jedoch nicht nur die Gesundheit ihres Kindes. Sie fragen sich: Entwickelt es sich richtig? Wie können wir es am besten fördern? Welches Spielzeug ist sinnvoll und ab welchem Alter? Was hilft, wenn das Kleine nachts nicht durchschläft? Auch in solchen Fragen steht Ihnen dieses Buch mit Rat und Tat zur Seite.

Und dann sind da noch die unzähligen Fragen rund um die Erziehung. Theoretisch ist es ja oft ganz einfach, wenn man sich verschiedene Ratgeber zum Thema Kindererziehung ansieht. Doch was tun, wenn die Tipps gerade beim eigenen Kind nicht funktionieren? Trösten Sie sich, Sie sind nicht allein mit solchen Problemen! Schon John Wilmot, Earl of Rochester (1647–1680), bekannte: „Bevor ich heiratete, hatte ich sechs Theorien über Kindererziehung. Jetzt habe ich sechs Kinder und keine Theorie."

Jedes Kind ist anders und deshalb stelle ich Ihnen in den Erziehungsbeiträgen dieses Buches immer mehrere Möglichkeiten vor, sodass Sie diejenige(n) auswählen können, die Ihnen und Ihrem Kind am besten entsprechen.

Ich lade Sie nun herzlich ein, sich in diesem Buch auf Entdeckungsreise zu begeben und dabei hilfreiche Antworten auf wichtige Gesundheits- und Erziehungsfragen zu finden.

Ihre Dr. med. Andrea Schmelz

PS: Unter www.gesundesKind-online.de können Sie sich für den kostenlosen wöchentlichen E-Mail-Newsletter von Dr. Andrea Schmelz rund um die Gesundheit und Erziehung Ihres 0 bis 6-jährigen Kindes eintragen.

Inhalt

ENTWICKLUNG UND FÖRDERUNG

ERZIEHUNG

AKTUELLES

+
GESUNDHEIT

Sturz vom Wickeltisch: So beugen Sie wirksam vor und reagieren im Notfall richtig

Stürze sind die häufigste Unfallursache bei Säuglingen und Kleinkindern. Etwa jedes dritte Baby fällt vom Wickeltisch! Wann Sie unbedingt zum Arzt müssen, verrät Ihnen unsere Checkliste.

Ein Drittel der Stürze führt zu schweren Kopfverletzungen. Die kritische Fallhöhe, bei der vermehrt Verletzungen auftreten, liegt bei 80 bis 90 cm. Bei Säuglingen sind Schädelverletzungen besonders häufig, da sie wegen ihrer Körperproportionen meist mit dem verhältnismäßig schweren Kopf voran auf dem Boden aufschlagen.

Lassen Sie Ihr Kind nicht aus den Augen!

- Kaufen Sie einen möglichst sicheren Wickeltisch mit hohem Seitenschutz. Besser als die glatten Wickelflächen aus Kunststoff sind rauere Oberflächen, auf denen Ihr Baby nicht so leicht abrutschen kann. Wählen Sie entweder eine Wickelauflage aus Baumwollstoff oder nähen Sie sich aus Frotteestoff (mit Rundumgummi) selbst einige „sichere“ Überzüge.
- Stellen Sie den Wickeltisch in einer Zimmerecke auf, dann ist Ihr Baby von vornherein auf zwei Seiten geschützt. Legen Sie einen möglichst dicken, waschbaren Teppich vor und ggf. neben die Wickelauflage oder den Wickeltisch. Gut eignen sich hierfür Badematten.
- Legen Sie alle zum Wickeln benötigten Utensilien zuvor bereit und planen Sie immer mit ein, dass ein unvorhergesehenes „großes Geschäft“ in der Windel sein könnte, damit Sie nicht nachträglich einen nassen Waschlappen holen müssen.
- Lassen Sie immer eine Hand am Baby, falls Sie sich mal umdrehen oder bücken müssen und Ihr Kind deshalb kurzzeitig nicht unter Kontrolle haben.

Tipp

Haben Sie einen Wickelaufsatz für die Badewanne, der mit einer Babybadewanne kombiniert ist, können Sie ein größeres Handtuch, mehrfach gefaltet, in die Babybadewanne legen und Ihr Baby in den ersten Lebensmonaten dort für kurze Zeit sicher ablegen.

- Müssen Sie während des Wickelns dringend für kurze Zeit weg, etwa weil das Geschwisterkind gerade gefährlichen Unsinn macht, nehmen Sie Ihr Baby mit oder legen Sie es kurz ins Babybettchen oder notfalls auch auf den Boden, damit es nicht herunterfallen kann.
- Denken Sie immer daran, dass Ihr Baby jederzeit einen Entwicklungssprung machen kann und Sie plötzlich mit einer neuen Fähigkeit überraschen könnte, die Sie ihm bisher nicht zugetraut haben.
- Manche Babys sind bereits in den ersten Lebensmonaten derart lebhaft und wendig, dass es sicherer ist, sie grundsätzlich mit einer geeigneten Unterlage auf dem Boden zu wickeln.
- Behalten Sie Ihr Kind auch immer im Auge, wenn es im Kinderwagen oder im Hochstühlchen sitzt. Vom Angurten halte ich persönlich gar nichts, da sich viele Kinder derart lebhaft bewegen und sich auch mal weit nach draußen lehnen, sodass nicht ausgeschlossen ist, dass das Kind mitsamt dem Stühlchen oder Wagen das Gleichgewicht verliert und darin zu Boden stürzt.
- Stellen Sie die Babywippe ausschließlich auf dem Boden ab, auch wenn Ihr Baby deswegen „meckert", weil es dann nicht so gut sieht, was „oben bei den Großen" vor sich geht.

Erste Hilfe nach einem Sturz

Ist Ihr Baby vom Wickeltisch oder aus dem Hochstühlchen gestürzt, versuchen Sie, Ruhe zu bewahren und Ihr Baby genau zu beobachten. Schreit es nach dem Sturz sofort kräftig los, nehmen Sie es behutsam auf, beruhigen es und legen es anschließend flach hin, um es weiter zu beobachten. Ist Ihr Kind bewusstlos oder beginnt es zu erbrechen, rufen Sie bitte sofort den Notarzt. Entwickelt sich eine kleine Beule am Kopf oder ein blauer Fleck, können Sie für kurze Zeit einen Eisbeutel auflegen und anschließend auf die Stelle vorsichtig Traumeel® Salbe auftragen. Zusätzlich geben Sie ARNICA D6 oder D612 3-mal 5 Globuli (oder 1 Tablette) im Abstand von 10 Minuten.

Lassen Sie Ihr Kind beim Wickeln nicht einen Moment unbeaufsichtigt – Babys sind oft wendiger, als ihre Mütter glauben!

★ Wichtig:
In seltenen Fällen kann es nach einem Sturz zu einer verzögerten Blutung zwischen Hirnhaut und Schädelknochen kommen (epidurales Hämatom), die sich nach einem völlig beschwerdefreien Intervall von etwa 6 bis 12 Stunden durch zunehmende Schläfrigkeit und Erbrechen bemerkbar macht. Bitte überwachen Sie Ihr Baby so lange, auch wenn es anfangs keinerlei Anzeichen einer Verletzung zeigte!

Test: Wann müssen Sie zum Arzt?

- Wimmert Ihr Baby nach dem Sturz oder schreit es in einer ungewohnt hohen, schrillen Tonlage (Hinweis auf Schmerzen!)? .... ☐ ja ☐ nein
- Ist Ihr Baby benommen oder reagiert es anders als sonst, z. B. verlangsamt? .... ☐ ja ☐ nein
- Bewegt es sich nicht normal? Bewegt es einen Arm oder ein Bein weniger als auf der Gegenseite? .... ☐ ja ☐ nein
- Greift es nicht mit beiden Händen nach einem angebotenen Spielzeug? .... ☐ ja ☐ nein
- Hat es am Kopf eine größere Beule, die sich beim Betasten eindrücken lässt? .... ☐ ja ☐ nein
- Hat Ihr Kind rote Stellen oder blaue Flecken (Prellmarken), Schürfwunden oder Schwellungen an irgendeiner Stelle des Körpers (Baby dazu bitte ausziehen!)? .... ☐ ja ☐ nein
- Reagiert es empfindlich auf Berührung? .... ☐ ja ☐ nein
- Ist Ihr Kind auffällig blass? .... ☐ ja ☐ nein
- Beginnt es zu erbrechen? .... ☐ ja ☐ nein

Auswertung:
Haben Sie auch nur eine dieser Fragen mit „ja" beantwortet, sollten Sie Ihr Baby schnellstmöglich vom Kinderarzt oder in einer Klinik untersuchen lassen, um Verletzungen nicht zu übersehen.

Vitamin D- und Fluorid-Tabletten – sinnvoll oder unnötig?

Durch unterschiedliche Empfehlungen von Schul- und Alternativmedizinern, bezüglich Fluorid sogar innerhalb der Schulmedizin zwischen Kinderärzten und Zahnärzten, sind viele Eltern verunsichert, was denn nun das Beste für ihr Baby ist. Wir haben hier die wichtigsten Fakten zu beiden Stoffen aufgeführt.

Zur Vorbeugung der Rachitis, einer durch Vitamin-D-Mangel bedingten Knochenerweichung mit Deformierungen des Skelettsystems und teilweise lebensbedrohlichen Stoffwechselstörungen, erhalten Säuglinge ab der zweiten Lebenswoche üblicherweise Vitamin D in Form von Tabletten, häufig in Kombination mit Fluorid zur Kariesprophylaxe. Letzteres sollte zumindest als Zusatz in der Zahnpasta lebenslang beibehalten werden.

Wie wirkt Vitamin D und wie viel braucht Ihr Baby davon?

Vitamin D ist genau genommen kein Vitamin, sondern ein Hormon, das den Kalzium- und Phosphat-Stoffwechsel reguliert und zum Einbau von Kalzium in Knochen und Zähne benötigt wird. Vitamin D kann durch ausreichende Sonnenbestrahlung der Haut vom Körper selbst gebildet werden. Durch den inzwischen viel vorsichtigeren Umgang mit der Sonne ist die Eigenproduktion von Babys und Kleinkindern gerade in den Wintermonaten meist unzureichend.
Der tägliche Bedarf eines Säuglings im ersten Lebensjahr wird meist mit 400 I.E. (= internationale Einheiten, entspricht 10 µg [Mikrogramm]) angegeben. Frühgeborene benötigen wegen verminderter Vitaminreserven im Körper und der anfangs reduzierten Fettresorption bis zu 1000 I.E. Vitamin-D-Befürworter gehen davon aus, dass der erforderliche Bedarf an Vitamin D nicht bei allen Säuglingen und Kleinkindern durch den Aufenthalt im Freien sowie den Gehalt in der Nahrung sicher gedeckt wird, zumal aus der Nahrung nur 60 bis 70 Prozent resorbiert werden.
Die immer wieder gehörte Aussage von Vitamin-D-Gegnern, es genüge, das Kind täglich einmal im Freien im Kinderwagen (ggf. in Schaffelle eingehüllt) schlafen zu lassen und damit lediglich das freie Gesicht dem Licht auszusetzen, wird in der Mehrzahl der Fälle nicht zu einer ausreichenden Vitamin-D-Bildung führen. Nach wissenschaftlich begründeten Berechnungen können unter optimalen Bedingungen (Sonnenbestrahlung im Sommer) pro Quadratzentimeter (cm^2) Haut in 3 Stunden maximal 18 I.E. Vitamin D gebildet werden. Die Gesichtsfläche eines Säuglings beträgt etwa 20 cm^2, sodass bei dreistündiger intensiver Lichteinwirkung maximal 360 I.E. gebildet werden können.

Wie viel Vitamin D erhält Ihr Kind mit der Nahrung?

Der Vitamin-D-Gehalt der Muttermilch liegt bei 12 bis 60 I.E. pro Liter, abhängig von Sonnenbestrahlung und Ernährung der Mutter. Nehmen Sie als Mutter ein Vitamin-D-Präparat mit 400 bis 500 I.E. ein, kann der Vitamin-D-Spiegel in der Muttermilch bis auf das Vierfache des Ausgangswertes ansteigen.

Tipp

Bevorzugen Sie Tabletten ohne Polyethylenglykol(PEG-)-Abkömmlinge (erhöhen die Durchlässigkeit der Schleimhäute für Schadstoffe) und künstliche Antioxidantien wie Butylhydroxytoluol (BHT; Allergieauslöser, wird im Fettgewebe gespeichert, ist in Babynahrung verboten). Tabletten, die ohne diese Zusätze auskommen:

- Vigantoletten® 500/1000 (Vit. D) und Fluor-Vigantoletten® 500/1000 (Vit.D + Fluorid)
- Zymafluor® 0,25 mg/0,5 mg/1 mg (Fluorid) und Zymafluor D® 500/1000 (Vit.D + Fluorid)

Vor einigen Jahrzehnten wurde in der Muttermilch zusätzlich ein wasserlösliches Vitamin-D-Sulfat entdeckt, das nach den bisher vorliegenden Untersuchungen biologisch allerdings wenig aktiv ist und somit kaum zur Bedarfsdeckung beiträgt. Säuglingsnahrung ist mit 400 I.E. Vitamin D pro Liter angereichert. Vitamin-D-reiche Nahrungsmittel wie Fettfische (Lachs, Thunfisch) werden von Säuglingen und Kleinkindern kaum verzehrt. Geringe Vitamin-D-Mengen um 1 µg (= 40 I.E.) pro 100 g finden sich auch in Eiern, Butter und Milchprodukten.

Wie gefährlich ist eine Überdosierung?

Eine Überdosierung von Vitamin D kann zu starkem Durst, häufigem Wasserlassen, Erbrechen, Durchfall, Kopf- und Gelenkschmerzen sowie Nierenversagen führen. Es treten Gefäßverkalkungen und Steinbildung z. B. in der Niere auf. Erste Anzeichen einer Überdosierung sind Unruhe, Schwitzen und schlaffe Muskeln. Unter einer regelmäßigen Gabe von 500 I.E. Vitamin D, wie zur Rachitis-Vorbeugung empfohlen, wurden bisher keine negativen Auswirkungen beobachtet. Die Gefahr einer Überdosierung besteht erst ab einer langfristigen Gabe von 2000 I.E. und mehr. Durch ein „Zuviel" an Sonnenbestrahlung kann es nicht zu einer übermäßigen Vitamin-D-Bildung kommen.

Vorteile einer vorbeugenden Vitamin-D-Gabe für Ihr Kind

Empfehlenswert ist die regelmäßige Gabe von 500 I.E. ab der zweiten Lebenswoche bis zum Ende des ersten Lebensjahres und im zweiten Lebensjahr in den lichtärmeren Monaten von September bis Anfang Mai. Dadurch wird eine Rachitis sicher verhindert, an der auch heute noch in Deutschland Schätzungen zufolge mehr als 100 Kinder pro Jahr erkranken.

Tipp

Falls Sie für Ihr Kind eine Vitamin-D-Prophylaxe ablehnen, sind regelmäßige kinderärztliche Untersuchungen (etwa alle 6 Wochen) zur Früherkennung erster Anzeichen einer Rachitis empfehlenswert.

Neuere Untersuchungen deuten darauf hin, dass eine regelmäßige Vitamin-D-Gabe auch vor der Entwicklung einer Zuckerkrankheit im Kindesalter schützt (Diabetes mellitus Typ I). In einer finnischen Studie konnte die Verminderung des Diabetes-Risikos um 80 Prozent nachgewiesen werden.

Wie wirken Fluoride?

Fluoride werden in Zähne und Knochen eingebaut und erhöhen (sofern sie nicht überdosiert werden!) deren Stabilität. Fluorid ist derzeit noch nicht als essenzielles (= notwendiges) Spurenelement anerkannt, findet aber bereits breite Anwendung. So senkt die regelmäßige Zufuhr die Karieshäufigkeit nachweislich um 50 bis 60 Prozent. Den Fluorid-Gegnern ist allerdings beizupflichten, dass Karies keine Fluorid-Mangelkrankheit ist. Trotzdem sind Fluoridgaben wirksam, da sie den Zahnschmelz härten, ihn widerstandsfähiger gegen schädliche Säuren machen und gleichzeitig die Säurebildung der Mundbakterien aus Zucker hemmen. Sind bereits beginnende oberflächliche Kariesherde vorhanden, fördert Fluorid die Einlagerung von Kalziumphosphat aus dem Speichel und damit die „Reparatur" dieser Stellen. Bei ausgeprägtem Fluoridmangel in der Schwangerschaft und im ersten Lebensjahr eines Säuglings wurde ein verzögertes Wachstum beobachtet.

Wie hoch ist die Fluoridaufnahme durch Nahrung und Trinkwasser?

Muttermilch enthält mit 0,005 mg/l (Milligramm pro Liter) nur wenig Fluorid. Der Fluoridgehalt des Trinkwassers liegt in Deutschland zu über 90 Prozent unter 0,25 mg/l. Der Gehalt in Mineralwässern kann allerdings erheblich sein.

★ Bitte beachten Sie:

Mineralwasser mit einem Fluoridgehalt über 1 mg/l ist nicht für Säuglinge geeignet, insbesondere nicht zur Zubereitung von Säuglingsnahrung! Mineralwässer, die als „geeignet zur Zubereitung von Säuglingsnahrung" ausgewiesen sind, dürfen daher nur noch einen Fluoridgehalt bis 0,7 mg/l (früher bis 1,5 mg/l) aufweisen. Leider ist nur bei 30 Prozent der Mineralwässer der Fluoridgehalt auf der Flasche angegeben. Liegt der Fluoridgehalt über 1,5 mg/l, muss das Wasser als „fluoridhaltig" gekennzeichnet werden.

Die Fluoridaufnahme durch Nahrungsmittel ist eher als gering anzusehen. Reich an Fluorid sind vor allem Walnüsse, Fettfische (Makrele, Hering, Lachs) und Sojaprodukte (auch Säuglingsnahrung auf Sojabasis!). Am meisten Fluorid liefert fluoridiertes Speisesalz (0,25 mg pro Gramm Salz). Säuglingsnahrung auf Kuhmilchbasis ist – im Gegensatz zu so genannten bilanzierten Diäten (z. B. bei Stoffwechselkrankheiten)! – nicht mit Fluorid angereichert.

Ist Fluorid schädlich?

Das am häufigsten verwendete Natriumfluorid ist das Natriumsalz der Flusssäure; es ist – im Gegensatz zum reinen, gasförmigen Fluor – nicht giftig. Fluoride haben allerdings eine geringe therapeutische Breite, die Gefahr einer Überdosierung ist also recht hoch. Bei vermehrter Zufuhr tritt eine Fluorose auf.

- Weißliche Schmelzdefekte (Dentalfluorose), die nicht mit einer Erweichung des Zahnschmelzes einhergehen und somit ein kosmetisches Problem sind, treten bei Kindern ab einer langfristigen Zufuhr von 0,1 mg pro Kilogramm Körpergewicht und Tag (mg/kg/Tag) auf. Daher wird eine tägliche Fluoridzufuhr unter 0,05 mg/kg/Tag empfohlen.
- Eine Skelettfluorose mit übermäßiger Einlagerung von Fluorid in Knochen und Gelenke, erhöhter Knochenbrüchigkeit sowie Gelenkschmerzen ist erst ab einer Überdosierung von 10 mg und mehr über einen Zeitraum von mindestens 10 Jahren zu beobachten.

Empfehlungen zur sinnvollen Fluoridprophylaxe

Die Gabe von Fluoriden verursacht bei Einhaltung der korrekten Dosierung keine Schäden. Daher sollten Sie nicht zu viele verschiedene Methoden der Fluoridzufuhr miteinander kombinieren. Unter Einbeziehung aller derzeit von den verschiedenen Fachgesellschaften erstellten (und nicht immer übereinstimmenden!) Richtlinien empfehle ich Ihnen zur sicheren und praktikablen Fluoridprophylaxe folgendes Vorgehen:

- In den ersten 6 Lebensmonaten: keine Fluoridgabe, da Karies kaum jemals vor dem Zahndurchbruch entsteht, in dieser Phase aber das Risiko für Zahnschmelzschäden möglicherweise erhöht ist.

Tabelle 1: Aktuelle Empfehlungen der Deutschen Gesellschaft für Zahn-, Mund- und Kieferheilkunde zur Dosierung von Fluoridtabletten in Abhängigkeit vom Fluoridgehalt des Trink bzw. Mineralwassers. Bei einem Fluoridgehalt über 0,7 mg pro Liter ist keine zusätzliche Tablettengabe erforderlich.			
Alter des Kindes	empfohlene Fluoridgesamtzufuhr pro Tag in mg/Tag	Dosierung von Fluoridtabletten bei einem Fluoridgehalt des Wassers in mg/l	
		unter 0,3	von 0,3 bis 0,7
0 bis 6 Monate	0,25	–	–
6 bis 12 Monate	0,50	0,25	–
ab 1 bis unter 3 Jahre	0,70	0,25	–
ab 3 bis unter 6 Jahre	1,10	0,50	0,25
ab 6 bis unter 8 Jahre	1,10	1,00	0,50

- Ab dem 7. Lebensmonat bis zum 3. Geburtstag: Gabe von Fluoridtabletten bzw. Vitamin D plus Fluorid (Dosierung siehe Tabelle 1 oben). Bei Tablettengabe haben Sie die genaueste Kontrolle, wie viel Fluorid Ihr Kind bekommt (Nachteil: Tägliche Tabletteneinnahme wird als normal empfunden). Putzen Sie bis zum Alter von 18 Monaten die Zähnchen nur mit Wasser, danach können Sie auch eine fluoridfreie Kinderzahnpasta verwenden. Fluoridhaltige Zahnpasten sind bei Kindern unter 3 Jahren nicht unproblematisch, da bis zu 60 Prozent der Zahnpasta verschluckt werden und in den als Kosmetikprodukt geltenden Zahnpasten der Fluoridgehalt nicht kontrolliert wird.
- Nach dem 3. bis zum 6. Geburtstag: Verwenden Sie im Haushalt fluoridiertes Speisesalz, darüber nehmen Kinder dieses Alters etwa 0,2 bis 0,3 mg Fluorid pro Tag auf. Enthält Ihr Trink- oder Mineralwasser mehr als 0,7 mg Fluorid pro Liter, verzichten Sie bitte auf fluoridiertes Salz. Lassen Sie Ihr Kind zusätzlich zweimal täglich mit einer fluoridhaltigen Kinderzahnpasta die Zähne putzen. Eine erbsengroße Menge Kinderzahnpasta entspricht etwa 0,13 bis 0,25 mg Fluorid. Nach dem Putzen soll Ihr Kind die Zahnpasta ausspucken.
- Nach dem 6. Geburtstag: Es gelten dieselben Empfehlungen wie für Kinder zwischen 3 und 6 Jahren. Lediglich der Fluoridgehalt der verwendeten Zahnpasta sollte nun 1.000 bis 1.500 ppm (= 0,1 bis 0,15 Prozent) betragen. Wenn möglich, sollte Ihr Kind nun nach jeder der drei Hauptmahlzeiten die Zähne putzen.

***Bezugsquellen:** Die genannten (auch rezeptfrei erhältlichen) Vitamin-D- und/oder Fluorid-Präparate werden vom Kinderarzt verschrieben und sind zuzahlungsfrei.*

Wie Sie Ihrem Kind das Zahnen erleichtern: Geheimtipps der sanften Medizin

Mit dem Durchbruch der ersten Zähnchen beginnt für manche Babys – und ihre Eltern – eine regelrechte Leidenszeit. Lernen Sie hier eine ganze Reihe natürlicher Methoden kennen, um Ihrem Kind ohne Nebenwirkungen zu helfen.

Meist kommen die ersten Zähne um den 6. Lebensmonat herum zum Vorschein. Manche Kinder sind früher dran oder kommen gar schon mit Zähnchen auf die Welt. Andere wiederum lassen sich damit Zeit. Spätestens mit 30 Monaten ist aber auch der letzte Backenzahn durch. Viele Babys haben gar keine Schwierigkeiten mit dem Zahnen, andere wiederum plagen sich damit sehr. Häufig sind solche Babys von Zahnungsbeschwerden geplagt, deren Eltern ebenfalls Probleme beim Zahnen hatten.

Daran erkennen Sie, dass Ihr Baby zahnt

- Ihr Baby sabbert stark.
- Es steckt alles Greifbare in den Mund, besonders die eigenen Finger, und kaut darauf herum.
- Eine oder beide Wangen sind gerötet und heiß.
- Das Zahnfleisch ist an einer Stelle gerötet und geschwollen, eventuell schimmert schon das Zähnchen durch.
- Ihr Baby ist oft quengelig, weint viel, kann nicht (ein-)schlafen, hat wenig Appetit.
- Es hat etwas dünneren Stuhl (bis hin zu Durchfall) und oft auch einen wunden Po. Manche Kinder sind aber auch verstopft.
- Möglicherweise hat Ihr Baby etwas erhöhte Temperatur, selten Fieber über 38 °C.

Was zu beißen für Ihr Kind

Um das Druck- und Spannungsgefühl des Kiefers zu lindern, kaut Ihr Baby jetzt gerne auf etwas Hartem herum.

- Gut geeignet sind Beißringe mit Noppen, die den Kiefer massieren, oder Beißringe mit einem Kühlteil. Der Beißring muss, das ist inzwischen gesetzlich vorgeschrieben, frei von Weichmachern sein, die Kühlmasse/-flüssigkeit muss ungiftig sein. Bitte legen Sie den Beißring nur in den Kühlschrank und niemals ins Gefrierfach, da er dann am Kiefer oder an den Lippen festfrieren kann!

- Bekommt Ihr Kind bereits Beikost, können Sie ihm hartes Brot sowie größere Apfel-, Kohlrabi- oder Karottenstücke geben, am besten zuvor im Kühlschrank gekühlt. Da der enthaltene Zucker bzw. die Stärke Karies fördern, sollte Ihr Kind, sobald es den ersten Zahn hat, nicht ständig darauf herumkauen. Setzen Sie Ihr Kind dazu hin und bleiben Sie immer dabei, denn es könnte sich an den Nahrungsstücken verschlucken!
- Besser als Brot oder Gemüsestücke eignet sich eine Veilchenwurzel (genau genommen Wurzel der wilden Iris) aus der Apotheke. Die Wurzel verursacht keine Karies und gibt beim Herumkauen beruhigende sowie schmerzlindernde Inhaltsstoffe ab. Wenn Sie sie regelmäßig zur Reinigung für kurze Zeit in kochendes Wasser halten, dann bestehen keine hygienischen Bedenken.

Tipp

Um das gereizte Zahnfleisch zu besänftigen, können Sie Ihrem Baby die Breie etwas weniger warm als sonst anbieten (aber nicht kühlschrankkalt!). Kinder im zweiten Lebensjahr freuen sich über kühlen Joghurt, Quark, Pudding oder auch ein Eis.

Homöopathie und Schüßler-Salze

Ein häufig passendes Mittel bei Zahnungsbeschwerden ist Chamomilla.

Geben Sie es in der Potenz D12, 3-mal 5 Globuli oder 1 Tablette im Abstand von 30 Minuten. Bessern sich die Beschwerden innerhalb einiger Stunden, geben Sie das Mittel je nach Heftigkeit der Zahnungsbeschwerden 3-mal täglich bis zweistündlich. Je nach den bestehenden Symptomen kann jedoch auch ein anderes Mittel das richtige sein. Als homöopathische Komplexmittel stehen Osanit® Globuli sowie Viburcol® N-Zäpfchen zur Verfügung. Wenden Sie diese gemäß der Packungsbeilage an.

Wenn Sie das Zahnen Ihres Kindes lieber mit Schüßler-Salzen unterstützen, können Sie ihm 3-mal täglich je 1 Tablette der folgenden Mittel geben:

- **CALCIUM PHOSPHORICUM** D6 (Biochemie Nr. 2):
  Hilft beim Aufbau der Zahnmasse, unterstützt den Zahndurchbruch und lindert die damit verbundenen Beschwerden; kann bei Bedarf mit einem der folgenden Mitteln kombiniert werden.

- **CALCIUM FLUORATUM** D12 (Biochemie Nr. 1):
  Verbessert die Elastizität des Gewebes und erleichtert das Durchstoßen des Zahnes, bewährt vor allem bei verspäteter oder zu langsamer Zahnung im Wechsel mit Nr. 2.
- **FERRUM PHOSPHORICUM** D12 (Biochemie Nr. 3):
  Bei Fieber und/oder Durchfall bzw. Verstopfung während des Zahnens.
- **KALIUM PHOSPHORICUM** D6 (Biochemie Nr. 5):
  Bei starker Unruhe, Verdrießlichkeit oder Ängstlichkeit.
- **NATRIUM CHLORATUM** D6 (Biochemie Nr. 8):
  Bei starkem Speichelfluss oder bei zusätzlichem Schnupfen.

Tipp

Sie können eine Tablette mit wenig abgekochtem Wasser auf einem Plastiklöffel zu Brei verrühren und diesen Ihrem Baby auf den Schnuller streichen bzw. ihm den Brei mit dem sauberen Finger direkt in den Mund streichen. Eine andere Möglichkeit ist, 15 Globuli bzw. 3 Tabletten des entsprechenden Mittels in einem Glas in 150 Milliliter abgekochtem Wasser aufzulösen und Ihrem Kind über den Tag verteilt löffelweise oder schluckweise zu geben. Verschiedene Schüßler-Salze können zusammen ins Glas gegeben werden, dann von jedem Mittel 1 Tablette.

Schmerzlindernde Mittel zum Auftragen

- Geben Sie Ihrem Kind lauwarmen Tee aus Kamillenblüten oder Salbeiblättern (oder eine Mischung aus beiden Tees) zu trinken und betupfen Sie die schmerzende Stelle mit abgekühltem Tee, am besten mit einem frischen Baumwoll-Läppchen. Bei Wattestäbchen besteht immer die Gefahr, dass der Wattekegel sich löst und verschluckt oder eingeatmet wird.

Tipp

Viele Babys lieben es, auf einem Waschlappen herumzukauen und daran zu lutschen. Ein mit kaltem Kamillentee getränkter und ausgewundener Waschlappen wirkt gleichzeitig beruhigend und schmerzlindernd. Bitte den Waschlappen aus Hygienegründen zweimal täglich wechseln!

- Bei stärkeren Beschwerden können Sie Bach-Blüten-Notfalltropfen an der schmerzenden Stelle einreiben oder auftupfen.
- Das folgende Zahnungsöl können Sie sanft in die entzündete Zahnleiste einmassieren: 1 Tropfen Kamille (römisch oder blau) in einen Esslöffel gutes Sonnenblumen- oder Rapsöl geben, Anwendung bei Bedarf mehrmals täglich.
- Reichen diese sanften Mittel nicht aus, können Sie ein schmerzstillendes Zahnungsgel aus der Apotheke auftragen, z. B. KamistadBaby® Zahnungsmassage-Gel, das neben Kamillentinktur ein in Bezug auf Allergien unbedenkliches Lokalanästhetikum enthält. Tragen Sie vor den Mahlzeiten jeweils nur einen winzigen Klecks auf das Zahnfleisch auf.

Sanfte Massage vertreibt den Schmerz

Die drei folgenden Varianten sind Erfolg versprechend:

- **Akupressur:** Behandeln Sie die Druckpunkte Dickdarm 4 und 11 (siehe Abbildung 1, unten) an beiden Armen Ihres Kindes und zusätzlich den Punkt Magen 44 an beiden Füßen, wenn Sie die Möglichkeit haben, Ihr Baby auszuziehen, und deshalb auch die Füße behandeln können. Die genannten Punkte werden jeweils etwa 30 bis 60 Sekunden sanft gedrückt, dabei Fingerspitze im Uhrzeigersinn auf dem Punkt leicht kreisen lassen. Die Akupressur können Sie ein- bis zweimal täglich anwenden.

Dickdarm 4 (Di 4): Legen Sie die Hand Ihres Kindes auf eine ebene Unterlage (z. B. Tisch), fassen Sie seinen Daumen und legen Sie ihn an den Zeigefinger an. Der Punkt befindet sich genau auf dem Hautwulst, der sich zwischen Daumen und Zeigefinger bildet. Zur Behandlung wird der Daumen wieder leicht abgespreizt.

Dickdarm 11 (Di 11): Beugen Sie den Arm Ihres Kindes im rechten Winkel. Der Druckpunkt befindet sich dann genau am äußeren Ende der Ellenbeugenfalte.

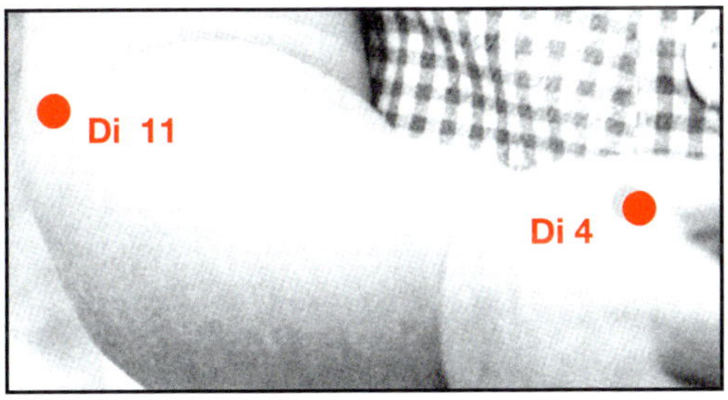

*Abbildung 1:
Diese Akupressurpunkte lindern den Schmerz (Anleitung siehe Text).*

Magen 44 (Ma 44): Der Punkt befindet sich einige Millimeter oberhalb der Zwischenzehenfalte zwischen der zweiten und dritten Zehe.

- **Fußreflexzonenmassage:** Massieren Sie immer wieder sanft die Zehenkuppen Ihres Babys, denn dort liegen die Reflexzonen der Zahnleisten. Unterstützend können Sie zur Massage ein Lavendelöl verwenden (1 Tropfen Lavendel extra auf einen Teelöffel gutes neutrales Speiseöl).
- **Wangenmassage:** Massieren Sie sanft die betroffene Wange auf Höhe der Zahnleiste. Verwenden Sie dazu das oben genannte Zahnungsöl. Sehr gut geeignet ist auch das Zahn-Öl mit Kamille, Lavendel und Nelke von Ingeborg Stadelmann.

Mit Bach-Blüten gegen das Stimmungstief

Viele Kinder sind während des Zahnens unleidig, gereizt und quengelig, wozu Schmerzen und schlechter Schlaf natürlich wesentlich beitragen. Mit einer Bach-Blüten-Mischung können Sie Ihr Kind beim Zahnen unterstützen. Suchen Sie sich aus der Tabelle 2 diejenigen Blüten aus, die für Ihr Kind passen (Dosierung 4-mal 4 Tropfen).

Tabelle 2: Bach-Blüte	Wann sinnvoll?
Clematis	generell bei Zahnungsbeschwerden zu empfehlen, insbesondere wenn das Zahnen spät erfolgt oder sich lange hinzieht
Impatiens	bei Schmerzen, Entzündungen, Unruhe
Holly	bei heftigen und hitzigen Beschwerden
Walnut	wenn der Zahndurchbruch auf sich warten lässt

Ist Ihr Kind untröstlich, helfen ihm die Bach-Blüten-Notfalltropfen, von denen Sie Ihrem Kind bei Bedarf ein bis zwei Tropfen in den Mund oder auf die Lippen träufeln können. Sie können auch einige Tropfen in ein Glas Wasser geben und Ihrem Kind teelöffelweise verabreichen.

Bernsteinkettchen – ja oder nein?

Manche Eltern schwören auf die heilsame Wirkung von Bernsteinkettchen. Deren Wirksamkeit ist jedoch umstritten und lässt sich natürlich wissenschaftlich nicht nachweisen. Gleichzeitig besteht die Gefahr, dass sich Ihr Baby mit der Kette stranguliert oder Perlen verschluckt, falls die Kette reißt.

Wenn Sie es trotzdem mit einem Bernsteinkettchen versuchen wollen, sollten Sie zumindest darauf achten, dass die Steinchen einzeln geknotet sind und die

Perlenschnur so gewählt ist, dass sie bei starkem Zug reißt, um der Strangulationsgefahr vorzubeugen. Das Kettchen sollte immer unter der Wäsche getragen und nachts abgenommen werden. Bernsteinkettchen, die die genannten Sicherheitsmerkmale erfüllen, erhalten Sie z. B. bei ***www.bernsteinkettchen.de.*** Ich möchte betonen, dass ich Bernsteinkettchen nicht empfehle!

Bezugsquellen: Die genannten Schüßler-Salze sind als Tabletten (80 Stück für 3,40 €) rezeptfrei in Apotheken erhältlich (Hersteller: DHU, Karlsruhe). Individuelle Bach-Blüten-Mischungen gibt es rezeptfrei in der Apotheke (30 ml je nach Apotheke ca. 7 bis 10 €), Bach-Blüten-Notfalltropfen kosten ab 6,95 € für 10 ml. Ätherische Öle guter Qualität führt z. B. die Firma Primavera Life, erhältlich in Reformhäusern oder online unter www.primavera-life.de/prima_we/index.html (Kamille römisch 1 ml für 8,90 €, Kamille blau 1 ml für 10,90 €, Lavendel extra 5 ml für 5,90 €). 100 Gramm Kamillenblüten oder Salbeiblätter sind ab 2,50 € erhältlich. Das Zahn-Öl von Ingeborg Stadelmann (hergestellt von der Bahnhofsapotheke in Kempten) kann über jede Apotheke bezogen werden, 5 ml kosten 3,95 €. Ebenfalls in Apotheken erhältlich sind Kamistad Baby Zahnungsmassage-Gel (10 g für 4 €) und Veilchenwurzeln (eine Wurzel ab 9 €).

So helfen Sie Ihrem Baby bei Dreimonatskoliken

Viele junge Eltern sind ratlos, was sie bei Blähungen tun sollen. Hier erfahren Sie, wie Sie Ihrem Baby wirklich helfen können.

Die meist abends auftretenden Schreistunden sind in vielen Fällen Ausdruck einer sich während des Tages aufbauenden Überreizung. Daher ist es wichtig herauszufinden, ob Ihr Baby tatsächlich wegen schmerzhafter Blähungskoliken weint (siehe Test auf der nächsten Seite).

So beugen Sie zuviel Luft in Babys Bauch vor bzw. helfen ihm, sie wieder loszuwerden

- Lassen Sie Ihr Baby nach jeder Still- bzw. Flaschenmahlzeit aufstoßen. Wenn das Bäuerchen auf sich warten lässt, gehen Sie mit Ihrem Kind herum, reiben oder klopfen Sie behutsam (!) seinen Rücken.
- Vermeiden Sie Schaum im Fläschchen. Die fertig angeschüttelte Säuglingsmilch sollten Sie nach der Zubereitung so lange stehen lassen, bis der Schaum vom Schütteln zusammengefallen ist. Lassen Sie Ihr Baby den schaumigen Rest in der Flasche nicht austrinken. Auch darf das Saugerloch nur so groß sein, dass die Milch langsam heraustropft, wenn man die Flasche auf den Kopf stellt.
- Hat Ihr Kind bereits Blähungen, tragen Sie es im Fliegergriff herum (siehe Abbildung 2): Legen Sie sich das Baby bäuchlings auf Unterarm und Hand, wiegen und schaukeln Sie es dabei, solange es ihm behagt, oder reiben Sie behutsam seinen Rücken.
- Füllen Sie eine Wärmflasche gut zur Hälfte mit warmem Wasser (wegen Verbrennungsgefahr nicht heißer als 40°C), legen Sie Ihr Baby (mit Kleidung) in Bauchlage darauf und schaukeln Sie es sanft hin und her.

Was sollten stillende Mütter beachten?

Die meisten Mütter achten bereits auf eine Ernährung ohne blähende Nahrungsmittel wie Kohl, Hülsenfrüchte oder Zwiebeln. In den ersten Monaten der Stillzeit reagieren manche Babys auch empfindlich auf Kuhmilch(produkte), Eiweiß, Weizen, Zitrusfrüchte, scharfe Gewürze oder frisches Hefegebäck bzw. Brot.

Vermuten Sie eine Nahrungsmittelallergie (häufig Kuhmilchallergie), muss diese unbedingt ärztlich abgeklärt werden. Müssen Sie daraufhin eine Diät einhalten, holen Sie sich bitte Rat bei Ihrem Arzt oder einer Ernährungsberaterin (z. B. über die Krankenkasse), da durch eine einseitige Ernährung in der Stillzeit schnell Mangelerscheinungen auftreten können!

Abbildung 2:
Als „Flieger" wird Ihr Kleines die Luft im Bauch leichter wieder los.

Test: Leidet Ihr Baby unter Blähungskoliken?

- Ist der Bauch Ihres Babys angespannt, hart und aufgebläht? ☐ ja ☐ nein
- Zieht es ruckartig die Beine an den Bauch und/oder krümmt es sich zusammen? ☐ ja ☐ nein
- Hat Ihr Baby wiederholte Schreiattacken mit durchdringendem Geschrei und lässt sich durch nichts beruhigen? ☐ ja ☐ nein
- Werden die Schreiattacken von kurzen Pausen, die nur wenige Minuten andauern, unterbrochen? ☐ ja ☐ nein
- Wirkt es in den Schreipausen erschöpft, zittert es vor Anstrengung und/oder hat es einen hochroten Kopf? ☐ ja ☐ nein
- Hören Sie während oder nach den Schreiattacken Blähungen abgehen? ☐ ja ☐ nein

Auswertung:
Haben Sie vier oder mehr Fragen mit „ja" beantwortet, leidet Ihr Baby sehr wahrscheinlich unter Blähungen.

Achtung:
Eine Untersuchung durch den Kinderarzt kann und soll unser Test nicht ersetzen! Suchen Sie mit Ihrem Baby den Kinderarzt auf, wenn Bauchschmerzen erstmals, besonders heftig oder besonders häufig auftreten, da auch ernsthafte Erkrankungen Ursache der Schreiattacken sein können, so z. B. ein eingeklemmter Bruch, ein Darmverschluss oder Schmerzen bei Infektionskrankheiten.

Hilfe durch Homöopathie

Typische Symptome sind im Kasten unten aufgeführt. So finden Sie das richtige Mittel für Ihr Kind. Geben Sie Ihrem Kind das entsprechende Mittel in der Potenzierung D6, entweder 5 Globuli oder 1 Tablette, 3-mal im Abstand von 30 Minuten. Danach sollte eine sichtbare Besserung eingetreten sein.

Eine warme Bauchkompresse schafft Erleichterung

Tränken Sie eine doppelt zusammengelegte Mullwindel mit angewärmtem, handwarmem Rizinusöl und legen Sie diese auf den schmerzenden Bauch. Darüber wickeln Sie eine weitere Mullwindel zur Befestigung und ein wärmendes Wolltuch. Die Kompresse kann ein bis zwei Stunden belassen werden.

Homöopathische Mittel und ihre behandelten Symptome

ARGENTUM NITRICUM: Kind hat fast ständig Blähungen und einen aufgetriebenen Bauch; es neigt zu Durchfall, hat vor jedem Stuhlgang Koliken; Kind stößt häufig auf; ihm ist leicht zu warm; seine Stimmungen wechseln schnell

BELLADONNA: Kind beruhigt sich, wenn es auf dem Bauch liegt; mag nicht gerne angefasst werden; Koliken kommen und gehen plötzlich, treten bevorzugt gegen 15 Uhr auf; Kind schreit bei schnellen und heftigen Bewegungen, wenn man es auf dem Arm trägt

CALCIUM PHOSPHORICUM: Koliken setzen noch während des Trinkens oder kurz danach ein; Kind ist unleidlich und unzufrieden (wie man's macht, ist es verkehrt)

CHAMOMILLA: Kind schreit laut und zornig; ist unruhig und reizbar; Herumtragen hilft nur vorübergehend; Kind wehrt eine Berührung des Bauches durch Schläge oder Tritte ab; Kopf ist heiß und rot (oft auch nur eine Backe), Kind schwitzt

CARBO VEGETABILIS: Unruhe und Schmerzen oft schon während des Trinkens; blasses Gesicht, kalte Beine; Aufstoßen dauert lange; Bauch aufgebläht wie eine Trommel

COLOCYNTHIS: Kind ist unruhig, auch ärgerlich oder zornig; es zieht die Beine an den Bauch oder krümmt sich vor Schmerzen zusammen; Druck auf den Bauch bessert die Schmerzen (Baby lässt sich deshalb gerne bäuchlings über die Schulter tragen oder sich in Rückenlage die Beinchen gegen den Leib pressen)

DIOSCOREA: Kind beugt sich bei Koliken nach hinten, da Zusammenkrümmen die Schmerzen verstärkt; Koliken morgens und am Vormittag am schlimmsten

LYCOPODIUM: Koliken vor allem zwischen 16 und 20 Uhr; Kind stößt ständig auf, es rumort laut im Bauch; abgehende Blähungen lindern die Schmerzen nur vorübergehend; legt die Stirn in Falten; Kind hat großen Appetit, ist aber beim Trinken schnell satt

MAGNESIUM CARBONICUM: Kind zieht krampfhaft die Beine an den Leib; schreit wütend und zornig; während der Koliken reichlich säuerlicher Schweiß; neigt zu säuerlichem, grünlichem und schaumigem Stuhlgang; verträgt keine Milch; Koliken häufig nach den Mahlzeiten

MAGNESIUM PHOSPHORICUM: plötzlich auftretende heftige Kolik; Kind zieht die Beine an oder krümmt sich vor Schmerzen zusammen; ist sehr angespannt und ängstlich; sehr wärmebedürftig, Kältereize beim Wickeln oder Waschen führen zu Koliken; Wärme und leichter Druck auf den Bauch bessern sie (z. B. Wärmflasche, warmes Bad, Bauchmassage), auch kreisendes Reiben am Rücken

NUX VOMICA: krümmt sich bei Kolik oft nach hinten und versteift sich dabei; sehr wärmebedürftig, Wärme (Wärmflasche, warmer Tee) bessert die Schmerzen; Koliken treten schon während oder kurz nach der Mahlzeit auf; Kind ist eigensinnig, ungeduldig und schnell überreizt

Alle angegebenen homöopathischen Medikamente sind in Apotheken erhältlich. 10 Gramm Globuli 6,46 € (Herstellung: DHU, Karlsruhe) 80 Tabletten 7,69 € (Herstellung: DHU, Karlsruhe)

Blähungen und Bauchkrämpfe: Helfen Sie Ihrem Kind mit Homöopathie und Akupressur

Bauchschmerzen sind bei Kindern häufig. Glücklicherweise steckt in den meisten Fällen nichts Ernstes dahinter. Mit dem richtigen homöopathischen Mittel und einem gezielten Fingerdruck können Sie Ihrem Kind rasch und nebenwirkungsfrei helfen.

Hat Ihr Kind Bauchschmerzen und Blähungen, können Sie ihm als erste und einfachste Maßnahme eine Tasse warmen Fencheltee geben und eine Wärmflasche auf den Bauch legen.

Wirksame Hausrezepte

Als entblähender Tee hat sich auch eine Mischung aus zerstoßenen Kümmel-, Fenchel- und Anisfrüchten zu gleichen Teilen bewährt. Brühen Sie einen gestrichenen Teelöffel davon mit 250 Milliliter (ml) kochendem Wasser auf und lassen Sie den Tee 10 Minuten zugedeckt ziehen. Babys bekommen mehrmals täglich 30 bis 50 ml, ältere Kinder mehrmals täglich eine Tasse.
Sehr wohltuend ist eine warme Leinsamen-Bauchkompresse. Dazu kochen Sie eine Tasse Leinsamen in so viel Wasser auf, dass der Leinsamen gut bedeckt ist. Schlagen Sie diesen Brei dann in eine doppelt gelegte Mullwindel oder Papier von einer reißfesten, dicken Küchenrolle ein und lassen Sie ihn so weit abkühlen, dass er Ihnen am Handgelenk angenehm warm ist. Legen Sie die Kompresse auf den schmerzenden Bauch. Darüber wickeln Sie eine weitere Mullwindel zur Befestigung und ein wärmendes Wolltuch. Die Leinsamenauflage kann 30 Minuten belassen und nach einer Stunde wiederholt werden.

Wann müssen Sie zum Arzt?

- bei plötzlich und heftig auftretenden Bauchschmerzen
- wenn die Bauchschmerzen immer wieder auftreten (um organische Ursachen wie Nahrungsmittelallergien, Milchzucker-Unverträglichkeit, Zöliakie auszuschließen)
- bei Bauchschmerzen, die länger als 24 Stunden anhalten und nicht nachlassen
- wenn Ihr Kind apathisch ist
- wenn Ihr Baby die Nahrung verweigert

- bei anhaltendem Schreien oder wiederholtem schrillem Aufschreien Ihres Säuglings
- wenn weitere Beschwerden bestehen wie Fieber, Erbrechen, Durchfall, Schmerzen beim Wasserlassen
- wenn Ihr Kind starke Schmerzen hat und die Bauchdecke hart und gespannt ist
- wenn sich durch Wärme (warmer Bauchwickel, Wärmflasche) die Beschwerden verstärken

Homöopathische Behandlung

Geben Sie das passende Mittel (siehe Kasten) in der Potenz D12, anfangs 3-mal alle 15 bis 30 Minuten 5 Globuli oder 1 Tablette, dann nach Bedarf ein- bis zweistündlich und eventuell am nächsten Tag noch 3-mal täglich. Bitte geben Sie Ihrem Kind nicht mehrere Mittel hintereinander, falls das erste Mittel nicht gewirkt hat. Suchen Sie einen Homöopathen auf, wenn zwei Mittel keine Besserung gebracht haben.

Tipp

Die „Heiße Sieben"
Lösen Sie 5 Tabletten **MAGNESIUM PHOSPHORICUM** D6 (Schüßler-Salz Nr. 7, daher der Name!) in einem Glas heißem Wasser auf und lassen Sie Ihr Kind schluckweise so heiß wie möglich davon trinken.

Homöopathische Mittel und ihre behandelten Symptome

ARGENTUM NITRICUM: Bauchschmerzen durch Prüfungsangst, Erwartungsangst, Unruhe, Nervosität, nach zu fettigem, salzigem Essen oder Süßigkeiten; oft mit Aufstoßen und Durchfall
CARBO VEGETABILIS: Blähungskolik mit Trommelbauch, besonders Oberbauch betroffen; Folge von fettigem Essen oder Milch; blasses, verfrorenes, erschöpftes Kind mit kalten Füßen; neigt zu Verstopfung; Abgang von Blähungen (stinkend) und frische Luft bessern
CHAMOMILLA: gesamte Bauchdecke ist schmerzhaft gespannt und berührungsempfindlich, krampfartige Blähungskoliken, oft auch mit grünlichem Durchfall oder saurem Erbrechen; als Folge von Ärger, Zorn oder beim Zahnen; Verschlechterung abends und nachts, warmer Bauchwickel bessert; Kind ist verschwitzt, quengelig, ungeduldig und schreit andauernd, will mal dieses, mal jenes; will oft herumgetragen werden, ist sehr schmerzempfindlich

CHINA: stark aufgeblähter Bauch, z. B. nach unreifen Früchten; erschöpftes, blasses Kind; Besserung durch Ruhe, Wärme und Zusammenkrümmen; Abgang von Blähungen bringt kaum Erleichterung; Essen verschlechtert die Beschwerden
COLOCYNTHIS: krampfartige Bauchschmerzen als Folge von Ärger, Zorn oder Beleidigung, die sich durch Zusammenkrümmen, Wärme und Abgang von Blähungen bessern; Kind krümmt sich zusammen, zieht die Beine an den Bauch oder wälzt sich herum; Verschlechterung durch Essen; als weitere Symptome Aufstoßen, Abgang von Winden, Blähungen mit Kollern im Bauch, oft auch wässrige Durchfälle
LYCOPODIUM: aufgetriebener Trommelbauch nach dem Essen, Kollern im Bauch; Beschwerden vor allem zwischen 16 und 20 Uhr, oft nach Mehlspeisen oder Kohl, Bohnen, Zwiebeln; Kind verträgt keine enge Kleidung, runzelt die Stirn
MAGNESIUM PHOSPHORICUM: krampfartige Bauchschmerzen, das Kind krümmt sich vor Schmerzen; Wärme bessert, z. B. Wärmflasche oder warmes Bad; auch Kneten und Reiben des Bauches (Bauchmassage) sowie der Abgang von Blähungen bringen Erleichterung
NUX VOMICA: krampfartige Bauchschmerzen mit Blähungen und/oder Verstopfung; oft ausgelöst durch zu schweres oder verdorbenes Essen, aber auch Medikamente oder Ärger; Wärme (Wärmflasche, warmer Tee) sowie Vorwärts- oder Rückwärtskrümmen bessern; gereiztes Kind
PULSATILLA: Bauchkoliken nach fetten Speisen, Obst, Süßem und Eis; ängstliches, weinerliches Kind

Drücken Sie Blähbauch und Schmerzen weg

Lindern Sie die Beschwerden Ihres Kindes durch Akupressur. Je nachdem, wie anhaltend und wie heftig die Blähungen bzw. Bauchschmerzen sind, behandeln Sie einmal (am besten morgens) bis maximal 3-mal täglich. Die genannten Punkte werden beidseitig im Uhrzeigersinn stimuliert.

Magen 25 (Ma 25): Der Punkt liegt etwa zwei Daumenbreiten (Ihres Kindes!) rechts und links neben dem Nabel. Die Behandlung erfolgt durch leichtes kreisförmiges Drücken 30 bis 60 Sekunden lang (je jünger Ihr Kind, desto kürzer). Führen Sie dafür bei gleichmäßigem Druck auf dem Punkt schnelle kreisförmige Bewegungen im Uhrzeigersinn aus (etwa zwei Kreise pro Sekunde).
Konzeptionsgefäß 12 (KG 12): Der Punkt liegt genau in der Mitte auf der Verbindungslinie zwischen Nabel und Brustbein, also etwa vier Daumenbreiten über dem Bauchnabel. Die Behandlung erfolgt durch Vibration 15 bis 20 Sekunden lang. Dabei lassen Sie den Finger rhythmisch auf dem Punkt vibrieren, führen beim Drücken also kleine „Auf-und-Ab-Bewegungen“ aus.

Konzeptionsgefäß 6 (KG 6): Der Punkt liegt genau in der Mittellinie des Bauches zwei Querfinger (= Zeige- und Mittelfinger Ihres Kindes) unterhalb des Nabels. Die Behandlung erfolgt durch Vibration 15 bis 20 Sekunden lang.
Magen 36 (Ma 36): Lassen Sie Ihr Kind die Knie beugen bzw. beugen Sie seine Beine. Der Punkt liegt drei Daumenbreiten (entspricht dem Querdurchmesser aller Finger außer dem Daumen) unterhalb der Kniescheibe, etwa eine Daumenbreite seitlich von der Schienbeinkante zur Außenseite des Beines hin. Die Behandlung erfolgt durch Vibration 30 bis 60 Sekunden lang.
Milz 6 (Mi 6): Der Punkt liegt drei Daumenbreiten über der höchsten Stelle des Innenknöchels mittig am Unterschenkel an der Innenseite des Schienbeins. Die Behandlung erfolgt durch leichtes kreisförmiges Drücken 20 bis 30 Sekunden lang. Zusätzlich können Sie beide Hände Ihres Kindes leicht massieren, da sich in der Mitte der Handinnenfläche sowie am Außenrand des Daumens therapeutisch wirksame Zonen befinden.

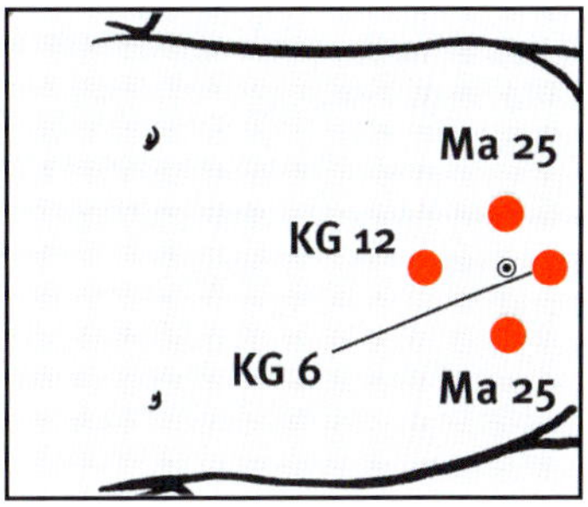

Abbildung 3

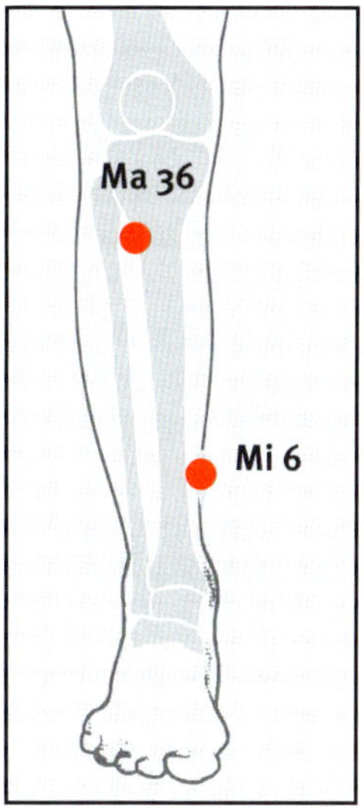

Abbildung 4

Bezugsquellen: *Alle angegebenen homöopathischen Medikamente sind rezeptfrei in Apotheken erhältlich, 10 Gramm Globuli 6,46 €, 80 Tabletten 7,69 € (Hersteller: DHU).*

Die beste Ernährung bei Durchfall – damit Ihr Kind schnell wieder fit ist!

Erfahren Sie, wie Sie mit einem bedarfsgerechten Ausgleich von Flüssigkeit und Mineralstoffen Komplikationen bei Ihrem Kind vermeiden. Entlasten Sie durch die anschließende Schonkost das Verdauungssystem, damit sich die Darmschleimhaut schneller regeneriert. Plus: Rezepte für Karottensuppe und ein fruchtiges Elektrolytgetränk.

Die Mehrzahl aller Kinder erkrankt mindestens einmal pro Jahr an Durchfall. Meist handelt es sich dabei um eine Infektion des Magen-Darm-Traktes durch Viren (zu 80 Prozent; Erkrankung meist in den Wintermonaten), seltener durch Bakterien. Der Durchfall dauert üblicherweise 3 bis 5 Tage. Durchfall führt immer zu einem Verlust von Flüssigkeit, Salzen und Mineralstoffen. Es kann zu einer Austrocknung (Exsikkose) des Körpers kommen. Besonders gefährdet sind Kinder unter zwei Jahren, bei denen immer ein Besuch beim Kinderarzt erforderlich ist, wenn Durchfall oder ggf. Erbrechen länger als 6 Stunden anhalten oder Zeichen einer Austrocknung erkennbar sind!

Sofort zum Arzt oder in die Klinik bei Zeichen einer Austrocknung:

- trockene Windeln, d. h. kaum Urinproduktion
- trockene Lippen und Mundhöhle
- Hautfalte am Bauch (dazu Haut des Kindes mit Daumen und Zeigefinger fassen und etwas in die Höhe ziehen) verstreicht langsam
- Trinkverweigerung
- tief liegende Augen
- langsamer, seltener Lidschlag
- eingefallene Fontanelle (Knochenlücke am Schädel von Neugeborenen)

Wie viel Flüssigkeit braucht Ihr Kind bei Durchfall?

Bei Durchfall benötigt Ihr Kind besonders viel Flüssigkeit. Es sollte etwa das anderthalbfache der normalen Trinkmenge zu sich nehmen (siehe Tabelle 3).

Tabelle 3: Flüssigkeitsbedarf bei Durchfall		
Alter	**Gesamt-Trinkmenge**	**Trinkmenge pro kg Körpergewicht**
Säuglinge in den ersten 12 Lebensmonaten	0,7 bis 1,5 Liter	150 ml
Kinder im 2. Lebensjahr	1,0 bis 1,8 Liter	120 bis 150 ml
Kinder von 2 bis 4 Jahren	1,2 bis 2,4 Liter	110 bis 150 ml
Kinder von 4 bis 6 Jahren	1,4 bis 2,6 Liter	90 bis 130 ml

Diese Flüssigkeitsmenge sollten Sie auf 5 bis 8 Einzelportionen verteilen. Natürlich darf Ihr Kind auch mehr als die angegebene Flüssigkeitsmenge zu sich nehmen, wenn es das möchte bzw. die Flüssigkeitsverluste durch Durchfall und gleichzeitiges Erbrechen sehr hoch sind!

Die „Teepause"

Alle nicht gestillten Kinder erhalten – unabhängig vom Alter – zunächst eine sog. Teepause über 6 bis 8 Stunden. Diese dient dem Ausgleich des Flüssigkeits- und Salzverlustes und verhindert bei mehr als 90 Prozent aller Kinder eine Austrocknung.

★ **Achtung:** Von den beliebten Cola-Getränken ist abzuraten, da diese durch das enthaltene Koffein harntreibend wirken und den Flüssigkeitsverlust zusätzlich fördern!

In Apotheken gibt es rezeptfrei spezielle Präparate (z. B. Oralpädon® 240, 10 Beutel 4,61 €), die als Elektrolytlösungen bezeichnet werden und entsprechende Mengen an Salzen und Zucker enthalten. Diese werden schluck- oder teelöffelweise, bei Erbrechen vorzugsweise sehr kalt angeboten (Menge siehe Dosieranweisung).
Weigert sich Ihr Kind, diese Elektrolytlösung zu trinken, geben Sie alternativ

- Babys im 1. Lebensjahr Fencheltee, nach dem 4. Monat besser Karottensuppe,
- Kindern ab dem 2. Lebensjahr das wohlschmeckende Elektrolytgetränk sowie die in Tabelle 4 genannten Tees gegen Durchfall (ersatzweise Fenchel- oder Kamillentee), auf Wunsch aber auch schon trockenen Zwieback oder Salzstangen.

Alle Tees werden mit Traubenzucker (8 Teelöffel auf 1 Liter) gesüßt. Empfehlenswert ist zusätzlich ein halber Teelöffel Salz pro Liter, sofern Ihr Kind den Tee dann noch trinkt!

Tipp

Wohlschmeckendes Elektrolytgetränk
1 Liter abgekochtes Wasser; 1 knapper Teelöffel Speisesalz; 1 Teelöffel Backpulver; 4 Esslöffel Traubenzucker (ersatzweise Haushaltszucker); 1 Glas (= 200 ml) Heidelbeersaft; 1 zerdrückte Banane. Mixen Sie alle Zutaten miteinander und geben Sie Ihrem Kind über den Tag verteilt schluck- oder löffelweise bis zu 1 Liter dieses Getränkes, zusätzlich nach Belieben Tee.

Karottensuppe – besonders für Säuglinge und Kleinkinder geeignet

500 g saubere Karotten (möglichst aus Bio-Anbau) in 1 Liter Wasser eine Stunde lang kochen, dann pürieren. Anschließend ggf. mit Wasser auf 1 Liter auffüllen und einen knapp gestrichenen Teelöffel Salz zugeben. Die Karottensuppe geben Sie Ihrem Kind schluck- oder löffelweise, so viel es davon trinken mag.
Wussten Sie schon, dass Karotten einen ganz speziellen Zucker (ein Oligogalakturonid) enthalten, der schon in einer Konzentration von 0,005 Prozent die Anheftung krank machender Bakterien an die Darmschleimhaut hemmt?

Tabelle 4: Tees gegen Druchfall

Bezeichnung	enthält	Zubereitung	Ziehzeit	Trinkmenge pro Tag
Teemischung gegen Druchfall	50g Brombeerblätter 50g Heidelbeerblätter	1 Esslöffel pro Tasse mit 200 bis 250 ml kochendem Wasser übergießen	zugedeckt 10 Minuten ziehen lassen, dann abseihen	3 bis 5 Tassen, gesüßt mit Traubenzucker; schluckweise trinken
Heidelbeertee	getrocknete Heidelbeeren	3 Esslöffel getrocknete Beeren mit 1/2 Liter kaltem Wasser übergießen, aufkochen	10 Minuten köcheln lassen, dann im Mixer pürieren und abseihen	3 Tassen, gesüßt mit Traubenzucker; schluckweise trinken

Nach der Teepause:

- Reisschleim (aus 20 g Reisflocken und 150 ml Wasser sowie einer Prise Salz)
- Haferschleim (aus 25 g Haferflocken und 300 ml Wasser sowie einer Prise Salz)
- Karottenbrei (empfehlenswert: Baby-Karottengläschen) mit einer Prise Salz, evtl. mit Reisflocken

An den folgenden Tagen:
- geriebener Apfel (wird auch gerne vermischt mit eingeweichtem Zwieback gegessen)
- schaumig geschlagene Banane (auch 1 : 1 mit geriebenem Apfel sehr beliebt)
- trockener Zwieback, Knäckebrot, Toastbrot, evtl. mit Bananenscheiben belegt
- Gemüsebrühe mit Nudeln, Reis oder Grieß
- Reis bzw. Kartoffelbrei (ohne Milch und Fett!) mit gekochten Karotten und (ab dem 3. Tag) Huhn
- für Säuglinge: Gemüsegläschen (Karotte, Kartoffel, Kürbis), ab dem 3. Tag evtl. auch wieder mit Geflügel

Ab dem 3. Tag für Kinder über einem Jahr auch:
- Heidelbeeren bzw. Brombeeren gekocht als Kompott oder Marmelade, später auch roh (evtl. in Joghurt oder Quark)
- Magerjoghurt, Magerquark oder Buttermilch

Ab der Teepause ca. 10 Tage lang weglassen:
- Süßigkeiten
- Milch
- Fett (Butter, Margarine, Öl) nur in geringen Mengen beigeben (eine Messerspitze pro Mahlzeit)

Unterstützen Sie die Darmflora

Bei Durchfall gerät immer die natürliche Darmflora aus dem Gleichgewicht. Ist der dünne Stuhl abgeklungen, können Sie Ihrem Kind durch probiotische Nahrungsmittel beim Aufbau der Darmflora helfen. Diese enthalten besonders widerstandsfähige Bakterienstämme, die im Magen nicht abgetötet werden, sondern lebend im Darm ankommen. Probiotische Milchprodukte wie z. B. Joghurts erhalten Sie an jeder Kühltheke. Für Säuglinge gibt es probiotische Milchnahrung, z. B. Beba® 2 probiotisch, die im Lebensmittelhandel oder in Drogerien erhältlich ist (800 g ab 8, 99€).

Tipp

Probiotische Milchprodukte sollten rasch verzehrt und nicht lange gelagert werden, da die Keimzahl im Laufe der Zeit abnimmt!

Homöopathische Mittel und ihre behandelten Symptome

ACONITUM: Erbrechen und/oder Durchfall infolge von Angst oder Schreck
AETHUSA: Muttermilch wird sofort nach dem Trinken wieder erbrochen, Kind ist danach gleich wieder hungrig; eventuell auch grünlicher Durchfall mit krampfartigen Schmerzen; Kind ist schwach und schläfrig, fühlt sich feuchtkalt an
ARGENTUM NITRICUM: Durchfall bei Lampenfieber und Erwartungsspannung; Kind ist nervös und ängstlich; es hat starkes Verlangen nach Süßigkeiten, durch die es jedoch Magenschmerzen (auch häufiges, lautes Aufstoßen) oder Durchfall bekommt; verträgt keine Wärme; häufig Bauch stark gebläht; Durchfall ist sehr übelriechend und sieht wie gehackter Spinat aus
ARSENICUM ALBUM: wichtigstes Mittel bei Durchfall und Erbrechen durch verdorbene Speisen (Lebensmittelvergiftung), durch eiskalte Getränke, Eiscreme oder verdorbenes bzw. unreifes Obst; Kind hat brennende Bauchschmerzen, ist blass, fühlt sich sehr erschöpft, friert, ist unruhig und ängstlich; möchte schluckweise Wasser trinken, das jedoch oft erneut Erbrechen auslöst; Wärme (Wärmflasche, warmes Getränk) bessert
CALCIUM CARBONICUM: Übelkeit und Erbrechen bei hellhäutigen, leicht frierenden Kindern mit rundlichem Kopf, die zu Kopfschweiß neigen; wässriger, saurer Durchfall mit unverdauten Resten; Schweiß, Stuhlgang und Erbrochenes riechen säuerlich; Erbrechen meist kurz nach dem Stillen bzw. nach dem Essen; Fett und Milch werden nicht vertragen
CHAMOMILLA: sehr wässriger, grünlicher, stinkender Durchfall beim Zahnen, gleichzeitig wunder Po; Kind ist unzufrieden und quengelig
COLOCYNTHIS: Kind krümmt sich, um die stechenden, kolikartigen Schmerzen zu lindern; Wärme und Druck auf den Bauch bessern (Kind presst sich z. B. ein Kissen auf den Bauch und/oder rollt sich auf dem Boden); Durchfall nach geringster Aufnahme von Nahrung oder Getränk; Kind ist reizbar und ungeduldig
DULCAMARA: wässriger, grüner, schleimiger (auch blutiger) Durchfall, besonders durch kaltes, feuchtes Wetter im Sommer und Herbst; Erbrechen von zähem weißem Schleim; schneidender Schmerz um den Nabel; Widerwille gegen Nahrung, großer Durst auf kalte Getränke
IGNATIA: Erbrechen, krampfartige Bauchschmerzen, auch starke Blähungen und eventuell schmerzloser, drängender Durchfall durch Ärger oder Aufregung bei empfindsamem Kind; oft „Kloß im Hals"; Besserung durch Essen und Trinken; Kind neigt zu widersprüchlichem Verhalten (Schonkost verschlechtert z. B. die Beschwerden, während schwer verdauliche Speisen Besserung bringen können)
IPECACUANHA: ständige, anhaltende Übelkeit (auch nach dem Erbrechen), Kind behält keine Nahrung bei sich, schon Essensgeruch löst Brech-

reiz aus; Erbrechen beim Husten; Zunge trotz Erbrechen nicht belegt; oft starker Speichelfluss; Bauchschmerzen um den Nabel herum

NUX VOMICA: Erbrechen und Durchfall durch übermäßige Nahrungsaufnahme bzw. Überfütterung; „nervöser" Magen mit Magendruck und starker Übelkeit; Kind möchte erbrechen, kann aber nicht; Zunge gelblich belegt; Kind reizbar und fröstelig; bewährt auch bei Erbrechen infolge Lebensmittelvergiftung oder nach der Narkose

OKOUBAKA: Brechdurchfall nach verdorbenen Speisen (Lebensmittelvergiftung) oder durch veränderte Essgewohnheiten (besonders auf Reisen); Besserung durch Nahrungsverzicht

PHOSPHORUS: Erbrechen und Durchfall gehen mit brennenden Schmerzen im Magen einher; warme Getränke werden nicht vertragen, Kind möchte Kaltes trinken, das nach dem Erwärmen im Magen oft wieder erbrochen wird; Kind unruhig, ängstlich und schwach, will nicht allein sein; Beschwerden meist abends vor dem Schlafengehen schlimmer

PODOPHYLLUM: wässriger, gelbgrüner Durchfall, der schmerzlos herausspritzt; oft früh morgens oder gleich nach dem Essen; Stuhlgang stinkt und macht wund, enthält meist unverdaute Bestandteile; Besserung durch Wärmflasche; Kind möchte auf dem Bauch liegen; bewährt bei Sommerdurchfällen oder während der Zahnung

PULSATILLA: verdorbener Magen oder wässriger, grüner Durchfall nach zu viel fetten, schweren Speisen (z. B. Pommes), Kuchen oder Eis; Kind ist weinerlich und sehr anhänglich, hat keinen Durst; Mund „klebrig", Zunge gelblich belegt; Beschwerden abends am schlimmsten; Kind ist blass und friert, verträgt aber keine Wärme

VERATRUM ALBUM: Übelkeit mit heftigem Würgen und Erbrechen; Kältegefühl im Bauch, auch krampfartige Bauchschmerzen möglich; reichliche und schwallartig entleerte Durchfälle; gieriger Appetit, Durst auf kaltes Wasser, das aber sofort wieder erbrochen wird; Erschöpfung (bis zum Kollaps) mit kaltem Schweiß auf der Stirn

Bezugsquellen: *Rehydratationslösungen wie z. B. Oralpädon® 240 (verschiedene Geschmacksrichtungen), Infectodiarrstop® ORL oder Elotrans® erhalten Sie als fertig portionierte Beutel rezeptfrei in der Apotheke, 10 Beutel kosten jeweils 4,61 €. Uzara®-Saft (100 ml kosten 6,45 €) und die genannten Tees und Teemischungen erhalten Sie ebenfalls rezeptfrei in jeder Apotheke. Alle angegebenen homöopathischen Medikamente sind rezeptfrei in Apotheken erhältlich, 10 Gramm Globuli 6,46 €, 80 Tabletten 7,69 € (Hersteller: DHU, Karlsruhe).*

Natürliche Hilfe bei Kopfläusen

Kopfläuse kommen trotz bester Körperpflege vor und sind nur schwer wieder zu vertreiben. Lesen Sie hier, welche Alternativen zu giftigen Insektiziden wirklich wirksam sind. Plus: alle Mittel zur Kopflaus-Bekämpfung im tabellarischen Überblick.

Kopfläuse sind in Kindergärten und Schulen ein gefürchtetes Problem. Denn die lästigen Blutsauger sind oft sehr hartnäckig. Sie übertragen jedoch keine Krankheiten. In den Herbst- und Wintermonaten breiten sich Läuse besonders leicht aus, wenn in den Garderoben wieder Mützen und Schals dicht an dicht hängen. Kopfläuse können weder fliegen noch springen, sondern krabbeln von einem Kopf zum anderen, aber auch von einem Kleidungsstück zum nächsten.

Wie stellen Sie einen Kopflaus-Befall fest?

Kopfläuse verursachen nicht immer Beschwerden, häufig leidet das Kind jedoch unter starkem Juckreiz und kratzt sich am Kopf. Die Kratzwunden können sich infizieren, sodass eventuell auch die Lymphknoten im Nacken angeschwollen sind. Suchen Sie den Kopf Ihres Kindes in einem gut beleuchteten Raum (z. B. am Fenster oder unter starker Lampe) sorgfältig mit einem feinzinkigen Kamm (am besten Läusekamm aus Metall) ab. Dazu das Haar Strich für Strich scheiteln und durch eine Leselupe betrachten.
Erwachsene Läuse sind ca. 3 bis 4 Millimeter lange, graue oder rötlichbraune Tierchen mit sechs Beinen, die munter herumkrabbeln. Nissen (Eier) sind nur 1 Millimeter große, weißliche Verdickungen an den Haaren und kleben bevorzugt am Haaransatz, hinter den Ohren oder am Hinterkopf. Nissen haften viel stärker als Kopfschuppen am Haar!

★ **Wichtig:** Der Nachweis erwachsener Läuse zeigt einen akuten Läusebefall an. Finden sich frisch gelegte Eier auf dem Haar, deren Abstand zur Kopfhaut etwa einen Zentimeter beträgt, besteht ebenfalls ein behandlungsbedürftiger Befall. Im Zweifelsfall suchen Sie bitte einen Arzt auf.

Kontrollieren Sie den Kopf Ihres Kindes nach einer Behandlung gegen Läuse in den ersten zehn Tagen sicherheitshalber jeden zweiten Tag, in den folgenden fünf Wochen einmal wöchentlich, dann einmal monatlich.

Wie wirken Mittel gegen Läuse?

Die meisten Präparate enthalten Insektizide. Dabei handelt es sich um Kontaktgifte, die das Nervensystem der Parasiten schädigen, allerdings auch für den

Menschen nicht ungefährlich sind. Lindan kann bei falscher Anwendung zu Vergiftungserscheinungen wie Unruhe, Übelkeit, Erbrechen, Durchfall, Schwindel, Kopfschmerzen, Krämpfen, Benommenheit bis hin zur Bewusstlosigkeit führen. Nach der Anwendung von Pyrethroiden wie Allethrin oder Permethrin wurden Empfindungsstörungen der Haut wie Brennen oder Kribbeln beobachtet. Pyrethrum ist das natürliche Gift einer Chrysanthemenart, das schnell abgebaut wird und deshalb weniger gefährlich für den Menschen ist. Allerdings wird der Abbau durch die Zugabe des Wirkungsverstärkers Piperonylbutoxid verlangsamt.

Tipp

Was Sie bei der Haarwäsche beachten sollten
Um die Aufnahme insektizidhaltiger Präparate zu minimieren, kein Spray verwenden, auf die gleichzeitige Anwendung von Seife oder Shampoo verzichten, nur lauwarmes Wasser zur Haarwäsche verwenden, heißes Fönen vermeiden, Präparat nicht auf Schleimhäute oder in die Augen bringen (sofort mit Wasser ausspülen). Mittel streng nach Gebrauchsanweisung einsetzen, um den Behandlungserfolg zu gewährleisten und Schäden durch falsche Anwendung zu vermeiden. Kokos- und Sojaölpräparate zur Sicherheit täglich anwenden, bis keine Nissen mehr im Haar sichtbar sind.

Ob diese Insektizide über mögliche sofortige Vergiftungserscheinungen hinaus auch zu chronischen Schäden führen können, wird noch sehr kontrovers diskutiert, wobei der Verdacht bisher nicht ausgeräumt werden konnte! In den natürlichen Alternativen (z. B. Aesculo®-Gel „L“ oder Mosquito® Spezial Läuse-Shampoo) ist zum Teil Kokos- oder Sojaöl enthalten. Der Ölfilm erstickt die Läuse und löst auch die Nissen von den Haaren ab. Neem-Extrakt (in Neem-Extrakt-FT-Shampoo) ist ein pflanzlicher Stoff, der bei Insekten die Bildung des Chitinpanzers und damit die Häutung verhindert. Für Menschen ist der Extrakt daher ungiftig. Auch Insekten sterben nicht direkt nach Anwendung, sondern erst bei der nächsten Häutung ab. Daher ist der Nachweis lebender Läuse kurz nach der Anwendung kein Hinweis darauf, dass das Mittel versagt hat!

Vorbeugende Maßnahmen

- Haare des Kindes regelmäßig absuchen, wobei kurze Haare die Befallskontrolle erleichtern.
- Kämme, Bürsten und Handtücher nicht mit anderen gemeinsam benutzen.
- In Kindergarten oder Schule Schal und Mütze in einem verschlossenen Plastikbeutel in der Garderobe aufhängen.

Tipp

Sind im Kindergarten oder in der Schule Läuse aufgetreten, können Sie einem Befall möglicherweise vorbeugen, wenn Sie die Haare Ihres Kindes täglich mit zweiprozentigem Essigwasser (4 Teelöffel Essigessenz auf 1 Liter Wasser) spülen. Dadurch erhalten die Haare eine sehr glatte Oberfläche, und Läuse finden schlecht Halt.

★ **Wichtig:** Der Besuch von Kindergarten oder Schule ist erst nach erfolgreicher Behandlung mit Abtötung aller Läuse und Nissen wieder erlaubt. Dies muss vom behandelnden Arzt oder vom Gesundheitsamt attestiert werden!

Checkliste: Läusebekämpfung

1. Beginnen Sie nach Feststellung des Befalls sofort mit der Bekämpfung, damit sich die Läuse nicht weiter vermehren.
2. Alle Familienmitglieder nach Kopfläusen absuchen und nur bei Befall behandeln. Kokos- und Sojaölpräparate können jedoch auch vorbeugend eingesetzt werden! Alle engen Kontaktpersonen außerhalb des Haushaltes (z.B. Freund/Freundin oder Großeltern) benachrichtigen.
3. Verwenden Sie zunächst vorzugsweise Präparate mit natürlichen Inhaltsstoffen. Sind diese trotz korrekter Anwendung nicht ausreichend wirksam, ist Goldgeist® forte wohl noch das verträglichste herkömmliche Präparat. Insektizidhaltige Präparate nur nach Rücksprache mit dem Arzt verwenden.

★ **Tipp:** Setzen Sie Ihrem Kind während der Einwirkzeit eine Duschhaube auf (Achtung, nicht bei lindanhaltigen Präparaten!). Legen Sie ihm ein helles Handtuch um, so können Sie flüchtende Läuse besser sehen.

4. Abgetötete Nissen lassen sich nach mehrmaliger Spülung mit lauwarmem Essigwasser (3 Esslöffel fünfprozentiger Haushaltsessig auf ein Liter Wasser) mit einem Nissenkamm besser entfernen.
5. Handtücher aller Familienmitglieder getrennt aufhängen und häufig wechseln.
6. Bettwäsche jeweils nach Behandlung wechseln, ebenso die Handtücher/Waschlappen sowie auch die Leibwäsche bei 60 °C in der Maschine waschen, 20 bis 30 Minuten auf höchster Stufe im Wäschetrockner trocknen oder heiß bügeln bzw. mangeln.

7. Kämme und Bürsten von Haaren befreien, wenn möglich 20 bis 30 Minuten in heißes Wasser (mindestens 60 °C) legen; alternativ eine Stunde in Desinfektionsmittel oder 24 Stunden in die Gefriertruhe.
8. Wollsachen wie Mützen oder Schals, Kuscheltiere und nicht bei 60 °C waschbare Bekleidung luftdicht in einen großen Müllbeutel verpackt für vier Wochen bei Zimmertemperatur lagern, das hungert die Läuse aus. (Achtung: Kühle Lagerung lässt Läuse länger überleben!)
9. Alternativ: Abtötung der Läuse bei unter –18 °C ist möglich für empfindliche Textilien, Decken und Kuscheltiere, diese dazu eingepackt in eine Plastiktüte einen Tag in Gefriertruhe oder -schrank legen.
10. Teppiche, Polstermöbel und Autositze sowie Kopfstützen gründlich absaugen, Staubsaugerbeutel danach austauschen!
11. Absuchen des Kopfes zwei Tage nach der ersten Behandlung, ob Läuse oder lebende Nissen zu sehen sind (weißlich grautrübe Nissen sind evtl. noch lebensfähig, abgetötete oder leere Nissen sind bräunlich bis schwarzbraun bzw. weißsilbrig). Ist dies der Fall, sofort erneut behandeln.
12. Befallkontrolle nach acht Tagen, da dann aus den Nissen, die die Behandlung überlebt haben, die nächste Generation Läuse schlüpft, sodass zwei bis drei Wochen später erneut Läusebefall festgestellt werden kann. Behandlung mit natürlichen Präparaten am achten bis zehnten Tag wiederholen.

Bezugsquellen: *Die folgenden giftfreien Shampoos erhalten Sie rezeptfrei in der Apotheke: Neem-Extrakt-FT-Shampoo (60 ml 13,95 €), Aesculo®-Gel „L“ (100 ml 10,80 €), Mosquito®-Spezial Läuse-Shampoo (100 ml 10,39 €).*

Die besten natürlichen Heilmittel und Wickel gegen Erkältungen

Kinder sind besonders anfällig für Erkältungen. In den Herbst- und Wintermonaten erwischt es sie oft im Abstand von wenigen Wochen. Doch die Beschwerden lassen sich mit natürlichen Mitteln wirkungsvoll lindern.

Erkältungen werden durch Viren hervorgerufen, ein Antibiotikum ist also weder erforderlich noch sinnvoll. Allerdings können sich manchmal zusätzlich auch Bakterien vermehren, was als bakterielle Superinfektion bezeichnet wird.

★ **Wichtig:** Wenn die Erkältung unter Selbstbehandlung nach drei Tagen nicht deutlich abgeklungen ist oder bei Ihrem Kind Anzeichen für eine bakterielle Infektion wie Schnupfen oder gelblichgrünlicher Auswurf vorliegen, gehen Sie bitte zum Kinderarzt.

Für Säuglinge sind selbst zubereitete Tees oder Hustensäfte oft noch nicht geeignet. Verwenden Sie in diesen Fällen ein möglichst alkoholfreies Fertigpräparat.

Wenn der Hals kratzt und schmerzt

Gegen Halsschmerzen hilft am besten Salbeitee (ab 2. Lebensjahr): 1/2 Teelöffel getrocknete Blätter mit 1/2 Liter kochendem Wasser überbrühen, zugedeckt ziehen lassen. Nach 10 Minuten abgießen. Geben Sie Ihrem Kind stündlich einen Esslöffel möglichst heißen, ungesüßten Tee und lassen Sie es damit gurgeln. Kleinkinder, die noch nicht gurgeln können, bekommen den Tee zu trinken.

Tipp

Zuckerzwiebeln

Zutaten: 2 große Zwiebeln, 7 bis 8 Esslöffel Zucker

Zubereitung: Zwiebeln fein hacken und mit dem Zucker in ein fest schließendes Schraubglas füllen. Gut durchschütteln und stehen lassen, bis sich Saft gebildet hat. Der Saft fließt 2 bis 3 Tage lang.

Anwendung: Ab dem 2. Lebensjahr viermal täglich 1 Teelöffel Saft. Dieser löst gleichzeitig auch festsitzenden Schleim in den Bronchien!

Salbeitee ist leider wegen seines bitteren Geschmacks bei kleinen Kindern wenig beliebt, geben Sie ersatzweise mit Honig gesüßten Kamillentee (ab 2. Lebensjahr: 1 gehäufter Teelöffel Kamillenblüten auf 1/2 Liter Wasser, Zubereitung wie Salbeitee Seite 42) mehrmals täglich in kleinen Schlucken zu trinken. Halten Sie zusätzlich den Hals durch einen Rollkragenpullover oder einen Wollschal warm.

Halswickel mit Quark

Nicht geeignet für Kuhmilchallergiker!

Zur Behandlung einer Halsentzündung mit Schluckbeschwerden empfiehlt sich ein Halswickel mit Quark.

1. Nehmen Sie ca. 150 g Magerquark und erwärmen Sie ihn entweder im Wasserbad oder – nach dem Auftragen auf das Innentuch – zwischen zwei warmen Wärmflaschen. Den Quark nur handwarm werden lassen und nicht zu stark erhitzen, sonst gerinnt er!
2. Streichen Sie den Quark etwa 5 mm dick auf das Innentuch (z. B. Herrentaschentuch). Dabei am Rand einige Zentimeter frei lassen. Schlagen Sie dann den oberen Teil des Tuches nach unten und anschließend den unteren Teil nach oben. Überragt der hochgeschlagene Teil des Tuches die Quarkfüllung, schlagen Sie ihn nochmals so nach unten um, dass die Quarkfüllung auf der einen Seite nur von einer Tuchlage bedeckt ist. Mit dieser Seite wird der Quarkwickel auf die Haut gelegt – die Wirbelsäule wird ausgespart.
3. Darüber geben Sie das Zwischentuch mit Heilwolle/Watte und einen Wollschal.
4. Der Halswickel bleibt so lange liegen, bis der Quark trocken geworden ist (ca. 3 bis 5 Stunden), danach den Hals noch mit einem Schal oder durch einen Rollkragen warm halten. Der Quark-Halswickel kann ein- bis zweimal täglich angelegt werden.

So lindern Sie Schnupfen

Schnupfen lässt sich wirksam mit Inhalationen behandeln, z. B. mit Kamille (5 gehäufte Esslöffel getrocknete Blüten mit 1 Liter kochendem Wasser übergießen).

Inhalieren mit Kleinkindern (ab 2. bis 3. Lebensjahr)

★ **Achtung:** Da gerade bei lebhaften Kleinkindern die Gefahr von Verbrühungen besteht, dürfen Sie Ihr Kind mit der kochend heiß gefüllten Schüssel zur Inhalation nie allein lassen!

1. Bauen Sie sich ein Inhalationszelt: Das kann ein großer, aufgespannter Regenschirm sein, oder Sie setzen sich gleich unter einen Tisch. Wichtig ist nur, dass das Inhalationszelt mit Badetüchern oder Decken gut zugehängt

wird (ggf. mit Wäscheklammern befestigen), damit es im Zelt auch so richtig schön „dampfig“ wird.

2. Geben Sie die Inhalationslösung in eine standfeste Plastikschüssel und stellen Sie diese in das Inhalationszelt (am besten mit einem rutschfesten Kork-Untersetzer) auf den Boden. Besonders effektvollen und lang anhaltenden Dampf erhalten Sie, wenn Sie etwa zwei Hand voll Kieselsteine im Backofen erhitzen und dann in die Schüssel geben (erhöht zudem die Standfestigkeit der Schüssel!).
3. Setzen Sie sich mit Ihrem Kind auf dem Schoß davor bzw. hinein und dichten Sie das Zelt nach außen gut ab.
4. Inhalieren Sie 15 bis 20 Minuten oder so lange Ihr Kind eben mitmacht, und zwar zweimal täglich.
5. Wenn Sie eine Taschenlampe mit ins Zelt nehmen und noch eine spannende Geschichte dazu erfinden, wird es Ihnen beiden bestimmt nicht so schnell langweilig!

Hilfreich sind auch Nasentropfen. Einem Säugling in den ersten Lebensmonaten träufeln Sie ein bis zwei Tropfen Muttermilch in jedes Nasenloch, damit beim Stillen die Nase frei ist. Die angebotenen Nasensauger wären zwar sinnvoll, funktionieren aber nach meiner Erfahrung meist nicht ausreichend, sodass Sie darauf verzichten können.
Zur Spülung der Nasenschleimhaut sind salzhaltige Nasensprays zu empfehlen – Selbstherstellung: siehe Tipp unten. Es gibt jedoch auch Fertigpräparate, z. B. die ab Geburt geeignete Meersalzlösung Rhinomer® 1 (Soft) Lösung oder EMSER® Nasenspray ab dem 3. Lebensjahr.
Bei leicht verstopfter Nase eignen sich Euphorbium comp.-Nasentropfen, während bei einer stark verstopften Nase nur ein abschwellendes Nasenspray bzw. Nasentropfen richtig wirksam sind. Ohne Konservierungsstoffe und in entsprechend geringer Dosierung kann Nasivin® sanft 0,01 Prozent für Babys ab Geburt sowie Nasivin® sanft 0,025 Prozent für Kleinkinder ab dem 2. Lebensjahr gegeben werden.

Tipp

Nasentropfen selbst herstellen
Sanfte Salzlösung (ab Geburt): 9 g (ungefähr 1 Esslöffel) Kochsalz oder Meersalz in 1 Liter abgekochtem Wasser auflösen. Säuglingen vor jeder Mahlzeit, ansonsten mehrmals täglich mit einer Pipette (erhältlich in der Apotheke) 2 bis 5 Tropfen in jedes Nasenloch tropfen. Die zubereitete Lösung nicht länger als 2 Tage verwenden, dann neu ansetzen.
Stärkere Salzlösung (ab 3. Lebensjahr, wirkt auch leicht abschwellend): 13 g (ungefähr 1 Esslöffel plus 1 Teelöffel) Salz, Zubereitung und Dosierung wie oben.

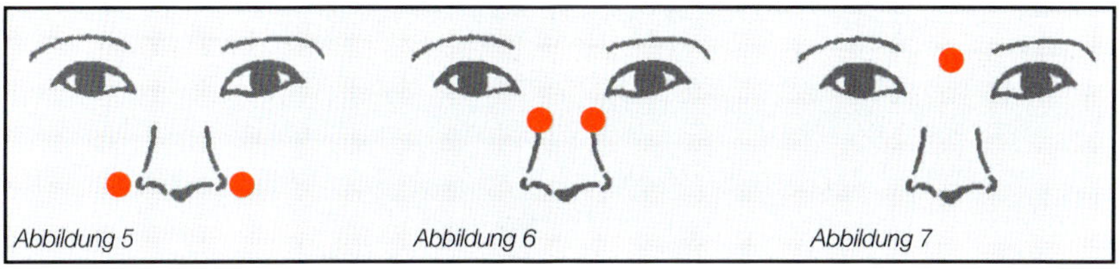

Druckpunkte für die Akupressur der Nase (Näheres siehe unten im Text)

Akupressur für Nase und Nebenhöhlen

Machen Sie die folgende Übung (geeignet ab 2. Lebensjahr) einmal täglich zur Vorbeugung in der kalten Jahreszeit bzw. mehrmals täglich, wenn Ihr Kind schon Schnupfen hat.

- Drücken Sie mit den Zeigefingern 10 Sekunden fest die in Abbildung 5 gezeigten Punkte an der Nase Ihres Kindes und reiben Sie anschließend diese Punkte noch kurz in kreisenden Bewegungen.
- Stimulieren Sie auf die gleiche Weise die in Abbildung 6 und 7 gezeigten Punkte.
- Wiederholen Sie den gesamten Ablauf mit Drücken und Reiben dreimal hintereinander, wobei Sie immer mit dem untersten Punkt (siehe Abbildung 5) beginnen.
- Reiben Sie zum Abschluss dreimal in gleichmäßigen Bewegungen vom unteren über den mittleren und oberen Punkt bis zur Stirnmitte.

Gegen lästigen Reizhusten

Gegen trockenen Reizhusten helfen schleimhaltige Pflanzenextrakte aus Spitzwegerich und Huflattich. Da Letzterer jedoch sehr selten zu Leberschäden führen kann, ist nur Spitzwegerichextrakt zu empfehlen, z. B. in Eucabal® Hustensaft. Sehr gute Erfahrungen habe ich mit Monapax®-Saft gemacht!

Tipp

Süßen Sie die auf Trinktemperatur abgekühlten Erkältungs- und Hustentees (auch Fertigmischungen) immer mit Honig (ab 2. Lebensjahr). Das regt die Geschmacksknospen an und reizt dadurch bestimmte Nerven, die den Schleim verflüssigen und das Abhusten erleichtern. Außerdem wird auch der Hustenreiz gelindert.

Heublumen-Hemd

Nicht geeignet für Gräserpollen-Allergiker!

Um den anfangs noch fest sitzenden Husten zu lösen, können Sie Ihrem Kind einen Brustwickel bzw. das Heublumen-Hemd machen, das auch die Abwehrkräfte steigert.

1. Setzen Sie 200 g Heublumen in 2 Liter kaltem Wasser an, dann zum Kochen bringen und 10 Minuten köcheln lassen; anschließend abseihen.
2. Tauchen Sie ein Leinenhemd, ersatzweise ein T-Shirt aus Baumwolle, in den Heublumensud ein, winden es aus und wringen Sie es dann in einem Handtuch nochmals so fest wie möglich aus.
3. Prüfen Sie die Temperatur und ziehen Sie Ihrem Kind das Hemd an.
4. Wickeln Sie darüber ein dickes Frotteehandtuch und eine Wolldecke, und legen Sie Ihr Kind ins Bett.
5. Das Heublumen-Hemd wird nach 30 Minuten wieder ausgezogen und durch einen vorgewärmten Pulli ersetzt.

Damit löst sich der Schleim

Wichtiger als jeder Hustensaft ist eine hohe Flüssigkeitszufuhr. Lassen Sie Ihr Kind viel trinken, das fördert die Schleimlösung in Nasennebenhöhlen und Bronchien!
Schleimlösender Thymiantee (ab 2. Lebensjahr): 2 Teelöffel getrocknetes Thymiankraut mit 1/2 Liter kochendem Wasser überbrühen, zugedeckt ziehen lassen. Nach 8 Minuten abgießen und, mit etwas Honig gesüßt, 3- bis 5-mal täglich 1 Esslöffel geben.
Gut wirksame homöopathische und pflanzliche Hustensäfte (siehe Tabelle 4) erhalten Sie in jeder Apotheke.
Die Atmung erleichtern auch Einreibemittel mit Kiefernnadel- und Eukalyptusöl, z. B. Transpulmin® Kinderbalsam S (nie im Gesicht und nicht während homöopathischer Behandlung anwenden!).

Gegen schmerzenden Ohren

Sehr hilfreich bei stärkeren Ohrenschmerzen – das Zwiebelsäckchen. Bitte lassen Sie Ihr Kind bei Ohrenschmerzen aber trotzdem vom Arzt untersuchen, wenn die Schmerzen länger als zwei bis drei Stunden andauern.

Zwiebelsäckchen

1. Hacken Sie eine mittelgroße Zwiebel sehr fein und füllen Sie die Zwiebelwürfel in die Mitte eines dünnen Baumwoll-Taschentuches und binden Sie das Tuch zu, nachdem Sie alle vier Ecken zur Mitte gefaltet haben.
2. Wärmen Sie das Zwiebelsäckchen auf der Heizung oder auf einer Wärmflasche kurz an, bis es körperwarm ist.
3. Prüfen Sie die Temperatur des Säckchens und legen Sie es Ihrem Kind auf das schmerzende Ohr.
4. Das Zwiebelsäckchen bleibt eine halbe bis eine Stunde auf dem Ohr. Legen Sie es Ihrem Kind zwei- bis dreimal täglich auf.

Fertigarzneimittel gegen Erkältungsbeschwerden (alle rezeptfrei erhältlich in Apotheken), homöopathische Arzneimittel sind kursiv gekennzeichnet. Ist Ihr Kind in homöopathischer Behandlung, bitte keine Komplexmittel verwenden.

Tabelle 4

Wirkstoff(e)	Handelspräparat	Anwendung als	Nebenwirkungen	Dosierung	Preis
allgemein zur Verbesserung der Abwehr bei Erkältungen ab Säuglingsalter geeignet					
Echinacea, Aconitum, Belladonna, Eupatorium (Komplexmittel)	*Contramutan N*	Saft (enthält 3,6% Alkohol!)	Überempfindlichkeit möglich	• Anfangsdosis für Kinder ab 1 Jahr: 1 Esslöffel Saft, dann stündlich: 1 Teelöffel Saft • Säuglinge: anfangs 1 Teelöffel, dann stündlich 1/2 Teelöffel Saft	100 ml Saft: 7,80 €
Aconitum, Nux vomica, Eupatorium, Gelsemium, Kalium phosph. (Komplexmittel)	*Influvit*	Tabletten (zergehen im Mund)	keine	• am 1. Tag: alle 2 Stunden 1 Tablette • dann: 3-mal 1 Tablette	80 Tabletten 8,25 €
Pelargonium reniforme	*Umckaloabo®*	Tropfen (enthält 12% Alkohol!)	keine	3-mal 5 bis 10 Tropfen	20 ml 9,30 €
geeignet für Kinder ab 2 Jahren					
Eupatorium, Aconitum, Baptisia, Ipecac. (Komplexmittel)	*toxi-loges® N*	Tabletten (zergehen im Mund)	keine	mehrmals täglich 1/2 bis 1 Tablette (max. 6 Tabletten pro Tag!)	50 Tabletten 6,81 €
speziell gegen Schnupfen, ab Säuglingsalter geeignet					
Euphorbium, Pulsatilla, Luffa, Mercurius bijodat., Hepar sulf., Argentum nitr. (Komplexmittel)	*Euphorbium comp.-Nasentropfen SN*	Nasenspray	keine	3- bis 4-mal 1 Sprühstoß in jedes Nasenloch	20 ml 5,15 €
speziell gegen Husten, ab Säuglingsalter geeignet					
Thymianextrakt, Primelwurzelextrakt	*Bronchicum® Elixier S*	Saft (enthält 5,5% Alkohol!)	selten Magenbeschwerden, Übelkeit	• Säuglinge: 2-mal 1/2 Teelöffel • Kinder ab 1 Jahr: 3-mal 1/2 Teelöffel • Kinder ab 6 Jahren: 3-mal 1 Teelöffel	130 g 5,60 €
Spitzwegerichextrakt, Thymianextrakt	*Eucabal® Hustensaft*	Saft	Überempfindlichkeit möglich	• Säuglinge: 3-mal 1 Teelöffel • Kinder ab 2 Jahren: 4-mal 1 Teelöffel • Kinder ab 4 Jahren: 5-mal 1 Teelöffel	100 ml 5,57 €
Drosera, Hedera helix, Cinchona, Dactylopius, Cuprum sulf., Ipecac., Hyoscyamus (Komplexmittel)	*Monapax®*	Saft (enthält 3,9 % Alkohol!)	Verstärkung einer Schilddrüsenüberfunktion	• Kinder ab 6 Monate: 3-mal 1/2 Teelöffel • Kinder von 1 bis 3 Jahren: 4-mal 1/2 Teelöffel • Kinder ab 3 Jahre: 3-mal 1 Teelöffel	150 ml 9,45 €
Efeublätterextrakt	*Prospan®*	Saft	gelegentlich Durchfall, selten Magenbeschwerden	• Säuglinge: 2-mal 2,5 ml • Kinder ab 1 Jahr: 3-mal 2,5 ml • Kinder ab 6 Jahren: 3-mal 5 ml	100 ml 6,00 €
geeignet für Kinder ab 2 Jahren					
Bryonia, Ipecac., Drosera, Eucalyptus, Antimonium sulf. aurant. (Komplexmittel)	*Tussistin® N*	Tabletten (zergehen im Mund)	keine	• am 1. Tag: alle 2 Stunden 1 Tablette • dann: 3-mal 1 Tablette	80 Tabetten 8,25 €

Bezugsquellen: *Getrocknete Kräuter zur Teezubereitung sind erhältlich in Apotheken oder bei Teeversandhäusern (Preis pro 100 g): Kamillenblüten ab 2,80 €, Salbeiblätter ab 2,85 €, Schafgarbenkraut ab 2,20 €, Thymiankraut ab 1,85 €. Alle folgenden Präparate gibt es rezeptfrei in Apotheken: Transpulmin® Kinderbalsam S 20 g 4,30 €, EMSER® Nasenspray 15 ml 5,00 €, Rhinomer® 1 (Soft) Lösung 115 ml 10,22 €, Nasivin® sanft 0,01% 5 ml und Nasivin® sanft 0,025% 10 ml jeweils 4,61 €. Heublumen sind erhältlich in den Apotheken, 500g für ca. 5 bis 6 €.*

Hatschi! Erste Hilfe gegen Heuschnupfen

Ihr Kind leidet, wenn alles zu grünen und blühen beginnt? Wir nennen die besten natürlichen und schulmedizinischen Behandlungsmethoden.

Typische und Ihr Kind sehr belastende Beschwerden sind heftiges Niesen, Fließschnupfen und eine verstopfte Nase, juckende, brennende und tränende Augen. Oft gesellt sich als erste Mitreaktion der Bronchien noch ein Reizhusten nachts und/oder bei körperlicher Belastung (z. B. rennen, hüpfen, toben) dazu.

Hilfe durch Homöopathie

Noch bevor die ersten Beschwerden auftreten (am besten sofort beginnen!), kann **GALPHIMIA GLAUCA** D4 oder D6 (3-mal täglich 1 Tablette) die Allergiebereitschaft Ihres Kindes reduzieren helfen.

Geben Sie bei Beschwerden das passende Mittel (siehe Kasten) in der Potenz D6, in den ersten 12 Stunden alle ein bis zwei Stunden 5 Globuli oder 1 Tablette, dann 3-mal täglich. Bitte geben Sie Ihrem Kind nicht mehrere Mittel hintereinander, falls das erste Mittel nicht gewirkt hat. Suchen Sie einen Homöopathen auf, wenn zwei Mittel keine Besserung gebracht haben.

Homöopathische Mittel und ihre behandelten Symptome

ALLIUM CEPA: reichlich scharfer, wund machender Fließschnupfen, Kribbeln in der Nase und starker Niesreiz beim Eintreten in ein warmes Zimmer; milde Tränen, aber brennende wässrige Augen; oft Stirnkopfschmerzen und rauer, abgehackter Husten; frische Luft bessert die Beschwerden, Wärme verschlechtert

ARSENICUM ALBUM: Fließschnupfen mit wässrigem, brennendem Nasensekret, viel Niesen, nachts Nase oft verstopft; brennende Augen, scharfe Tränen; Durst auf Warmes (trinkt schluckweise), im warmen Zimmer besser, Verschlimmerung durch Kälte, frische Luft

ARUNDO: lästiges, starkes Jucken in Rachen, Gaumen, Augen, Nase, Gehörgängen; Fließschnupfen, Geruchsverlust, Niesen

EUPHRASIA: Bindehautentzündung mit brennenden, heißen Tränen, Augen „schwimmen“ andauernd in Tränen, Augenlider rot geschwollen, ständiges Blinzeln mit Lichtscheu; mildes, wässriges Nasensekret überwiegend tagsüber

NATRIUM CHLORATUM: wässriger, brennender Fließschnupfen, Nase „tropft wie ein Wasserhahn", ist innen wund, heftige Niesanfälle, tränende Augen; Kind kann nichts mehr riechen und nichts mehr schmecken

SABADILLA: anfangs wässriges, dann dickflüssigeres, weißliches Nasensekret, Nase verstopft, oft krampfartige Niesanfälle, brennendes Gefühl in Augen und Nase, starker Juckreiz am Gaumen, trockener Rachen mit ständigem Schluckbedürfnis, trotzdem kein Durst; Kind kälteempfindlich, Kälte verschlimmert

SANGUINARIA: erhitzt wirkendes Kind mit geröteten, brennenden Wangen; Augen stark gereizt mit brennenden Tränen; Nase juckt und brennt, wund machender Fließschnupfen; trockener, brennender Rachen; oft Reizhusten, der sich nachts verschlimmert, eventuell Atemnot; empfindlich auf Kälte und Zugluft

SINAPIS NIGRA: scharfes, brennendes Nasensekret, Nase mal links, mal rechts zugeschwollen, häufiges Niesen, Hitze- und Brenngefühl in den Augen sowie im Rachen

STICTA PULMONARIA: ständiges Niesen, keine Absonderung aus der Nase trotz des Gefühls, dass die Nase „voll" ist, trockene Borken in der Nase; Augen brennen; oft zusätzlicher nächtlicher Reizhusten

Weitere natürliche Behandlungsmethoden

Als Basis jeder homöopathischen Behandlung empfiehlt sich eine Therapie mit homöopathisch potenziertem Eigenblut. Auch die völlig schmerzfreie Laserakupunktur (Stimulation der Akupunkturpunkte durch Laserlicht) bessert die Beschwerden oft deutlich.

Tipp

Unterstützend können Sie Ihrem Kind 3-mal täglich einen Sprühstoß Luffa-Nasenspray in jedes Nasenloch geben. Das bessert die ständig laufende Nase, und auch etwaige Kopfschmerzen verschwinden dann oft.

Verschafft jedoch die sanfte Behandlung Ihrem Kind nicht genügend Linderung, können Sie unbesorgt auch schulmedizinische Arzneimittel geben – möglichst in Absprache mit dem Kinderarzt.

Moderne Antiallergika sind wirksam und verträglich

Antiallergika sind Medikamente, die die allergische Entzündung der Schleimhäute abklingen lassen und damit die Beschwerden lindern. Grundsätzlich können diese Medikamente als Augentropfen und Nasenspray angewendet, aber auch als Tropfen bzw. Saft eingenommen werden. Augentropfen und Nasenspray belasten den Körper natürlich am wenigsten. Achten Sie darauf, möglichst unkonservierte Präparate zu verwenden, da Konservierungsstoffe wie z. B. Benzalkoniumchlorid die ohnehin entzündeten Schleimhäute zusätzlich reizen können.

Sehr verträglich und bereits für Babys geeignet ist Cromoglicinsäure (z. B. Cromo Pur von ct Nasenspray und Cromoratiopharm® Einzeldosis Augentropfen). Leider müssen diese Präparate in der Regel 4-mal täglich – und am besten bereits vor dem ersten Auftreten von Beschwerden – gegeben werden, um eine gute Wirksamkeit zu erzielen, was gerade bei Augentropfen oft zu Protest führt. Cromoglicinsäure ist eher für leichtere Beschwerden geeignet, denn sehr ausgeprägte Symptome bessern sich damit oft nicht ausreichend.

Reicht Cromoglicinsäure nicht aus, ist Livocab® Direkt eine wirksamere Alternative. Die Augentropfen und das Nasenspray (beide mit Benzalkoniumchlorid konserviert!) dürfen schon Babys gegeben werden. Meist reicht eine 2-mal tägliche Anwendung aus. Verträgt Ihr Kind den Konservierungsstoff nicht, können Sie statt der Augentropfen auf Zaditen® Ophta sine Eindosispipetten 2-mal täglich ausweichen (für Kinder ab drei Jahren, rezeptpflichtig!).

Reichen die Mittel zur lokalen Anwendung nicht aus, können Sie Ihrem Kind ab zwei Jahren zusätzlich einen Cetirizin-Saft geben, z. B. Cetirizin-ratiopharm® Saft. Der macht weniger müde als die älteren, ebenfalls rezeptfreien Fenistil® Tropfen (geeignet für Kinder ab 12 Monaten).

Bezugsquellen: *Alle angegebenen homöopathischen Medikamente sind rezeptfrei in Apotheken erhältlich,10 Gramm Globuli für 6,46€,80 Tabletten für 7,69€ (Hersteller: DHU).15 ml Luffa Nasenspray (ohne Konservierungsmittel; Fa. Alhopharm) kosten 5,90€. Apothekenpflichtig, aber rezeptfrei sind: Cromo Pur von ct Nasenspray 15 mlfür 6,16€,Cromoratiopharm® Einzeldosis 20 Einzeldosisbehälter für 4,92€, Livocab® Direkt (Augentropfen 3 ml für 10,73€, Nasenspray 5 ml für 7,90€, Kombipackung aus beidem für 15,89€), Cetirizin-ratiopharm® Saft 75 ml für 6,25€, Fenistil® Tropfen 20 ml für 5,79€. Aktuelle Informationen zum Pollenflug erhalten Sie z.B. unter www.wetteronline.de/dldlpol.htm oder www.lorano.de/pollenflug/vorhersage/index.php. Dort finden Sie außerdem einen kostenlosen persönlichen Pollenwarndienst per E-Mail.*

Richtig handeln bei Sommergefahren: Hitzschlag, Sonnenstich, Insektenstich im Hals

Gerade für Babys und Kleinkinder hat der Sommer auch Schattenseiten. Denn ihr empfindlicher Organismus kann zu viel Hitze und Sonne nur schlecht verkraften. Auch die Wespe im Trinkbecher wird ihnen schnell zum Verhängnis. Lesen Sie hier, wie Sie wirksam vorbeugen und im Notfall richtig helfen.

Scheint Ihrem Kind die Sonne längere Zeit auf den Kopf, werden Gehirn und Hirnhäute gereizt. Das passiert gerade bei Kindern in den ersten Lebensjahren besonders schnell, denn die Schädeldecke ist noch dünn, und oft genug ist auch der Haarwuchs noch spärlich. Durch die Hitze schwellen Gehirn und Hirnhäute an, können sich in der knöchernen Schädelhöhle jedoch nicht ausdehnen. Der steigende Druck auf das Gehirn führt zu den typischen Symptomen.

Typisch für den Sonnenstich: Kopfschmerzen und Übelkeit

War Ihr Kind längere Zeit ohne Sonnenhut in der Sonne, deuten folgende Anzeichen, die oft erst nach einigen Stunden auftreten, auf einen Sonnenstich hin:

- Kind ist unruhig oder quengelig, kann aber auch benommen sein (bis hin zur Bewusstlosigkeit!)
- hochroter, heißer Kopf, Haut am Körper eher kühl
- Kopfschmerzen, oft auch Schwindel
- Übelkeit und Erbrechen
- Nackensteife (Kind kann den Kopf nicht nach vorne beugen, sodass das Kinn die Brust berührt, da dies schmerzhaft ist)
- eventuell auch hohes Fieber, häufig abends, Kind dann oft eher blass

Bei Sonnenstich den Kopf kühlen

- Bringen Sie Ihr Kind in den Schatten.
- Legen Sie es mit erhöhtem Oberkörper auf den Rücken, das verringert den Druck aufs Gehirn.
- Kühlen Sie den Kopf mit feuchten, kalten Tüchern, die Sie häufig wechseln. Alternativ können Sie auch eine Kühlkompresse verwenden, die Sie aber vor dem Auflegen in ein Tuch (z. B. Geschirrtuch) einschlagen.

- Unterstützende homöopathische Behandlung mit **BELLADONNA** D12 (ersatzweise D6): 5 Globuli oder 1 Tablette alle fünf bis 10 Minuten, insgesamt 3-mal, danach bei Bedarf stündlich bis zweistündlich.
- Ist Ihr Kind bewusstlos, rufen Sie bitte sofort den Notarzt! Bis zu dessen Eintreffen beobachten Sie Ihr Kind ständig. Legen Sie es mit leicht in den Nacken gebeugtem Kopf auf die Seite, damit es nicht an Erbrochenem erstickt.

★ **Wichtig:** Bitte rufen Sie in jedem Fall den Arzt, wenn Ihr Kind an einem der hier aufgeführten Krankheitsbilder leidet und sich nach den genannten Erstmaßnahmen nicht rasch und vollständig erholt! Ist Ihr Kind jünger als zwei Jahre oder sind Sie sich unsicher, sollten Sie sofort den Arzt verständigen.

Mit diesen drei Regeln kommt Ihr Kind gesund durch den Sommer

Regel 1: Sorgen Sie dafür, dass sich Ihr Kind möglichst häufig im Schatten aufhält. Speziell zwischen 12 und 15 Uhr sollte es gar nicht in die Sonne. Lassen Sie Ihr Baby im Sommer keinesfalls im Auto, auch wenn dieses im Schatten steht, Sie Dach oder Fenster einen Spalt offen lassen und Sie ohnehin gleich wieder zurück sein wollen!
Regel 2: Bieten Sie Ihrem Kind immer wieder etwas zu trinken an oder stellen Sie ihm den Trinkbecher zur „Selbstbedienung“ hin. Dauernuckeln sowie eiskalte Getränke bitte vermeiden! Geeignete Durstlöscher sind Mineral- oder Leitungswasser und Saftschorlen (ein Teil Saft plus zwei bis drei Teile Wasser bzw. ungesüßten Tee). Wenn Ihr Kind stark schwitzt (bei großer Hitze und/oder Spiel und Sport), ist ab dem Kindergartenalter eventuell ein verdünnt angerührtes isotonisches Getränk (z. B. Isostar oder Gatorade Sport Drink) sinnvoll. Ersatzweise können Sie Apfelschorle (ein Teil Saft auf einen Teil Wasser) geben.
Regel 3: Lassen Sie Ihr Kind nicht ohne Sonnenhut oder Schirmmütze in die Sonne.

Tipp

So bleibt der Hut auf dem Kopf

Auch wenn Sie darauf bestehen, dass Ihr Kind den Sonnenhut auflässt, wehren sich Babys und Kleinkinder meist gegen diesen wichtigen Kopfschutz. So schaffen Sie Abhilfe:

- Seien Sie ein gutes Vorbild und setzen Sie selbst einen Hut oder eine Kappe auf.

- Lassen Sie Ihr Kind den Sonnenhut oder die Kappe selbst aussuchen. Gefällt ihm der Hut oder ist es gar stolz darauf, wird es ihn am ehesten auflassen.
- Für Babys sind Modelle, die sich mit einem Band unter dem Kinn zubinden lassen, am besten geeignet, da sie sich nicht so leicht vom Kopf ziehen lassen. Mützen mit Nackenschutz sind besonders wirkungsvoll, da der Nacken sehr empfindlich auf eine erhöhte Sonnenbestrahlung reagiert.

Hitzeerschöpfung und Hitzschlag – zwei unterschiedliche Krankheitsbilder

Bei hohen Temperaturen im Sommer können zwei verschiedene Notfälle auftreten.
Die häufigere Hitzeerschöpfung entsteht, wenn Ihr Kind sich viel bewegt und deshalb stark schwitzt. Wird der Verlust an Flüssigkeit und Salzen nicht ausgeglichen, weil es nicht genug trinkt, kommt es zum Kreislaufversagen.
Der seltenere Hitzschlag oder Hitzeschock tritt bei feuchtheißer, schwüler Witterung auf, besonders wenn Ihr Kind zu warm angezogen ist. Ist nämlich die Schweißabgabe durch ungeeignete Kleidung oder hohe Luftfeuchtigkeit nicht möglich, kommt es im Körper zu einem Wärmestau. In unseren Breiten tritt der eventuell tödliche Hitzschlag meist bei Babys auf, die längere Zeit in einem völlig überhitzten, parkenden Auto verbringen mussten.

Tipp

An heißen Tagen sollten Sie sofort hellhörig werden, wenn Ihr Kind unleidlich wird und zu quengeln beginnt. Oft ist es dann von der Hitze erschöpft und braucht etwas zu trinken sowie Ruhe an einem möglichst schattigen, kühlen Ort.

Bei Hitzeerschöpfung muss Ihr Kind viel trinken!

Folgende Anzeichen können bei einer Hitzeerschöpfung auftreten:

- Kind ist meist blass und fröstelt, hat kalten Schweiß auf der Stirn; anfangs kann der Kopf jedoch auch leicht gerötet und feuchtwarm sein
- große Schwäche
- normale Körpertemperatur
- schneller, schwacher Puls

- eventuell zusätzlich leichte Kopfschmerzen und leichte Übelkeit, Erbrechen ist allerdings untypisch

Wenn Sie jetzt rasch und richtig handeln, erholt sich Ihr Kind meist rasch, und die Gefahr einer Bewusstlosigkeit ist gebannt.

- Bringen Sie Ihr Kind in den Schatten und decken Sie es mit einer leichten Decke zu, wenn es fröstelt.
- Legen Sie es auf den Rücken und lagern Sie die Beine hoch (auf Kissen oder einfach hochhalten).
- Geben Sie Ihrem Kind viel zu trinken (nie eiskalt!). Ideal wäre ein salzhaltiges Getränk (ein Teelöffel Salz auf einen Liter Wasser oder eine Elektrolytlösung gegen Durchfall wie Oralpädon®), das die meisten Kinder jedoch nicht gerne trinken. Ersatzweise können Sie, wie auf Seite 52 erwähnt, ein isotonisches Getränk (bitte drei Teile davon mit einem Teil Wasser verdünnen, da die meisten isotonischen Getränke für diesen Zweck zu viel Salze enthalten!) oder Apfelschorle anbieten.
- Unterstützende homöopathische Behandlung mit **VERATRUM ALBUM** D12 (ersatzweise D6): 5 Globuli oder 1 Tablette alle fünf bis 10 Minuten, insgesamt 3-mal, danach bei Bedarf stündlich bis zweistündlich.
- Ihr Kind sollte den Rest des Tages im Bett bleiben und auch an den folgenden Tagen geschont werden.

Erste Hilfe bei Hitzschlag: Ausziehen und feuchte Tücher

Typisch für den Hitzschlag sind folgende Symptome:

- anfangs hochroter Kopf, dann Haut am gesamten Körper gerötet, heiß und trocken
- stumpfer Gesichtsausdruck, taumelnder, unsicherer Gang
- Schwindel, Kopfschmerzen, Benommenheit bis hin zur Bewusstlosigkeit
- hohe Körpertemperatur (Fieber über 38 °C)

Die Erstmaßnahmen ähneln denen beim Sonnenstich:

- Rufen Sie bei einem Hitzschlag immer sofort den Arzt!
- Bringen Sie Ihr Kind an einen kühlen, schattigen Platz.
- Legen Sie es mit erhöhtem Oberkörper auf den Rücken, sofern es nicht bewusstlos ist (dann Seitenlage wie auf Seite 52 beschrieben).
- Ziehen Sie Ihr Kind aus oder öffnen Sie zumindest seine Kleidung.
- Kühlen Sie die Haut mit feuchten Tüchern (Wasser nicht zu kalt, etwa 20 °C), die Sie regelmäßig wechseln. Duschen Sie Ihr Kind nicht kalt ab, das könnte zu einem Schock führen.
- Unterstützende homöopathische Behandlung mit **BELLADONNA** D12 (ersatzweise D6): 5 Globuli oder 1 Tablette alle fünf bis 10 Minuten, insgesamt 3-mal, danach bei Bedarf stündlich bis zweistündlich.
- Gönnen Sie Ihrem Kind an diesem und am nächsten Tag Bettruhe! Auch an den folgenden Tagen sollte es geschont werden.

Bei Insektenstichen im Mund- und Rachenraum sofort kühlen

Glücklicherweise sind Bienen- oder Wespenstiche im Mund oder Rachen selten. Doch kann es natürlich vorkommen, dass eine Wespe in die Saftschorle gefallen ist und Ihr Kind, ohne dass Sie es bemerkt hätten, einen Schluck davon nimmt. Hat das in Panik geratene Insekt erst einmal zugestochen, besteht für Ihr Kind Lebensgefahr. Die Schleimhaut kann nämlich in kurzer Zeit so stark anschwellen, dass Ihr Kind keine Luft mehr bekommt.

So helfen Sie richtig:

- Alarmieren Sie als Erstes den Rettungsdienst.
- Versuchen Sie, ruhig zu bleiben und Ihr Kind zu beruhigen.
- Ist Ihr Kind bei Bewusstsein und mindestens zwei Jahre alt, geben Sie ihm Speiseeis oder Eiswürfel zu lutschen. Ob Kühlkompressen oder kalte Tücher von außen auf den Hals die Schwellung lindern können, ist sehr ungewiss. Sie können es jedoch versuchen, da Sie damit zumindest keinen Schaden anrichten.
- Unterstützende homöopathische Behandlung mit **APIS** C12: viertelstündlich 5 Globuli bis zum Eintreffen des Rettungsdienstes.
- Schwillt der Hals Ihres Kindes trotzdem vor dem Eintreffen des Rettungsdienstes zu und es bekommt keine Luft mehr, gelingt es oft durch eine Mund-zu-Mund-Beatmung, doch noch etwas Luft durch die verengten Atemwege zu pressen.

Bezugsquellen: *Alle angegebenen homöopathischen Mittel sind rezeptfrei in der Apotheke erhältlich, 10 Gramm Globuli 6,46 €, 80 Tabletten 7,69 € (Hersteller: DHU, Karlsruhe). Oralpädon®-Beutel können Sie in verschiedenen Geschmacksrichtungen rezeptfrei in der Apotheke kaufen (10 Beutel für 4,61 €). Gel-Kühlkompressen erhalten Sie in Apotheken und Drogerien (ab etwa 5,00 €).*

Worauf es beim Schulranzen ankommt: Kauftipps für das beste Modell

Viel zu schwer bepackt machen sich ABC-Schützen oft auf den Schulweg. Ein leichter Ranzen, richtig angepasst, und eine clevere Packstrategie schonen den Rücken Ihres Schulanfängers.

Eine Untersuchung an über 2.000 Grundschulkindern ergab, dass keines der Kinder ein seinem Körpergewicht angemessenes Schulranzengewicht aufweisen konnte. Schwere Ranzen, schlechte Schulmöbel und Bewegungsmangel führen dazu, dass zum Ende des Grundschulalters schon 48 Prozent aller Kinder über Rückenschmerzen klagen. Bei ABC-Schützen ist die Wirbelsäule durch Fehl- und Überbelastung leicht verformbar und deshalb besonders anfällig. Auch die noch nicht voll entwickelte Muskelkraft muss berücksichtigt werden. Deshalb sollte der gepackte Schulranzen nicht mehr als 10 Prozent des Körpergewichtes wiegen, also bei einem durchschnittlich 25 kg wiegenden Erstklässler nicht mehr als 2,5 kg. In Ausnahmefällen dürfen es auch 12 Prozent sein.

Wählen Sie einen leichten, ergonomischen Ranzen

Natürlich muss das Design des Schulranzens Ihrem Kind auch gefallen (zu kindliche Motive wie Häschen oder Bärchen gelten allerdings oft schon ab der 3. oder 4. Klasse als „uncool" – und ein neuer Ranzen muss her!), doch kommt es bei der Wahl des richtigen Modells mehr auf die „inneren Werte" und die Sicherheit an:

- Nehmen Sie Ihr Kind immer zum Anprobieren mit! Der ideale Ranzen ist hochformatig, sollte nicht wesentlich breiter als die Schulterpartie Ihres Kindes sein, und die Oberkante schließt mit den Schultern ab.
- Das Leergewicht des Ranzens sollte maximal 1200 Gramm betragen. Die leichtesten Modelle wiegen sogar nur 1000 Gramm. Wählen Sie einen Ranzen aus robustem, wasserdichtem Material (Polyester, Nylon). Lederranzen sind für Erstklässler einfach zu schwer!
- Achten Sie auf einen ergonomischen Sitz. Das Rückenteil sollte komplett gepolstert und ergonomisch geformt sein. Es muss sich dem Rücken Ihres Kindes anpassen. Eine so genannte Reliefpolsterung verbessert die Druckverteilung und die Trageeigenschaften. Die gepolsterten Tragegurte müssen stufenlos und leicht verstellbar sowie mindestens vier Zentimeter breit sein. Der Tragegriff sollte mindestens acht Zentimeter lang sein.

- Große Reflektoren an allen Seiten erhöhen die nötige Verkehrssicherheit. Die Fläche der Vorder- und Seitenteile muss mit mindestens 10 Prozent retroreflektierendem Material und 20 Prozent fluoreszierendem Material versehen sein.

Tipp

Kaufen Sie einen Schulranzen, der nach DIN 58124 zertifiziert ist. Dann können Sie sicher sein, dass die hier aufgeführten Kriterien erfüllt sind.

- Normale Umhängetaschen und Rucksäcke sind nicht geeignet. Extra konzipierte Schulrucksäcke (etwa McNeill Ergo Light 2 oder Schulrucksäcke von hama) sind hingegen aus orthopädischer Sicht günstig für den Rücken. Für einen guten Schulranzen müssen Sie durchschnittlich 90 € oder sogar mehr ausgeben.

Schulranzen für eine gleichmäßige Belastung korrekt anpassen

Der Schulranzen muss unbedingt auf dem Rücken (nicht in der Hand oder lässig über eine Schulter geworfen!) sowie möglichst senkrecht und dicht am Körper getragen werden, um Haltungsschäden zu vermeiden.
Damit beide Schultern gleichmäßig belastet werden und Ihr Kind nicht schief geht, müssen beide Trageriemen gleich lang eingestellt sein und eng am Körper anliegen. Die Oberkante des Ranzens sollte sich waagerecht in Schulterhöhe befinden. Bei zu langen Gurten drückt der Ranzen im Bereich der Lendenwirbelsäule und begünstigt ein Hohlkreuz, zu straff gezogene Gurte verursachen einen Rundrücken.

Tipp

Mein Tipp zur schnellen Gurt-Einstellung:
Lassen Sie Ihr Kind beim Anziehen des Ranzens in die Gurte schlüpfen, auf der Stelle hüpfen und gleichzeitig an den Gurten ziehen – so erhält man den perfekten Sitz.

Um Haltungsschäden vorzubeugen, ist die korrekte Anpassung des Ranzens wichtiger als das absolute Schulranzengewicht! Problematisch ist auch der heute oft herrschende Bewegungsmangel, der zu einem unzureichend trainierten Haltungs- und Bewegungsapparat führt. Bewegen Sie sich als Ausgleich mit Ihrem Kind viel in der Freizeit oder lassen Sie es, wenn es möchte, im Sportverein turnen.

Nicht mehr als nötig in den Ranzen packen!

- Packen Sie mit Ihrem Kind jeweils am Vorabend den Schulranzen für den nächsten Tag. Hinein gehört nur, was Ihr Kind wirklich braucht! „Gewichtige" Glücksbringer, Spielsachen oder leere Getränkeflaschen haben darin nichts verloren.
- Achten Sie darauf, den Ranzen so zu packen, dass das Gewicht gleichmäßig verteilt ist, also z. B. nicht alle schweren Bücher auf der linken Seite stecken. Beim Einräumen sollten die schweren Bücher in das Fach, das dem Rücken am nächsten ist, gepackt werden. So wird das Gewicht des Ranzens nah am Körper getragen, das entlastet den Rücken.
- Kontrollieren Sie regelmäßig (mindestens alle 14 Tage) das Gewicht des vollgepackten Ranzens.

Mein Tipp: Kaufen Sie Ihrem Kind nicht nur einen leichten, sondern tendenziell auch eher einen kleinen Schulranzen, denn in einem großen wird auch mehr herumgeschleppt!

Das Beste für kleine Füße: Was Sie über Kinderschuhe wissen sollten

Etwa 98 Prozent aller Kinder werden mit gesunden Füßen geboren. Doch haben 80 Prozent der Erwachsenen verformte Füße. Falsches Schuhwerk ist der Hauptgrund dafür, dass gesunde Kinderfüße langsam krank werden. Lesen Sie hier, wie Sie vorbeugen können.

Seit etwa 50 Jahren werden Untersuchungen zur Passform von Kinderschuhen durchgeführt, doch hat sich bis heute nichts geändert: Mit erschreckender Regelmäßigkeit zeigt sich, dass mehr als die Hälfte aller Kinderfüße in zu kleinen Schuhen stecken!
Eine 2002 durchgeführte österreichische Studie an 858 Kindern zwischen drei und sechs Jahren kam zu dem Ergebnis, dass 69 Prozent der Kinder zu kleine Straßenschuhe trugen, während von den Hausschuhen sogar 88 Prozent zu klein waren!

Warum klagen Kinder nicht über zu kleine Schuhe?

Vor allem Kleinkinder haben sehr weiche und biegsame Füße. Die Muskeln, Gelenke, Bänder und Knochen sind noch nicht gefestigt. Sie passen sich schmerzlos auch Schuhen an, die ganz und gar nicht passen. So merken Kinder oft nicht, dass der Schuh drückt.
Trotzdem haben zu kleine Schuhe messbare Auswirkungen. Je kleiner der Schuh, umso häufiger steht die Großzehe nicht mehr gerade, sondern ist mehr oder weniger in Richtung Fußaußenrand abgeknickt.

Tipp

Der noch weiche Kinderfuß wird nicht nur durch Schuhe, sondern auch durch zu kleine Strümpfe eingeengt! Achten Sie auf ausreichend große Strümpfe, da diese sonst die Zehengelenke beeinträchtigen und zu eingewachsenen Nägeln führen können.

Wann braucht Ihr Kind die ersten Schuhe?

Schuhe dienen vor allem als Schutz gegen Kälte und harten Untergrund im Freien. Zum Laufenlernen in der Wohnung sind sie dagegen nicht nötig. Barfußlaufen ist am gesündesten! Lassen Sie Ihr Kind auf Teppich, Holzboden, Gras oder Sand so oft wie möglich ohne Schuhe laufen.
Hausschuhe für Kleinkinder sind aus Sicherheitsgründen fast immer geschlossen. In diesen Schuhen herrscht aber meist kein gutes „Klima", denn die Füße sind darin sehr häufig feucht und warm, was Fußpilz begünstigt.

Was ist beim Schuhkauf zu beachten?

Kaufen Sie Kinderschuhe nur in einem Fachgeschäft, das WMS-Schuhe anbietet und den Fuß Ihres Kindes zuvor entsprechend vermisst. Schuhe mit dem WMS-Siegel werden für jede Schuhlänge jeweils in mehreren Weiten (weit, mittel, schmal) angeboten (nähere Informationen unter www.schuhinstitut.de).
Leider stimmt die auf dem Schuh angegebene Größe sehr oft nicht mit der Innenlänge überein. Die oben genannte österreichische Untersuchung kam zu dem Ergebnis, dass bei nur drei Prozent der Kinderschuhe die Größe korrekt angegeben war. Beim großen Rest war die tatsächliche Schuhlänge innen ein bis zwei Nummern kleiner!

Tipp

Damit die Schuhe wirklich passen, sollten Sie am Abend vor dem Schuhkauf eine Schablone aus stabiler Pappe anfertigen. Stellen Sie Ihr Kind barfuß (ohne Strümpfe!) auf den Karton und zeichnen Sie den Fußumriss nach. Fügen Sie an der längsten Zehe 12 Millimeter hinzu und schneiden Sie die Schablone aus. Passt die Schablone in den Schuh, ist auch die Schuhlänge richtig!

In der Wohnung sind rutschfeste ABS-Söckchen besser als Hausschuhe. Ist Ihre Wohnung sehr fußkalt, engen Hüttenschuhe oder auch Puschen aus Lammfell die Füße Ihres Kindes am wenigsten ein. Wichtig ist immer, dass sie eine rutschfeste Sohle haben.

Probieren Sie Ihrem Kind beim Schuhkauf immer beide Schuhe an und lassen Sie es mindestens zehn Minuten damit im Geschäft herumgehen. Trägt Ihr Kind Einlagen, muss es die Schuhe natürlich damit anprobieren.

Checkliste Schuhkauf:

Das sollte ein guter Kinderschuh bieten

- Schuh muss der Form des kindlichen Fußes entsprechen, ausreichend lang und breit sein sowie genügend Zehenfreiheit bieten
- hochgezogene Fersenkappe, die guten Halt gibt gut geformtes Fußbett, gerader innerer Leistenrand
- atmungsaktives Material, innen vorzugsweise mit Leder gefüttert
- elastische, biegsame Sohle, vorzugsweise aus Naturlatex, flacher bzw. niedriger Absatz
- praktisch für Eltern und Kind: Klettverschlüsse

Der Schuh sollte maximal eine Nummer zu groß sein, wenn eine Schnürung oder ein Klettverschluss dem Kinderfuß dann noch genügend Halt geben. Ansonsten wird die Abrollbewegung beim Gehen gestört und Ihr Kind wird versuchen, sich mit den Zehen festzuklammern.

Wann braucht Ihr Kind neue Schuhe?

Kinderfüße wachsen schnell. Lassen Sie daher alle drei bis vier Monate in einem Fachgeschäft die Füße Ihres Kindes messen.

Tipp

Untersuchungen haben gezeigt, dass bei Kindern zwischen drei und sechs Jahren pro drei Zentimetern Körperwachstum die Füße um rund fünf Millimeter länger werden. Somit können Sie praktisch an der Messlatte am Türrahmen ablesen, wann die Länge der Schuhe kontrolliert werden muss: nämlich immer dann, wenn Ihr Kind wieder drei Zentimeter gewachsen ist!

Kleines Baby-Workout

Keine Angst, es geht hier nicht um schweißtreibendes Fitness-Training. Unsere Übungsvorschläge werden Ihnen und Ihrem Baby Spaß machen. Gleichzeitig können Sie Ihr Kind damit fördern.

Besonders dankbar für diese Übungen sind meist Babys im vierten und fünften Lebensmonat. Sie möchten sich schon mehr bewegen, können aber oft noch nicht so, wie sie gerne wollen! Das Herumliegen scheint ihnen in diesem Alter richtig auf die Nerven zu gehen.
Das Baby-Workout kann so lange dauern, wie Ihr Kind Spaß daran hat. Zeigt es erste Zeichen von Unlust oder signalisiert es Ihnen durch Abwenden, dass es seine Ruhe möchte, hören Sie bitte damit auf, um Ihr Kind nicht zu überfordern. Um die Verdauung Ihres Babys nicht zu stören, sollten Sie nicht direkt nach seinen Mahlzeiten turnen, sondern lieber erst eine Stunde später.

Für die Beine

Bewegen und lockern Sie die Beinchen Ihres Babys in den Knie- und Hüftgelenken:

- Setzen Sie sich so hin, dass das Baby bequem auf Ihrem Schoß liegen kann. Es liegt mit dem Rücken auf Ihren Oberschenkeln, der Kopf ist auf Ihren Knien. So können Sie sich beim Turnen am besten ansehen.
- Fassen Sie die Füßchen Ihres Babys und strecken Sie sanft und ohne jede Gewalt seine Beinchen aus. Eine kurze Pause einlegen.
- Dann beugen Sie die Beine wie zum Schneidersitz vor seinem Bäuchlein zusammen, einen Fuß höher als den anderen. Kurz in dieser Position verharren.
- Nun die Beine wieder sanft strecken, kurze Pause.
- Beim nächsten Beugen wird der andere Fuß höher gelegt. So wechseln Sie jedes Mal die Beinchen ab.
- Achten Sie darauf, diese Übung ruhig und gleichmäßig auszuführen.

Tipp

Singen Sie ein Kinderlied dazu oder legen Sie eine nicht zu schnelle Musik auf. Mozart beispielsweise gefällt fast allen Babys.

- Eine bei den Babys sehr beliebte Alternative: Spielen Sie Dampflok. Nehmen Sie die Beinchen Ihres Babys an den Fußgelenken und bewegen Sie sie im Rhythmus einer anfahrenden Dampflok, mal schneller (bitte nicht ruckartig oder hektisch!), mal langsamer. Machen Sie dazu das passende Geräusch, zischen und schnaufen Sie im Rhythmus mit.

Für Arme und Schultern

Diese Übung entspannt den oberen Rücken und den Schulterbereich Ihres Babys:

- Lassen Sie Ihr Kind wie zur vorigen Übung mit dem Rücken auf Ihrem Schoß liegen.
- Fassen Sie es an beiden Händchen und strecken Sie seine Arme sanft und in einem ruhigen, gleichmäßigen Tempo waagerecht zu beiden Seiten aus. Dort halten Sie einige Sekunden lang inne.
- Nun bewegen Sie die Händchen im gleichen Tempo zurück zum Körper und überkreuzen seine leicht gestreckten Arme waagerecht vor seiner Brust. In dieser Position machen Sie wieder eine kurze Pause.
- Wiederholen Sie die Übung, so lange sie Ihrem Baby Spaß macht.
- Hier noch eine Variante: Strecken Sie Babys Ärmchen erst waagerecht zu den Seiten, dann kurze Pause. Danach Ärmchen beidseits nach oben neben den Kopf strecken, erneut kurze Pause. Jetzt Ärmchen wieder waagerecht zu den Seiten strecken, kurze Pause, und die Arme nun erst – wie oben beschrieben – vor dem Körper überkreuzen.

Turnen macht Spaß: Übungen fürs Wohnzimmer

Für den Fall, dass kein „Spielplatz-Wetter" herrscht, stellen wir Ihnen hier einfache Spiele zur Bewegungsförderung vor, die sich auch zu Hause problemlos umsetzen lassen.

Die folgenden Spielideen sind für Kinder ab etwa zwei Jahren gedacht. Sie brauchen dazu ein wenig Platz, z. B. eine freie Fläche im Wohnzimmer oder auf dem Flur, möglichst mit Teppich oder Teppichboden. Achten Sie bei Laufspielen darauf, dass Sie scharfe Ecken und Kanten entweder aus dem Weg räumen oder aber durch Schaumstoff entschärfen, damit Ihr Kind sich nicht verletzt. Machen Sie Ihrem Kind die Übungen vor, da es mit langen Erklärungen wenig anfangen kann.

Turnen mit dem Kuscheltier

- Kuscheltier-Reiten: Setzen Sie Ihrem Kind das Kuscheltier so auf die Schultern, dass ein Bein links und ein Bein rechts neben seinem Hals liegt und Ihr Kind das Tier an den Beinen festhalten kann. Nun kann es als Pferd durch die Wohnung galoppieren. Dann kann es auf allen Vieren durch die Wohnung krabbeln und das Kuscheltier auf dem Rücken tragen. Wenn Ihr Kind schon vier oder fünf Jahre alt ist und Sie ihm im Gang freie Bahn gewähren können, weil dort keine Möbel stehen, kann es auch im Krebsgang (rücklings auf Hände und Füße stützen und dabei den Po anheben) vorwärts, rückwärts oder seitwärts laufen und sein Kuscheltier auf dem Bauch transportieren.
- Kuscheltier-Hüpfen: Legen Sie einige Tiere Ihres Kindes in Abständen auf den Boden und bitten Sie Ihr Kind, so vorsichtig darüber zu springen, dass es die Tiere nicht „verletzt".

Vergnügliche Fußgymnastik

Hierzu muss Ihr Kind natürlich barfuß sein. Für diese Spiele ist ein Teppich weniger geeignet, besser ein glatter Boden (z. B. Parkett).

- Kissen-Spaß: Legen Sie Ihrem Kind ein stabiles Kissen vor die Füße auf den Boden. Dieses Kissen kann es abwechselnd mit den Füßen drehen, wenn es jeweils an den Kissenecken anschiebt. Oder lassen Sie Ihr Kind durch den Raum laufen und das Kissen mit den Füßen vor sich her schieben. Wenn Ihr Kind sich auf den Boden setzt, kann es das Kissen zwischen beiden Füßen etwas anheben. Ein kleines, weiches Kissen kann es sogar mit den Füßen aufschütteln.

- Servietten-Rupfen: Geben Sie Ihrem Kind eine Papierserviette und lassen Sie es die Serviette mit den Füßen in kleine Stücke rupfen. Diese kann Ihr Kind dann mit den Zehen aufheben und in eine flache Schüssel oder einen flachen Karton befördern. Bieten Sie Ihrem Kind dazu eventuell Ihre Hand an, damit es nicht umfällt.

Luftballon-Übungen

- Ballontanz: Gehen Sie in die Hocke, sodass Sie auf Augenhöhe mit Ihrem Kind sind. Klemmen Sie einen Luftballon zwischen Ihre Stirn und die Stirn Ihres Kindes und bewegen Sie sich nun gemeinsam, sodass der Ballon möglichst nicht zu Boden fällt. Je nach Alter Ihres Kindes können Sie auch hüpfen, rückwärts gehen oder zur Musik tanzen.
- Ballonaufzug: Ihr Kind sitzt auf dem Boden und nimmt den nicht zu prallen Luftballon zwischen die Füße, mit den Händen kann es sich nach hinten abstützen. Nun hält es die Beine mit dem Ballon gestreckt in die Luft und befördert den Ballon durch Strecken und Anwinkeln im Knie mal hinauf und dann wieder hinunter. Als Variante kann es den Ballon auch herunterrollen lassen. Dazu muss Ihr Kind die Beine gerade in die Luft strecken, und Sie legen ihm den Ballon auf die Fußrücken. Wenn Sie loslassen, kullert der Ballon Ihrem Kind geradewegs in den Schoß.

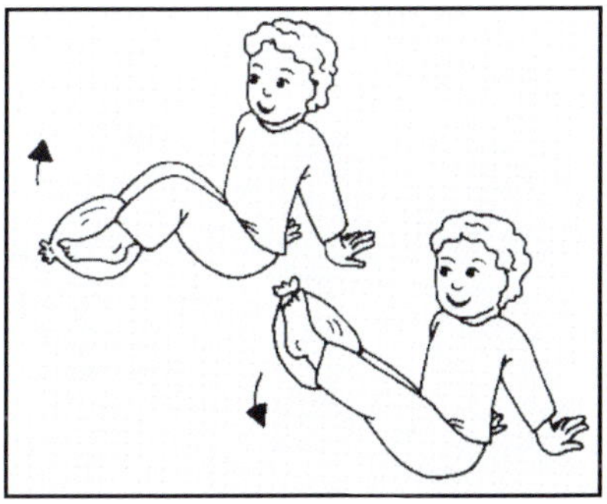

Abbildung 8:
Mit dieser Übung kann der Luftballon „Aufzug fahren“ (Erklärung im Text „Ballonaufzug“). Statt eines Ballons können Sie Ihrem Kind auch einen kleinen Ball geben.

So tragen Sie Ihr Baby richtig: Wie Sie Haltungsschäden vermeiden

Babys beruhigen sich am besten, wenn sie Körperkontakt zur Mutter haben und sanft gewiegt werden. Deshalb fühlen sich die Kleinen im Tragetuch oder Tragesack auch so wohl. Wir zeigen Ihnen, was Sie beachten müssen, um eine ungünstige Haltung zu vermeiden.

Wie Äffchen sind auch Menschenbabys von Natur aus „Traglinge", die sich aktiv an der Mutter festklammern. Der enge Körperkontakt vermittelt Geborgenheit, und Blickkontakt mit der Mutter ist jederzeit möglich. Ein Schweizer Kinderarzt stellte fest, dass Babys, die etwa vier Stunden täglich getragen wurden, wesentlich weniger weinten als die nicht getragenen Kinder der Kontrollgruppe.

Schadet das Tragen Babys Rücken?

Dafür gibt es keinerlei wissenschaftliche Belege. Im Gegenteil, eine Studie an 400 Kindern, die viel getragen wurden, ergab, dass diese später weniger Haltungsschäden hatten als der Bevölkerungsdurchschnitt. Auch bei den Naturvölkern, die ihre Kinder bis zum vierten Lebensjahr tragen, sind Haltungsschäden nahezu unbekannt.

Die Befürchtung, das Baby könnte beim Tragen zu wenig Luft bekommen, ist ebenfalls unbegründet, so lange die Tragehaltung stimmt und das Baby nicht in sich zusammensackt.

Wichtig für Ihren Rücken

Wenn Sie folgende Punkte beachten, schonen Sie Ihren Rücken und beugen Beschwerden vor:

- Tragen Sie Ihr Kind möglichst hoch am Körper, jedoch nicht so hoch, dass Babys Köpfchen sich in der Höhe Ihres Kinns befindet. Je höher der Körperschwerpunkt Ihres Kindes, desto besser ist das für Ihre eigene Haltung.
- Tragen Sie Ihr Kind nah am Körper; es sollte sich also nicht weit nach hinten oder seitwärts beugen können.
- Tragen Sie Ihr Kind möglichst in der Körpermitte und nicht asymmetrisch auf der Hüfte. Dies fördert eine schiefe Haltung.

- Größere Kinder lassen sich besser auf dem Rücken tragen, das ist auch für Sie die schonendste Trageweise.
- Tragen Sie Ihr Kind nur zeitweise, denn Sie beide brauchen Tragepausen.

Leiden Sie trotzdem unter Rückenschmerzen, können Sie Ihr Kind natürlich auch im Kinderwagen fahren. Körpernähe bekommt es schließlich auch bei ausgedehnten Schmuse- und Spielzeiten!

Tabelle 5: Auswirkungen und Eignung der einzelnen Trageweisen für Mutter und Kind

Trageweise	Kind	Mutter	Bewertung
liegend im Tragetuch	• ab Geburt bis etwa drei Monate • nicht geeignet für Babys mit Hüftgelenksfehlstellung	• praktisch, da das Baby in dieser Position auch gestillt werden kann • wegen des geringen Gewichts des Babys trotz leicht seitlicher Tragehaltung meist unproblematisch	• nur für die ersten Wochen • kein Breitwickeleffekt
auf der Hüfte	• ab etwa sechs Wochen, wenn Kopf dabei durch Tuch abgestützt ist, ansonsten erst, wenn Kind den Kopf frei halten kann • Breitwickeleffekt	• durch asymmetrische Körperhaltung längerfristig ungeeignet	• nur für kurze Strecken, da auf Dauer ungünstige mütterliche Haltung • günstig: Breitwickeleffekt
am Bauch der Mutter, Blickrichtung zur Mutter	• wenn Köpfchen gut gestützt wird, ab Geburt geeignet • Breitwickeleffekt	• gut geeignet, da Kind in Körpermitte getragen wird • meist bis zu einem Babygewicht von acht bis zehn Kilogramm möglich	• bei Kindern bis etwa acht Kilogramm auch für längere Strecken gut geeignet • günstig: Breitwickeleffekt
am Bauch der Mutter, Blickrichtung nach vorne	• ungünstige Haltung, da Rücken nicht gerundet ist, sondern ein Hohlkreuz bildet • Beinchen nicht angehockt, hängen gerade herunter • evtl. Reizüberflutung bei Säuglingen	siehe „am Bauch der Mutter, Blickrichtung zur Mutter“	• bietet keine Vorteile • schlechte Haltung des Kindes • nicht zu empfehlen!
auf dem Rücken	• im Tragetuch oder Tragesack ab drittem Monat geeignet • im Tragegestell erst, wenn Kind frei sitzen kann • Breitwickeleffekt bei Verwendung eines Tragetuchs	• sobald das Baby zum Tragen vor dem Körper zu schwer wird • schonendste Trageweise für den Rücken der Mutter	• ideal für größere Kinder, die sich so am einfachsten tragen lassen • Tragetücher bieten Breitwickeleffekt, während bei Tragegestellen die Füße des Kindes meist nicht abgestützt sind

***Bezugsquellen** für anatomisch korrekte Tragehilfen: z.B. Tragetücher von Didymos, die je nach Länge und Stoff 70 bis 123€ kosten (Leihtuch zum Ausprobieren für 17,00€); Didymos Erika Hoffmann GmbH, Alleenstr. 8, 71638 Ludwigsburg; Tel. 07141/921024; im Internet: www.didymos.de. Sinnvoller, mitwachsender Tragesack: Glückskäfer Babytragesack (Informationen unter www.glueckskaefer.de), erhältlich z.B. bei Baby-Walz unter der Best.-Nr. 606.200 für 69,00 €; Versandhaus Walz GmbH, 88336 Bad Waldsee; tel. Bestellservice 01805/334011; im Internet: www.baby-walz.de.*

Zahnpflege für die Kleinsten: Richtig gepflegt von Anfang an

Kein Kind muss heute mehr kariöse Zähne im Mund haben. Doch richtig putzen will gelernt sein. Wir zeigen Ihnen, worauf Sie achten müssen. Plus: Die besten Tipps gegen Zahnputzstreik.

Auch heute noch halten manche Eltern Milchzähne für nicht so wichtig. Natürlich stimmt es, dass sie nach einigen Jahren ausfallen, um den bleibenden Zähnen Platz zu machen. Doch bis dahin erfüllen sie wichtige Funktionen: Ihr Kind braucht sie, um korrekt kauen und sprechen zu können, und sie dienen als Platzhalter für die bleibenden Zähne. Muss ein Milchzahn gezogen werden, verschiebt sich das gesamte Gebiss! Außerdem können die Karies verursachenden Streptokokken (hauptsächlich *Streptokokkus mutans*) von den befallenen Milchzähnen auf die durchbrechenden bleibenden Zähne übertragen werden.

So erkennen Sie drohende Karies, bevor Schäden entstehen

Durch den häufigen Kontakt der Zähne mit Zucker oder Fruchtsäuren wird die Zahnoberfläche angegriffen, es entstehen raue Stellen. Auf diesen rauen Stellen lagern sich Kariesbakterien an und breiten sich weiter aus.
Kariesverdächtig sind:

- Rauigkeiten auf den Zähnen
- weiße oder bräunliche Verfärbungen

Tipp

Schauen Sie sich die Zähne Ihres Kindes alle zwei Wochen genauer an. Schieben Sie die Oberlippe hoch und sehen Sie nach, ob an den Schneidezähnen Zahnbelag erkennbar ist. Fahren Sie vorsichtig mit der Fingerkuppe des gewaschenen Zeigefingers über obere und untere Schneidezähne, ob sich raue Stellen erfühlen lassen. Wenn ja, ist der Gang zum Zahnarzt erforderlich. Adressen speziell auf Kinder spezialisierter Zahnärzte finden Sie unter www.kinderzahnaerzte.de.

Richtiges Putzen will gelernt sein

Zahnpflege ist erforderlich, sobald der erste Milchzahn durchgebrochen ist. Es ist wichtig, dass Ihrem Kind das Zähneputzen mit der Zeit zu einer festen Ge-

Abbildung 9: Ab dem zweiten Lebensjahr sollte Ihr Kind zumindest die Kauflächen putzen, ab dem dritten Lebensjahr werden auch die Außenflächen gebürstet. Ab dem Kindergartenalter kann es üben, zusätzlich die Innenflächen der Zähne zu reinigen. Weitere Informationen im Text. (Zeichnung © GABA AG, Therwil)

wohnheit wird, so wie etwa das Händewaschen. Geputzt wird nach dem KAI-Schema (siehe Abbildung 9):

- Zähne immer in derselben Reihenfolge (z. B. oben erst rechts, dann links, anschließend unten erst rechts, dann links) putzen, damit kein Zahn vergessen wird!
- Auf den **K**auflächen der Backenzähne darf hin- und hergebürstet werden.
- Die **A**ußenflächen von Schneide- und Backenzähnen werden in kreisenden Bewegungen geputzt.
- Die **I**nnenflächen der Zähne werden „ausgefegt".

Natürlich sind Kinder unter vier bis fünf Jahren noch nicht in der Lage, diese Bewegungen schon exakt auszuführen. Machen Sie Ihrem Kind die richtige Putztechnik aber immer wieder vor und erinnern Sie es beim Putzen eventuell daran. Auch Babys haben in den seltensten Fällen so lange Geduld, dass Sie die KAI-Technik korrekt anwenden können.
Bei Kindern unter sechs Jahren ist es grundsätzlich erforderlich, noch einmal täglich nachzuputzen, nachdem das Kind selbst geputzt hat. Feinmotorik – und oft auch Geduld! – reichen bei ihnen nicht aus, um jeden einzelnen Zahn so gründlich zu putzen, dass alle Beläge entfernt werden. Bewährt hat sich folgende Sprachregelung: Ihr Kind putzt oder bürstet seine Zähne, Sie hingegen wollen nur noch einmal nachpolieren. Damit vermeiden Sie, dass Ihr Kind das Gefühl bekommt, es müsse beim Putzen mit Ihnen konkurrieren.

Das richtige „Handwerkszeug"

Es gibt inzwischen eine große Auswahl an geeigneten Kinderzahnbürsten mit kleinem Bürstenkopf und rundem Borstenfeld. Die Kunststoffborsten sollten kurz und an den Spitzen abgerundet sein, der Griff sollte für Kinderhände etwas dicker sein. Ergonomisch und an jedes Lebensalter hervorragend angepasst sind die Zahnbürsten Oral-B Stages 1 bis 4. Besonders empfehlenswert ist auch die Aronal ökodent-Wechselkopfzahnbürste.
Die Zahnbürste Ihres Kindes sollte etwa alle zwei Monate ausgewechselt werden. Sind die Borsten verklebt oder stehen sie durch kräftiges Herumkauen in alle Richtungen, ist schon früher eine neue Bürste fällig.

Elektrische Zahnbürsten werden von den Herstellern ab drei Jahren empfohlen. Zahnärzte raten allerdings, diese erst ab einem Alter von acht Jahren zu verwenden, da Kinder ansonsten die korrekte Zahnputztechnik gar nicht erlernen können. Fluoride sind sinnvoll, um die Zähne gegen Karies zu schützen. Ob Sie besser eine fluoridhaltige oder eine fluoridfreie Kinderzahnpasta verwenden, hängt davon ab, ob Ihr Kind Fluoridtabletten bekommt, ob Sie fluoridiertes Speisesalz verwenden und ob Ihr Trink-/Mineralwasser Fluorid in nennenswerter Menge enthält (siehe Seite 15).

Tipp

Schüßler-Salz für gesunde Zähne
Wenn Sie die Gabe von Fluorid ablehnen, können Sie Ihrem Kind ab dem ersten Lebensjahr täglich eine Tablette **CALCIUM FLUORATUM** D12 (Schüßler-Salz Nr. 1) geben. Das festigt den Zahnschmelz und schützt vor Karies. Im Gegensatz zu den Fluoriden ist die Wirksamkeit von Calcium fluoratum jedoch nicht durch Studien belegt.

Für besonders empfehlenswert halte ich Nenedent-Zahnpasta mit oder ohne Fluorid, die zusätzlich über 10 Prozent Xylit enthält und daher karieshemmend wirkt. Außerdem ist sie geschmacklich weniger aufdringlich als viele andere Kinderzahnpasten, die – überaromatisiert mit Himbeer- oder Erdbeergeschmack – geradezu zum Verschlucken der Zahncreme einladen.

Kann Zähneputzen auch schaden?

Nach dem Genuss von Obst(säften) und anderen säurehaltigen Nahrungsmitteln sollte mit dem Zähneputzen etwa eine Stunde gewartet werden, da der Zahnschmelz durch die Säure vorübergehend angegriffen ist. Er wird durch den Speichel jedoch wieder mineralisiert.

Tipp

Gibt es Obst oder Saft zum Frühstück, empfiehlt es sich, die Zähne vor dem Frühstück zu putzen. Es ist jedoch besser, die Zähne direkt danach zu putzen, als die Zahnpflege ganz ausfallen zu lassen! Um die Säureattacke zu bremsen, sollte Ihr Kind nach dem Verzehr von Obst den Mund mit Wasser ausspülen bzw. etwas Wasser trinken oder einen Zahnpflegekaugummi kauen.

Tabelle 6: Zahnpflege-Fahrplan für alle Altersstufen

Ab wann?	Was zu beachten ist?
ab dem ersten Zähnchen	Reinigen Sie die Zähne einmal täglich, am besten abends vor dem Schlafengehen, mit einem sauberen Baumwollläppchen (z. B. Taschentuch), das Sie mit warmem Wasser angefeuchtet haben. Umfassen Sie mit dem Tuch mit Daumen und Zeigefinger jedes Zähnchen und reiben Sie leicht auf der Zahnoberfläche hin und her. So werden Vorder- und Rückseite geputzt. Von Wattestäbchen rate ich ab, da die feucht gewordene Watte vor allem bei Produkten mit Plastikschaft relativ leicht abgeht und eventuell in die Luftröhre gelangen könnte. Um Ihr Baby an die Zahnbürste im Mund zu gewöhnen, ist ein Beißring mit integrierter Zahnbürste hilfreich, sinnvoll ist alternativ ein Zahnputz-Lernset mit verschiedenen Bürsten. Zahnpasta ist noch nicht erforderlich. Bitte bedenken Sie, dass sich Ihr Kind zum einen erst einmal an die Berührung im Mund gewöhnen muss und dass zum anderen die Zahnleisten besonders empfindlich sind, wenn ein neues Zähnchen kommt. Seien Sie also bitte sehr vorsichtig.
ab dem 18. Monat	Nun können Sie ihrem Kind die erste Kinderzahnbürste kaufen. Es genügt zunächst, wenn die Zähne einmal täglich, am besten natürlich vor dem Schlafengehen, geputzt werden. Anfangs reicht es, die Zahnbürste nur anzufeuchten.
ab dem 2. Geburtstag	Ab jetzt sollten die Zähne zweimal täglich geputzt werden, wobei zumindest abends eine maximal erbsgroße Menge Zahnpasta verwendet werden sollte. Zunächst führen Sie Ihrem Kind beim Zähneputzen die Hand. Mit einiger Übung gelingen Ihrem Kind schon bald selbst Hin- und Herbewegungen auf den Kauflächen.
ab dem 3. Geburtstag	Ihr Kind sollte nun zweimal täglich mit einer erbsgroßen Menge Zahnpasta putzen. Leiten Sie es immer wieder an, nach dem KAI-Schema zu putzen.
ab fünf bis sechs Jahren	Jetzt bricht im Backenzahnbereich der erste bleibende Zahn durch (Sechsjahrmolar). Oft ist er relativ stark gefurcht und liegt anfangs etwas unterhalb des Niveaus der noch stehenden Milchzähne. Daher ist dieser Zahn besonders kariesgefährdet. Mit einer Zahnbürste, die einen kleinen Bürstenkopf mit am Kopfende längeren Borstenbüscheln hat (z. B. Oral-B Stages 3 bzw. 4), kann er am besten erreicht und geputzt werden. Sprechen Sie mit Ihrem Zahnarzt, ob eine Fissurenversiegelung sinnvoll ist. Dabei werden die Furchen nach einer gründlichen Reinigung mit einem speziellen Kunststoff ausgespritzt, wodurch die Kariesbildung verhindert wird.

Auch wenn häufig empfohlen wird, möglichst nach jedem Essen die Zähne zu putzen, ist dies gerade bei Kindern nicht realistisch. Bleiben Sie gelassen: Bisher ist noch nicht einmal erwiesen, ob dreimal tägliches oder gar noch häufigeres Putzen überhaupt Vorteile für die Zahngesundheit bringt oder durch den vermehrten Abrieb des Zahnschmelzes nicht sogar nachteilig ist. Schlecht ist es aber in jedem Fall, wenn Ihr Kind mit hohem Druck auf die Zahnbürste wie wild im Mund herumfuhrwerkt!

★ **Merke:** Zur Verhinderung von Karies ist es unabdingbar, dass die Zähne gründlich von Zahnbelag befreit werden. Daher ist es wirksamer, einmal täglich gründlich zu putzen als mehrmals täglich schlampig!

Bei korrekter Putztechnik ist zweiminütiges Zähneputzen ausreichend, um die Zähne zu reinigen. Alles, was darüber hinausgeht, führt nur zu einem erhöhten Schmelzabrieb. Wie sinnvoll sind Zahnpflegekaugummis? Nach dem Mittagessen oder dann, wenn Sie mit Ihrem Kind unterwegs sind und es daher seine Zähne nicht putzen kann, sind spezielle Kaugummis eine gute Alternative zur Zahnbürste. Am besten geeignet sind Zahnpflegekaugummis mit dem Zuckeraustauschstoff Xylit, die die Zahl der Kariesbakterien im Mund reduzieren können. Wenn Sie als Eltern mehrmals täglich einen solchen Kaugummi kauen, beugt das der Übertragung der Karieserreger auf Ihr Kind vor. Die Speichelproduktion anregen und den Zahnbelag wenigstens teilweise entfernen können hingegen auch normale Kaugummis, die jedoch keinen Zucker enthalten sollten. Kaugummis sind frühestens ab dem vierten Lebensjahr geeignet.

Tipp

Für Kinder ab etwa zwei Jahren, die noch keinen Kaugummi kauen können oder wollen, sind harte, feste Nahrungsmittel wie eine Karotte oder ein Kohlrabi ein guter Ersatz. Da sie lange gekaut werden müssen, regen sie die Speichelproduktion an und helfen, etwas Zahnbelag von den Zähnen zu entfernen.

Bezugsquellen: *Das Zahnputz-Lernset (enthält Gummilamellen zur Kiefermassage, Bürste mit weichen Gummiborsten, kleine Zahnbürste mit weichen Kunststoffborsten; Preis 4,95€) sowie ein Beißring mit integrierter Zahnbürste („Babys erste Zahnbürste“ Preis 4,95€) sind erhältlich bei Baby-Walz. Zahnbürsten- und Zahnpasten für Kinder erhalten Sie in Apotheken und Drogerien. Die Zahnbürsten Oral-B Stages 1 bis 4 kosten je etwa 2,50€, die Aronal ökodent-Wechselkopfzahnbürste ist ab 2,58€ erhältlich. Nenedent-Zahnpasta mit oder ohne Fluorid kostet 1,40 bis 1,75€.*

Weitere Informationen *finden Sie im Internet z.B. bei der Arbeitsgemeinschaft Zahngesundheit unter www.agz-rnk.de oder auf der bereits im Text erwähnten Seite.*

Kosten: *Die Fissurenversiegelung der beiden hinteren bleibenden Backenzähne ist für Kinder/Jugendliche zwischen sechs und 18 Jahren eine Kassenleistung. Die Kosten (ca. 20,00€ pro Zahn) für alle anderen Backenzähne bzw. Milchbackenzähne werden nicht übernommen.*

Zahnarztbesuch: Keine Angst vor dem Bohrer!

Wer geht schon gerne zum Zahnarzt? Lesen Sie jetzt, wie Sie Ihr Kind so darauf vorbereiten, dass es keine Angst hat. Erfahren Sie alles über neue Behandlungsmethoden ohne Furcht erregendes Gebohre. Und da Vorbeugen besser ist als Bohren, finden Sie hier außerdem das Einmaleins der Zahnpflege.

Karies an Milchzähnen kann später zu Schäden an den bleibenden Zähnen führen, denn Kariesbakterien im Milchgebiss breiten sich schnell im Mund aus und können dabei auch durchbrechende bleibende Zähne angreifen. Daher sollten Sie die Pflege der Milchzähne nicht mit dem Argument, diese müssten ja nur wenige Jahre halten, auf die leichte Schulter nehmen (siehe Artikel: Zahnpflege für die Kleinsten auf Seite 68).

Schützen Sie den Sechsjahrmolar

Der Sechsjahrmolar ist der erste bleibende Backenzahn (fachsprachlich: Molar), der meist im Alter von sechs Jahren durchbricht – daher sein Name. Seine Pflege ist allerdings ein wenig problematisch: Er befindet sich weit hinten im Mund und liegt anfangs noch unter dem Niveau der davor stehenden Milchzähne. So wird er beim Zähneputzen leicht „übersehen" und hat oft schnell ein Loch.

Kaufen Sie Ihrem Kind etwa um den sechsten Geburtstag eine spezielle Zahnbürste, mit der es auch den Sechsjahrmolar erreichen kann. Die Bürste sollte einen relativ kleinen Bürstenkopf und am vorderen Bürstenkopfende längere Borsten haben (z. B. Oral-B Stages 3, Preis ca. 2,50€).

Informieren Sie sich bei Ihrem Zahnarzt über eine Fissurenversiegelung. Dabei werden die Furchen nach einer gründlichen Reinigung mit einem speziellen Kunststoff ausgespritzt, wodurch die Kariesbildung verhindert wird. Die Versiegelung der beiden hinteren bleibenden Backenzähne ist für Kinder ab sechs Jahren eine Kassenleistung. Die Kosten (ca. 20€ pro Zahn) für alle anderen Backenzähne bzw. Milchbackenzähne werden hingegen nicht übernommen.

★ **Wichtig:** Trotz einer Fissurenversiegelung muss gründlich geputzt werden! Sonst kann es sogar unter dem Kunststoff zu einer Ausbreitung von Karies kommen. Wichtig ist auch die halbjährliche Vorsorge-Untersuchung beim Zahnarzt. Dabei können schadhafte Versiegelungen frühzeitig entdeckt und ausgebessert werden.

12 Tipps für den Zahnarztbesuch ohne Angst

Ist Ihr Kind zwei bis drei Jahre alt, ist der erste Besuch beim Zahnarzt fällig. Vielleicht gibt es in Ihrer Nähe sogar einen speziellen Kinderzahnarzt? Unter www.kinderzahnaerzte.de können Sie nachsehen, wo der nächste Kinderzahnarzt praktiziert.

Normalerweise ist beim ersten Zahnarztbesuch nur eine Untersuchung erforderlich und keine Behandlung, daher kann Ihr Kind von Anfang an Vertrauen zum Zahnarzt aufbauen. Mit diesen Tipps unterstützen Sie Ihr Kind dabei:

- Nehmen Sie Ihr Kind zum eigenen Zahnarztbesuch mit. Wenn Ihr Kind erlebt, dass Sie selbst ohne Angst zum Arzt gehen, ist das überzeugender als viele Worte. (Steht bei Ihnen jedoch eine Behandlung an, ist dies weniger günstig, denn Ihr Kind könnte in Sorge um Sie sein und möglicherweise durch Quengeln die Behandlung stören.) Auch größere Geschwister oder ein mutiger Freund geben ein gutes Vorbild ab.
- Vermitteln Sie eine positive Einstellung. Sind Sie selbst dem Zahnarzt gegenüber positiv eingestellt, haben Sie Vertrauen zu ihm und betrachten Sie den Besuch als etwas Selbstverständliches, überträgt sich das auch auf Ihr Kind. Vermeiden Sie Äußerungen wie „O Gott, bald muss ich ja wieder zum Zahnarzt!“
- Trösten Sie nicht vorbeugend. Mit der gut gemeinten Aussage „Du wirst sehen, dass es gar nicht schlimm ist/gar nicht wehtun wird“ lösen Sie eher Ängste aus, da Ihr Kind möglicherweise erst dadurch Schlimmes befürchtet.
- Sprechen Sie über den Zahnarztbesuch. Gut geeignet als „Aufhänger“ sind die folgenden Kinderbücher:

Diese Bücher bereiten Ihr Kind auf den Zahnarztbesuch vor

Geeignet ab ca. zwei Jahren:

- „Bei der Zahnärztin“ von Uta Fischer (Pappbilderbuch; Ravensburger 2000; leider nur noch antiquarisch oder in Büchereien erhältlich) – für mich das beste Buch, um Kleinkinder auf den Besuch beim Zahnarzt vorzubereiten!

Bei den folgenden Büchern mit Ausnahme des letztgenannten wird die Angst vor dem Zahnarzt thematisiert, was vor dem ersten Zahnarztbesuch, wenn Ihr Kind gar keine Angst hat, möglicherweise ungünstig ist! Meist geht es um die Zahnbehandlung und das Bohren, nicht nur um einen reinen Kontrollbesuch.

Geeignet ab ca. drei Jahren:

- „Heute gehen wir zum Zahnarzt“ von S. Hämmerle und K. Trapp (Betz 2002; 24 Seiten; 9,95€)

- „Keine Angst vorm Zahnarzt, Wilbert!“ von J. Clarke und C. Johannson (Brunnen 2003; 32 Seiten; 10€)

Geeignet ab ca. fünf Jahren:

- „Heute gehe ich zum Zahnarzt“ von H. Wich und K. Wieker (Ellermann 2005; 36 Seiten; 8,50€)

- Vergessen Sie das Kuscheltier nicht! Mit dem vertrauten Lieblingstier fühlt sich Ihr Kind gleich viel stärker, und vielleicht kann das Kuscheltier ja sogar den Mund aufmachen, damit der Zahnarzt hineinsehen kann.
- Nehmen Sie die halbjährlichen Vorsorgeuntersuchungen wahr. Sie dienen nicht nur der Kontrolle, sondern ermöglichen eine Reihe von Arztbesuchen, bei denen Ihrem Kind nicht mehr „passiert“ als ein prüfender Blick in den Mund. Das schafft Vertrauen zum Zahnarzt.
- Erklären Sie Furcht Erregendes kindgerecht. Hat Ihr Kind vom Bohrer und von der Spritze gehört, können ihm diese Dinge Angst machen. Nehmen Sie ihm die unnötige Furcht davor. Der Bohrer beim Zahnarzt hat z. B. wenig mit einer Bohrmaschine zu tun, die in die Tiefe bohrt. Er löffelt nur oberflächlich wie ein kleines Schaufelrad das weiche, kaputte Material aus dem Zahn. Und eine Spritze piekst nur einmal kurz und tropft dann ein Schlafmittel um den Zahn, damit man nichts mehr spürt.
- Bleiben Sie ehrlich. Ist eine unangenehme Behandlung nötig, sollten Sie und/oder der Arzt niemals sagen „Es tut überhaupt nicht weh“, da die folgende Prozedur Ihrem Kind eben doch wehtut. Das Vertrauen wäre dahin, da Kinder auf solche vermeintlich gut gemeinten Lügen sehr empfindlich reagieren. Schmerzen lassen sich außerdem oft besser ertragen, wenn man auf sie vorbereitet ist.
- Setzen Sie Ihr Kind nicht unter Druck und machen Sie ihm keine Vorwürfe. Natürlich ist es ärgerlich, wenn es den Mund nicht aufmachen will oder bei einer Behandlung nicht mitmacht und Sie deshalb erneut zum Zahnarzt müssen. Die Zeit, die Sie anfangs investieren, damit der Arztbesuch für das Kind keine Qual wird, macht sich jedoch bezahlt. Es ist wichtig, dass Ihr Kind das Gefühl hat, beim Zahnarzt zu nichts gezwungen zu werden!
- Unterstützen Sie den Kontakt zwischen Ihrem Kind und dem Zahnarzt. Lassen Sie Ihr Kind selbst antworten, auch wenn es länger zögert oder sich einmal ungeschickt ausdrückt. Überlassen Sie Erklärungen und Motivierungsversuche hingegen dem Zahnarzt. Gerade wenn Ihr Kind sehr ängstlich oder bockig ist, schadet es mehr, als es nützt, wenn sowohl der Arzt bzw. die Zahnarzthelferin als auch Sie auf es einreden. Machen Sie keine Versprechungen wie „Nur noch einmal den Mund aufmachen, dann ist alles vorbei!“
- Loben oder belohnen Sie Ihr Kind, wenn es gut mitmacht. Für einfaches Mundaufmachen bei der Vorsorgeuntersuchung ist natürlich ein Lob ausreichend. Hatte Ihr Kind große Angst vor dem Zahnarzt oder musste etwas

Unangenehmes gemacht werden, darf die Belohnung auch etwas größer ausfallen, etwa ein Schwimmbadbesuch oder ein Ausflug mit selbst gewähltem Ziel.

Tipp

Bei starker Angst wirken Bach-Blüten ausgleichend und beruhigend. Geben Sie Ihrem Kind schon zu Hause 2 Tropfen Rescue Remedy (= Notfalltropfen) aus der Vorratsflasche direkt auf die Zunge, bei Bedarf in der Praxis wiederholen. Alternativ: 4 Tropfen in 200 ml Wasser auflösen und innerhalb von 10 Minuten schluckweise trinken lassen, gegebenenfalls wiederholen.

Carisolv® Gel löst Karies auf

Doch was tun, wenn der Zahnarzt bei Ihrem Kind ein Loch im Zahn gefunden hat, das gefüllt werden muss? Glücklicherweise gibt es zwei Alternativen zum Bohren, die aber leider auch ihre Nachteile haben.
Mit Carisolv® Gel kann das kariöse Zahnmaterial chemisch aufgeweicht werden. Es wird auf den kranken Zahn aufgetragen und muss zwei bis drei Minuten einwirken, bevor das aufgeweichte Material mit einem Handinstrument ausgeschabt werden kann (nicht immer völlig schmerzfrei!). Das Auftragen und Ausschaben muss bis zu vier Mal wiederholt werden, bis die Karies vollständig entfernt ist.

Vorteile: Die gesunde Zahnsubstanz wird geschont, da nur die kariöse Zahnmasse aufgelöst wird. Das Gel ist für Kinder meist geeignet, da es sich bei ihnen hauptsächlich um „neue" Löcher handelt und die Karies meist oberflächlich sitzt. In diesen Fällen kann auf den Bohrer oft ganz verzichtet werden. Eine zusätzliche Behandlung des Zahnes ist bei der üblichen Versorgung der Milchzähne mit Kompomer (von der Kasse bezahlte Kunststoff-Füllung) nicht erforderlich.

Nachteile: Das Aufweichen der kariösen Zahnsubstanz dauert wesentlich länger als das Bohren (bis zu 20 Minuten) und Ihr Kind muss sich dabei relativ ruhig halten. Daher kommt die Methode für sehr unruhige Kleinkinder nicht in Frage. Leider schmeckt Carisolv® Gel auch unangenehm, was gerade bei Kindern ein Problem darstellt. Nicht zuletzt ist diese Methode der Kariesentfernung keine Kassenleistung, und sogar Privatkassen verweigern manchmal die Erstattung. Für einen Zahn müssen Sie mit 30 bis 40€ rechnen.

Adressen von Zahnärzten, die Carisolv®-Erfahrung haben, bekommen Sie über die Hotline 0180/5003495 (12 Cent pro Minute) oder über die Hotline Ihrer Krankenversicherung.

Bohren mit dem Laser

Eine weitere bohrerfreie Behandlungsmethode ist das relativ neue Laserverfahren „Millennium Waterlase“. Dabei wird Wasser durch Laserenergie verdampft. Die daraus entstehende Energie kann wie ein herkömmlicher Bohrer eingesetzt werden. Das Laserverfahren eignet sich vorwiegend für kleine Zahnfüllungen, da der Abtrag des kariösen Zahnschmelzes deutlich länger dauert als mit dem herkömmlichen Bohrer.

Vorteile: Der Laser erzeugt weder Hitze noch Vibrationen, wodurch die Zahnbehandlung schonend und schmerzarm (aber nicht immer schmerzfrei!) ist.

Nachteile: Die Präzision des Lasers wird noch kontrovers beurteilt. Befürworter geben an, dass mit dem Laser gesunde Zahnsubstanz geschont werden könne, da ein genaueres Arbeiten möglich sei. Kritiker hingegen geben zu bedenken, dass der Zahnarzt beim Lasern schlechter merke, wann die Karies entfernt sei, und daher eventuell zu viel Zahnhartsubstanz abtrage. Die Laserbehandlung zur Kariesentfernung ist keine Kassenleistung, sodass pro Zahn Kosten von 20 bis 50€ anfallen. Informationen, welche Zahnärzte diese Behandlung anbieten, erhalten Sie häufig über die Hotline Ihrer Krankenversicherung.

Bezugsquellen: *Rescue Remedy (Notfalltropfen) sind rezeptfrei erhältlich in Apotheken, 10 ml ab 6,95€.*

Krank im Urlaub? Helfen Sie Ihrem Kind mit Homöopathie und Hausmitteln

Leider werden Kinder manchmal auch im Urlaub krank. In südlichen Urlaubsländern erwischt sie z. B. oft „Montezumas Rache", der Reisedurchfall. Mit unserer Kinder-Reiseapotheke sind Sie für alle Fälle gerüstet!

Die Reiseapotheke sollte alles Nötige für die Erstbehandlung Ihres Kindes enthalten (siehe Tabelle 7 auf Seite 80). Decken Sie sich rechtzeitig und in ausreichender Menge – ein Drittel mehr als voraussichtlich benötigt – mit Medikamenten ein, die Ihr Kind ständig benötigt. Kontrollieren Sie vor dem Urlaub das Verfallsdatum aller Mittel. Reisen Sie in tropische Gegenden, sollten Sie auf Zäpfchen verzichten und z. B. auf Saft ausweichen, da die Zäpfchen bei hoher Umgebungstemperatur bereits in der Verpackung schmelzen.
Medikamente müssen vor Sonnenlicht geschützt, trocken und kühl transportiert und gelagert werden. Deshalb gehören sie nicht ins Handschuhfach, auf die Rückbank oder obenauf in den Kofferraum des Autos.

Tipp

Als einfacher und guter Hitzeschutz für Medikamente hat sich haushaltsübliche Alu-Folie bewährt. In Folie gewickelte Medikamente erhitzen sich selbst in der prallen Sonne nur gering. Ungeschützt können sie sich bis fast auf 70 Grad erwärmen, sie zersetzen sich und wirken dann nicht mehr.

Vergessen Sie nicht, sich rechtzeitig (am besten schon zwei bis drei Monate) vor dem Urlaub bei Ihrem Kinderarzt zu informieren, welche Impfungen Ihr Kind braucht und ob eine Malariaprophylaxe erforderlich ist.

Was muss ins Handgepäck?

Während des Fluges können im Gepäckraum Temperaturen unter dem Gefrierpunkt herrschen. Das kann bei Säften, Salben, Cremes oder Tropfen zur Zersetzung führen. Präparate zur Injektion, etwa Insulin, können sogar ihre Wirksamkeit einbüßen. Packen Sie diese Medikamente besser ins Handgepäck.

Verstauen Sie Salben und Säfte notfalls in der Mitte eines Koffers, damit sie wenigstens etwas geschützt sind.
Auch homöopathische Mittel sollten Sie in die Mitte des „großen Gepäcks“ legen. Dieses wird nicht auf jedem Flughafen durchs Röntgen geschickt. Röntgenstrahlen sind den empfindlichen Homöopathika nicht zuträglich.
Unbedingt ins Handgepäck gehört ein für mehrere Tage ausreichender Vorrat an Dauermedikation, damit Sie nicht ohne Arzneimittel dastehen, falls der Koffer verloren geht oder verspätet eintrifft. Außerdem müssen ins Handgepäck:

- alle Medikamente zur Injektion (z. B. Insulin, Wachstumshormon),
- alle Notfallmedikamente (z. B. Asthmaspray, Notfallset bei Allergie),
- Nasentropfen für den Druckausgleich vor Start und Landung, falls Ihr Kind verschnupft ist oder ohnehin Probleme mit dem Mittelohr hat (z. B. Paukenerguss).

Sinnvoll ist auch ein Meersalzspray zur Befeuchtung der Nasenschleimhaut, da die Kabinenluft oft sehr trocken ist und allein deshalb bei Flügen vermehrt Erkältungen auftreten.

Rasierschaum gegen Quallen und andere Hausmittel

Mit Essig, Zwiebel, Gurke, Quark und Rasierschaum können Sie eine ganze Reihe von Urlaubswehwehchen behandeln. Rasierschaum haben Sie eventuell ohnehin im Gepäck, alles andere bekommen Sie im Hotel oder in einem Lebensmittelgeschäft.
Fieber: Zur Fiebersenkung sind Essigstrümpfe (wichtig: nur bei warmen Füßen!) hilfreich: einen Teil Essig auf vier Teile zimmerwarmes Wasser geben, Baumwoll-Kniestrümpfe eintauchen, leicht auswringen und anziehen. Darüber Wollsocken oder ersatzweise ein trockenes Frotteehandtuch. Die Essigstrümpfe können bis zu einer Stunde liegen bleiben.
Geschlossene Verletzungen (Prellung, Verstauchung, Bluterguss): einen Teil Essig mit vier Teilen sehr kaltem Wasser verdünnen, ein Baumwolltuch damit tränken und ausgewunden etwa eine Stunde lang auf die verletzte Stelle legen (nicht auf offene Wunden, Tuch bitte feucht halten). Auch hochprozentiger Alkohol, unverdünnt auf einem Tuch als Umschlag, hat eine gut kühlende und abschwellende Wirkung.
Insektenstiche: Halbieren Sie eine kleine Zwiebel. Reiben Sie die Stichstelle damit ein oder legen Sie die Zwiebel mit der Schnittstelle auf den Stich (eventuell mit Pflaster oder Verband befestigen). Alternativ hilft auch ein mit kaltem Essigwasser getränkter Wattebausch oder eine halbierte rohe Kartoffel.
Ohrenschmerzen: Legen Sie ein Zwiebelsäckchen auf: Zwiebel fein hacken, Zwiebelwürfel in ein Taschentuch einschlagen und ca. 30 Minuten lang auf das schmerzende Ohr legen.
Quallen: Ihr Kind muss sofort aus dem Wasser, da Spätreaktionen möglich sind! Waschen Sie die genesselte Stelle vorsichtig mit Meerwasser ab (niemals

Süßwasser, niemals rubbeln!). Sprühen Sie anschließend Rasierschaum auf. Ist der Rasierschaum getrocknet, kann er mitsamt den Nesselkapseln problemlos z. B. mit einer Kreditkarte abgestreift werden. Kühlen Sie die betroffene Stelle anschließend mit Eis.

Seeigel-Stachel: Entfernen Sie den oder die Stachel mit der Splitterpinzette. Desinfizieren Sie die Stichwunde, z. B. mit Octenisept®. Hat sich eine Entzündung entwickelt oder konnten Sie den Stachel nicht entfernen, gehen Sie bitte zum Arzt. Unterstützend können Sie täglich ein Fußbad aus einem Teil warmem Wasser und einem Teil Essig machen (Dauer: fünf bis zehn Minuten).

Sonnenbrand: Bitte gehen Sie zum Arzt, wenn Ihr Kind Fieber bekommt, und behandeln Sie nur selbst, wenn die Haut nicht offen ist! Legen Sie frische Gurkenscheiben auf oder tragen Sie kühlschrankkalten Quark (nicht bei Milchallergie!) messerrückendick auf. Auch Obstessig (Verdünnung wie für Essigstrümpfe) lindert die Beschwerden.

Tabelle 7: Mit den Mitteln aus dieser Kinder-Reiseapotheke sind Sie bei Notfällen und Erkrankungen bestens ausgerüstet.

Die Selbstbehandlung kann bei schwereren Erkrankungen/Verletzungen den Arztbesuch nicht ersetzen! Alle aufgeführten Medikamente/Präparate gibt es rezeptfrei in der Apotheke. Sie sind, wenn nichts anderes angegeben ist, bereits für Babys geeignet. Bei den homöopathischen Mitteln entsprechen 5 Globuli einer Tablette.

Beschwerden	Behandlung/Vorbeugung
Augenbindehautentzündung	**Euphrasia Augentropfen** von Wala, Dosierung: 1 bis 2 × täglich 1 Tropfen in jedes Auge
Blähungen, Koliken	**Fenchel-Anis-Kümmel-Tee** (z. B. von Sidroga), Dosierung: 3 × täglich 1 Tasse, für Babys 3 × 50 ml
chronische Erkrankung	**Medikamente, die Ihr Kind täglich nehmen muss oder bei Bedarf benötigt** (z. B. Asthmamedikamente) in üblicher Dosierung wie zu Hause
Durchfall	• zum Ausgleich des Flüssigkeitsverlustes **Glukose-Elektrolyt- Lösung** (z. B. Oralpädon® 240 Erdbeer), Dosierung: siehe Packungsbeilage • **Hefepräparat,** z. B. Perenterol® Pulver oder Omniflora® akut Kapseln für Kinder ab 2 Jahren, Dosierung: 1 bis 2 × 1 Kapsel/Beutel, auch vorbeugend • **Uzara® Saft alkoholfrei**, Dosierung: siehe Packungsbeilage
Fieber	bruchsicher eingepacktes, möglichst **digitales Fieberthermometer**, Temperaturkontrolle bei Bedarf, bei Fieber mindestens 2 bis 3 × täglich
Fieber und Schmerzen	**Paracetamol Zäpfchen** (125 mg für Säuglinge, 250 mg für Kinder bis 6 Jahre); bei Reisen in sehr heiße Länder besser Paracetamol oder Ibuprofen Saft (z. B. Nurofen® Junior), Dosierung: siehe Packungsbeilage
Husten	**Prospan® Hustensaft**, Dosierung: siehe Packungsbeilage
Insektenstiche, Sonnenbrand	**Combudoron® Gel**, Anwendung: mehrmals täglich auftragen, bei Babys nicht im Gesicht!
Malariaprophylaxe, sofern erforderlich	**Malaria-Medikamente**, Dosierung: nach Verordnung des Arztes
Mückenschutz	**Zanzarin®** Bio Hautschutz Lotion für Kinder unter 2 Jahren, Autan® Active oder Autan® Family für ältere Kinder; Anwendung: Lotion mehrmals täglich anwenden, Moskitonetz für das Bett!
Notfälle, Unfälle, Schockerlebnisse	**Bach-Blüten-Notfalltropfen oder -Notfallbonbons** (Fa. Murnauer), Dosierung: 2 Tropfen auf die Lippen oder in den Mund geben bzw. ein Bonbon lutschen lassen
Ohrenschmerzen	**Otovowen®** Tropfen, Dosierung: siehe Packungsbeilage

Schnupfen, eventuell für den Druckausgleich im Flugzeug	**abschwellende Nasentropfen** (z. B. Nasenspray K ratiopharm® konservierungsmittelfrei); Dosierung: im Flugzeug bei Bedarf, bei Schnupfen mit verstopfter Nase 3 × täglich für wenige Tage
Sonnenschutz	**wasserfeste Sonnencreme oder -milch mit hohem Lichtschutzfaktor** (LSF), z. B. Lavera Sun sensitive Baby & Kinder Sonnenmilch LSF 30; Anwendung: mehrmals täglich auftragen – Sonnenbrille und -hut nicht vergessen!
Splitter, Stachel in der Haut	**Splitterpinzette**, auch zur Entfernung von Zecken geeignet
Verletzungen, Wunden	**Verbandmaterial** (Schere, 2 elastische Mullbinden, 2 elastische Binden); **Pflaster; Desinfektionsmittel** (z. B. Octenisept® Lösung)
geschlossene Verletzungen (z. B. Bluterguss, Verstauchung)	**Traumeel® S Salbe,** Anwendung: 2 bis 3 × täglich auftragen
Verstopfung	**Babylax®** Klistier oder LactuloseSirup, Dosierung: bei Bedarf 1/2 bis 1 Klistier oder LactuloseSirup laut Packungsbeilage
wunder Po, Windelausschlag	**Wundschutzcreme**, Anwendung: bei jedem Wickeln auftragen

Tabelle 8: Diese homöopathischen Mittel helfen bei häufigen Urlaubsbeschwerden

Beschwerden	Mittel
Bauchschmerzen und Durchfall vor Aufregung bei der Abreise, Reisefieber	**ARGENTUM NITRICUM** D12, 5 Globuli nach Bedarf (alle 30 bis 60 Minuten)
Reisedurchfall, speziell bei Klima- und Ernährungsumstellung	**OKOUBAKA D3**,3 × 1 Tablette, kann bis zu 8 × gegeben werden (nach jedem dünnen Stuhlgang)
Hauptmittel bei starker Übelkeit und Erbrechen	**NUX VOMICA** D12,3 × 5 Globuli im Abstand von 30 Minuten
Hauptmittel bei Reiseübelkeit mit starkem Brechreiz und Schwindel, Hinlegen bessert	**COCCULUS** D12, abends vor Reisebeginn 5 Globuli, während der Fahrt mehrmals nach Bedarf
Reiseübelkeit beim Fliegen	**BORAX** D12, 5 Globuli nach Bedarf (alle 30 bis 60 Minuten)
Reiseübelkeit, kalter Schweiß, Herzklopfen, aufgeregtes Kind, beim Fahren mit Schiff oder Bahn	**TABACUM** D12, 5 Globuli nach Bedarf (alle 30 bis 60 Minuten)
wichtiges Mittel bei Fieber und im ersten Stadium akuter Erkrankungen, etwa bei Ohrenschmerzen	**ACONITUM** D12,3 × 5 Globuli im Abstand von 15 bis 30 Minuten, dann nach Bedarf
Sonnenbrand mit geröteter und überwärmter Haut; außerdem Hauptmittel bei Sonnenstich	**BELLADONNA** D12, 3 × 5 Globuli im Abstand von 15 bis 30 Minuten,
Sonnenbrand mit Blasen	**CANTHARIS** D12,3 × 5 Globuli im Abstand von 30 Minuten
Bienen oder Wespenstiche, Ausschlag durch Quallen	**APIS** D30,3 × 5 Globuli im Abstand von 15 bis 30 Minuten
Insektenstiche (Mücken, Zecken), Tierbisse	**LEDUM** D12,3 × 5 Globuli im Abstand von 30 Minuten
erste Hilfe bei Verletzungen und Wunden aller Art!	**ARNICA** D12, anfangs alle 15 bis 30 Minuten, dann 3 × täglich

Bezugsquellen: *Alle angegebenen homöopathischen Mittel sind rezeptfrei in derApotheke erhältlich, 10 Gramm Globuli 6,46 €, 80 Tabletten 7,69 € (Hersteller: DHU, Karlsruhe).*

Schützen Sie Ihr Baby vor dem Plötzlichen Säuglingstod – die neuesten Erkenntnisse

Der Plötzliche Säuglingstod ist die häufigste Todesursache bei Kindern unter einem Jahr. Etwa 75 Prozent aller Fälle wären durch vorbeugende Maßnahmen vermeidbar. Unsere Checkliste mit allen offiziell empfohlenen Vorbeugemaßnahmen hilft Ihnen dabei.

Jährlich sterben in Deutschland etwa 500 Babys am Plötzlichen Säuglingstod. Meist sind es Säuglinge unter sechs Monaten und zu 60 Prozent sind Jungen betroffen. Die genauen Ursachen des Plötzlichen Säuglingstodes sind bisher nicht bekannt. Die Diagnose „Plötzlicher Säuglingstod" kann nur nach einer Obduktion gestellt werden, wenn bei dem verstorbenen Baby keine andere Todesursache wie z. B. eine Infektion oder ein bisher unbekannter Herzfehler gefunden werden konnte.
Relativ sicher scheint zu sein, dass bei den betroffenen Babys Reifungsverzögerungen im Hirnstamm (hier liegt das Atemzentrum!) bestanden und dass sie an einem Sauerstoffmangel durch aussetzende Atmung gestorben sind. Vieles spricht dafür, dass es nicht eine, sondern mehrere Ursachen für den Plötzlichen Säuglingstod gibt, von denen vermutlich mehrere zusammentreffen müssen.

Ist Schlafen im Elternbett ein Risikofaktor?

Einen Säugling im Elternbett schlafen zu lassen, wird von offizieller Seite nicht empfohlen. Dadurch komme es beim Baby eher zu einer Überwärmung, die als einer der Risikofaktoren für den Plötzlichen Säuglingstod gilt.

Tipp

Ob Ihrem Baby zu warm oder zu kalt ist, können Sie am sichersten im Nacken oder zwischen den Schulterblättern testen. Dort sollte sich die Haut Ihres Kindes warm, aber nicht verschwitzt anfühlen.

Außerdem bestehe noch die Gefahr, dass das Baby unter die Bettdecke rutschen könnte und erstickt oder sogar von den Eltern durch „Überliegen" erdrückt werden könnte. Letzteres ist äußerst unwahrscheinlich, solange Sie als Eltern nicht unnatürlich fest schlafen (z. B. durch Übermüdung, nach Einnahme von Schlafmitteln, reichlich Alkohol oder Drogen). Da jedoch im Elternbett einigen Studien zufolge die Atmung des Säuglings durch die Nähe zur Mutter angeregt wird und auch die Schlafphasen zwischen Mutter und Kind synchronisiert werden, würde ich persönlich das Schlafen im Bett der Eltern nicht als Erhöhung des Risikos betrachten. Falls Sie Ihr Kind zu sich mit ins Bett nehmen wollen: Legen Sie Ihr Baby nicht in die Mitte, sondern an den Rand und sichern Sie es durch ein Bettgitter gegen Herausfallen. Lassen Sie Ihr Baby nicht unter Ihrer Decke schlafen, sondern geben Sie ihm eine eigene oder besser noch einen Schlafsack.

Sind Infektionen schuld?

Immer wieder werden Bakterien oder Viren mit dem Plötzlichen Säuglingstod in Verbindung gebracht.
So stellte eine englische Studie, die allerdings nur 32 am Plötzlichen Säuglingstod gestorbene Babys einschloss, fest, dass 28 davon mit *Helicobacter pylori* infiziert waren, während dies nur auf eines von acht Kontrollkindern zutraf. *Helicobacter pylori*, ein Keim, der häufig Magen- und Zwölffingerdarmgeschwüre auslöst, findet sich auch in Zahnbelägen und im Speichel. Sicherheitshalber sollten Sie daher, um eine eventuelle Übertragung des Keims auf Ihr Baby zu vermeiden, Schnuller, Flaschensauger oder Breilöffel Ihres Babys nicht in den Mund nehmen bzw. ablecken.
Göttinger Rechtsmediziner wiederum fanden bei 82 verstorbenen Säuglingen in über der Hälfte der Fälle Hinweise auf *Botulismus*-Erreger. Hierbei handelt es sich um ein sporenbildendes Bakterium namens *Clostridium botulinum*, das ein starkes Nervengift produziert und dadurch zu Lähmungen bis hin zum Tod führen kann. Untersuchungen an gesunden Kindern konnten sogar bei jedem fünften Säugling entsprechende *Clostridiumbotulinum*-Sporen im Stuhl nachweisen. Diese Sporen finden sich beispielsweise in Honig, jedoch wird auch Kompost als mögliche Quelle erachtet. Geben Sie Ihrem Baby im ersten Lebensjahr bitte keinesfalls Bienenhonig!

Warnzeichen und mögliche Vorboten des Plötzlichen Säuglingstodes

Alle genannten Anzeichen können (müssen aber nicht!) auf eine erhöhte Gefährdung Ihres Babys hinweisen. Wenn Sie entsprechende Symptome bei Ihrem Kind feststellen, lassen Sie es umgehend vom Kinderarzt untersuchen!

- übermäßiges Schwitzen im Schlaf, das durch die Raumtemperatur nicht zu erklären ist
- im Schlaf starke Blässe des Gesichts
- bläuliche Verfärbung der Mundpartie oder auch des ganzen Gesichtes

- bläuliche Hände und Füße, ohne dass dem Baby zu kalt ist
- häufiges schrilles Schreien, besonders nachts, wobei sich das Kind nicht beruhigen lässt
- Atempausen im Schlaf von 15 bis 20 Sekunden Dauer
- auffällige Schlaffheit während des Schlafens
- sehr fester und tiefer Schlaf, aus dem sich das Baby nicht aufwecken lässt
- verfrühtes Durchschlafen, das heißt, das Kind schläft schon vor dem sechsten Monat die ganze Nacht durch
- auffällige Entwicklungsverzögerung und/oder schlechtes Gedeihen (mangelnde Gewichtszunahme),
- Störungen beim Saugen und/oder Schlucken

Welche Kinder sind besonders gefährdet?

- Babys, bei denen bereits lebensbedrohliche Atemstillstände aufgetreten sind, die jedoch noch rechtzeitig entdeckt wurden
- Kinder, die als Früh- und Neugeborene längere Zeit beatmet wurden
- Säuglinge, die bei der Geburt stark untergewichtig (unter 1.500 Gramm) waren, z. B. Mehrlingskinder
- Kinder rauchender oder drogenabhängiger Eltern
- Kinder aus Familien, in denen bereits ein Geschwisterkind am Plötzlichen Säuglingstod gestorben ist

Was tun bei erhöhtem Risiko?

Wenden Sie sich zunächst immer an Ihren Kinderarzt. Dieser kann Sie an ein auf Kinder spezialisiertes Schlaflabor überweisen, in dem Schlafforscher den Schlaf Ihres Babys für eine Nacht überwachen und aufzeichnen. Stellen sie ein erhöhtes Risiko bei Ihrem Kind fest, bekommen Sie einen Überwachungsmonitor, mit dem Sie die Atmung Ihres Babys während des Schlafes kontrollieren können. Bei Atemaussetzern (leider häufig auch grundlos, was für Sie als Eltern oft recht belastend sein kann) wird Alarm ausgelöst. In manchen Fällen helfen auch Medikamente, während besonders gefährdete Säuglinge eventuell sogar eine Atemmaske tragen müssen.

Wiederbelebung im Notfall

Es ist für alle Eltern sinnvoll, einen Erste-Hilfe-Kurs zu besuchen! Die Angst, im Notfall das Falsche zu tun, sollte Sie aber auch ohne Kurs nicht davon abhalten, die hier kurz beschriebenen Maßnahmen durchzuführen. Möglicherweise machen Sie nicht alles perfekt, aber Nichtstun ist allemal schlimmer!

1. Liegt Ihr Baby reglos im Bett und atmet nicht und/oder sind die Lippen blau verfärbt, versuchen Sie zuerst, es z. B. durch Zwicken in die Schulter aufzuwecken. Das Baby bitte nicht hochreißen und schütteln!
2. Können Sie Ihr Baby nicht wecken, Mund auf Erbrochenes kontrollieren und dieses ggf. mit dem Finger entfernen. Atmet Ihr Baby weiterhin nicht, legen Sie es flach auf den Rücken, umfassen seinen Mund und seine Nase mit Ihrem Mund und beatmen es einige Male. Dazu die Luft aus Ihrer Mundhöhle in Mund und Nase des Babys blasen und selbst wieder einatmen.
3. Schicken Sie währenddessen Ihren Partner zum Telefon, um den Notarzt zu rufen (Notrufnummer 112 oder 19 222, teils mit, teils ohne Vorwahl), bzw. gehen Sie mit dem Baby auf dem Arm zum Telefon. Geben Sie an, dass Sie das Baby leblos im Bett gefunden haben, verlangen Sie sofort den Notarzt und nennen Sie Ihre Adresse.
4. Beatmen Sie Ihr Baby weiter. Prüfen Sie nach etwa 15 Beatmungen, ob das Herz schlägt (Ohr auf den Brustkorb zwischen die Brustwarzen legen).
5. Schlägt es nicht, braucht Ihr Baby zusätzlich eine Herzdruckmassage. Legen Sie es mit nacktem Oberkörper auf eine flache und harte Unterlage. Den geeigneten Druckpunkt zeigt die Abbildung 10 auf Seite 86. Drücken Sie dort etwa 100-mal pro Minute mit zwei Fingern den Brustkorb etwa 2 cm tief ein.
6. Dazwischen muss Ihr Baby immer wieder beatmet werden. Sind Sie allein, müssen Sie 15-mal drücken und dann 3-mal beatmen. Sind Sie zu zweit, übernimmt ein Helfer die Herzdruckmassage, während der zweite nach jeweils 5-maligem Drücken das Baby einmal beatmet. Während der Beatmung nicht auf den Brustkorb drücken!

Checkliste: Was können Sie vorbeugend tun?

Hierbei handelt es sich um die offiziell empfohlenen vorbeugenden Maßnahmen. Weitere Hinweise zu den neuesten Forschungsergebnissen erhalten Sie im Text.

- Legen Sie Ihr Baby im ersten Lebensjahr ausschließlich auf dem Rücken schlafen. Liegt es auf der Seite, könnte es unbemerkt in die Bauchlage rollen.
- Lassen Sie Ihr Baby während des gesamten ersten Lebensjahres im eigenen Bettchen im Elternschlafzimmer schlafen. Der Atemrhythmus der Mutter könnte möglicherweise als „Atemschrittmacher“ für das Baby von Bedeutung sein.
- Kaufen Sie eine feste Matratze für das Babybett und legen Sie Ihr Baby nicht auf ein Schaffell.
- Achten Sie darauf, dass Babys Kopf nicht unter das Bettzeug geraten kann. Am sichersten ist ein Schlafsack. Dickes Bettzeug wie Daunen- bzw. Federbetten sind für Babys keinesfalls zu empfehlen. Verwenden

Sie eine Bettdecke, sollten Sie Ihr Kind mit den Füßchen an das Fußteil des Bettes legen, sodass es nicht weiter nach unten und damit unter die Bettdecke rutschen kann.
- Verbannen Sie alles Flauschige aus der Nähe des Gesichtes wie Kissen, Kuscheltiere, Spuckwindeln, Nestchen.
- Vermeiden Sie eine Überhitzung des Babys: Ziehen Sie es nicht zu warm an (nicht mehr, als Sie selbst tragen, insbesondere keine Mütze), lüften Sie das Schlafzimmer immer wieder für wenige Minuten, eine Raumtemperatur von 16 bis 18 °C ist ausreichend.
- Geben Sie Ihrem Baby einen Schnuller, wenn es ihn mag. Das Saugen am Schnuller erhöht den Sauerstoffgehalt im Blut und verhilft Ihrem Kind zu einem ruhigeren Schlaf, wodurch die Gefahr nächtlicher Unruhe mit unbeabsichtigtem Umdrehen gesenkt wird. Der Schnuller darf während des Schlafens keinesfalls an einer Schnullerkette befestigt werden!
- Sorgen Sie für eine rauchfreie Umgebung, sowohl vor als auch nach der Geburt. Nikotin setzt bei Säuglingen die Funktion eines Eiweißkomplexes im Gehirn herab, der die Aufgabe hat, bei schlechter Sauerstoffversorgung eine Aufwachreaktion auszulösen.
- Stillen Sie Ihr Baby nach Möglichkeit mindestens 16 Wochen lang. Ausschließlich gestillte Säuglinge haben ein fünffach niedrigeres Risiko, am Plötzlichen Säuglingstod zu sterben.

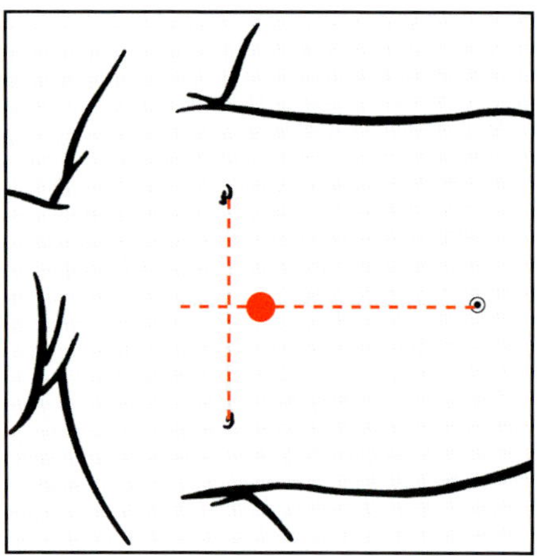

Abbildung 10:
Der eingezeichnete Druckpunkt für die Herzmassage befindet sich etwa einen Finger breit unterhalb des Kreuzungspunktes zwischen der die beiden Brustwarzen verbindenden Linie und der Brustmitte.

Weitere Informationen *und Hilfe erhalten Sie im Internet z. B. unter www.geps-rp-saar.de oder www.babyschlaf.de.*
Bezugsquelle: *Bettgitter gibt es ab 19,95€ z. B. bei Baby-Walz; Versandhaus Walz GmbH, 88336 Bad Waldsee; tel. Bestellservice 01805/33 40 11; im Internet: www.baby-walz.de*

So helfen Sie Ihrem Kind, wenn es einen Fremdkörper verschluckt hat

Kleine Kinder stecken viel in den Mund. Da besteht immer die Gefahr, dass ein Gegenstand verschluckt wird oder in die Luftröhre gerät. Dieser Beitrag gibt Ihnen die Sicherheit, im Notfall das Richtige zu tun.

Gegenstände, die die Atemwege blockieren, sind absolute Notfälle, bei denen Sie sofort den Notarzt rufen müssen. Dagegen müssen nur knapp zehn Prozent aller verschluckten Gegenstände durch Magenspiegelung oder operativ entfernt werden.

Daran erkennen Sie, dass Ihr Kind einen Fremdkörper eingeatmet oder verschluckt hat

In allen Fällen können Unruhe sowie Schmerzen im Hals oder hinter dem Brustbein auftreten.

- Anzeichen für einen eingeatmeten Fremdkörper in den Luftwegen: plötzliche Hustenattacken und Atemnot, keuchende oder pfeifende Einatmung, eventuell Blaufärbung von Lippen und/oder Haut, Einziehungen der Haut im Bereich der Schlüsselbeine oder sogar des ganzen Brustkorbes, Bewusstlosigkeit
- Anzeichen für einen verschluckten Fremdkörper im Magen-Darm-Trakt: oft keine Symptome! Ansonsten Schluckbeschwerden, Würgen, vermehrtes Speicheln, Erbrechen, Bauchschmerzen. Ein in der Speiseröhre stecken gebliebener Fremdkörper kann die Atemwege einengen und Beschwerden wie ein eingeatmeter Gegenstand hervorrufen

Tipp

Meine Tipps zur Vorbeugung

- Geben Sie Ihrem Kind unter drei Jahren keine Gegenstände zum Spielen, die durch die Papprolle des Klopapiers passen.
- Geben Sie Ihrem Kind bis zum Alter von vier Jahren keine Erdnüsse oder Pistazien. Verzichten Sie auf dünnwandige Gläser, aus denen Ihr Kind ein Stück Glas herausbeißen könnte.
- Achten Sie auch darauf, dass ältere Geschwister dem Kleinkind keine riskanten Gegenstände zum Spielen geben.

Erste Hilfe im Notfall

1. Versuchen Sie, ruhig zu bleiben.
2. Hustet oder würgt Ihr Kind oder hat es Atemnot, legen Sie ein Baby wie in Abbildung 11 gezeigt auf Ihre Hand bzw. Ihren Oberschenkel. Ein Kleinkind halten Sie wie in Abbildung 12. Alternativ können Sie Ihr Kind auch an den Fußknöcheln mit dem Kopf nach unten halten. Klopfen Sie nun mit der flachen Hand in rascher Folge bis zu fünfmal kräftig zwischen die Schulterblätter.
3. Tritt keine Besserung ein bzw. wurde der Fremdkörper nicht ausgehustet, sofort Notarzt rufen!
4. Wiederholen Sie das unter 2. beschriebene Vorgehen mehrmals, bis der Notarzt eintrifft.
5. Droht Ihr Säugling zu ersticken, können Sie Folgendes tun: Setzen Sie sich auf einen Stuhl und legen Sie das Baby mit dem Rücken auf Ihre Oberschenkel (Kopf zum Knie). Unterstützen Sie den Kopf Ihres Kindes mit einer Hand, halten Sie es gut fest und senken Sie die Knie, sodass der Kopf tiefer als der Körper liegt. Legen Sie nun die freie Hand auf das Brustbein (knapp unterhalb der Verbindungslinie zwischen den beiden Brustwarzen) und drücken Sie bis zu fünfmal in Folge schnell und kräftig nach unten. Gegebenenfalls wiederholen.
6. Ist Ihr Kind älter als ein Jahr, umfassen Sie es von hinten mit beiden Armen und halten es mit seinem Rücken vor Ihren Bauch, Oberkörper des Kindes dabei nach unten hängen lassen. Legen Sie Ihre geballte Faust auf den Bauch Ihres Kindes zwischen Nabel und Brustbein. Drücken Sie mit der Faust nun kurz, aber kräftig, eventuell auch mehrmals, in Richtung Zwerchfell (Heimlich-Handgriff). Wegen der Gefahr innerer Verletzungen nur bei drohendem Ersticken anwenden!

★ **Bitte beachten Sie außerdem:** Wischen Sie sichtbare Fremdkörper oder Erbrochenes mit dem Finger aus der Mundhöhle. Versuchen Sie jedoch niemals, Erbrechen auszulösen oder einen nicht sichtbaren Fremdkörper mit dem Finger zu entfernen: Sie könnten ihn dadurch tiefer schieben! Suchen Sie bei allen Beschwerden und auch nach Abhusten des Fremdkörpers grundsätzlich einen Arzt auf.

Tipp

Bis zum „Erscheinen" des verschluckten Gegenstandes können Sie die Darmpassage durch ballaststoffhaltige Kost (z. B. Vollkornbrot, Sauerkraut) und viel Flüssigkeit unterstützen. Kontrollieren Sie den Stuhlgang in der Windel oder im Töpfchen.

Besondere Fälle

Bei verschluckten Fremdkörpern kann oft abgewartet werden, ob diese auf natürlichem Wege wieder zum Vorschein kommen. Ist der Durchmesser des Gegenstandes größer als 2,5 Zentimeter (z. B. 2-Euro-Stück), ist ein problemloses Abgehen mit dem Stuhlgang wenig wahrscheinlich.

Puder: Fahren Sie mit Ihrem Kind sofort ins Krankenhaus, denn trotz heftigen Hustens bleiben stets Puderreste in den Atemwegen zurück. Diese können aufquellen und kleine Bronchien verstopfen.

Geldmünzen: Untersuchungen erbrachten, dass trotz Magensäure nur minimale Mengen an Metallverbindungen freigesetzt werden, es entstehen auch keine scharfen Kanten. Daher kann bis zu sieben Tage abgewartet werden.

Batterien: Nickel-Cadmium-Batterien lösen sich im Magen auf und setzen giftige Inhaltsstoffe frei. Knopfzellen bleiben nicht selten bereits in der Speiseröhre hängen und führen dort zu Schleimhautverätzungen. Eine sofortige Entfernung durch Magenspiegelung ist erforderlich.

Spitze Gegenstände: Bitte suchen Sie sofort einen Arzt auf! Meist gehen auch Gegenstände wie Reißzwecken oder Nägel mit dem Stuhlgang ab. Da jedoch Verletzungsgefahr für den Darm besteht, muss der Arzt entscheiden, ob eine Entfernung durch Magenspiegelung erforderlich ist.

Magnet(spielzeug): Wurde nur ein Magnet verschluckt, können Sie zunächst abwarten. Hat Ihr Kind zwei oder mehr Magnetteile verschluckt, bitte sofort zum Arzt! Die Teile können in unterschiedlichen Darmschlingen zu liegen kommen, sich gegenseitig anziehen und so nicht mehr ausgeschieden werden. Außerdem entstehen oft Druckgeschwüre der Darmrinde, die eine sofortige Operation erfordern!

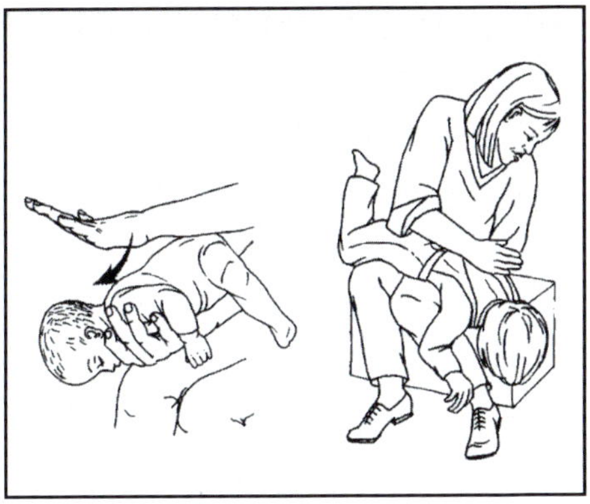

Entfernung eines Fremdkörpers aus den Atemwegen: korrektes Vorgehen beim Baby (Abbildung 11) sowie beim Kleinkind (Abbildung 12).

Wenn nachts die Luft wegbleibt – Erste Hilfe bei Pseudokrupp

Pseudokrupp-Anfälle häufen sich in den Herbst- und Wintermonaten. Oft sind virale Atemwegsinfekte die Auslöser. Damit Sie im Ernstfall ruhig bleiben können, haben wir hier alle erforderlichen Maßnahmen zusammengestellt.

Beim Pseudokrupp (Infektkrupp) kommt es zu einer Entzündung des Kehlkopfes, die die Schleimhaut anschwellen lässt und dadurch die oberen Atemwege einengt. Bis zu neun Prozent aller Kinder zwischen 18 Monaten und fünf Jahren leiden darunter, Jungen sind häufiger betroffen. Ein erhöhtes Risiko haben Kinder, die Zigarettenrauch ausgesetzt oder übergewichtig sind. Luftverschmutzung wie Wintersmog wirkt begünstigend, ist aber nicht der alleinige Auslöser.

Daran erkennen Sie Pseudokrupp

Ein Pseudokrupp kann sich langsam über den Tag hinweg mit zunehmender Heiserkeit und bellendem Husten entwickeln oder aber plötzlich mit akuter Atemnot und pfeifender Atmung das Kind aus dem Schlaf reißen (in diesem Fall bitte Arzt rufen!).
Oft ist das Kind zusätzlich erkältet, hat eventuell sogar etwas Fieber. Ein Pseudokrupp kann unterschiedlich schwer verlaufen. Es werden vier Stadien unterschieden, wobei die Stadien 3 und 4 zum Glück nur selten auftreten:
Stadium 1: Heiserkeit bzw. eine raue Stimme ist oft das erste Anzeichen, noch bevor der charakteristische trockene, bellende Husten auftritt.
Stadium 2: Zusätzlich besteht eine ziehende, geräuschvolle Einatmung mit pfeifendem oder quietschendem Atemgeräusch, das Kind leidet unter zunehmender Atemnot.
Stadium 3: „Lufthunger", Unruhe des Kindes, schneller Puls, Blässe oder sogar Blaufärbung, insbesondere der Lippen.
Stadium 4: Schnappende Atmung, schneller, schwacher Puls, Kind wird apathisch (Ruhigwerden des Kindes ist ein Warnzeichen!) bis hin zur Bewusstlosigkeit.

Absoluter Notfall: Akute Kehldeckelentzündung (Epiglottitis)
Rufen Sie sofort den Notarzt, wenn Ihr Kind hoch fiebert, kloßig spricht (wie „heiße Kartoffel im Mund"), ihm Speichel aus dem Mund läuft, es aber nicht oder kaum hustet. Dem Kind in diesem Fall nie in den Mund schauen, das kann zu einem akuten Atemstillstand führen!

So handeln Sie richtig

1. Versuchen Sie, ruhig zu bleiben. Wenn Sie in Panik geraten, überträgt sich das auch auf Ihr Kind und es beginnt, hektischer zu atmen, was die Atemnot verschärft. Lindern Sie die Angst Ihres Kindes durch beruhigendes Zureden und Streicheln.
2. Nehmen Sie Ihr Kind hoch bzw. setzen Sie es aufrecht hin, das erleichtert die Atmung.
3. Feucht-warme, aber auch feucht-kalte Luft mildern die Atembeschwerden. Gehen Sie mit Ihrem Kind ins Badezimmer, lassen Sie heißes Wasser in Badewanne oder Dusche einlaufen und lassen Sie es tief einatmen. Alternativ können Sie sich mit Ihrem entsprechend eingepackten Kind auch vor den geöffneten Kühlschrank oder vor das offene Fenster setzen (nicht bei Nebel oder Sprühregen).

Warnung

Pseudokrupp ist ein ernst zu nehmendes Krankheitsbild, das in schweren Fällen bis zum völligen Zuschwellen des Kehlkopfes führen kann!
Rufen Sie unbedingt einen Arzt, wenn

- Ihr Kind den ersten Anfall hat, denn auch eingeatmete Fremdkörper können ähnliche Beschwerden verursachen (Hinweise zur Behandlung siehe Seite 87)
- sich der Zustand Ihres Kindes verschlechtert,
- Sie unsicher sind.

Rufen Sie sofort den Notarzt oder fahren Sie in die nächste Klinik:

- falls sich die Atemnot trotz schulmedizinischer Behandlung mit Inhalation und Kortisongabe nicht innerhalb von 20 Minuten bessert oder sich sogar noch verschlechtert,
- bei ausgeprägter Atemnot (Kind ringt nach Luft), Unruhe (Kind ist nicht zu beruhigen) oder Apathie Ihres Kindes, Blässe/grauer Gesichtsfarbe und blauen Lippen, schnellem, schwachem Puls, schnappender Atmung, Bewusstlosigkeit.

Eine homöopathische Selbstbehandlung ist nur unter folgenden Voraussetzungen zu vertreten:

- Wiederholte Pseudokrupp-Anfälle sind bekannt, Sie haben alle erforderlichen Medikamente wie Inhalationslösung und ein Kortisonpräparat im Haus und beginnen die homöopathische Behandlung sofort beim ersten Auftreten von Heiserkeit. Stellt sich innerhalb von 20 bis 30 Minuten keine Besserung ein oder kommen Atemnot und eine hörbare ziehende Einatmung hinzu, lassen Sie Ihr Kind unbedingt inhalieren und geben ihm Kortison.
- Sie rufen den Arzt und behandeln bis zu dessen Eintreffen mit dem passenden homöopathischen Mittel.

4. Hat sich Ihr Kind wieder beruhigt, geben Sie ihm Wasser oder Tee (Raumtemperatur!) in kleinen Schlückchen zu trinken, aber noch nichts zu essen. Lassen Sie Ihr Kind warm angezogen am offenen Fenster noch etwas durchatmen.
5. Hängen Sie zur Vorbeugung weiterer Anfälle im Kinderzimmer feuchte Tücher auf.
6. Beobachten Sie Ihr Kind besonders aufmerksam, da sich Pseudokrupp-Anfälle in den folgenden Nächten oder auch bei zukünftigen Infekten wiederholen können.

Homöopathische Behandlung

Bitte beachten Sie unbedingt die Warnhinweise! Bei beginnendem Pseudokrupp bzw. bis zum Eintreffen des Arztes kann die Homöopathie eine wertvolle Hilfe sein. Vielfach ist **ACONITUM** das Mittel der ersten Wahl, gefolgt von **SPONGIA** und **HEPAR SULFURIS**, falls Aconitum keine Besserung gebracht hat. Welche weiteren Mittel geeignet sein können, entnehmen Sie bitte dem Kasten.
Geben Sie das passende Mittel in der Potenz D12, 5 Globuli oder 1 Tablette im Abstand von 10 Minuten (bis zu 3-mal wiederholen). Bessern sich dadurch die Beschwerden, geben Sie das Mittel je nach Bedarf stündlich bis zweistündlich.

Schulmedizinische Behandlung

Nach dem ersten Anfall verordnet Ihnen der Arzt in der Regel verschreibungspflichtige Medikamente, die Sie bei zukünftigen Pseudokrupp-Anfällen selbst geben können. Der Nutzen einer frühen Behandlung mit Kortisonpräparaten ist wissenschaftlich erwiesen. Meist werden Kortisonzäpfchen (z. B. Rectodelt® 100) eingesetzt, die nach etwa 60 Minuten Wirkung zeigen. Nebenwirkungen treten bei einer Akutbehandlung (auch bei Gabe hoher Dosierungen) nicht auf, sondern erst bei regelmäßiger Gabe über mindestens 10 Tage.
Schleimhautabschwellend wirkt auch Adrenalin (Epinephrin), das es z. B. als Infectokrupp®-Inhalationslösung zur Vernebelung mit einem Inhalator gibt. Die genaue Handhabung erklärt Ihnen Ihr Arzt. Bitte halten Sie sich streng an dessen Vorgaben, insbesondere an die korrekte Dosierung! Bei Überdosierung können lebensbedrohliche Nebenwirkungen bis hin zum Kreislaufkollaps auftreten.

Tipp

Die auftretende Angst können Sie zusätzlich mit Bach-Blüten-Notfalltropfen (Rescue-Tropfen) lindern. Träufeln Sie Ihrem Kind 1 bis 2 Tropfen unverdünnt aus dem Fläschchen in den Mund.

Homöopathische Mittel und ihre behandelten Symptome

ACONITUM: Kind schreckt aus dem Schlaf hoch (typisch: nach 24 Uhr), ist ängstlich und unruhig; plötzlicher, kurzer, bellender Husten; Heiserkeit, rauer, zugeschnürter Hals, pfeifende Einatmung, evtl. Erstickungsgefühl; Durst auf Kaltes; Fieber mit trockener Haut, Gesicht gerötet; Erkältung nach Aufenthalt in kaltem, trockenem Wind

BELLADONNA: plötzlich auftretender krampfartiger Husten, trocken, bellend, mit Kratzen/Kitzeln und Engegefühl im Hals; Heiserkeit, Stimme rau, tonlos, Sprechen verschlimmert; Fieber mit feuchter Haut; Hals trocken, kein Durst, Schwierigkeiten beim Trinken; will zugedeckt sein; Erkältung durch feuchtkalte Witterung

CUPRUM METALLICUM: blasses, erschöpftes Kind mit krampfartigem Husten evtl. bis hin zum Erbrechen, Husten bessert sich durch kleine Schlucke kaltes Wasser; anhaltende Hustenanfälle mit Atemnot und blaurotem Gesicht; Hände und Füße eiskalt; Hustenanfälle typischerweise nach Mitternacht gegen 3.00 Uhr

DROSERA: nachts im Liegen (vor allem nach Mitternacht) trockener, bellender Husten bis hin zum Würgen oder Erbrechen, krampfartig kitzelnder Hustenreiz, Hustenanfälle werden durch Sprechen sowie kalte Speisen und Getränke ausgelöst; evtl. Erstickungsanfälle mit blau-rotem Gesicht; hält sich beim Husten den Brustkorb; tiefe, hohle, heisere Stimme; Kind schwitzt nachts stark, Schweißausbrüche im Hustenanfall.

HEPAR SULFURIS: Kind reizbar; Heiserkeit mit Stimmverlust; bellender, trockener, heiserer Husten, schwitzt während Hustenattacke; Hustenreiz durch Luftzug, Kälte, kalte Speisen und Getränke; Verschlechterung morgens, Aufsetzen und Kopf-nach-hinten-Beugen bessert

PHOSPHORUS: plötzlich auftretender, harter, trockener, quälender Husten; Heiserkeit, raue Stimme bis zur Stimmlosigkeit, Kehlkopf berührungsempfindlich; brennende Schmerzen und Kitzeln im Hals; Kind erschöpft, hat Durst auf kalte Getränke; Verschlechterung durch Sprechen und kalte Luft.

SPONGIA: Kind ist unruhig, kann kaum sprechen, hat Angst zu ersticken; Heiserkeit, krächzende (aber nicht tiefe) Stimme, Kehle trocken, wie zugeschnürt, oft Räusperzwang; Husten trocken, bellend, abgehackt, schwere Hustenanfälle; Atmen zwischen den Hustenanfällen ist erschwert und evtl. schmerzhaft; Kehlkopf ist berührungsempfindlich; Beschwerden sind nach Aufenthalt in kaltem, trockenem Wind aufgetreten, Verschlechterung abends und nachts, Besserung durch Aufsetzen, warmes Essen und Trinken

Bezugsquellen: *Alle angegebenen homöopathischen Medikamente sind rezeptfrei in Apotheken erhältlich, 10 Gramm Globuli, 6,46 €, 80 Tabletten 7,69 € (Hersteller: DHU, Karlsruhe), ebenso die Rescue-Tropfen (10 ml ab 9,00 bis 6,46 €).*

Lispeln und Stottern: Was können Sie dagegen tun, und wann sollten Sie Hilfe in Anspruch nehmen?

Jedes vierte Vorschulkind hat Sprachstörungen, jedes zehnte braucht deswegen eine Therapie. Lispeln und Stottern treten häufig auf und verlieren sich oft auch wieder. Bei anhaltenden Problemen sollte Ihr Kind jedoch frühzeitig gefördert werden. Plus: Tabellarischer Überblick über die häufigsten Sprachstörungen.

Sprechen scheint so einfach zu sein – und doch werden Sprachstörungen immer öfter diagnostiziert. Häufig steckt eine Hörstörung dahinter, insbesondere wenn Kinder in den ersten 18 Monaten bereits Auffälligkeiten zeigen, z. B. Verstummen nach der ersten Lallphase (dritter bis sechster Monat) oder ausbleibende erste Wörter.

★ **Wichtig:** Bei jedem Kind mit gestörter Sprachentwicklung sollte unbedingt ein Hörtest gemacht werden, um Hörstörungen möglichst frühzeitig zu entdecken!

Für die Sprachentwicklung eines Kindes ist es außerordentlich wichtig, dass seine „Lehrer“, also die Eltern, viel mit ihm sprechen. Fernseher und Kassetten sind dazu völlig ungeeignet. Ab dem vierten Lebensjahr kommt eine weitere wichtige Instanz hinzu: der Kindergarten. Studien ergaben, dass Kinder in der Regel umso weniger Sprachförderung benötigen, je länger sie einen Kindergarten besucht haben. Nachgewiesen ist aber auch, dass Kinder mit Artikulationsstörungen (siehe Tabelle 9 auf Seite 97), die bereits vier Jahre alt sind, später häufiger eine Lese-Rechtschreibschwäche entwickeln.

Daran erkennen Sie die häufigsten Sprachstörungen

Lispeln ist im Vorschulalter noch nicht therapiebedürftig, da es sich nach dem Zahnwechsel oft von selbst legt. Auch denken Kinder häufig schneller, als sie sich sprachlich ausdrücken können. Daher kommt es zwischen zweieinhalb und viereinhalb Jahren bei vielen Kindern zum Entwicklungsstottern. Ist das Kind aufgeregt, „verheddert“ es sich leicht im Satz. Es spricht unflüssig, stockend und wiederholt oft Wörter oder Satzteile. Diese Phase sollte jedoch nicht länger als ein halbes Jahr anhalten.

Im Gegensatz dazu ist das „echte" Stottern keine normale Phase der Sprachentwicklung. Etwa fünf Prozent aller Kinder (Jungen sind deutlich häufiger betroffen) stottern, wobei etwa 75 Prozent von ihnen ihr Stottern wieder überwinden. Meist tritt das Stottern zwischen dem zweiten und sechsten Lebensjahr auf.

★ **Wichtig:** Lassen Sie sich beraten, wenn Ihr Kind stottert und unter seinem veränderten Sprechen leidet, wenn es sich beim Sprechen sehr anstrengt bzw. gar nicht mehr sprechen mag oder wenn Sie selbst verunsichert sind.

Erster Ansprechpartner ist der Kinderarzt, der durch gezielte Tests den Sprachentwicklungsstand feststellt und ggf. eine Sprachtherapie in die Wege leitet.

Was Eltern bei Sprachstörungen tun können

- Damit Ihr Kind die Freude am Sprechen nicht verliert, sollten Sie es nie korrigieren oder dazu anhalten, einen falschen Satz oder ein falsches Wort richtig zu wiederholen. Es genügt völlig, das betreffende Wort bzw. den Satz selbst noch einmal korrekt zu sprechen. Sagt Ihr Kind etwa: „Papa Auto Opa abholt", können Sie bestätigen: „Ja, der Papa holt den Opa mit dem Auto ab."
- Sprachgestörte Kinder sind häufig auch ungeschickt. Lassen Sie Ihr Kind daher viel turnen, schwimmen und basteln, das verbessert Körperbeherrschung und Feinmotorik. So wird gleichzeitig sein Selbstbewusstsein gestärkt, sodass Ihr Kind sich auch eher zu sprechen traut.
- Erhöhen Sie beim Sprechen den Spaßfaktor. Einen spielerischen Zugang zur Sprache erhält Ihr Kind durch Rollenspiele, Sprechreime, Abzählverse, Rate- und Fingerspiele. So lernt Ihr Kind, dass Reden Freude macht.

Fördern Sie Ihr Kind bei Artikulationsstörungen

Bei Störungen der Lautbildung können zwei verschiedene Ursachen zu Grunde liegen, die einer unterschiedlichen Förderung bedürfen. Da Sie diese als Laie nur schwer unterscheiden können, ist es sinnvoll, beide Bereiche zu fördern, wenn nicht sofort eine Sprachtherapie erforderlich ist.

- Hat Ihr Kind motorische Schwierigkeiten, die entsprechenden Laute zu bilden, ist es hilfreich, die Muskulatur von Lippen und Zunge zu trainieren. Üben Sie etwa das „sch", indem Sie Ihr Kind Dampflok spielen lassen. Durch Spiele wie Wattebällchenblasen oder Grimassenschneiden kann Ihr Kind die Mundfunktion verbessern. Lassen Sie es auch verschiedene Geräusche produzieren, z. B. Schnalzen mit der Zunge.
- Trotz normalem Gehör hat Ihr Kind Schwierigkeiten, verschiedene Laute zu differenzieren. Ähnliche Laute wie „t" und „k" werden beim Hören und infol-

gedessen auch beim Sprechen verwechselt. Üben Sie mit Ihrem Kind, genau hinzuhören, indem Sie es auf Alltagsgeräusche und Klänge aufmerksam machen, etwa die Klospülung, ein vorüberfahrendes Motorrad oder das Bellen eines Hundes.

Tipp

Spielen Sie „Geräusche raten". Knistern Sie z. B. mit Alufolie, rasseln Sie mit einer Tüte Nudeln oder schlagen Sie mit einem Kochlöffel auf einen Topfdeckel und lassen Sie Ihr Kind raten, womit Sie das Geräusch gemacht haben. Sie können auch ein „Geräusch-Memory" basteln. Sammeln Sie leere Filmdöschen, füllen Sie jeweils zwei mit dem gleichen Inhalt (z. B. Reis, Wasser, Sand, Pfefferkörner, Perlen) und verschließen Sie die Döschen gut. Ihr Kind darf nun durch Schütteln die zusammengehörenden Paare erraten.

So helfen Sie Ihrem stotternden Kind

- Lassen Sie Ihr Kind ausreden, auch wenn es etwas dauert. Bitte Ihr Kind weder unterbrechen noch in bester Absicht seine Sätze beenden! Es weiß genau, was es sagen möchte – geben Sie ihm die Zeit, die es dafür braucht.
- Hören Sie richtig zu. Zeigen Sie Interesse an dem, was Ihr Kind sagt, und nicht, wie es das sagt. Sehen Sie Ihr Kind an, wenn es spricht, dann weiß es, dass Sie aufmerksam zuhören.
- Bleiben Sie ruhig, auch wenn Ihr Kind schwer mit einem Satz kämpft. Wenn Sie selbst locker bleiben können, erkennt Ihr Kind, dass sein Stottern für Sie kein Problem darstellt. Das hilft ihm, weniger aufgeregt zu sein, wodurch sich das Stottern oft bessert.
- Stärken Sie das Selbstvertrauen Ihres Kindes. Vermitteln Sie ihm, dass Sie es lieben, auch wenn es stottert. Erklären Sie ihm, dass alle Menschen Stärken und Schwächen haben und selbst Kinder, die nicht stottern, manchmal Schwierigkeiten mit dem einen oder anderen Wort haben. Damit machen Sie Ihr Kind stark gegen Hänseleien.
- Verkneifen Sie sich „gute Ratschläge" wie „Hol erst mal tief Luft" oder, „Versuch doch einfach, langsam zu sprechen". Damit setzen Sie Ihr Kind zusätzlich unter Druck, und es stottert noch mehr.
- Informieren Sie Menschen, die öfter mit Ihrem Kind zu tun haben, über sein Stottern, damit sich diese ebenfalls förderlich für Ihr Kind verhalten. Sprechen Sie etwa mit Verwandten, Freunden, Nachbarn und Erzieherinnen im Kindergarten bzw. Lehrern in der Schule.

Wann ist die Hilfe eines Therapeuten notwendig?

Je früher bei einer auffälligen Sprachentwicklung therapeutische Hilfe in Anspruch genommen wird, umso größer sind die Erfolgsaussichten und umso kürzer ist der dafür erforderliche Behandlungszeitraum. Therapeutische Hilfe ist erforderlich, wenn Ihr Kind

- mit drei Jahren nur von den engsten Bezugspersonen verstanden wird,
- mit drei bis vier Jahren keine Sätze mit korrekter Wortfolge bilden kann,
- mit vier Jahren noch auffällig anders spricht als Gleichaltrige,
- altersgemäße Aufforderungen nicht versteht,
- einen für sein Alter zu geringen Wortschatz hat.

Tabelle 9: Die häufigsten Sprachstörungen

Störung	Typische Anzeichen	Beispiele
Lispeln und andere Störungen der Aussprache (Artikulationsstörungen = Dyslalie)	einzelne Laute werden ausgelassen → bestimmt Laute werden durch andere ersetzt → Silben werden ausgelassen → Lispeln: das „S" wird zwischen den Zähnen gebildet →	„Bume" statt „Blume" „Tatze" statt „Katze" „nane" statt „Banane" der Buchstabe „S" klingt wie das englische „th"
Auffälligkeiten der Grammatik (Dysgrammatismus)	falsche Reihenfolge der Wörter → Wort- oder Satzteile werden weggelassen → fehlerhafte Form von Satzteilen →	„Wir zu Oma fahren" statt „Wir fahren zu Oma" „Mama Auto" statt „Ich fahre mit Mama Auto" „Dort spielen ich mit dem Hund" statt „Dort spiele ich mit dem Hund."
Eingeschränkter Wortschatz	Begriffe, um Dinge oder Handlungen altersgerecht zu benennen, fehlen → für verschiedene Dinge wird der gleiche Begriff verwendet →	häufige Verwendung von Ausdrücken wie „das da" bzw. „das Ding" oder Kind zeigt nur mit dem Finger auf einen Gegenstand alle Tiere werden als „Hund" bezeichnet oder „heia" bedeutet „Bett", „Schlafen", „Kuscheltier", „müde" usw.
Gestörtes Sprachverständnis	Bedeutung von Wörtern und Sätzen wird nicht verstanden →	Kind versteht Aufforderungen häufig falsch und zieht sich etwa auf die Bitte „Zieh bitte deine Schuhe an" die Jacke über
Poltern	• hastiges, unrhythmisches, unverständliches Sprechen • verwaschene Aussprache mit Verschlucken von Wörtern oder Silben • verbessert sich im Gegensatz zum Stottern, wenn das Kind auf seine hastige Sprache aufmerksam gemacht wird und sich konzentriert • verliert sich meist von selber wieder	
Stottern	Wiederholung von Silben und Lauten → Dehnung von Lauten → krampfhafte Blockade mit Pausen zw. den Buchstaben → bei allen Formen: • unflüssiges, angestrengtes Sprechen • evtl. auffällige Mimik oder Mitbewegungen des ganzen Körpers • Sprechangst, Wut, Scham • leidet stark unter seiner Störung, Korrektur verstärkt das Problem meist noch	„wa-wa-wa-was" „biiiiiiiite" „sch...........nell"

Einen Therapeuten in Ihrer Nähe finden Sie unter www.dbl-ev.de/service/suchen.htm oder im Therapeutenverzeichnis unter www.dbs-ev.de/index2.htm.

Zarte Kinderhaut vor Sonnenbrand bewahren

Sonnenbrände in der Kindheit erhöhen das Risiko, später an Hautkrebs zu erkranken. Zudem ist Kinderhaut besonders empfindlich und muss schon deshalb sehr gut geschützt werden. Wir sagen Ihnen, worauf Sie achten sollten.

Kinder verbringen viel mehr Zeit im Freien als wir Erwachsene. Bis zum 18. Lebensjahr bekommen sie bereits 80 Prozent der UV-Strahlendosis ihres gesamten Lebens ab. Kinderhaut ist durch die Sonne besonders gefährdet. Deshalb ist ein wirksamer Sonnenschutz besonders wichtig.

Altersgerechter Sonnenschutz

(modifiziert nach den Vorgaben der Arbeitsgemeinschaft dermatologische Prävention)

im ersten Lebensjahr

- **Sonnenbestrahlung:** nie in die direkte Sonne, immer im Schatten bleiben (auch im Schatten bekleidet lassen!)
- **Kleidung:** sonnendichte T-Shirts, Hemden, Kopfbedeckung, Hosen und Schuhe
- **Sonnencreme:** keine (bei Winterurlaub im Gebirge ggf. jedoch das Gesicht eincremen!)

ein bis fünf Jahre

- **Sonnenbestrahlung:** direkte Sonneneinstrahlung vermeiden; keine Mittagssonne zwischen 11 und 15 Uhr!
- **Kleidung:** siehe erstes Lebensjahr
- **Sonnencreme:** kindgerechte Sonnencreme mit hohem LSF* für Hände und Gesicht

ab fünf Jahren

- **Sonnenbestrahlung:** wenig direkte Sonneneinstrahlung; keine Mittagssonne zwischen 11 und 15 Uhr!
- **Kleidung:** siehe erstes Lebensjahr
- **Sonnencreme:** Sonnencreme ab LSF* 15 für alle nicht von Kleidung bedeckten Hautstellen (z. B. beim Baden)

*LSF = Lichtschutzfaktor (gibt an, um welchen Faktor sich die Eigenschutzzeit der Haut durch das Sonnenschutzpräparat erhöht)

Wichtige Sonnenregeln

- Zwischen 11 und 15 Uhr nur im Schatten oder drinnen spielen. In dieser Zeit ist die Kraft der UV-Strahlung dreimal so groß wie am Rest des Tages.
- Sonnenschutzmittel 20 bis 30 Minuten vorher auftragen, da es etwas dauert, bis der volle Schutz besteht. Sonnenschutz auch bei bedecktem Himmel anwenden!
- Genügend Sonnenschutzmittel verwenden, sonst entspricht der Schutz nicht dem angegebenen LSF. Ohren und bei Krabbelkindern Fußsohlen nicht vergessen!
- Nachcremen erhöht die maximale Schutzzeit nicht! Den LSF nicht „ausreizen", da dieser nur einen Durchschnittswert darstellt. Nach spätestens zwei Dritteln der „erlaubten" Zeit in den Schatten (z. B. Kleinkind mit Eigenschutzzeit von fünf Minuten und LSF 15 eingecremt: nicht erst nach den errechneten 75, sondern schon nach 50 Minuten)!
- Sonnenschutz alle zwei Stunden bzw. nach jedem Bad erneuern. Nach dem Baden oder Planschen sofort abtrocknen, da Wassertropfen auf der Haut wie ein Brennglas wirken.
- Richtige Sonnenbekleidung: Als Kopfbedeckung Tuch, Kappe oder Hut, möglichst mit breitem Schirm als Gesichts- und Nackenschutz (ideal: Schirmmütze mit Nackenlatz); sonnendichtes, nicht zu enges Hemd oder T-Shirt; weit geschnittene, möglichst lange Hose. Die gefährdeten Fußrücken durch geschlossene Schuhe (z. B. Espandrilles) oder Söckchen in den Sandalen schützen.

Das richtige Material

Beim Kauf von Sonnenschutz-Textilien sollten Sie auf einen LSF von mindestens 40 achten (möglichst nach UV-Standard 801).
Ansonsten gilt: Polyester und Polyestermischungen schützen besser als Baumwollgewebe, dunkle Farben besser als helle. Halten Sie das Kleidungsstück gegen die Sonne oder eine Lampe: Je weniger Licht durchscheint, umso besser! Nasse Textilien schützen deutlich schlechter. Enge Kleidung vermeiden, da sich durch Dehnung der Sonnenschutz reduziert.

- Sonnenschutz für die Augen durch gute Sonnenbrille (mit CE-Zeichen und Zeichen „UV 400") sowie Sonnenhut oder Mütze mit breitem Schirm.

Das richtige Sonnenschutzmittel

- Am besten spezielles Sonnenschutzpräparat für Kinder benutzen, das folgende Kriterien erfüllen sollte: LSF 15 und höher mit UVB- und UVA-Filtersystem nach australischem Standard, hypoallergen ohne Parfüm, Konservierungsstoffe und Farbstoffe, mit mineralischem Lichtschutz (z. B. Partikeln wie Titandioxid, die die Sonnenenergie aufnehmen), damit chemischer Lichtschutz eingespart werden kann.
- Immer extra wasserfeste Präparate kaufen, da nicht nur beim Baden, sondern auch beim Schwitzen der Sonnenschutz abnimmt.
- Sonnencremes und -lotionen wählen, da sie die Haut am besten pflegen. Hände und Gesicht können nach dem ersten Geburtstag mit Sunblocker oder Zinkoxidsalbe geschützt werden.
- Höheren LSF oder Sunblocker wählen bei Urlaub in den Bergen, im Schnee, am Wasser, bei hellem Sand sowie in südlichen Ländern. An den ersten Sonnentagen ist generell ein hoher LSF von 20 bis 30 zu empfehlen. Bei Kindern ab fünf Jahren muss der LSF um so höher sein, je heller der Hauttyp ist.

★ **Vorsicht:** Babyöl fördert die Lichtempfindlichkeit der Haut und ist als Pflege deshalb nicht geeignet!

Vorhautverengung: Operieren oder abwarten?

Dass sich die Vorhaut bei kleinen Jungen anfangs nicht zurückschieben lässt, ist völlig normal. Das Problem löst sich in den meisten Fällen von selbst. Notfalls können Sie durch eine Salbenbehandlung nachhelfen. Nur in Einzelfällen muss operiert werden.

Bei einer Vorhautverengung, medizinisch als Phimose bezeichnet, kann die Vorhaut nicht über die Eichel zurückgestreift werden. Dieser Zustand gilt bis zum dritten Geburtstag als normal. In den ersten zwei bis drei Lebensjahren besteht nämlich meist eine Verklebung zwischen Eichel und Vorhaut. Diese erfüllt sogar eine wichtige Schutzfunktion: Während der Windelzeit verhindert sie das Eindringen von Krankheitserregern und schützt damit Eichel sowie Harnröhrenöffnung vor Windelausschlag. Die Verklebung bildet sich in den meisten Fällen in den ersten drei Lebensjahren von selbst zurück.
Eine echte Vorhautverengung über das dritte Lebensjahr hinaus kann angeboren oder durch Entzündungen und Vernarbungen entstanden sein.

Es wird immer noch zu schnell operiert

Häufig herrscht noch die Lehrmeinung vor, dass eine Vorhautverengung ab einem Alter von drei Jahren operiert werden sollte. Doch zeigte eine dänische Studie an 2.000 Schuljungen im Alter von sechs bis 17 Jahren, dass sich Phimosen sogar bis zum Ende der Pubertät zurückbilden können.
Diese Jungen wurden mehrfach untersucht, und am Ende der Schulzeit wies, ohne dass eine Operation durchgeführt worden wäre, nur noch ein Prozent der Jungen eine Phimose auf (siehe Diagramm auf der nächsten Seite, das auch die Ergebnisse einer britischen Studie zur Häufigkeit der Phimose im Säuglings- und Kleinkindesalter beinhaltet).
Wenn keine Probleme vorliegen, kann mit der Operation also theoretisch bis nach der Pubertät gewartet werden. Um den betroffenen Jungen jedoch nicht in dieser ohnehin schwierigen Entwicklungsphase mit einer so stark in die Intimsphäre eingreifenden Operation zu belasten, sollte die Phimose möglichst schon vorher operiert werden, jedoch nicht vor einem Alter von acht bis zehn Jahren.
Andere Autoren empfehlen, im Alter von fünf oder sechs Jahren zu operieren, da die Jungen dann einerseits alt genug sind, um zu verstehen, was gemacht wird, andererseits aber noch jung genug, um diesen Eingriff im Genitalbereich nicht als peinlich zu empfinden. Kinderpsychologen raten von einer Operation im vierten und fünften Lebensjahr dringend ab, da sich Jungen dann in der so

genannten phallischen Phase befinden und der Bezug zum Penis besonders ausgeprägt ist, sodass Kastrationsängste ausgelöst werden könnten. Wird, entwicklungspsychologisch günstig, kurz vor der Einschulung operiert, ist jedoch zu bedenken, dass dabei über 80 Prozent der Jungen umsonst operiert werden. Bei ihnen würde sich die Phimose auch ohne Operation zurückbilden!

Wann ist eine Operation unumgänglich?

Bei folgenden Problemen muss eine Vorhautverengung operiert werden:

- bei starker Phimose, die zu einer Behinderung des Wasserlassens führt (Vorhaut bläht sich beim Wasserlassen auf, Harnstrahl ist nur dünn oder tröpfelnd)
- bei wiederholten Entzündungen von Vorhaut und Eichel
- bei Vernarbungen (können sich von selbst nicht zurückbilden)

★ **Achtung:** Versuchen Sie bei Ihrem Baby oder Kleinkind bitte keinesfalls, die Vorhaut ruckartig oder mit Krafteinsatz zurückzuziehen, um eine Verengung oder Verklebung zu lösen. Das ist nicht nur äußerst schmerzhaft, sondern kann zu kleinen Einrissen führen, die anschließend vernarben. Das verschlimmert die Phimose nur und macht möglicherweise eine spätere Operation unumgänglich. Sie dürfen jedoch z. B. im warmen Bad die Vorhaut so weit sanft zurückziehen, wie dies leicht und schmerzlos möglich ist.

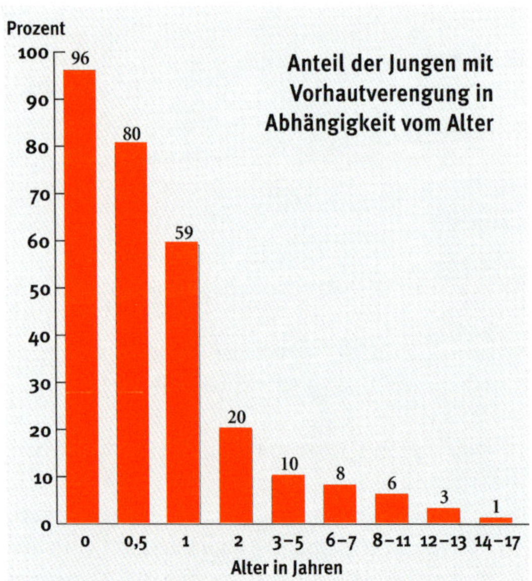

Durch Salbenbehandlung eine Operation vermeiden

Eine Salbenbehandlung hat nur dann Erfolg, wenn es sich um eine Verklebung handelt. Ist die Vorhaut tatsächlich zu eng, kann auch eine Salbe nichts daran ändern!
Durch eine mehrwöchige Behandlung mit Kortison- oder Östrogensalbe konnte, im Vergleich zu einer Kontrollgruppe mit wirkstofffreier Salbe, eine um 50 bis 90 Prozent schnellere Rückbildung der Verklebung erreicht werden.
Mit einer Erfolgsrate von 90 Prozent am wirksamsten ist die Behandlung mit einer östrogenhaltigen Salbe (verschreibungspflichtig, z. B. Ovestin®, kann zum leichteren Auftragen in der Apotheke in eine Augensalbentube abgefüllt werden), die zwei- bis dreimal täglich über drei bis sechs Wochen aufgetragen wird. Als Nebenwirkung kommt es bei einem von 30 behandelten Jungen zu einer geringgradigen, beidseitigen Brustdrüsenschwellung, die sich nach Absetzen der Salbe wieder zurückbildet.
Eine Verklebung kann auch der Kinderarzt nach Auftragen einer örtliche betäubenden Creme zu lösen versuchen. Wenn die Creme wirkt und der kleine Patient keine Schmerzen mehr hat, wird er die Vorhaut vorsichtig ganz zurückstreifen und so die Verklebung lösen. Bitte überlassen Sie diese Behandlung in jedem Fall einem Arzt und versuchen Sie es keinesfalls selbst!

Tipp

Auch wenn man es kaum glauben mag: Es sind schon Erfolge bei Phimose mit einer homöopathischen Behandlung beschrieben worden. Einige Homöopathen schwören z. B. auf Jacaranda caroba C6 (einmal täglich 1 Tablette oder 5 Globuli für maximal 14 Tage). Einen Versuch ist es in jedem Fall wert!

Bei Entzündungen helfen Sitzbäder und antibiotische Salben

Infolge einer Phimose kann es immer wieder zu Entzündungen der Vorhaut und der Eichel kommen. Die Vorhaut ist gerötet, geschwollen und schmerzt.
In leichten Fällen helfen schon Kamillen-Sitzbäder, eventuell im Wechsel mit Zauberstrauch-Sitzbädern (z. B. Hamamelis-Essenz Wala, 100 ml 15,95€). Da gerade im Falle von Kamille fertige Kamillenlösungen einen höheren Wirkstoffgehalt aufweisen als selbst aufgebrühter Kamillentee, sollten Sie auf Fertigarzneimittel zurückgreifen (z. B. Kamillin Extern Robugen®, 400 ml 9,45€).
Bereiten Sie Ihrem Kind ein- bis zweimal täglich ein Sitzbad mit warmem Wasser zu und dosieren Sie den Kamillen- bzw. Hamamelis-Extrakt wie in der Packungsbeilage angegeben.
Oft ist jedoch auch eine antibiotische Behandlung erforderlich. Eine entsprechende antibiotische Salbe bekommt Ihr Kind vom Arzt verordnet. Diese muss

zwei- bis dreimal täglich aufgetragen werden. Um die Salbe unter die Vorhaut zu bringen, werden meist Glasstäbchen (erhältlich in Apotheken unter dem Begriff „Augensalben-Stäbchen") verwendet.

Tipp

Ist die Vorhaut bei Ihrem Jungen sehr eng, gibt es mit den Glasstäbchen und der Salbe wahrscheinlich Geschrei, weil die Öffnung in der Vorhaut durch die Entzündung zusätzlich zugeschwollen ist und das Einbringen der Salbe recht unangenehm ist. Ich habe bei meinem Sohn in diesem Fall beste Erfahrungen mit der Anwendung antibiotischer Augentropfen (verschreibungspflichtig!) in Einmal-Dosis-Behältern gemacht, die ich direkt in die Vorhaut eintropfen konnte. Den angebrochenen Behälter warf ich jeweils abends weg und verwendete am nächsten Tag einen neuen.

Welche Operationsmethode ist die richtige?

Besteht bei Ihrem Sohn die Notwendigkeit einer Operation, wird diese unter Vollnarkose, aber in der Regel ambulant durchgeführt. Je nach Schwere der Phimose kommen drei verschiedene Operationsmethoden in Frage.

- Bei geringgradiger Phimose (meist bei engen, narbigen Schnürringen) kann die Vorhaut durch eine Vorhauterweiterungsplastik komplett erhalten werden. Dabei wird die zu enge Vorhaut durch einen Schnitt (oder eventuell auch mehrere) längs eingeschnitten und anschließend quer vernäht. Somit wird eine Erweiterung der Vorhaut erreicht. Nach dieser Operation ist die Mitarbeit von Ihnen und Ihrem Kind erforderlich! Um erneute Vernarbungen und Verengungen zu vermeiden, muss die Vorhaut täglich zurückgestreift werden (z. B. in einem desinfizierenden Sitzbad), soweit es schmerzfrei möglich ist.
- Die gängigste Methode im Kleinkindalter ist die Teilbeschneidung (partielle Zirkumzision), die auch als Plastibell-Methode bezeichnet wird. Dabei wird nur die Engstelle entfernt, und der restliche Teil der Vorhaut bleibt erhalten. Dazu wird die verengte Vorhaut eingeschnitten und etwas gespreizt, sodass eine Plastikglocke über die Eichel geschoben werden kann. Anschließend wird die Vorhaut am Rand der Plastikglocke abgebunden; sie fällt nach dem Auflösen des Nahtmaterials nach zehn bis zwölf Tagen mitsamt der Plastikglocke von selbst ab.
- Bei der kompletten Beschneidung (radikale Zirkumzision), die allerdings aus medizinischen Gründen nur selten erforderlich ist (z. B. beim Lichen sclerosus et atrophicus, einer Hauterkrankung, die zum narbigen Umbau der Vorhaut führt), wird die Vorhaut ganz entfernt und die Wunde vernäht.

Die Operation an sich dauert meist nur wenige Minuten und wird in der Regel problemlos überstanden. Als mögliche Komplikationen können in 0,5 bis 2 Prozent Nachblutungen, Verwachsungen oder Infektionen auftreten. Wurde keine komplette Beschneidung durchgeführt, kann es in seltenen Fällen zu einer erneuten Phimose kommen. Laut amerikanischen Studien ist eine verbliebene Restvorhaut mit schlechtem kosmetischen Ergebnis (z. B. aufgrund zu sparsamer Beschneidung) die häufigste Komplikation.

So übersteht Ihr Kind die Operation besser

- Hilfreich ist das „homöopathische OP-Programm" (siehe Kasten), das Schmerzen und Schwellungen reduziert.
- Anfangs ist die Penisspitze sehr berührungsempfindlich und brennt beim Wasserlassen. Damit die frische Wunde nicht mit der Windel oder dem Slip verklebt, kann etwas Vaseline oder Panthenol-Creme (z. B. Panthenol Heumann, 20 Gramm für 1,95€) aufgetragen werden.
- Braucht Ihr Kind keine Windel mehr, können Sie ihm anfangs einen reichlich großen Slip anziehen und mit einer flachen Margarinedose (z. B. von Lätta) alles, was drückt, vom frisch operierten Penis fernhalten. Damit die Dose in der Unterhose nicht verrutscht, sollte sich Ihr Kind jedoch möglichst ruhig verhalten.
- Spätestens nach einer Woche kann Ihr Sohn Kindergarten oder Schule wieder besuchen. Beim Sport und wilden Spielen ist zehn bis 14 Tage lang Schonung angesagt.

Homöopathisches „OP-Programm"

ARNICA D12: Zur Unterstützung der Heilung, wirkt auch schmerzstillend und infektionshemmend
STAPHISAGRIA D12: Das beste Mittel bei Operationen im Bereich des Unterleibs!
NUX VOMICA D12: Erste Gabe schon vor der Narkose, danach weitermachen; vorbeugend gegen Erbrechen nach der Narkose
Dosierung: 5 Globuli oder eine Tablette von beiden Mitteln nach dem Aufwachen zunächst alle 15 bis 30 Minuten (insgesamt 5 Gaben), dann bis zum Schlafengehen alle zwei Stunden, an den nächsten beiden Tagen dreimal täglich
Folgendes Mittel nur im Bedarfsfall (5 Globuli oder eine Tablette alle 30 Minuten, insgesamt 5 Gaben):
ACONITUM D12: Bei Unruhe oder Angst vor oder nach der Operation

***Bezugsquelle:** Alle angegebenen homöopathischen Medikamente sind rezeptfrei in Apotheken erhältlich, 10 Gramm Globuli 6,46€, 80 Tabletten 7,69€ (Hersteller: DHU, Karlsruhe). Fertigarzneimittel für Sitzbäder wie Kamillin Extern Robugen® (400 Milliliter 8,85€) und die Hamamelis-Essenz Wala (100 Milliliter 15,45€) erhalten Sie rezeptfrei in der Apotheke.*

Schnelle Hilfe bei kleinen Blessuren

Beulen und kleinere Wunden sind bei Kindern an der Tagesordnung. Damit der Schmerz rasch nachlässt und alles gut verheilt, haben wir hier die besten Mittel für Sie zusammengestellt. Plus: zwei große Übersichtstabellen (Tabelle 10 und 11) für die erste Hilfe mit Homöopathie.

Hat sich Ihr Kind verletzt, ist oft der Schreck größer als der Schmerz. Trösten Sie Ihr Kind, nehmen Sie es in den Arm und singen Sie „Heile, heile Segen". Das reicht bei vielen Wehwehchen schon aus, um alles vergessen zu machen. Blutet es auch nur wenige Tröpfchen, brauchen viele Kinder als sprichwörtliches Trostpflaster noch ein Kinderpflaster. Ist Ihr Kind gestürzt, empfiehlt sich der folgende

Sturz-Check

Tasten Sie Ihr Kind nach einem Sturz ab, um keine Verletzung zu übersehen. Halten Sie sich an dieses Schema:

- Kopf nach Beule bzw. Wunde abtasten.
- Von links und rechts gegen die Schultern drücken: Schmerzen?
- Von oben auf jedes der beiden Schlüsselbeine drücken: Schmerzen?
- Beide Arme nacheinander abtasten, Kind beide Arme bewegen lassen.
- Mit Ihren beiden Händen den Brustkorb umfassen und etwas zusammendrücken: Schmerzen?
- Beide Beine nacheinander abtasten, Kind beide Beine bewegen lassen, nacheinander leicht in beide Großzehen zwicken: Gefühl vorhanden?

Erste Hilfe bei allen Verletzungen

1. Grundsätzlich gilt: Immer zuerst kühlen! Legen Sie eine Kühlkompresse auf oder halten Sie den betroffenen Körperteil (nicht bei blutenden Wunden!) in einen Eimer oder eine Schüssel mit kaltem Wasser.
2. Verletzten Körperteil hoch lagern, das stoppt die Blutung bzw. verhindert eine starke Schwellung.
3. Wenn Sie sich nicht das passende homöopathische Mittel aus den beiden Tabellen 10 und 11 heraussuchen wollen, liegen Sie mit **ARNICA** D12 oder dem homöopathischen Komplexmittel Traumeel® S immer richtig. Geben Sie anfangs dreimal eine Tablette im Abstand von 10 Minuten, danach stündlich bis zweistündlich eine.

Tipp

Bewahren Sie eine Kühlkompresse grundsätzlich im Kühlschrank auf!

4. Ist Ihr Kind durch die Verletzung völlig panisch, starr vor Schreck oder hat es Angst, was nun mit ihm geschieht, helfen ihm Bach-Blüten-Notfalltropfen, sich wieder zu beruhigen. Geben Sie ihm einfach ein bis zwei Tropfen auf die Lippen oder in den Mund. Sie können die Gabe ggf. wiederholen. Seit kurzem gibt es sogar Notfall-Bonbons nach Dr. Bach.
5. Machen Sie bei geschlossenen Verletzungen einen Retterspitz-Umschlag. Retterspitz® äußerlich sollen Sie immer im Haus haben, da Umschläge damit (laut Packungsbeilage, eins zu eins mit Wasser verdünnt) nach meiner Erfahrung außerordentlich wirksam sind. Retterspitz® äußerlich enthält unter anderem Arnika, Rosmarin und Thymol (aus Thymian).

Kleines Einmaleins der Wundversorgung

- Schürfwunden sind fast immer harmlos und bluten meist nur wenig. Ist die Wunde verschmutzt (Steinchen, Sand), können Sie sie mit kaltem Leitungswasser ausspülen oder größere Steinchen mit einer sauberen Pinzette entfernen. Zum anschließenden Desinfizieren empfiehlt sich Octenisept®-Lösung, da diese nicht brennt.
- Bei stärker blutenden Wunden den betroffenen Körperteil hochhalten und mit einem sauberen Taschentuch einige Minuten auf die Wunde drücken. Ist die Blutung gestillt, können Sie ein Pflaster darauf kleben, das Sie allerdings schon bald wieder abnehmen oder zumindest täglich wechseln sollten, sonst droht eine Infektion.
- Kleinere Wunden heilen an der Luft am besten. Verzichten Sie (außer auf Anweisung des Arztes) am besten auf Salben oder Puder.
- Das passende homöopathische Mittel zur Unterstützung der Wundheilung finden Sie in Tabelle 1 auf Seite 109.
- Bitte denken Sie daran, dass Ihr Kind bei allen Wunden einen kompletten Tetanusschutz (also die Grundimmunisierung mit vier Impfungen) braucht. Hat Ihr Kind nicht alle Impfungen erhalten, gehen Sie bitte mit ihm zum Arzt.

Tipp

Muss die Wunde genäht werden, sollten Sie den Arzt fragen, ob sie nicht auch geklebt werden kann (mit sterilen Pflasterstreifen oder Gewebekleber). Das erspart Ihrem Kind die Betäubungsspritze, geht schneller und oft sind sogar die Narben weniger hässlich.

Verbrennungen sofort kühlen

- Kühlen Sie den betroffenen Körperteil sofort 10 bis 20 Minuten lang unter fließendem laukaltem Wasser (Temperatur 12 bis 20 Grad). Ist der Körper großflächig betroffen, können Sie ein Kindergartenkind in die Dusche stellen und lauwarm abbrausen. Dabei gilt die Faustregel: Je kleiner das Kind und je größer die Verbrennung, desto wärmer sollte das Wasser sein und desto kürzer sollten Sie kühlen, damit es nicht zu einer Unterkühlung kommt. Beenden Sie die Kühlung sofort, wenn Ihr Kind zu frieren beginnt!
- Schmerzlindernd wirkt eine Packung bzw. ein Umschlag mit Quark, Joghurt oder Buttermilch, die Sie aber nur anwenden dürfen, wenn die Haut nicht offen ist. Streichen Sie Quark oder Joghurt am besten kühlschrankkalt und messerrückendick auf die Haut oder legen Sie ein mit Buttermilch getränktes Baumwolltuch auf.

Wann müssen Sie zum Arzt?

Auch wenn Sie selbst mit homöopathischen Mitteln oder Hausmitteln behandeln wollen, sollten Sie in folgenden Fällen mit Ihrem Kind zum Arzt gehen: bei

- stark blutenden Wunden
- verschmutzten Wunden, Bisswunden oder Wunden mit Fremdkörper
- bei fehlendem Tetanusschutz (sollte immer mit dem Arzt geklärt werden, wenn Ihr Kind nicht alle empfohlenen Impfungen erhalten hat)
- Wunden über einem Zentimeter Länge
- Wunden oder Verbrennungen im Gesicht (wegen späterer Narbenbildung)
- Verbrennungen, die größer als eine Handfläche Ihres Kindes sind
- starken Schmerzen
- ausgedehnten Blutergüssen oder Schwellungen
- eingeschränkter Beweglichkeit oder ungewohnter Stellung von Gelenken oder Gliedmaßen
- vermindertem Gefühl in Armen oder Beinen

Tabelle 10: Das richtige homöopathische Mittel für jede Wunde.
Sie können Ihrem Kind grundsätzlich Tabletten oder aber Globuli (Streukügelchen) geben, wobei als Einzelgabe entweder 1 Tablette oder 5 Globuli verabreicht werden. Haben Sie das passende Mittel nicht in der richtigen Potenz vorrätig, können Sie D12 auch durch D6 oder D4 ersetzen.

Art der Wunde	Typische Anzeichen	passendes Mittel	Dosierung
Bei Wunden jeder Art als erstes Mittel		**ARNICA** D12	Gabe alle 10 Minuten, bis Blutung und Schmerz nachgelassen haben, dann je nach Art der Wunde weiterbehandeln
Bisswunde	meist zeigt die Haut mehrere punktförmige Stichwunden; Achtung: hohes Infektionsrisiko bei Menschen-, Katzen- und Hundebissen, deshalb immer zum Arzt!	**LEDUM** D12 und zusätzlich jeweils 5 bis 15 Minuten darauf **ECHINACEA** D12	am ersten Tag alle zwei Stunden, ab dem zweiten Tag 3-mal täglich: Behandlung etwa eine Woche fortsetzen
Stichwunde	punktförmige Verletzung, die wenig blutet, oft aber starker Schmerz; Ursache z.B. Stich von Nadel, Nagel, Dorn, Splitter	**LEDUM** D12 zusätzlich jeweils 5 bis 15 Minuten darauf **HYPERICUM** D12	
Platzwunde	stark blutende Wunde mit glatten oder auch gequetschten Wundrändern, häufig mit blutunterlaufener Umgebung; meist durch heftigen Aufprall bei Sturz entstanden	**CALENDULA** D12	am ersten Tag alle zwei Stunden, ab dem zweiten Tag 3-mal täglich; Behandlung fortsetzen, bis die Kruste abgefallen ist
Risswunde	längliche Wunde, mit glatten oder ausgefransten Rändern; z. B. durch Stacheldraht		
Schnittwunde	glattrandige Wunde, die meist stark blutet; hervorgerufen durch z.B. Schnitt mit Messer oder Glasscherbe	**STAPHISAGRIA** D12	am ersten Tag alle zwei Stunden, ab dem zweiten Tag 3-mal täglich; Behandlung fortsetzen, bis die Kruste abgefallen ist
Schürfwunde	Haut nicht aufgerissen, sondern nur leicht abgeschabt, sodass meist nur kleine Bluttröpfchen zu sehen sind; typischerweise nach Stürzen auf Knie, Hände oder Ellenbogen	• **CALENDULA** D12 • bei zusätzlichen blauen Flecken: **BELLIS** D3	3-mal täglich; Behandlung fortsetzen, bis die letzte Kruste abgefallen ist
Nasenbluten	Platzen von Blutgefäßen in der Nase durch einen Sturz oder Schlag, aber auch durch heftiges Schnäuzen oder Bohren in der Nase	**ARNICA** D12	Gabe alle fünf Minuten bis zu 5-mal

Bezugsquellen: *Alle angegebenen Medikamente sind rezeptfrei in Apotheken erhältlich, 10 Gramm homöopathische Globuli für 6,46€, 80 homöopathische Tabletten für 7,69€ (Hersteller: DHU, Karlsruhe), 50 Traumeel® S Tabletten für 5,66€. Octenisept® Lösung gibt es zu 250 Millilitern für 9,55€, 350 Milliliter Retterspitz® äußerlich erhalten Sie für 6,95€. Die Bach-Blüten-Notfalltropfen (Rescue-Remedy) kosten ab 6,95€ für 10 Milliliter. Notfall-Bonbons nach Dr. Bach (Firma Murnauer Markenvertrieb, PZN 0784705) gibt es in Apotheken, Reformhäusern und Drogerien, 50 Gramm für 6,50 bis 7€.*

Tabelle 11: Homöopathische Hilfe bei geschlossenen (nicht blutenden) Verletzungen.

Als Einzelgabe werden – wie bei Tabelle 1 – entweder 1 Tablette oder 5 Globuli gegeben.

Art der Wunde	Typische Anzeichen	passendes Mittel	Dosierung
bei Blutergüssen, Verstauchungen, Prellungen oder Quetschungen grundsätzlich als erstes Mittel		**ARNICA** D12	Gabe 3- 5-mal im Abstand von 10 Minuten
wenn Finger bzw. Zehen betroffen sind oder die Schmerzen (auch bei Wunden!) nicht innerhalb einer Stunde nachlassen		**HYPERICUM** D12	Gabe (zusätzlich zu Arnica) 3- bis 5-mal alle 10 Minuten, danach halbstündlich bis stündlich, bis die Schmerzen nachlassen
Bluterguss	anfangs purpurroter, recht schmerzhafter Fleck, der sich später blau und gelb verfärbt; durch aufgeplatzte Blutgefäße nach Stoß oder Schlag entstanden	**ARNICA** D12	am ersten Tag alle zwei Stunden, ab dem zweiten Tag 3-mal täglich etwa drei Tage lang
Beule	stärker ausgeprägter Bluterguss, der durch die Menge an Blut vorgewölbt ist	**ARNICA** D12 und zusätzlich jeweils 5 bis 15 Minuten darauf **LEDUM** D12	
Quetschung	meist Finger/Hand oder auch Füße betroffen, sehr schmerzhaft, eingeklemmter Körperteil färbt sich oft rot-bläulich und schwillt an	**HYPERICUM** D12 im Wechsel mit **ARNICA** D12	anfangs halbstündlich bis stündlich eine Gabe, dabei Mittel abwechseln, ab dem zweiten Tag nur noch Hypericum 3-mal täglich etwa eine Woche lang
Splitter	eingezogener Stachel, Dorn oder Holzsplitter, Wunde oft kaum sichtbar, aber sehr schmerzhaft, bei Entzündung geröteter Rand	**SILICEA** D12	zur Förderung der Austreibung kleiner Fremdkörper täglich eine Gabe; Tipp: 2 bis 3 Stunden lang eine Zwiebel- oder Tomatenscheibe auf den Splitter legen, dann lässt er sich meist gut entfernen
Verbrennung **Verbrühung**	anfangs Haut gerötet, später eventuell zusätzlich Bildung von Brandblasen, sehr schmerzhaft; Verbrennungen an heißen Gegenständen oder durch kochende Flüssigkeit bzw. heißen Dampf	**CANTHARIS** D12 • kräftige Rötung, (lau) warmes Wasser lindert besser als kaltes: **BELLADONNA** D12 • Haut hellrot, kaltes Wasser lindert: **APIS** D12 • bei Blasenbildung: **CAUTHARIS** D12	Gabe 3- bis 5-mal alle 5 Minuten, danach alle 15 bis 30 Minuten in den ersten Stunden
verbrühte Zunge	brennende Schmerzen nach der Verbrühung von Lippe, Zunge oder Mundschleimhaut durch heiße Speisen und Getränke	**HAMAMELIS** D12 im Wechsel mit **CANTHARIS** D12	Gabe alle 5 Minuten, bis die Schmerzen nachlassen
Verstauchung, Prellung, Zerrung	starke Schmerzen, Bewegungseinschränkung, Schwellung und Bluterguss bei Verletzung von Knochen und/ oder Gelenken durch Sturz, Umknicken, Ausrutschen	• wichtigstes Mittel bei Verletzungen von Bändern oder Sehnen (z. B. Zerrung, Umknicken): **RHUS TOXICODENDRON** D12 • bei Schienbeinprellung (sehr schmerzhaft): **RUTA** D12 • umgeknickter Knöchel mit Bluterguss und teigiger Schwellung: **SYMPHYTUM** D12	• am ersten Tag 4-mal eine Gabe, ab dem zweiten Tag 3-mal täglich ein bis zwei Wochen lang • zur Föderung der Heilung zusätzlich **ARNICA** D12 3-mal täglich

Schützen Sie Ihr Kind: So haben Zecken keine Chance!

Die gefährlichen Blutsauger übertragen eine Reihe von Erkrankungen, darunter FSME und Borreliose. Lesen Sie hier, wie Sie vorbeugen können und was nach einem Zeckenbiss zu tun ist. Extra: Machen Sie unseren Wissenstest, der Ihnen verrät, wie gut Sie über Zecken Bescheid wissen.

Zecken gehören zu den Spinnentieren. Weltweit gibt es über 800 Arten. In Europa ist hauptsächlich der Holzbock (*Ixodes ricinus*) gefährlich, der verschiedene Erkrankungen wie Rückfallfieber und Ehrlichiose übertragen kann. In Deutschland sind vor allem FSME (Frühsommer-Meningoenzephalitis) und Borreliose von Bedeutung.

FSME

Die FSME verläuft bei Kindern meist gutartiger als bei Erwachsenen. Etwa 30 Prozent aller Infizierten erkranken und entwickeln grippeähnliche Beschwerden und Fieber (meist um 38 °C). Nach einem fieberfreien Intervall kommt es bei etwa 10 Prozent der Erkrankten zu einer Entzündung von Gehirn und Hirnhäuten (Meningoenzephalitis) mit schlechtem Allgemeinbefinden, Kopfschmerzen, hohem Fieber und in 20 bis 40 Prozent auch zu vorübergehenden neurologischen Störungen wie Lähmungen oder auch Krampfanfällen. Ein bis zwei von 100 Erkrankten sterben. Bleibende Schäden bei Kindern unter 6 Jahren wurden in Deutschland bisher nicht beobachtet. Bisher herrschte die Meinung vor, dass Kinder auch ohne Impfung nur selten an FSME erkranken. Die bayerische Meldestatistik aus dem Jahr 2002 spricht allerdings gegen diese Annahme. Unter den 83 gemeldeten Fällen waren 11 Kinder unter 10 Jahren, wovon neun schwer an einer Meningitis (Hirnhautentzündung) oder Meningoenzephalitis erkrankten.

Lyme-Borreliose

Die Borreliose verläuft in mehreren Stadien, wobei die Beschwerden leider oft wenig typisch sind, sodass nicht daran gedacht wird, sofern der Zeckenbiss nicht bemerkt wurde. Als erstes Symptom (Stadium I) kommt es Tage bis wenige Wochen nach dem Zeckenbiss zu der für die Borrelieninfektion charakteristischen Wanderröte (Erythema chronicum migrans), die aber nicht bei allen Infizierten auftritt! Es handelt sich um eine ringförmige Hautrötung um die Bissstelle, die sich langsam vergrößert. Zusätzlich treten oft untypische Allgemeinsymptome wie Abgeschlagenheit, Fieber, Muskel- und Kopfschmerzen auf. Im Stadium II können Wochen bis Monate nach dem Zeckenbiss verschiedenste Symptome wie Hirnhautentzündung, starke, brennende Schmerzen, Lähmungen oder auch Herzprobleme auftreten. Relativ häufig wird eine Gesichtslähmung (Fazialisparese) beobachtet. Im III., chronischen Spätstadium der Borreliose kommt es nach Monaten bis Jahren zu Gelenkentzündungen (Lyme-Arthritis) oder zur so genannten Pergamentpapierhaut (Acrodermatitis chronica atrophicans). Die Borreliose lässt sich als bakterielle Erkrankung antibiotisch behandeln. Im Frühstadium ist die Einnahme von Tabletten bzw. Saft ausreichend, während in den Stadien II und III eine mehrwöchige Infusionstherapie mit Antibiotika erforderlich ist.

Test: Wie gut wissen Sie über Zecken Bescheid?

Kreuzen Sie jeweils an, ob die Aussage richtig oder falsch ist (die Auflösung finden Sie auf Seite 116).

1. Zecken lassen sich von Bäumen fallen........................ ☐ ja ☐ nein
2. Zecken kommen häufig in Österreich vor und sind vor allem in Höhenlagen über 1.000 Meter gefährlich........... ☐ ja ☐ nein
3. Zecken sind nur in bestimmten Risikogebieten gefährlich . ☐ ja ☐ nein
4. Die FSME kommt – wie der Name schon sagt – nur im Frühsommer vor. .... ☐ ja ☐ nein
5. Durch FSME sind vorwiegend Forstarbeiter und Jäger gefährdet. .... ☐ ja ☐ nein
6. Wenn Zecken rechtzeitig entfernt werden, können sie keine Erkrankungen übertragen............................ ☐ ja ☐ nein
7. Zecken lassen sich durch gründliches Absuchen des Körpers leicht entdecken. .... ☐ ja ☐ nein
8. Kleinkinder sind besonders durch FSME gefährdet und sollten deshalb unbedingt geimpft werden................... ☐ ja ☐ nein
9. Nach einer Zeckenschutzimpfung stellen Zecken keine gesundheitliche Gefahr mehr dar....................... ☐ ja ☐ nein
10. Zur Entfernung müssen Zecken rechts herum aus der Haut gedreht werden.................................. ☐ ja ☐ nein

Wie hoch ist das Erkrankungsrisiko?

Die Durchseuchung der Zecken mit dem FSME-Virus ist in Deutschland auf bestimmte Risikogebiete beschränkt (siehe Karte auf Seite 115). In einem FSME-Hochrisikogebiet (siehe Kartenlegende) liegt das Risiko, als Ungeimpfter nach einem Zeckenbiss an FSME zu erkranken, bei 1:1.000 bis 1:2.000. In den Risikogebieten beträgt es etwa 1:10.000. Die Tabelle 12 zeigt Ihnen, wie viele

FSME-Fälle es in den letzten Jahren in Deutschland gegeben hat und verdeutlicht, dass Erkrankungen von Säuglingen und Kleinkindern selten sind, aber durchaus vorkommen können.

Tabelle 12: Gemeldete FSME-Fälle in Deutschland
(einschließlich der Patienten, die sich im Ausland infiziert haben; Quelle: Robert-Koch-Institut, SurvStat-Abfrage vom 26.03.05)

Alter	2001	2002	2003	2004
bis 12 Monate	0	0	1	0
1 Jahr	0	1	1	0
2 Jahre	0	1	0	0
3 Jahre	0	5	2	1
4 Jahre	1	5	2	0
5 bis 9 Jahre	10	15	18	17
Fälle gesamt	255	239	276	274

Die Wahrscheinlichkeit, nach einem Zeckenbiss an Borreliose zu erkranken, liegt um ein Vielfaches höher als bei FSME, nämlich bei 1:50 bis 1:100. Jedes Jahr gibt es in Deutschland etwa 60.000 Neuerkrankungen. Spezielle Zahlen über Infektionen von Kindern liegen nicht vor.

So schützen Sie Ihr Kind vor Zecken

- Die Wahrscheinlichkeit, sich eine Zecke „einzufangen", ist besonders hoch an Waldrändern, Waldlichtungen, Wegrändern und kleinen „Trampelpfaden", im hohen Gras sowie in Büschen. Bleiben Sie daher auf etwas breiteren Waldwegen und unternehmen Sie keine Abstecher in das Unterholz oder ins hohe Gras. Auch Heuhaufen oder Futterstellen sind übrigens beliebte Zecken-Aufenthaltsorte.
- Selbst die „richtige" Bekleidung schützt niemals hundertprozentig gegen Zecken! Günstig sind lange Hosen, Strümpfe und geschlossene Schuhe. Die Hosenbeine sollten in die Strümpfe bzw. Stiefel gesteckt werden. Wählen Sie einfarbige, helle Kleidungsstücke, da hierauf wandernde Zecken am einfachsten zu sehen sind. Decken Sie den Kinderwagen mit einem Mückennetz ab.
- Insekten abweisende Mittel (Repellentien) schützen unbedeckte Hautstellen gegen Zeckenbefall. Unschädlich und bereits für Säuglinge geeignet ist z. B. Zanzarin® Bio-Hautschutz-Lotion (Wirkstoff: Kokosfettsäuren), die laut Stiftung Warentest die beste Schutzwirkung gegen Zecken aufweist. Das Mittel schützt bis zu sechs Stunden gegen Zecken und bis zu fünf Stunden gegen Stechinsekten wie Mücken.
- Machen Sie bei einem Waldspaziergang alle zwei Stunden einen „Zecken-Check". Suchen Sie den gesamten Körper nach dem Spaziergang gründlich

ab. Zecken sitzen bevorzugt in den Leistenbeugen, in den Kniekehlen, unter den Armen, im Nacken, im Genitalbereich sowie am Gesäß. Bei Kindern ist häufig auch der Haaransatz betroffen, sodass Sie auch Kopf und Nacken absuchen sollten.

- Ziehen Sie Ihr Kind nach einem Waldspaziergang, einem ausgedehnten Parkspaziergang oder Spielplatzbesuch um.

Zecke entdeckt: So reagieren Sie richtig

- Entfernen Sie jede entdeckte Zecke sofort, das reduziert insbesondere das Risiko einer Lyme-Borreliose, senkt aber auch die Gefahr einer FSME-Infektion. Neuere Untersuchungen deuten nämlich darauf hin, dass die FSME-Viren während des Saugaktes der Zecke eine starke Vermehrung in den Speicheldrüsen durchmachen.
- Die Entfernung gelingt am einfachsten mit einer Splitterpinzette (feine, L-förmig gebogene Pinzette). Von Zeckenzangen mit dicken Greifbacken aus Kunststoff können sehr kleine Zecken eher zerquetscht werden. Mit einer Zeckenkarte (Format einer Kreditkarte, hat an einer Ecke eine eng zulaufende Aussparung) kann man unter die Zecke fahren und sie aushebeln. Das funktioniert jedoch nur gut, wenn die Zecke mindestens Stecknadelkopfgröße erreicht hat. Notfalls können Sie die Zecke auch mit den Fingernägeln entfernen.
- Fassen Sie die Zecke direkt über der Haut, ohne den Körper der Zecke zu quetschen (Gefahr der vermehrten Abgabe von Erregern!). Halten Sie die Zecke dann etwa 60 Sekunden lang unter leichtem Zug (nicht abreißen!). Das führt dazu, dass die Zecke meist von selbst loslässt. Sie können die Zecke jedoch auch aus der Haut herausdrehen (Richtung egal) oder durch vorsichtiges Rütteln den mit Widerhaken besetzten Saugrüssel lockern, um die Zecke zu entfernen.
- Versuchen Sie keinesfalls, die Zecke mit Öl, Klebstoff oder Ähnlichem zu „ersticken“. Das schadet mehr, als es nützt. Es führt mit großer Wahrscheinlichkeit dazu, dass die Zecke im „Todeskampf“ erst recht Erreger in die Wunde abgibt.
- Desinfizieren Sie nach dem Entfernen Hände und Bisswunde mit 70-prozentigem Alkohol oder einem handelsüblichen Desinfektionsmittel (z. B. Octenisept®-Lösung).

Tipp

Falls Sie ein Kältespray gegen Verletzungen in Ihrer Erste-Hilfe-Ausrüstung haben, können Sie die Zecke vor dem Herausziehen damit einsprühen und so betäuben.

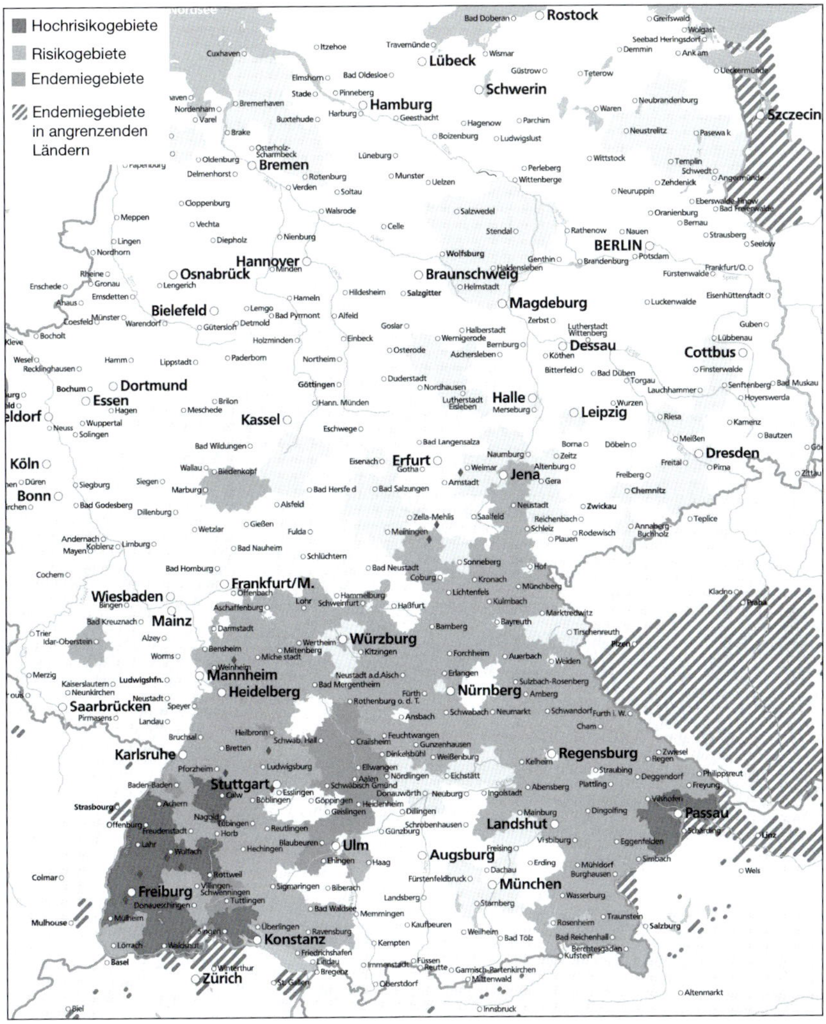

Die Karte zeigt das Verbreitungsgebiet der FSME in Deutschland (Stand April 2005), untergliedert in Hochrisikogebiete (mindestens 25 FSME-Erkrankungen in den letzten 5 Jahren), Risikogebiete (mindestens 5 FSME-Erkrankungen in den letzten 5 Jahren) und Endemiegebiete (keine registrierten Erkrankungen, die Antikörpertiter bei Waldarbeitern deuten jedoch auf FSME-infizierte Zecken hin). Eine Verbreitungskarte der FSME in Europa sowie weitere Informationen finden Sie unter www.zecken.de.

- Trauen Sie sich die Entfernung der Zecke nicht zu oder ist ein Teil der Zecke in der Haut verblieben und hat sich entzündet, gehen Sie bitte zum Arzt.
- Sind Sie durch den Zeckenbiss und dessen mögliche Folgen sehr beunruhigt, kann ein Erregernachweis in der entfernten Zecke durchgeführt werden. Mittels Polymerase-Kettenreaktion können sowohl lebende als auch tote Zecken auf Borrelien und/oder FSME-Viren untersucht werden. So herrscht schnell Klarheit, ob die betreffende Zecke überhaupt infiziert war.

Diese noch wenig bekannte Untersuchung wird allerdings von den Kassen nicht bezahlt!

- Eine vorbeugende antibiotische Behandlung, um eine eventuelle Borrelieninfektion zu verhindern, ist unnötig. Das gilt selbst dann, wenn bei einem Erregernachweis in der Zecke Borrelien gefunden wurden! Beobachten Sie die Haut nach dem Entfernen der Zecke jedoch aufmerksam mehrere Wochen lang, um eine Rötung nicht zu übersehen. Tritt tatsächlich eine Wanderröte auf, sollte sofort antibiotisch behandelt werden. Eine Blutabnahme, um nach Antikörpern gegen Borrelien zu suchen, ist unnötig. Bei 50 Prozent der Patienten finden sich trotz eindeutiger Infektion in den ersten vier bis sechs Wochen keine Antikörper!
- Nach einem Zeckenbiss in einem FSME-Risikogebiet gibt es keinerlei vorbeugende Maßnahmen. Der einzige sinnvolle Schutz ist die FSME-Impfung.

Wann Sie Ihr Kind impfen lassen sollten

Wenn Sie in einem FSME-Risikogebiet wohnen, sollten Sie sich und Ihr Kind impfen lassen. Die Impfung wird in diesen Fällen von den Kassen bezahlt. Machen Sie in einem Risikogebiet (z. B. Österreich) Urlaub, ist die FSME-Impfung zwar ebenfalls empfehlenswert, sie muss aber selbst bezahlt werden.
Es gibt zwei Impfstoffe, die für Kinder ab 12 Monaten zugelassen sind. Besteht ein sehr hohes Infektionsrisiko, können sogar Säuglinge ab sechs Monaten geimpft werden, wie dies zum Teil in Österreich praktiziert wird. FSME-IMMUN Junior (eine Impfdosis 31,52€) und Encepur® Kinder (eine Impfdosis 33,43€) haben beide eine Schutzwirkung von 99 Prozent. Wichtig für Hühnereiweiß-Allergiker: FSME-IMMUN Junior wird auf Hühnerembryonen vermehrt!
Für eine vollständige Grundimmunisierung sind drei Impfungen erforderlich, die am Tag 0, nach 1 bis 3 sowie nach 9 bis 12 Monaten verabreicht werden. Vor Reisen kann nach dem Kurzzeit-Impfschema am Tag 0, 7 und 21 geimpft werden. Die erste Auffrischimpfung ist beim Kurzzeitschema nach 12 bis 18 Monaten erforderlich, ansonsten nach drei Jahren. Danach genügen Auffrischungen alle fünf Jahre. Die Impfabstände lassen sich vergrößern, wenn vor der Impfung eine Titerbestimmung (muss selbst bezahlt werden!) durchgeführt wird, da der Impfschutz etwa fünf bis zehn Jahre anhält.

Tipp

Da Kleinkinder seltener und weniger schwer an FSME erkranken, empfehle ich die FSME-Impfung für Kinder unter drei Jahren nur in Hochrisikogebieten (siehe Karte auf Seite 115). Ideal ist der Impfbeginn in den Wintermonaten. Doch ist auch eine spätere Impfung noch sinnvoll, da schon einige Wochen nach der zweiten Impfdosis bei über 90 Prozent der Geimpften ein Schutz besteht.

Als Nebenwirkungen treten nach der ersten Impfung bei etwa 5 Prozent der Kinder über drei Jahren Fieber und grippeähnliche Beschwerden auf. Kinder unter drei Jahren reagieren jedoch zu etwa 15 Prozent mit teils hohem Fieber.

Antworten zum Test von Seite 112:

1. **falsch:** Zecken lauern im hohen Gras, im Unterholz oder auch in Büschen in einer Höhe bis maximal 1,5 Metern.
2. **falsch:** Zecken kommen in Österreich so häufig vor wie anderswo, sind dort aber öfter Überträger der FSME. Infizierte Zecken kommen nur in Höhen unter 1.000 Metern vor.
3. **falsch:** Auch wenn außerhalb bestimmter Risikogebiete keine Gefahr durch FSME besteht, können Zecken in ganz Deutschland Borrelien übertragen.
4. **falsch:** Zecken sind zwar in den Monaten April bis Juli und noch einmal im September besonders aktiv, die „Zeckensaison" dauert jedoch insgesamt von März bis Oktober an, da Zecken Temperaturen über 10 °C genügen.
5. **falsch:** Über 90 Prozent aller Infektionen betreffen inzwischen Personen, die sich zu Freizeitaktivitäten im Wald oder in Parkanlagen aufhalten.
6. **falsch:** Selbst bei frühzeitiger Entfernung kann eine Übertragung von Krankheitserregern nicht ausgeschlossen werden. Die FSME-Viren sitzen in den Speicheldrüsen der Zecke und werden vermutlich schon beim Stich übertragen. Borrelien hingegen sitzen im Mitteldarm und werden erst später im Laufe des Saugaktes übertragen.
7. **falsch:** Erwachsene Zecken sind zwar relativ gut zu entdecken, doch gibt es auch frühe Entwicklungsstadien, in denen die Tiere wesentlich kleiner sind: Larven sind nur einen halben Millimeter groß, während die Tiere nach der ersten Häutung etwa 1,5 Millimeter lang sind.
8. **falsch:** Kleinkinder erkranken verhältnismäßig selten an FSME, die Erkrankung verläuft bei ihnen in der Regel gutartiger. Besonders gefährdet sind hingegen Erwachsene, die sich in Risikogebieten dringend impfen lassen sollten.
9. **falsch:** Auch wenn fälschlich von „Zeckenschutzimpfung" gesprochen wird: Es gibt lediglich eine Impfung gegen FSME, die nicht gegen andere von Zecken übertragene Erkrankungen wie etwa Borreliose schützt.
10. **teilweise richtig:** Es ist zwar richtig, dass die Zecke zum Herausziehen gedreht werden muss, um die Widerhaken am Saugrüssel aus der Haut zu lösen. Ob man links- oder rechtsherum dreht, ist jedoch egal – Zecken haben kein Gewinde.

Bezugsquellen: *Folgendes erhalten Sie rezeptfrei in jeder Apotheke: Splitterpinzette aus Metall (ca. 5 €), Zeckenkarte (ca. 2 €), Octenisept®-Lösung (250 ml für 9,26 €), Zanzarin® Bio-Hautschutz-Lotion (100 ml für 7,95 €). Erregernachweis in der Zecke: synlab Zeckenlabor, Dr. F. Buchwald/Dr. Dr. H.-W. Schultis und Kollegen, Zur Kesselschmiede 4, 92637 Weiden. Weitere Informationenunter www.zeckenlabor.de. Kosten für den Borreliennachweis ca. 41 €, für den FSME-Virennachweis ca. 52 €.*

Probiotisch, H.A. oder „Kleinkind-Milch“: Wann ist welche Milch sinnvoll?

Eltern haben es schwer, im „Dschungel“ der unterschiedlichen Säuglingsmilchnahrungen den Überblick zu behalten. In unserer großen Übersichtstabelle finden Sie alle wichtigen Spezialnahrungen auf einen Blick.

Daran ist nicht zu rütteln: Muttermilch ist die beste Ernährung für Babys. Doch auch für Flaschenkinder gibt es für jedes Babyalter und für unterschiedliche Gesundheitsprobleme die passende Milchnahrung.

Sind Bio-Milch, pre- bzw. probiotische Zusätze oder LCP wirklich besser?

Bio-Milch ist unbestreitbar besser für die Umwelt. Da jedoch alle Milchnahrungen für Babys und Kleinkinder die strengen Auflagen der Diät-Verordnung einhalten müssen, enthalten sie nicht mehr Schadstoffe als Produkte aus Bio-Milch.

Bewertung: Nicht unbedingt erforderlich!

Prebiotische Milch enthält wie Muttermilch so genannte prebiotische Ballaststoffe. Dies sind komplexe Kohlenhydrate wie Inulin aus der Zichorienwurzel und Galactooligosaccharide, die durch die Fermentation von Milchzucker entstehen. Diese dienen den „guten“ Darmbakterien (z. B. Milchsäure- und Bifidusbakterien) als Nahrung und fördern damit eine gesunde Darmflora. So wird die Vermehrung krankmachender Bakterien im Darm gehemmt und die Abwehr gestärkt. Mit prebiotischer Milch ernährte Babys haben meist auch einen weicheren Stuhlgang.

Probiotische Milch enthält hingegen lebende „gute“ Darmbakterien, z. B. Bifidusbakterien oder Laktobazillen. Diese gelangen lebend in den Darm und siedeln sich dort an. Die positiven Wirkungen entsprechen denen der prebiotischen Ballaststoffe.

Bewertung: Pre- oder probiotische Milchnahrungen sind empfehlenswert!

Langkettige mehrfach ungesättigte Fettsäuren (abgekürzt LCP bzw. LCPUFA= long chain polyunsaturated fatty acids) sind Omega-3-Fettsäuren, wie sie auch in der Muttermilch vorkommen. Sie fördern nachweislich die Reifung von Gehirn und Sehkraft.

Bewertung: Sehr empfehlenswert, sollte jedes nicht gestillte Baby in den ersten sechs Lebensmonaten mit der Anfangsnahrung erhalten! Bisher ist das prebiotische Aptamil Pre (600 Gramm ca. 10,99 €) die einzige Anfangsnahrung für gesunde, nicht zu früh geborene Babys, die LCP enthält.

Welche allergenarme Säuglingsnahrung schützt am besten?

Nicht gestillte Babys mit erhöhtem Allergierisiko sollten eine hypoallergene (H.A.) Nahrung bekommen. Das allergieauslösende Kuhmilcheiweiß ist hierbei quasi „vorverdaut", also schon in kleine, kaum noch allergieauslösend wirkende Bruchstücke zerlegt. Dies geschieht durch Erhitzen und nachfolgende enzymatische Aufspaltung (= Hydrolyse). Daher werden diese Nahrungen auch als Hydrolysate bezeichnet. Je nach dem Grad der Aufspaltung (siehe Tabelle 13 auf Seite 112) sind diese Nahrungen weniger bis fast gar nicht mehr allergieauslösend.
Wie wirksam Stillen und verschiedene Hydrolysate zur Vorbeugung allergischer Erkrankungen sind, wurde im Rahmen der GINI-Studie (German Infant Nutritional Intervention Study) an 2252 Säuglingen überprüft. Die nicht gestillten Babys wurden in vier Gruppen eingeteilt und erhielten entweder herkömmliche Säuglingsnahrung auf Kuhmilchbasis, ein Molke-Teilhydrolysat (Beba H.A.), ein stärkergradiges Molkenhydrolysat (Hipp HA) oder ein stark aufgespaltenes Kaseinhydrolysat (Nutramigen).
Unter normaler Säuglingsnahrung entwickelten 16 Prozent der Kinder eine allergische Erkrankung, überwiegend Neurodermitis. Das stärkergradige Molkenhydrolysat schnitt mit 14,3 Prozent kaum besser ab, während unter dem schwächeren Molkenhydrolysat 10,8 Prozent und unter dem stark aufgespaltenen Kaseinhydrolysat nur 9,1 Prozent der Kinder eine allergische Erkrankung entwickelten. Hatten die Säuglinge jedoch einen Elternteil oder ein Geschwister mit Neurodermitis, schützte auch das schwächere Molkenhydrolysat kaum. Nur das starke Kaseinhydrolysat konnte das Neurodermitis-Risiko um über die Hälfte reduzieren.

Sojanahrung pro und contra

Sojanahrung kann bei Kuhmilchallergie und Störungen der Kohlenhydratverdauung (z. B. Milchzuckerunverträglichkeit) gegeben werden. Sie ist wesentlich günstiger als therapeutische Hydrolysate und schmeckt gut.
Kinder mit Kuhmilchallergie entwickeln allerdings in etwa 25 Prozent der Fälle auch eine Allergie gegen Soja. Soja enthält außerdem erhebliche Mengen an Isoflavonen mit östrogenartiger Wirkung. Mit Sojanahrung ernährte Säuglinge haben daher hohe Blutspiegel dieser Isoflavone. Vergleichbare Blutspiegel führen bei Tieren zu einer Verkleinerung der Thymusdrüse und anderen Veränderungen im Immunsystem. Berücksichtigt man das geringe Gewicht eines Babys, liegt die tägliche Isoflavonzufuhr sechs- bis elffach über derjenigen Dosis, die bei Erwachsenen eindeutige hormonelle, also östrogenartige Effekte zeigt.

Ist spezielle Kleinkind-Milch sinnvoll?

Im ersten Lebensjahr sollten Babys keine Kuhmilch ins Fläschchen bekommen. Für Kinder ohne Allergieneigung ist sie nach dem ersten Geburtstag im Rahmen einer ausgewogenen Mischkost jedoch erlaubt. Prinzipiell können Babys während des gesamten ersten Lebensjahres Anfangsnahrung erhalten, da sie alle erforderlichen Nährstoffe enthält. Eine Umstellung auf die stärker sättigende 2-Milch (Folgemilch) ist sinnvoll, wenn Ihr Kind mit Pre- oder 1-Milch nicht mehr satt wird.

3-Milchnahrung und spezielle Kleinkind-Milchnahrung wie z. B. Beba Junior-Milk werben mit einer Anreicherung von Eisen oder Jod gegenüber Kuhmilch, doch sind diese Nährstoffe auch in der 2-Milch enthalten. Im Gegensatz zu dieser sind sie jedoch häufig mit Kristallzucker und Vanille-, Bananen- oder Apfelaroma (z. B. bei Hipp, Humana, Alete) „aufgepeppt", damit Kinder sie lieber trinken. Hat ein Kind sich erst einmal an den süßen Vanille- oder Fruchtgeschmack gewöhnt, mag es oft normale Kuhmilch nicht mehr trinken. Verzichten Sie daher besser auf derartige Milchnahrung!

Tabelle 13: Die wichtigsten Spezialnahrungen für Babys

Produkte sind, wenn nicht anders vermerkt, im Lebensmittelhandel, in Drogerien und Apotheken erhältlich.
Bitte geben Sie Spezialnahrung nur in Absprache mit dem Kinderarzt!

Produktgruppe	Produktbeispiele	Bemerkungen	Preise (Bezugsquellen)
Bei erhöhtem Allergierisiko			
H.A.-Nahrungen (H.A. = hypo-allergen) mit mäßiggradiger Aufspaltung des Eiweißes (Teilhydrolysate, bzw. schwache Hydrolysate)	• Milumil HA 1 und HA 2 (beide prebiotisch) • Alete H.A. 1 und H.A. 2 • Beba Start H.A. Pre mit LCPUFA* (probiotisch), Beba H.A. 1 (probiotisch) und H.A. 2 (ohne probiotische Keime) sowie H.A. 2 probiotisch • Humana HA 1 und HA 2	• Eiweißanteil jeweils mäßiggradig hydrolysiertes Molkeneiweiß, Geschmack etwas bitterer als normale Säuglingsnahrung, wird aber meist gut akzeptiert • wenn angegeben, mit LCP* bzw. LCPUFA* • wenn angegeben, mit prebiotischen Ballaststoffen • wenn angegeben, mit probiotischen Bifidusbakterien	600 bzw. 650 Gramm (g) Pulver ab 9,55 € (zum Vergleich: 600 g normale Säuglingsnahrung kosten je nach Produkt 5,50 bis 10,99 €, wobei Pre-Nahrung am teuersten ist)
H.A.-Nahrungen mit höhergradiger Aufspaltung des Eiweißes (ebenfalls Teilhydrolysate)	• Hipp Pre HA, HA 1 und HA2 (Bio-Milch) • Aptamil HA 1 (mit LCP, prebiotisch), HA 2 (prebiotisch)	• bei Aptamil HA und Hipp HA ist das Molkeneiweiß stärker hydrolysiert als bei den anderen H.A.-Produkten • trotzdem nicht zur Ernährung bei Kuhmilchallergie geeignet! • in der GINI-Studie weniger wirksam zur Allergievorbeugung	600 g Pulver (Hipp Pre HA nur 450 g) ab 9,79 €
Bei bestehender Kuhmilchallergie oder Kuhmilchunverträglichkeit			
Therapeutische Hydrolysate mit hochgradiger Aufspaltung des Eiweißes (starke Hydrolysate)		Alle hier genannten therapeutischen Hydrolysate sind deutlich bitter im Geschmack und werden daher häufig vom Baby abgelehnt (zumindest anfangs).	
	alfaré	• Eiweißanteil: stark hydrolysiertes Molkeneiweiß	400g Pulver, je nach Produkt ab 19 bis 23 € (!), erhältlich nur in Apotheken
	Nutramigen Pregestimil	• Eiweißanteil: stark hydrolysiertes Kasein • in der GINI-Studie die einzige Nahrung, die das Auftreten einer Neurodermitis bei Kindern mit hohem Allergierisiko oder einer an Neurodermitis erkrankten Mutter um 50% reduzieren konnte • schmeckt von allen Hydrolysaten am schlechtesten	
	Pregomin	• Eiweißanteil: stark hydrolysiertes Schweinekollagen und Sojaeiweiß • von den therapeutischen Hydrolysaten noch am wenigsten bitter	

Aminosäure-mischungen	Pregomin AS Neocate	• Eiweißanteil besteht aus einzelnen Aminosäuren, daher nicht mehr allergieauslösend • sinnvoll, wenn therapeutische Hydrolysate nicht vertragen werden • Geschmack weniger bitter als bei den therapeutischen Hydrolysaten	400 g Pulver, Pregomin AS ca. 34,50 €, Neocate ab 42 €, erhältlich nur in Apotheken
Nahrung auf Sojabasis	Humana SL	• Eiweißanteil ausschließlich aus Soja, wohlschmeckend • milchzuckerfrei • Bewertung siehe Text auf Seite 120	650 g Pulver ab 9,49 €
	Milupa SOM		600 g Pulver ab 8,99 €
	ProSobee		400 g Pulver ab 8,64 €, erhältlich nur in Apotheken
Bei häufigem Spucken			
	Humana baby-fit 1/2	• durch Bananenpüree (enthält Pektin und wasserunlösliche Ballaststoffe) weniger Spucken und festerer Stuhlgang • baby-fit 2: hoher Kaseinanteil führt zu besserer Ausflockung der Nahrung im Magen	900 g Pulver ab 8,69 €, baby-fit 1 ist nur in Apotheken erhältlich (ab 9,50 €)
AR-Nahrung (AR=Anti-Regurgitation)	Aptamil AR	• hoher Kaseinanteil führt zu besserer Ausflockung der Nahrung im Magen, wird deshalb nicht so leicht erbrochen • enthält Johannisbrotkernmehl zum Andicken	800 g Pulver ab 11,49 €
	Humana AR	• enthält Johannisbrotkernmehl zum Andicken	400 g Pulver ab 6,80 €, erhältlich nur in Apotheken
	Novalac S1/S2	• enthält 26% Maisstärke mit hohem Pektingehalt zum Andicken	800 g Pulver ab 11,95 €, erhältlich nur in Apotheken
Bei Verdauungsproblemen			
Blähungen	Enfamil comfort	• milchzuckerfrei	400 g Pulver ab 6,88 €, erhältlich in Apotheken und Drogerien
	Novalac BK1/BK2	• verringerter Gehalt an Milchzucker	800 g Pulver ab 11,95 €, (V) bzw. 12,95 € (BK), erhältlich nur in Apotheken
Verstopfung	Novalac V1/V2	• reich an abführendem Milchzucker und Magnesium	
Blähungen und Neigung zu Verstopfung	Aptamil Comformil	• stuhlauflockernd durch spezielle Fettkomponente (β-Palmitat) und prebiotische Bestandteile (Inulin, Galactooligosaccharide) • verringerter Gehalt an Milchzucker • Eiweißanteil aufgespalten: mäßiggradig hydrolysiertes Molkeneiweiß, besonders leicht verdaulich, für allergiegefährdete Babys geeignet	600 g Pulver ab 10,49 €
Blähungen und Neigungen zu Durchfall	Beba Sensitive	• milchzuckerfrei • Eiweißanteil aufgespalten: mäßiggradig hydrolysiertes Molkeneiweiß, besonders leicht verdaulich, für allergiegefährdete Säuglinge geeignet	600 g Pulver ab 9,39 €

** Anmerkung: LCP bzw. LCPUFA = long chain polyunsaturated fatty acids (langkettige mehrfach ungesättigte Fettsäuren)*

Nahrungsmittelallergien: Welche Nahrungsmittel sind gefährlich, wie können Sie wirksam vorbeugen?

Etwa 30 bis 50 Prozent aller Kinder kommen mit einem erhöhten Allergierisiko auf die Welt. Durch eine allergenarme Ernährung lässt sich eine Neurodermitis im Kleinkindalter oft verhindern oder deren Auftreten zumindest hinauszögern. Wir zeigen Ihnen, was Sie beachten sollten. Besonderes Plus: detaillierter Beikostplan.

Studien ergaben, dass bei der Hälfte aller Kinder mit erhöhtem Allergierisiko das Auftreten einer Allergie in den ersten drei bis fünf Lebensjahren verhindert werden kann. Dies gilt insbesondere für die Neurodermitis, die in 90 Prozent der Fälle als erste Erscheinungsform auftritt. Allergisches Asthma und Heuschnupfen kommen meist erst etwas später hinzu. Zur Vorbeugung ist neben einer allergenarmen Ernährung eine rauchfreie Umgebung äußerst wichtig!

Wie hoch ist das Allergierisiko Ihres Kindes?

Ihr Kind hat ein erhöhtes Allergierisiko, wenn bei mindestens einem Familienmitglied eine allergische Erkrankung wie Neurodermitis, Asthma, Heuschnupfen oder eine Nahrungsmittelallergie vorliegt. Je mehr Familienmitglieder an einer Allergie erkrankt sind, umso höher ist das Allergierisiko (siehe Abbildung 14). Wie streng bzw. wie lange eine allergenarme Ernährung eingehalten werden muss, hängt davon ab, wie hoch das Allergierisiko Ihres Kindes ist. Ist nur ein Familienmitglied allergisch, besteht ein mäßiges Allergierisiko. Im folgenden Text werden solche Kinder als Risikokinder bezeichnet. Sind aber zwei oder mehr Familienmitglieder erkrankt, gilt Ihr Kind als Hochrisikokind – so der Sprachgebrauch in den großen Allergiestudien.

In den ersten sechs Monaten keine Beikost!

Die optimale Nahrung für Kinder in den ersten sechs Lebensmonaten ist Muttermilch. Wenn Sie nicht stillen können oder wollen, sollte Ihr Kind bei erhöhtem Allergierisiko grundsätzlich nur eine hypoallergene Säuglingsnahrung, so genannte H.A.-Nahrung, bekommen.

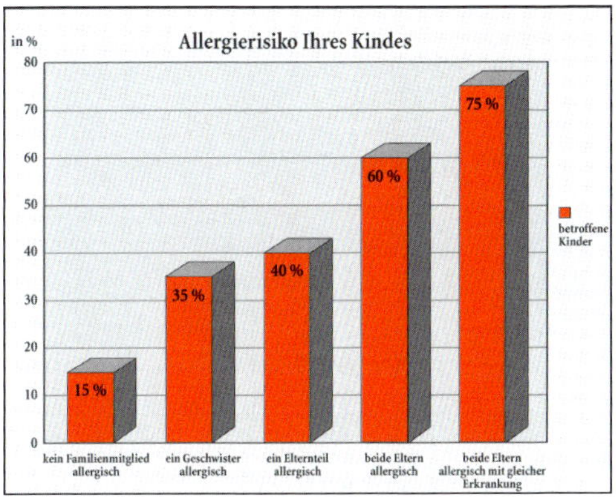

Abbildung 14:
Das Diagramm zeigt das Allergierisiko Ihres Kindes in Abhängigkeit davon, wie viele Familienmitglieder an einer allergischen Erkrankung leiden. Das Allergierisiko ist am größten, wenn beide Eltern die gleiche allergische Erkrankung haben.

Geben Sie Ihrem Kind bis zum siebten Lebensmonat keinerlei Beikost! Jedes Löffelchen Karottenbrei oder Saft erhöht das Risiko, dass eine allergische Erkrankung ausbricht, verbessert die Nährstoffversorgung Ihres Kindes jedoch nicht.

Zufüttern nach Plan

Ist Ihr Baby sechs Monate alt, wird es Zeit für die erste Beikost, weil sein Nährstoffbedarf steigt. So gehen Sie bei der Einführung von Beikost vor:

- Geben Sie pro Woche nur ein neues Nahrungsmittel dazu. Beobachten Sie Ihr Kind genau, ob es Ausschlag bekommt oder sich vermehrt kratzt. Es könnten auch Magen-Darm-Beschwerden wie Durchfall und/oder Bauchschmerzen auftreten.
- Verwenden Sie nur Nahrungsmittel, die bekanntermaßen gut verträglich sind und selten Allergien auslösen. Einen ausführlichen Beikostplan, ab welchem Monat welche Nahrungsmittel geeignet sind, zeigt Ihnen die Tabelle 14 auf Seite 127. Der Plan gilt sowohl für Risiko- als auch Hochrisikokinder und ist darüber hinaus geeignet für Säuglinge, bei denen im ersten Lebensjahr bereits Ekzeme aufgetreten sind.
- Geben Sie neue Nahrungsmittel anfangs immer in gekochter Form – niemals roh!
- Beginnen Sie bei Einführung eines neuen Nahrungsmittels zunächst mit wenigen Löffelchen zur Mittagsmahlzeit. Anfangs genügen pro Mahlzeit 50 Gramm. Wird das Nahrungsmittel vertragen, können Sie auf 150 bis 200 Gramm steigern, je nach Appetit Ihres Babys.

Hitliste der Nahrungsallergene im Kindesalter

Die folgenden Nahrungsmittel machen 95 Prozent aller Nahrungsmittelallergien bei Kindern aus: **Kuhmilch, Hühnerei, Nüsse, Soja, Weizen, Fisch.**
Nahrungsmittelallergien im Säuglings- und Kleinkindalter klingen häufig mit zunehmendem Alter ab. Kuhmilch vertragen 90 Prozent der Betroffenen im Alter

von drei Jahren wieder, und Hühnereiweiß-Allergien sind bei der Hälfte der Kinder mit fünf Jahren abgeklungen.

- Hat Ihr Kind nur ein mäßiges Allergierisiko und traten in den ersten sechs Monaten keine Anzeichen einer allergischen Erkrankung auf, ist es vertretbar, nach dem Abstillen langsam auf kuhmilchhaltige Säuglingsnahrung umzustellen. Risikoärmer ist jedoch die Verwendung von H.A.-Nahrung bis zum ersten Geburtstag. Haben Sie im ersten halben Jahr bereits H.A.-Nahrung gefüttert, empfiehlt es sich, während des gesamten ersten Lebensjahres dabei zu bleiben. Fragen Sie bitte vor einer Umstellung unbedingt Ihren Kinderarzt!
- Geben Sie als Getreidebrei anfangs nur Reis- oder Hirsebrei (beide glutenfrei). Bereiten Sie den Brei mit der verwendeten Säuglingsmilchnahrung, z. B. H.A.-Nahrung, und nicht mit Kuh-Vollmilch zu. Als Alternative können Sie einen wohlschmeckenden, leider aber relativ süßen Brei aus Reis und Johannisbrotkeimen geben, der weder Soja noch Kuhmilch enthält. Dieser ist unter dem Namen Sinlac® in Apotheken und Drogerien erhältlich (650 Gramm ab 10,60€).

Der 6-Wochen-Beikost-Plan

1. Woche: Beginnen Sie mit einem Gemüse, z. B. mit Kürbis (siehe Tabelle 14).Kochen Sie das Gemüse nur mit etwas Wasser. Zum Pürieren können Sie ggf. noch ein wenig Wasser oder die verwendete Säuglingsmilch zugeben.

2. Woche: Wird das erste Gemüse gut vertragen, geben Sie Kartoffeln dazu.

3. Woche: Geben Sie nun einen Teelöffel Fett an 100 Gramm Gemüse, z. B. Rapsöl.

4. Woche: Beginnen Sie mit Obst, etwa reifer Birne oder abgelagertem süßem Apfel (meist gut verträglich: Boskop). Kochen Sie aus dem Obst ein Kompott oder Mus. Lediglich Banane dürfen Sie roh (nicht als erstes Obst!) geben, jedoch bitte gut schaumig schlagen.

5. Woche: Geben Sie Ihrem Kind jetzt einen Getreidebrei aus Reis oder Hirseflocken, anfangs nicht mehr als 120 bis 160 Gramm.

6. Woche: Wurde bisher alles vertragen, beginnen Sie nun mit gekochtem und püriertem Fleisch (Geflügel, Rind oder Lamm). Geben Sie zunächst 10 Gramm pro Mahlzeit und steigern Sie langsam auf 30 bis 50 Gramm.

Wird etwas nicht vertragen, verzichten Sie auf das betreffende Nahrungsmittel und warten Sie, bis die Beschwerden abgeklungen sind, bevor Sie etwas anderes ausprobieren.

Tabelle 14: Beikostplan für Kinder ab sechs Monaten

Lebensmittelgruppen	7. LM	8. LM	9.-10. LM	11.-12.-LM	ab 2. LJ	ab 3. LJ
Gemüse	Kartoffel, Pastinake, Kürbis, Brokkoli, Blumenkohl, Zucchini					
		Spinat, Mangold, Batate, Kohlrabi, Fenchel				
			Frühkarotte, Spargel, Zuckermais			
				grüne Bohne, Steckrübe, Gurke, Blattsalat		
					Erbsen, rote Linsen, Aubergine	
						Kohlsorten
Obst	reife Birne, Banane					
		süßer, möglichst etwas abgelagerter Apfel				
			Wasser- und Honigmelone			
				Aprikose, Pfirsich (beides gut reif!), Blaubeeren		
					Mango, Papaya, Trauben	
Getreide	Reis, Hirse (Brei milcheiweißfrei zubereiten!), Sinlac®					
				Hafer, Weizen(grieß), Roggen, Mais, Dinkel, Grünkern		
					Buchweizen	
Fleisch	Geflügel, Rind, Kalb, Lamm					
				Wild, Kaninchen		
Milch				Kuhmilch und Milchprodukte (schrittweise einführen, siehe Text)		
Fisch					Süß- und Salzwasserfische	
Ei						Ei und eihaltige Produkte
Nüsse						Hasel- und andere Nüsse, Erdnüsse, Mandeln

(LM = Lebensmonat; LJ = Lebensjahr)

- Als Fett können Sie Raps-, Distel-, Sonnenblumen- und Maiskeimöl verwenden. Als Streichfett ist milcheiweißfreie Margarine geeignet, z. B. von Vitaquell (erhältlich im Reformhaus).
- Als Getränk eignet sich am besten stilles oder kohlensäurearmes Mineralwasser. Auch ungesüßter Tee wird meist vertragen, z. B. Stiefmütterchen-, Lindenblüten- oder Fencheltee. Obstsäfte können gegeben werden, wenn das Obst beim wöchentlichen Zufüttern gut vertragen wurde. Säfte bitte immer mit Wasser verdünnen, auf Mehrfruchtsäfte verzichten. Achtung: Zu viel Obst oder Obstsaft kann durch die enthaltene Fruchtsäure Ausschlag oder Juckreiz auslösen.
- Falls Sie Fertiggläschen oder Tiefkühlprodukte verwenden, lesen Sie bitte die Zutatenliste genau durch! Die Produkte sollten frei von Zusätzen wie Gewürzen, Sahne, Butter oder anderen Milchbestandteilen sein.

Auf hochallergene Nahrungsmittel in den ersten Lebensjahren verzichten

Hat Ihr Kind nur ein mäßig erhöhtes Allergierisiko und sind im ersten Lebensjahr keine Anzeichen einer allergischen Erkrankung aufgetreten, können Sie nach dem ersten Geburtstag damit beginnen, schrittweise Kuhmilch, Ei, Soja oder Fisch in die Ernährung einzuführen.

Ist Ihr Kind ein Hochrisikokind oder hat es bereits Allergiesymptome entwickelt, müssen Sie wesentlich vorsichtiger vorgehen (siehe Tabelle 14 auf der vorigen Seite). Riskante Nahrungsmittel wie Ei, Fisch, Nüsse, Sojaprodukte, Zitrusfrüchte oder Tomaten sollten Sie dann nach Absprache mit dem Arzt bis zum zweiten oder dritten Geburtstag weglassen.

Ei in die Ernährung einführen: Geben Sie Ihrem Kind anfangs nur ein bis zwei Löffelchen Eidotter (durchgegart, z. B. hartes Ei). Wird dies vertragen, können Sie ihm nach einigen Tagen ein ganzes Eidotter geben. Verträgt es auch das, können Sie ein ganzes Ei samt Eiklar (hier ist das Hauptallergen enthalten!) geben.

Milch in die Ernährung einführen: Beginnen Sie mit Butter. Wird diese vertragen, können Sie schrittweise Sahne, dann Joghurt (natur) und Quark (ebenfalls pur) dazugeben. Werden Joghurt und Quark gut vertragen, beginnen Sie mit Kuh-Vollmilch in kleinen Mengen und ersetzen die H.A.-Nahrung schrittweise dadurch.

Süßstoffe: Dickmacher ohne Kalorien

Zucker schadet den Zähnen und fördert Übergewicht. Da scheinen Süßstoffe eine gute Alternative zu sein. Dass das ein Trugschluss ist, verrät Ihnen unser Artikel.

In der Europäischen Union sind sechs Süßstoffe zugelassen. Sie werden vom Organismus nicht verstoffwechselt, sondern unverändert wieder ausgeschieden. Da möchte man doch meinen, dass ihre Verwendung hilft, Übergewicht zu bekämpfen.

Der Körper lässt sich nicht so leicht austricksen

Süßstoffe enthalten selbst zwar keine bzw. kaum Kalorien, doch regen sie den Appetit an. Melden die Geschmacksknospen der Zunge etwas Süßes, bedeutet das für den Körper: Gleich kommt eine Portion Zucker! Damit der Zuckerspiegel im Blut konstant bleibt, schüttet die Bauchspeicheldrüse innerhalb von 90 Sekunden Insulin aus. War es jedoch „blinder Alarm“ und kommt statt Zucker nur kalorienfreier Süßstoff, stürzt sich das Insulin auf den noch vorhandenen Zuckergehalt im Blut und senkt damit den Blutzuckerspiegel. Das wiederum bedeutet für den Körper: Hunger, sofort etwas essen! Der Körper merkt also, dass er beschummelt worden ist, und fordert die gesparten Kalorien an anderer Stelle wieder ein. Prof. Dr. Volker Pudel, Leiter der Ernährungsphysiologischen Forschungsstelle in Göttingen, stellte deshalb fest, dass mit Süßstoffen in der Tagesbilanz keine einzige Kalorie gespart werden könne. Denn Heißhungergefühlen durch übermäßigen Süßstoff-Verzehr kann auf die Dauer niemand widerstehen.

Statistiken aus den USA belegen diesen Mechanismus, denn in den vergangenen Jahrzehnten stieg dort der Süßstoff-Konsum ständig an, genauso wie die Zahl der übergewichtigen Amerikaner. Eine kürzlich durchgeführte amerikanische Studie an Ratten belegt eindrucksvoll, wie Süßstoffe die Appetitregulation aushebeln. Eine Gruppe Ratten wurde 10 Tage lang mit einer Nahrung gefüttert, die den Süßstoff Saccharin enthielt. Eine Kontrollgruppe bekam gezuckertes Futter. Anschließend durften alle Ratten fressen, was und wie viel sie wollten. Die Nager aus der Süßstoffgruppe futterten dreimal so viel wie die Tiere aus der Kontrollgruppe. Die Forscher vermuten, dass die Ratten durch den Verzehr von Süßstoff ihre natürliche Fähigkeit, den benötigten Kaloriengehalt richtig einzuschätzen, verlernt und sich deswegen überfressen haben. Wenn der Körper gelernt hat, dass er sich nicht auf den Geschmackssinn verlassen kann und dass mit süßem Geschmack nicht automatisch eine Portion Kalorien verbunden ist, werden möglicherweise auch gezuckerte Nahrungsmittel für kalorienfrei gehalten.

Bei Kindern droht schnell eine Überdosierung

Doch Süßstoffe sind auch aus anderen Gründen bedenklich:

- Wegen ihrer intensiven Süße erhöhen sie die Geschmacksschwelle für süß, was den Verzehr von Süßigkeiten fördern könnte.
- Aufgrund des geringeren Körpergewichts von Kindern und ihrer höheren Stoffwechselaktivität werden die empfohlenen täglichen Höchstmengen schnell überschritten.

Alle Süßstoffe unterliegen der EU-Süßungsmittel-Richtlinie, die Höchstmengen für die verschiedenen Einsatzbereiche vorschreibt. Damit soll gesichert werden, dass selbst bei extremen Ernährungsgewohnheiten der ADI-Wert (acceptable daily intake) nicht überschritten wird. Dieser Wert beschreibt die Menge, die bei einer lebenslangen täglichen Aufnahme als unbedenklich angesehen wird. Er wird in Milligramm je Kilogramm Körpergewicht (mg/kg KG) pro Tag angegeben und beträgt z. B. für Saccharin 5, für Cyclamat 7 und für Aspartam 40 mg/kg KG. Kinder erreichen aufgrund ihres geringen Körpergewichts sehr schnell die für Erwachsene berechneten ADI-Werte. Trinkt ein 15 kg schweres Kind z. B. 0,7 Liter einer cyclamathaltigen Limonade, überschreitet es damit bereits den festgelegten Höchstwert. Da außerdem die Stoffwechselaktivität von Kindern höher ist als die von Erwachsenen, lassen sich die gesundheitlichen Folgen nicht abschätzen.

Teilweise umstrittene Süßstoffe unter dieser Nummer

- Saccharin = E 954 und Cyclamat = E 952 werden meist als Gemisch eingesetzt (z. B. für Süßstofftabletten). Im Tierversuch wurden unter hohen Dosen Blasenkrebs bzw. Hodenatrophie sowie unter Cyclamat zusätzlich ein Blutdruckanstieg beobachtet. Diese Wirkungen konnten am Menschen trotz mehrerer Untersuchungen nicht bestätigt werden.
- Aspartam = E 951 ist ein Eiweißbaustein, der im Stoffwechsel zu den Aminosäuren L-Phenylalanin und Asparaginsäure sowie Methanol abgebaut wird. Da die entstehenden Methanolmengen minimal sind, gilt Aspartam gesundheitlich als unbedenklich. Neueste Studien legen allerdings den Verdacht nahe, dass es die Krebsentstehung fördert. Menschen mit Phenylketonurie müssen aspartamhaltige Lebensmittel meiden, da sie Phenylalanin nicht abbauen können.

Fazit

Der Speiseplan Ihres Kindes sollte keine oder höchstens gelegentlich Süßstoffe enthalten, jedoch sicherheitshalber kein Cyclamat und Saccharin sowie Aspartam.
Süßstoffe müssen immer in der Zutatenliste deklariert werden.
Bitte beachten Sie, dass sich auch bei bekannten Produkten die Rezeptur ändern und plötzlich statt Zucker Süßstoff verwendet werden kann. Lesen Sie deshalb vor dem Kauf eines Fertigprodukts die Zutatenliste durch!

Kindgerechte Zuckeralternativen

Süßstoffe gilt es zu vermeiden, und Zucker enthält nur leere Kalorien. Als vollwertige Süßungsmittel eignen sich stattdessen Agavensirup, Ahornsirup, Apfel- oder Birnendicksaft, Honig oder Vollrohrzucker. Diese enthalten größtenteils jedoch ähnliche Mengen an Kalorien wie Zucker und sollten deshalb ebenso sparsam eingesetzt werden. Auch für die Zähne sind sie nicht gesünder, also: Danach bitte Zähne putzen!
Achtung: Die alternativen Süßungsmittel enthalten Fruchtzucker, der beim Backen die Bildung von Acrylamid fördert. Nach heutigem Kenntnisstand ist die Acrylamid-Bildung bei Verwendung von normalem Haushaltszucker am geringsten.

***Eine** Übersicht über alternative Süßungsmittel finden Sie unter www.reformhaus-fachlexikon.de/fp/archiv/warenk_suessungsmittel/alternativesuessungsmittel.php.*

Sanfte Nachhilfe für das Sandmännchen

Schlafstörungen bei Babys und Kleinkindern sind für viele Eltern das größte Problem. Völlig übernächtigt tragen sie ihr Kind nachts stundenlang durch die Wohnung und probieren jeden Tipp, um ihrem Baby das Einschlafen zu erleichtern. Mit den natürlichen Heilmitteln aus diesem Beitrag helfen Sie Ihrem kleinen Liebling, entspannt zu schlummern.

Bevor Sie Ihrem Kind eines der hier vorgestellten sanften Heilmittel geben, sollten Sie in jedem Fall ein ruhiges und immer gleich ablaufendes Gute-Nacht-Ritual einführen und für die richtige Schlafumgebung sorgen. Lesen Sie dazu mehr im Kapitel ***Erziehung*** Seite 231.

Lavendel und Melisse wirken entspannend

Bei abendlichen Unruhezuständen im Säuglings- und Kleinkindalter hat sich als Fertigpräparat das Weleda Kinderbad mit Auszügen aus Quendel, Kalmus und Ringelblume bewährt.

Wenn Sie Ihr Kind nicht baden wollen, können Sie abends vor dem Schlafengehen seine Füße mit Lavendelöl massieren. Geben Sie auf einen Esslöffel Sesam-, Mandel- oder gutes, neutrales Speiseöl (Raps, Sonnenblume) einen bis zwei Tropfen ätherisches Lavendelöl extra.

Ganz Eilige träufeln einen Tropfen pures ätherisches Lavendelöl auf den großen Zeh und massieren es ein. Ab dem Kleinkindalter kommt auf jede Großzehe ein Tropfen Lavendelöl.

Auch die Anwendung von Lavendel und/oder Melisse in der Duftlampe wirkt schlaffördernd. Geben Sie 2 bis 4 Tropfen des jeweiligen Öls bzw. einer Mischung daraus sowie ausreichend Wasser in das Duftlämpchen und stellen Sie dieses maximal eine Stunde lang ins Kinderzimmer. Sie können das Duftlämpchen natürlich schon vor dem Schlafengehen abends ins Wohnzimmer stellen, um Ihr Kind und sich selbst zu entspannen. Ist Ihr Kind jünger als ein Jahr, verwenden Sie statt des Duftlämpchens besser eine Schale mit heißem Wasser, in die Sie das ätherische Öl hineintropfen und auf der Heizung verdampfen lassen.

Auch ein Beruhigungstee aus diesen beiden Heilkräutern kann Ihrem Kind in den Schlaf helfen. Lassen Sie sich dafür in der Apotheke Lavendelblüten und Melissenblätter zu gleichen Teilen mischen. Überbrühen Sie einen Teelöffel der Mischung mit 250 Milliliter kochendem Wasser, lassen Sie den Tee zugedeckt fünf Minuten ziehen und seihen Sie ihn dann ab. Geben Sie Ihrem Kind abends

vor dem Schlafengehen eine Tasse dieses Tees. Er ist bereits für Babys geeignet, die davon bis zu 50 Milliliter zu trinken bekommen. Der Beruhigungstee kann durch Hopfen und Passionsblume ergänzt werden (z. B. Lavendelblüten, Melissenblätter, Hopfenzapfen, Passionsblumenkraut, je 25 Gramm).
Praktischer als die lose Teemischung sind fertige Arzneitees. Der Sidroga® Kinder Gute-Nacht-Tee im Filterbeutel enthält Anis, Melisse, Pfefferminz (nur geringe Menge), Passionsblume und Lavendel. Unter der Bezeichnung Sidroga® Schlaf-Gut-Kindertee erhalten Sie einen Extrakt aus Melisse, Orangenblüten, Anis und Lavendel als zuckerfreies Instant-Granulat. Beide Tees sind ab dem 5. Lebensmonat geeignet.

Ruhiger Schlaf mit Bach-Blüten

Eine Mixtur aus verschiedenen Bach-Blüten kann Ihrem Kind helfen, leichter ein- oder durchzuschlafen. Hier die bewährtesten Mischungen:

- **Einschlafhilfe „Sandmännchen"**, bewährt auch bei Übermüdung!
  Agrimony, Aspen, Chicory, Heather, Impatiens, Red Chestnut, Vervain
- **Einschlaf-Mischung für sehr fordernde Kinder** („kleine Tyrannen")
  Chicory, Heather, Holly, Impatiens, Red Chestnut, Vine
- **Durchschlaf-Mischung**, die einen tieferen Schlaf schenkt
  Aspen, Chicory, Heather, Impatiens, White Chestnut
- **Mischung gegen Alpträume**, auch für Babys, die schreiend aus dem Schlaf hochschrecken
  Agrimony, Aspen, Cherry Plum, Mimulus, Rock-Rose Star of Bethlehem

Tipp

Bei Alpträumen oder Anzeichen von Angst können Sie grundsätzlich auch Rescue Remedy (Notfalltropfen) im Bedarfsfall geben.

- **Mischung für übermüdete Eltern**
  Centaury, Cerato, Mimulus, Oak, Olive, Pine, Red Chestnut

Dosierung: Geben Sie die für Ihr Kind passende Mischung abends bei Bedarf. Hat Ihr Kind jedoch regelmäßig Schlafprobleme, verabreichen Sie ihm die Tropfen viermal täglich über zwei bis vier Wochen. Bei Babys in den ersten Lebenswochen sollten Sie die Tropfen besser nur äußerlich anwenden und auf die Schläfen oder hinter die Ohren tupfen. Im ersten Lebenshalbjahr träufeln Sie zwei Tropfen auf die Lippen Ihres Babys. Ältere Säuglinge und Kleinkinder erhalten bereits – wie Erwachsene – die Normaldosierung von vier Tropfen pro Gabe, am besten auf einem Plastiklöffel.

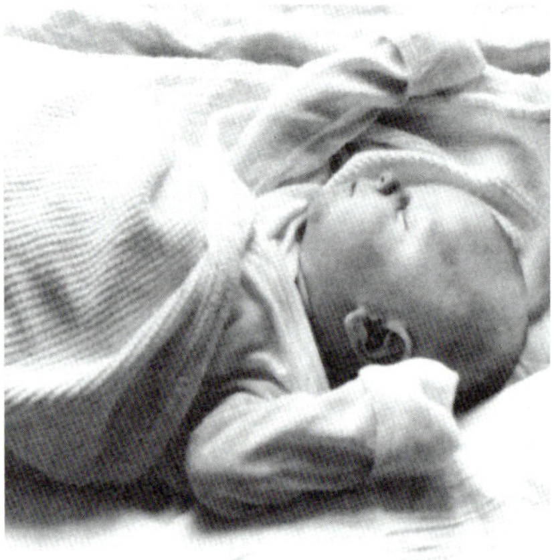

Abbildung 15:
Der Wunschtraum vieler Eltern: ein selig schlafendes Baby. Natürliche Heilmittel wie Lavendel, Melisse und Passionsblume helfen unruhigen Babys und Kleinkindern in den Schlaf.

Besser schlafen mit Homöopathie

Geben Sie das passende Mittel (siehe Übersicht) in der Potenz D12, 5 Globuli oder 1 Tablette bei Bedarf bzw. abends vor dem Schlafengehen. Treten die Schlafstörungen regelmäßig auf, können Sie Ihrem Kind das entsprechende Mittel zweimal täglich über zwei bis drei Wochen verabreichen.
Bitte geben Sie Ihrem Kind nicht mehrere Mittel hintereinander, falls das erste Mittel nicht gewirkt hat. Suchen Sie einen Homöopathen auf, wenn zwei Mittel keine Besserung gebracht haben.

Tipp

Unruhigen Kindern, die abends hellwach sind und sich nicht aus dem Tagesgeschehen lösen können, helfen Passiflora Kinderzäpfchen von Wala (enthalten Hafer, Hopfen, Passionsblume und Baldrian) in den Schlaf. Geben Sie Ihrem Kind bei Bedarf (Unruhe, Übermüdung, Reizüberflutung) abends ein Zäpfchen – auch für Babys geeignet.

Die wichtigsten homöopathischen Mittel bei Ein- und Durchschlafstörungen

Kind will nicht ins (eigene) Bett

CHAMOMILLA: Kind ungeduldig und reizbar, man kann ihm nichts recht machen; lässt sich abends trotz offensichtlicher Müdigkeit nicht ins Bett legen; schreit, wenn es im Bett liegt, und lässt sich nur durch Hochnehmen und Herumtragen beruhigen; erschreckende Träume, fährt nachts schrei-

end aus dem Schlaf hoch; wimmert, weint oder stöhnt im Schlaf, schläft mit halbgeöffneten Augen
RHUS TOXICODENDRON: Kind ist ständig in Bewegung, findet im Bett keine bequeme Liegeposition; wälzt sich im Bett herum; nächtliche Unruhe (typisch: vor Mitternacht) führt dazu, dass das Kind oft auch im elterlichen Schlafzimmer auftaucht
PULSATILLA: Kind leidet unter Trennungsangst und will deshalb nicht ins Bett; will im Dunkeln nicht allein sein, schläft lieber (oder überhaupt nur) bei Licht; kommt nachts zu den Eltern ans bzw. ins Bett, um sich zu vergewissern, dass sie noch da sind; strampelt häufig die Decke weg und wacht dann auf, weil ihm kalt ist; nachmittags schläfrig, abends hellwach

Unruhe und Schwierigkeiten beim Einschlafen

AMBRA: Kind kann nicht einschlafen wegen vieler Gedanken, Sorgen, Träume (z. B. wenn ein Kind am Abend ein Gespräch mitgehört hat)
ARGENTUM NITRICUM: Überempfindliches, hektisch wirkendes Kind, das Angst vor Ereignissen des nächsten Tages hat; kann in warmen Räumen schlecht einschlafen; nachts häufig Angstträume
COFFEA: Leicht erregbares Kind, das nicht einschlafen kann, weil es zu aufgeregt oder überdreht dazu ist, oft viele Pläne für den nächsten Tag; Unruhe, wälzt sich im Bett herum; eventuell Schweißausbrüche; auch für unruhige Stillkinder, wenn die Mutter zu viel Tee oder Kaffee getrunken hat
GELSEMIUM: Kind von Haus aus ängstlich und besorgt, kann bei Aufregung prinzipiell nicht einschlafen; schlaflos durch Erschöpfung
VALERIANA: Unruhe und Zucken in den Beinen hindern das Kind am Einschlafen; eventuell auch Muskelkrämpfe

Durchschlafprobleme, nächtliches Aufwachen

ARSENICUM ALBUM: Ängstliches, sorgenvolles Kind, das nachts aus unruhigen Träumen aufschreckt; Symptome pflegen sich um oder nach Mitternacht zu verschlechtern und verschwinden meist erst gegen drei Uhr; forderndes Kind, das seine Eltern häufig ans Bett ruft (ist mal durstig, trinkt aber kaum etwas, dann ist ihm wieder kalt und es will zugedeckt werden), will immer ein Kopfkissen
COCCULUS: Folge von Schlafmangel: Hat das Kind einmal schlecht geschlafen, ist der Schlaf mehrere Nächte lang gestört
CYPRIPEDIUM PUBESCENS: Kind macht die Nacht zum Tag: Es wacht mitten in der Nacht gut gelaunt auf, spricht, singt und möchte spielen; nur schwer wieder zu beruhigen; tagsüber eher unruhig und nervös
IGNATIA: Schlaflosigkeit durch Kummer, Sorgen oder Trauer; sehr leichter, wenig erholsamer Schlaf, wird beim leisesten Geräusch wach; Arme und Beine zucken im Schlaf; übermäßiges Träumen; tagsüber häufiges Gähnen

JALAPA: Kind sehr unruhig; nachts unerklärliche, anhaltende Schreiattacken; Kind tagsüber ruhig und gelassen
NUX VOMICA: Kind ängstlich und reizbar; reagiert auf kleinste Störungen und Geräusche; wacht nachts (oft weinend) gegen vier Uhr auf, lässt sich dann nur schwer beruhigen bzw. kann kaum noch einschlafen; hektische Träume

Alpträume und nächtliche Angst

ACONITUM: Akute Schlafstörung, weil Kind einen Schock erlitten oder Angst hat; wacht unruhig mit großer Angst um Mitternacht auf; wirft sich im Bett herum
BELLADONNA: Kind fährt aufschreiend aus dem ersten Schlaf (vor Mitternacht) hoch; bei schlechten Träumen redet, stöhnt, zuckt und schlägt es; rollt mit dem Kopf hin und her und knirscht mit den Zähnen
PHOSPHORUS: Kurze Schlafperioden mit häufigem Aufwachen; weint und schreit im Schlaf, lebhafte Träume; lebhaftes, leicht zu beeinflussendes Kind mit verschiedenen Ängsten, etwa vor dem Alleinsein und vor Dunkelheit; abends schwer ins Bett zu bekommen, will oft bei Licht einschlafen
STRAMONIUM: Kind hat Angst in der Dunkelheit und wacht nach Mitternacht häufig erschreckt auf; möchte nicht allein im Zimmer bleiben; oft angstvolle Phantasien (Nachtschreck); kann nicht schlafen, obwohl es müde ist; sehr tiefer schnarchender Schlaf

Bezugsquellen: *Alle angegebenen homöopathischen Medikamente sind rezeptfrei in Apotheken erhältlich, 10 Gramm Globuli 6,64 €, 80 Tabletten 7,69 € (Hersteller: DHU, Karlsruhe), 10 Passiflora Kinderzäpfchen kosten 6,95 €. Die genannten Bach-Blüten-Mischungen können Sie sich ohne Rezept in der Apotheke herstellen lassen (30 Milliliter je nach Apotheke ca. 7 bis 10 €), am besten ohne Alkohol mit Obstessig zur Konservierung. Die Rescue-Remedy-Notfalltropfen kosten ab 6,95 € für 10 Milliliter. Das Weleda-Kinderbad (200 ml für 8,95 €) erhalten Sie in Drogerien oder Apotheken. Ätherische Öle guter Qualität führt z. B. die Firma Primavera Life, erhältlich in Reformhäusern oder online unter www.primavera-life.de. 20 Filterbeutel des Sidroga® Kinder Gute-Nacht-Tees kosten 3,40 €, 20 Granulatbeutel des Sidroga® Schlaf-Gut-Kindertees erhalten Sie für 3,70 € (beide rezeptfrei in der Apotheke).*

ENTWICKLUNG UND FÖRDERUNG

So lernt Ihr Kind leichter sprechen!

Wenn Sie viel mit Ihrem Kind sprechen, ist das natürlich das beste Training. Doch es gibt einige Methoden, die die sprachliche Entwicklung Ihres Kindes ohne großen Aufwand zusätzlich fördern. Praktisch: Mit Spielanleitung.

Auch wenn Kinder heute durch Kassetten, Fernsehen und Video von allen Seiten mit Sprache geradezu „bombardiert“ werden – sprechen lernen Kinder damit nicht! Die besten Sprachlehrer sind und bleiben die Eltern.

Nehmen Sie die Finger zu Hilfe

Hätten Sie gedacht, dass Fingerfertigkeit die Entwicklung des Sprachvermögens fördert? Da das Sprachzentrum im Gehirn mit der Steuerungszentrale für die Feinmotorik (und damit auch die Fingerfertigkeit) verzahnt ist, kann Ihr Kind erst dann sprechen lernen kann, wenn es eine gewisse Fingerfertigkeit erworben hat. Sie können durch spielerisches Training der Finger, z. B. durch altbekannte Fingerspiele wie „Das ist der Daumen...“, die Reifung des Sprachzentrums um 8 bis 10 Wochen beschleunigen.

Mundgymnastik

Bereits Zweijährige können eine Feder, ein Watteballchen oder einen Tischtennisball vor sich her blasen. Auch Seifenblasen machen viel Spaß und fördern gleichzeitig die Mundmuskulatur und die Atemtechnik. Das hilft, so schwierige Laute wie „s” und „sch” zu bilden.

Lassen Sie Ihr Kind auch öfter mit dem Strohhalm trinken, denn das Ansaugen kräftigt die Mundmuskeln. Besonders gut geht es mit den etwas dickeren Strohhalmen, die sich knicken lassen.

Sprache seitenweise

Bücher sind für die Entwicklung des Sprachverständnisses besonders wichtig. Schon ab etwa 12 Monaten sind einfache Pappbilderbücher mit nur einem Motiv pro Seite interessant. Bei Zwei- und Dreijährigen sind so genannte Wimmelbilderbücher besonders beliebt, auf denen sich immer wieder neue Dinge ent-

Abbildung 1:
Ein Spielzeugtelefon eignet sich hervorragend um Kleinkinder zu einer Unterhaltung zu animieren.

Tipp

Spielerisch das Sprachverständnis erweitern

Basteln Sie aus einem Schuhkarton, den Ihr Kind (eventuell mit Ihrer Hilfe) bunt bemalt oder beklebt hat, eine Art Briefkasten, indem Sie in den Deckel einen Schlitz hineinschneiden. Nun benötigen Sie noch Bilderkärtchen (z. B. aus einem Kinder-Memory oder einem altersgerechten Quartettspiel), um mit Ihrem Kind ein lustiges „Sprachspiel" zu spielen.

Für Kinder im Alter von 2 bis 3 Jahren:

Zeigen Sie Ihrem Kind ein Kärtchen nach dem anderen und lassen Sie es benennen, was darauf zu sehen ist. Hat Ihr Kind das Wort gewusst, kann es die Karte durch den Schlitz in die Schachtel werfen.

Viel Spaß wird Ihr Kind auch damit haben, wenn es einen Gegenstand in der Schachtel versteckt hat und Sie nun raten, was das wohl sein könnte. Je ausgefallener und unmöglicher Ihre Vorschläge sind und je länger Sie raten, desto größer ist sein Vergnügen.

Ab 3 bis 4 Jahren:

Suchen Sie etwa 3 bis 6 Kärtchen aus und sehen Sie sich diese mit Ihrem Kind genau an. Danach darf Ihr Kind die Kärtchen in den Karton werfen. Nun fragen Sie Ihr Kind, welche Bilder in der Schachtel sind. Hat es alle gewusst, darf es in der nächsten Runde die Bilder aussuchen, und Sie müssen raten.

Tipp

Haben Sie sich als Mutter einer Tochter auch schon öfter darüber geärgert, dass weibliche Wesen im Märchen sehr oft nur auf ihren tapferen Retter warten, der sie dann befreit? Dabei wollen Sie diese alten Rollenklischees doch gar nicht unterstützen. Emanzipierte Frauen kommen in den folgenden Märchen (alle aus der Sammlung der Gebrüder Grimm) vor: **Die sieben Raben, Die sechs Schwäne, Der Fundevogel, Die Bienenkönigin, Das Eselein.**

Beim Hören von Märchen entstehen aus dem Gehörten Bilder in der kindlichen Phantasie. Dies ist ein unschätzbarer Vorteil gegenüber der Reizüberflutung durch vorgefertigte Fernsehbilder, die überhaupt keinen Platz für Phantasie mehr lassen.

- Märchen vermitteln traditionelle Werte, die nie ungültig werden. Diese Werte wird das Kind immer an seine eigenen Erfahrungen anpassen, sodass sie stets aktuell bleiben.
- Selbst die uns Erwachsenen oft antiquiert erscheinende Sprache der Märchen wird von Kindern – zumindest sinngemäß – sehr gut verstanden. Auch fördern neue, unbekannte Wörter die sprachliche Entwicklung.

Sind Märchen grausam und angsteinflößend?

Für Kinder ist das ausgeprägte Schwarz-Weiß-Denken, die klare Unterteilung in Gut und Böse im Märchen von großer Wichtigkeit. Kinder brauchen klare Verhältnisse, damit sie sich orientieren können und um zu unterscheiden, was gut und was schlecht ist. Erst später sind sie in der Lage zu erkennen, dass es verschiedene Möglichkeiten auf der Skala zwischen Gut und Böse gibt.

Erwachsene sind oft über die drakonischen Strafen, die in Märchen verhängt werden, entsetzt. Kindergartenkinder haben hiermit allerdings überhaupt keine Probleme, da sie es nur für gerecht halten, wenn die „Bösen“ hart bestraft werden. Erst durch die Polarisierung von Gut und Böse im Märchen finden Kinder im Vorschulalter zu einem differenzierteren Bild der Gerechtigkeit und plädieren dann auch für mildere Strafen. Im Märchen werden unbewusste Ängste thematisiert, die für alle Kinder zur Entwicklung dazugehören. Trotzdem machen Märchen Ihrem Kind keine Angst, da die dazugehörigen Phantasie-Bilder im Kopf Ihres Kindes ja in geborgener Atmosphäre in Ihrem Beisein beim Erzählen oder Vorlesen entstehen.

Märchen verleihen lediglich den Ängsten, mit denen sich das Kind gerade beschäftigt, Gestalt und zeigen Wege auf, wie diese zu bewältigen sind. Nimmt die Angst des Kindes, gefressen zu werden, wie im Märchen „Hänsel und Gretel“ die Gestalt der bösen Hexe an, so kann es sich davon befreien, indem die Hexe im Backofen verbrannt wird.

Welches Märchen bei welcher Problematik?

Wenn Sie Ihrem Kind Märchen erzählen oder vorlesen, werden Sie immer wieder feststellen, dass es an manchen Märchen sehr interessiert ist und andere wiederum überhaupt nicht ankommen. Sie können Ihrem Kind gerne auch Märchen anderer Kulturen vorlesen oder erzählen, da die enthaltene Botschaft in den Volksmärchen aller Länder universell ist. Da Sie deutsche Märchen problemlos in jeder Buchhandlung oder Bücherei finden werden, beschränkt sich die Märchenauswahl dieses Artikels bewusst auf diese.

Tabelle 1: Zusammenstellung der in ausgewählten Märchen bearbeiteten Problematik/Thematik

zu bearbeitende Problematik bzw. Thematik	passende Märchen	von
Trennungsängste	Hänsel und Gretel Der Wolf und die sieben Geißlein Rotkäppchen	Gebrüder Grimm
Geschwisterproblematik und Eifersucht	Brüderchen und Schwesterchen Aschenputtel Die drei Federn	Gebrüder Grimm
Trauer, Sterben und Tod	Das Totenhemdchen Der Gevatter Tod Das Tränenkrüglein	Gebrüder Grimm Bechstein
Elternbeziehung, „gute und böse Mutter" (Ambivalenz gegenüber den Eltern)	Schneewittchen Aschenputtel Die Königskinder	Gebrüder Grimm Bechstein
Freundschaft, Treue	Die Bremer Stadtmusikanten Der alte Sultan Sechse kommen durch die ganze Welt	Gebrüder Grimm
Versprechen halten	Rumpelstilzchen Der treue Johannes Das Nusszweiglein	Gebrüder Grimm Bechstein
Hilfsbereitschaft, miteinander teilen	Sterntaler Der Mann ohne Herz Goldmarie und Pechmarie	Gebrüder Grimm Bechstein
Beharrlichkeit, Geduld und Warten-Können	Die sechs Schwäne Allerleirauh Das hässliche junge Entlein	Gebrüder Grimm Andersen
Mit List und Klugheit kommt man weiter als mit Größe und Stärke	Das tapfere Schneiderlein Der Hase und der Igel Der Wolf und der Fuchs	Gebrüder Grimm

Tipp

Das aktuelle Lieblingsmärchen, das Ihr Kind wieder und wieder hören möchte, befasst sich genau mit demjenigen Thema, das Ihr Kind gerade am meisten bewegt. Es gibt Ihnen daher Aufschlüsse über den momentanen Gemütszustand, seine größten Ängste und geheimsten Wünsche.

Erzählen Sie Ihrem Kind daher das gewünschte Märchen (und eventuell ein thematisch passendes zweites oder drittes Märchen aus der Tabelle 1) immer wieder, so lange es dieses hören will. Nur dann kann es sich ausführlich in seiner Phantasie mit dem gerade aktuellen Problem auseinander setzen und es so bewältigen.

Wie Märchen ihren ganzen Zauber entfalten

- Nehmen Sie sich Zeit und erzählen Sie Ihrem Kind Märchen bzw. lesen Sie sie ihm vor. Es braucht die Nähe und die Vertrautheit, die nur mit einer liebevollen Bezugsperson entstehen können. Blicken Sie daher auch beim Lesen immer wieder auf und sehen Sie Ihr Kind an. Märchen-Kassetten oder -CDs sind ein schlechter Ersatz und sollten nur ausnahmsweise eingesetzt werden.
- Lassen Sie Fragen Ihres Kindes immer zu und versuchen Sie, diese aus seiner kindlichen Weltsicht heraus zu beantworten. Kann es Ihre vernunftbetonte Erklärung nicht annehmen, sollten Sie es ermuntern, selbst eine Erklärung zu finden, und keinesfalls auf Ihrer Ansicht beharren.
- Ermuntern Sie Ihr Kind immer wieder, sein Lieblingsmärchen bzw. seine Lieblingsfigur zu malen. Auch das trägt entscheidend zur Bearbeitung des aktuellen Problems bei.
- Das richtige Ambiente verstärkt den Zauber der Märchen noch. Sorgen Sie dafür, dass Sie während des Erzählens nicht gestört werden. Um die Aufmerksamkeit Ihres kleinen Zuhörers noch mehr zu fesseln und auf das Märchen zu lenken, können Sie einen speziellen „Märchenplatz" einrichten. Dekorieren Sie dazu den Tisch, an dem Sie sitzen (notfalls Hocker oder Stuhl daneben stellen), mit einem schönen Tuch oder einer jahreszeitlich passenden Papierserviette. Darauf können Sie nun eine Schale mit Blumen stellen (oder buntes Herbstlaub auslegen), eine Glaskugel, einen oder mehrere schöne Steine oder abends eine brennende Kerze. Hat Ihr Kind zum aktuellen Märchen ein Bild gemalt, können Sie auch dieses als Dekoration verwenden.
- Vermeiden Sie Unterbrechungen. Sorgen Sie dafür, dass Sie während des Erzählens nicht gestört werden. Beginnen Sie am besten gar nicht mit einem Märchen, wenn Sie von vornherein wissen, dass Sie es nicht zu Ende erzählen können. Zur effektiven Problembewältigung gehört immer die Lösung, die sich im guten Ende des Märchens findet.
- Verwenden Sie ruhig die etwas antiquierte und deshalb besonders interessante Sprache der Märchen. Das kommt nicht nur dem Wortschatz Ihres Kindes zugute, sondern macht aus dem Märchen etwas ganz Besonderes. „Schlafgemach" klingt eben viel bedeutungsvoller als „Schlafzimmer".

Kleiner Erzählkurs für Eltern

Die richtige Geschichte für jedes Alter

Kurze Geschichten sind für Ihr Kind schon ab dem zweiten Lebensjahr interessant. Hier eine Richtlinie, was ab welchem Alter am besten ankommt:

Kinder ab einem Jahr haben Spaß daran, wenn Sie zusammen ein Bilderbuch ansehen. Erzählen Sie Ihrem Kind mit eigenen Worten, was auf den Bildern zu sehen ist. Regen Sie es an, dieses oder jenes auf den Bildern zu suchen. Ideal geeignet sind dafür die großformatigen Papp-Bilderbücher von Ali Mitgutsch (z. B. „Auf dem Lande"; Ravensburger Buchverlag; 9,95€) oder von Helmut Spanner (z. B. „Erste Bilder, erste Wörter. Mein Bärenbuch"; Ravensburger; 10,95€).

Ab zwei Jahren finden Kinder Geschichten aus dem täglichen Leben toll. Erzählen Sie Begebenheiten, die Ihr Kind selbst kennt und zu denen es eine Beziehung hat. Das kann ein Erlebnis vom Spielplatz sein oder was Sie zusammen im Wald oder beim Einkaufen erlebt haben. Hauptdarsteller kann Ihr eigenes oder aber ein anderes Kind oder vielleicht sogar das Lieblings-Kuscheltier sein. Wichtig ist, dass die Geschichte einfach, kurz und klar ist. Lassen Sie nicht zu viele Personen auftreten und vermeiden Sie Zeitsprünge („einen Monat später ..."). Der Anfang sollte immer gleich lauten, etwa „Eines Tages ...". Am Schluss ist in jedem Fall ein Happy-End gefragt: Alle Beteiligten müssen (wieder) froh und glücklich sein. Kleinkinder lieben Wiederholungen, daher können Sie dieselbe oder nur leicht abgewandelte Geschichte ruhig immer wieder erzählen. Ihr Kind wird sich freuen, dass es schon weiß, was gleich passieren wird!

Ab drei bis vier Jahren darf die Geschichte dann ruhig etwas spannender ausfallen. Ihr Kind lebt nun in einer sehr phantastischen Welt. Es dürfen jetzt Monster, Hexen, Drachen und Gespenster auftreten. Besonders wichtig ist die Hauptfigur, die als Fixpunkt in jeder Geschichte vorkommt. Eine gute Hauptperson sollte liebenswert und unverwechselbar sein und alle Probleme meistern. So kann Ihr Kind sich mit dem starken Helden bzw. der Heldin identifizieren und gewinnt dadurch an Mut. Dabei kommen gerade Phantasiefiguren gut an: Erfinden Sie für Ihren Sohn z. B. einen mutigen Piraten oder Ritter, der ihm ähnlich ist. Ihre Tochter findet vielleicht eine listige, nette Hexe oder aber eine schöne Prinzessin oder gute Fee besonders interessant.

Wichtig ist weiterhin, dass die Handlung der Geschichte eher einfach und vorhersagbar ist. Auch wenn böse Schurken und gefährliche Monster auftreten, wird der Held der Geschichte mit Zauberkraft oder besonderen Hilfsmitteln (magisches Schwert, fliegender Besen, Kristallkugel) spielend damit fertig. Am Schluss wird alles wieder gut, und die Bösen verschwinden auf Nimmerwiedersehen. Beobachten Sie Ihr Kind während des Erzählens, damit die Geschichte (gerade vor dem Zu-Bett-Gehen) nicht zu spannend ausfällt. Ein paar „wohlige Schauer" sind erwünscht, Angst jedoch sollte Ihr Kind nicht dabei haben.

Buchtipp: Wenn Sie ein Märchenbuch suchen, das speziell Märchen für Kinder ab vier Jahren enthält, sind Sie mit dem Buch „Erzähl mir doch ein Märchen" von Brigitta Schieder (Don Bosco Verlag 2002; 224 Seiten; 18,50€) gut beraten. Hier finden Sie eine thematisch orientierte Sammlung von über 60 Volksmärchen besonders für jüngere Kinder, die von einer anerkannten Märchenpädagogin ausgewählt wurden und mit pädagogischen Hinweisen (welches Märchen behandelt welche Thematik) versehen sind.
Für Kinder ab fünf Jahren darf die Geschichte schon etwas länger sein. Ihr Kind kann jetzt auch einer Geschichte folgen, bei der zwei Handlungsstränge miteinander verwoben sind („während Prinzessin Lila im Turm gefangen gehalten wird, kämpft sich der tapfere Ritter durch den Zauberwald ..."). Zeitsprünge dürfen vorkommen, aber Sie sollten nur Zeiträume umfassen, die Ihr Kind schon kennt („drei Tage").

Hier finden Sie Anregungen für Ihre Phantasiegeschichte

- Erzählen Sie kleine Begebenheiten, die Sie selbst erlebt haben, oder Erlebnisse aus Ihrer Kindheit. Davon können Kinder meist nicht genug hören.
- Erzählen Sie von Ihrem Kind heiß geliebte Filme oder Bücher in eigenen Worten nach bzw. erfinden Sie Variationen dazu.
- Orientieren Sie sich mit Ihrer Geschichte daran, was Ihr Kind heute erlebt hat. Gab es Streit im Kindergarten? Dann könnte ja auch die Hauptperson der Geschichte in einen Streit verwickelt sein bzw. den Streit schlichten und für Gerechtigkeit sorgen.
- Wenn sich der Held in einer misslichen Lage oder verzwickten Situation befindet, wirkt ein Zauberspruch meist wahre Wunder – und die Geschichte ist gerettet!
- Ist die Geschichte festgefahren und Ihnen fällt keine Lösung mehr ein, lassen Sie einfach Ihr Kind raten, was der Held denn nun gemacht haben könnte: „Was meinst du, hat der Ritter jetzt getan?" Und den Vorschlag, den Ihr Kind dann mit Sicherheit bringt, können Sie aufgreifen, um die Geschichte doch noch zu einem guten Ende zu bringen: „Genau das ist dem Ritter auch eingefallen, und er hat dann ..."

Wecken Sie die Sinne Ihres Kindes: So fördern Sie seine Wahrnehmung

Um seine Sinne zu trainieren, braucht ein Kind vielfältige Anregungen. Im Vordergrund stehen heutzutage Sehen und Hören, während andere Sinne wie Geruchssinn und Gleichgewicht eher ein Mauerblümchen-Dasein fristen. Lernen Sie in diesem Beitrag Spiele bzw. Spielzeug für alle Sinne kennen.

Stundenlanges Herumtoben in freier Natur oder zumindest ausgiebiges Spiel mit anderen Kindern im begrünten Hinterhof sind heute eher die Ausnahme als die Regel, zumindest in Städten. Daher fehlt es unseren Kindern vielfach an „Entdeckungsräumen", die alle Sinne anregen.

Ohne geschulte Wahrnehmung sind jedoch z. B. Grob- und Feinmotorik beeinträchtigt, weil Gleichgewicht und Bewegungskoordination unzureichend sind. Es kann zu Störungen des Körperschemas oder auch zu einer Einschränkung der Sprachfähigkeit kommen.

Dem können Sie jedoch durch gezielte Förderangebote in spielerischer Form vorbeugen. Damit verhindern Sie möglicherweise auch Wahrnehmungsschwächen, welche die Grundlage für eventuell später auftretende Schul- und Lernprobleme sowie Teilleistungsstörungen sind. Die folgenden Spielvorschläge lassen sich mit einfachen Materialien realisieren und machen obendrein viel Spaß, die vorgestellten Spielzeuge sind robust und lange bzw. immer wieder aufs Neue interessant.

Spiele und Anregungen für die Kleinsten

- Rasseldosen: Füllen Sie durchsichtige Plastikdosen oder -flaschen (mit Schraubdeckel) mit bunten kleinen Gegenständen, etwa Knöpfen, Murmeln, Holzperlen oder Steinchen. Gut zuschrauben und zusätzlich durch Umkleben mit Gewebeband sichern. Wenn Ihr Baby nun damit rasselt, kann es gleichzeitig zusehen, wie sich die Gegenstände in der Rassel bewegen, und Farben und Formen bestaunen.
- Tastspielzeug: Geben Sie Ihrem Kind Alltags- und Haushaltsgegenstände aus unterschiedlichen Materialien – vom Holzkochlöffel über Plastikschüsseln und Waschlappen bis hin zum Schneebesen aus Metall ist alles geeignet. Wichtig ist nur, dass Ihr Kind sich nicht damit verletzen oder den Gegenstand verschlucken kann. Es gibt auch Spielzeug zum Fühlen und Begreifen zu kaufen, z. B. von JAKO-O den Fühl- und Geräuschball aus verschiedenen

Materialien, innen mit Glöckchen, ab 6 Monaten, Best.-Nr. 664 354 für 4,95€, oder die Entdeck-Decke mit verschiedenen Geräuschen, Materialien und Farben, ab 3 Monaten, Best.-Nr. 655 287 für 19,50€.

- Sanfte Bewegung: Bieten Sie Ihrem Baby so viele Bewegungsreize wie möglich. Ein Baby ist biologisch gesehen ein so genannter „Tragling". Sein evolutionäres Programm ist also quasi darauf voreingestellt, dass es in der ersten Zeit seines Lebens ständig von seiner Mutter getragen wird. Tragen Sie Ihr Kind z. B. im Tragetuch und/oder gönnen Sie ihm sanfte Bewegung in einer Hängematte bzw. in einem Baby-Hängebett (z. B. von JAKO-O, Best.-Nr. 664 239 für 49,00€), mit Ihnen zusammen in einem Schaukelstuhl oder, sicher von Ihnen gehalten, auf einem Gymnastikball, den Sie sanft hin und her rollen.
- Die dritte Dimension entdecken: Spielerisch geht das z. B. mit dem „Skwish" (siehe Abbildung 2), einem stabilen Spielzeug aus flexibel verformbaren bunten Holzelementen, geeignet ab 6 Monaten (interessant bis ins Schulalter!), erhältlich z. B. bei Baby-Walz, Best.-Nr. 610 062 für 19,95€.
- Die Klassiker – Fingerspiele: Sie machen schon den Allerkleinsten Spaß, vermögen aber auch Kinder bis ins Kindergartenalter zu begeistern. Vielfältige Anregungen finden Sie z. B. in dem Buch „Finger spielen, Hände tanzen. Das große Buch der Kinderreime und Fingerspiele" von Dorothee Kreusch-Jacob (Don Bosco Verlag 2003; 176 Seiten; 20,00€).

*Abbildung 2:
Das dreidimensionale Holzspielzeug Skwish ist bereits im Säuglingsalter interessant, es fasziniert durch seine Verformbarkeit jedoch auch ältere Kinder.*

Für Kinder von ein bis drei Jahren

- Fühlbücher: Für Kinder ab etwa 18 Monaten sind Bücher, in denen es knisternde Folie, Plüschfell oder Ähnliches zu entdecken und befühlen gibt, hochinteressant.

Tipp

Die folgenden drei Fühlbücher wurden von meinen beiden Kindern „getestet“ und für gut befunden:

- „Was fühlst du?“ von Irmgard Eberhard (Ravensburger Buchverlag 1998; 16 Seiten aus stabiler Pappe, 12,95€)
- „Darf ich auch mal?“ von Annet Rudolph (Ravensburger Buchverlag 2002; 14 Seiten aus stabiler Pappe, 14,95€)
- „Kuschelgelbe Enten“ von Matthew VanFleet (Ars Edition 1995; 16 Seiten aus dickem Papier, 9,90€)

- Wo spielt die Musik? Nehmen Sie eine aufgezogene Spieluhr (ersatzweise einen laut tickenden Wecker) und verstecken Sie diese im Raum, z. B. unter dem Sofa oder hinter dem Vorhang. Bitte Sie nun Ihr Kind, die Spieluhr zu suchen.
- Bewegung im Raum: Immer wieder interessant ist eine Motorikschleife. Spielerisch trainiert Ihr Kind die Koordination von Hand und Auge, wenn es die bunt gefärbten Holzkugeln an den unterschiedlich geformten, farbigen Drähten entlang schiebt. Motorikschleifen in verschiedenen Ausführungen gibt es z. B. bei Baby-Walz oder JAKO-O ab 9,90€.
- Eine ganz andere Art von Bewegung im Raum ist das bei allen Kindern beliebte Schaukeln. Hier geht es um die Anregung des Gleichgewichts- und Lagesinnes. Lassen Sie Ihr Kind also häufig schaukeln. Als Schaukelersatz können Sie zu Hause ein großes Tuch (z. B. Bettlaken) nehmen, in das sich Ihr Kind wie in eine Hängematte hineinsetzt. Mit Hilfe einer zweiten Person, die – wie Sie – zwei Ecken des Tuches hält, können Sie Ihr Kind nun sanft oder auch wilder hin- und herschwingen. Zum Training von Körperbewusstsein, Gleichgewicht und Koordination sind Hüpfbälle oder das Hüpfpferd „Rody“ ideal. Das Pferd ist ab 18 Monaten geeignet, Hüpfbälle erst für Kindergartenkinder. „Rody“ erhalten Sie z. B. bei JAKO-O, Best.-Nr. 599 969, für 24,95€.
- Fühlparcours: Befüllen Sie flache Schachteln (z. B. Deckel von Schuhkartons) oder Plastikschüsseln mit unterschiedlichen Materialien, z. B. Sand, Papierschnipsel, Wollreste, Heu, getrockneten Bohnen, Korken oder Holzperlen. Legen Sie die Schachteln bzw. Schüsseln wie eine Straße hintereinander auf den Boden und lassen Sie Ihr Kind an der Hand barfuß alle Materialien erkunden. Ab etwa drei Jahren können Sie Ihr Kind bitten, die Augen zu schließen und zu erfühlen, was sich in jeder Schachtel bzw. Schüssel befindet. Natürlich können Sie die befüllten Behältnisse auch auf den Tisch stellen und Ihr Kind mit den Händen hineinfassen lassen.
- Massage- und Berührungsspiele (auch für Kindergartenkinder gut geeignet!): Massieren Sie Ihr Kind am Rücken oder auch am gesamten Körper. Wenn Sie dabei ein duftendes Massageöl (siehe Tipp) verwenden, wird auch noch das Näschen angesprochen. Experimentieren Sie mit unterschiedli-

Tipp

Duftende Massageöle, die die Nase betören. Geben Sie für ein

- entspannendes Massageöl 3 Tropfen Rosenöl, 7 Tropfen Lavendelöl und 3 Tropfen Neroliöl,
- süß duftendes Massageöl 2 Tropfen Honigöl, 4 Tropfen Lavendelöl, 4 Tropfen Mandarinenöl, 2 Tropfen Schafgarbenöl

in 100 Milliliter Mandelöl oder gutes Speiseöl (z. B. Rapsöl, Sonnenblumenöl).

chen Materialien und Gegenständen. Wie fühlt sich ein Igelball (erhältlich z. B. in Sanitätshäusern oder bei JAKO-O ab 2,50€) auf der Haut an, ein Pinsel, eine Feder, ein Luffa-Handschuh, eine Bürste mit weichen Borsten (z. B. Babybürste) oder Watte?

Für Kindergartenkinder (ab drei Jahren)

Die oben genannten Fingerspiele, Fühl- und Tastspiele sowie Massagen sind natürlich auch für Kindergartenkinder geeignet! Zusätzlich bieten sich an:

- Mund auf, Augen zu: Richten Sie eine Schmeck-Bar ein. Stellen Sie Schüsselchen mit essfertigen kleinen Häppchen bereit, z. B. Apfelstückchen, Essiggurken-Stückchen, Käsewürfel, Brotbröckchen, Gummibärchen, in Stücke gebrochene Salzstangen, ggf. auch Wurst in Würfeln (milde Sorten wie Fleischwurst oder Gelbwurst). Legen Sie über die nebeneinander stehenden Schüsselchen ein sauberes Geschirrtuch, damit Ihr Kind nicht sehen kann, was Sie anbieten. Dann darf es mit geschlossenen Augen nacheinander aus den verschiedenen Schüsselchen probieren. Wie schmeckt es? Ist es süß, sauer oder salzig? Kann es erraten, was es gerade gegessen hat?
- Kleiner Spürhund: Verstecken Sie ein Stück stark riechende Seife (z. B. Speick-Seife) oder einen mit Parfüm bzw. Rasierwasser getränkten Wattebausch im Raum. Damit es keine Flecken gibt, den getränkten Wattebausch bitte auf einen Teller legen! Ihr Kind darf nun die Duftquelle aufspüren.
- Küche der Gerüche: Befüllen Sie einige saubere Schraubdeckel-Gläser (z. B. gespülte Marmeladengläser) mit verschiedenen typisch riechenden Esswaren, etwa Kaffeepulver, halber Zwiebel, halber Zitrone, kräftig riechendem Käse oder Zimtstangen. Verbinden Sie Ihrem Kind die Augen und lassen Sie es nacheinander an jeweils einem aufgeschraubten Glas riechen. Kann es erschnuppern, was drin ist?
- Bringen Sie Rhythmus ins Spiel: Es gibt eine ganze Reihe schöner Kinderlieder, zu denen Sie mit Ihrem Kind pantomimisch spielen, tanzen oder klatschen können, etwa „Zeigt her eure Füßchen“ oder „Brüderchen, komm

tanz mit mir". Eine Sammlung bekannter Kinderlieder enthält z. B. das Buch „Das große Buch der Kinderlieder" (Verlag Naumann & Göbel 2005; 7,95€).

- Heiß oder kalt? Sie benötigen drei Schüsseln, die Sie nebeneinander stellen. Befüllen Sie die mittlere mit lauwarmem Wasser, während Sie in die beiden anderen einmal kaltes Wasser und einmal heißes Wasser (etwa 40 °C) einfüllen. Bitte Sie nun Ihr Kind, eine Hand in das heiße und eine in das kalte Wasser zu tauchen. Danach kommen beide Hände in die mittlere Schüssel mit dem lauwarmen Wasser. Fühlt sich das Wasser für beide Hände gleich warm an?
- Welche Form ist das? Nehmen Sie alle Sandformen Ihres Kindes und reinigen Sie diese. Dann kommen die Förmchen in einen Stoffbeutel oder eine Pappschachtel. Die Schachtel muss einen Deckel haben oder völlig zu schließen sein. Schneiden Sie in die Schachtel ein Loch, durch das Ihr Kind in die Schachtel hineingreifen kann. Kann es fühlen, welches Sandförmchen es im Beutel bzw. in der Schachtel ergriffen hat? Sie können als Fühlobjekte auch verschiedene Plätzchenformen nehmen.
- Bewegtes Training: Kinder benötigen viel Bewegung, denn dabei schulen sie Körperkoordination, Lage- und Gleichgewichtssinn. Ideal ist ein Trampolin mit einem Durchmesser ab 120 Zentimeter, z. B. erhältlich bei JAKO-O, Best.-Nr. 657 749, für 69,00€. Ersatzweise können Sie Ihrem Kind aber auch ein altes Sofa oder ausrangierte Matratzen zum Hüpfen und Springen zur Verfügung stellen.
- Eine besondere Herausforderung stellt die Balance-Schnecke dar, eine Balancierscheibe, bei der Ihr Kind durch Verlagerung seines Körpergewichtes einen Ball durch ein Labyrinth lenken kann (von JAKO-O, Best.-Nr. 655 525, für 19,95€). Körpertraining zum Nulltarif gibt es jedoch auch auf jedem Spielplatz.

Bezugsquellen: *JAKO-O GmbH, Werner-von-Siemens-Str. 23; 96475 Bad Rodach, Tel. 01805/24 68 10, im Internet: www.jakoo.de; Baby-Walz, Versandhaus Walz GmbH, 88336 Bad Waldsee, Tel. Bestellservice 01805/33 40 11, im Internet: www.baby-walz.de. Ätherische Öle guter Qualität erhalten Sie z.B. von der Firma Primavera Life, erhältlich in Reformhäusern oder online unter www.primavera-life.de.*

Welches Spielzeug für welches Alter? – Womit Sie Ihr Kind altersgemäß am besten anregen und fördern

Das Angebot im Spielwarengeschäft ist schier unbegrenzt. Doch was ist sinnvoll – und ab welchem Alter? Kann das richtige Spielzeug auch ganz gezielt bestimmte Fertigkeiten fördern? Unsere große Übersichtstabelle (Tabelle 2, Seite 156) verrät es Ihnen. Plus: Checkliste, wie Sie empfehlenswertes Spielzeug erkennen.

Kleine Kinder spielen, wenn man sie lässt, sieben bis neun Stunden am Tag. Und das ist auch gut so, denn Spielen ist äußerst wichtig für die Gehirnentwicklung. Dabei müssen es nicht unbedingt irgendwelche Förderspiele sein, die Ihr Kind klüger machen. Jede Art von Spiel ist dazu geeignet.

Was lernt ein Kind beim Spielen?

Im ersten Lebensjahr stehen für ein Baby zunächst Hören und Sehen sowie der Tastsinn im Vordergrund. Auch die motorischen Fähigkeiten entwickeln sich rasant. Es lernt, Geräusche zu orten und selbst zu erzeugen, reagiert auf Musik und erkennt Bezugspersonen. Es fordert Aufmerksamkeit und Körperkontakt. Gegen Ende des ersten Lebensjahres übt es seine ersten Worte. Bei diesem „Lernpensum" kann es z. B. durch Greifspielzeug oder ein Spielzeug zum Schieben (etwa Watschelente) unterstützt werden.
Im zweiten Lebensjahr beginnt es, Ursache und Wirkung zu begreifen, etwa dass der Klötzchenturm umfällt, wenn es unten ein Klötzchen herauszieht. Die Sprachentwicklung verläuft rasant und sollte unbedingt durch farbenfrohe Pappbilderbücher unterstützt werden. Auch die Motorik macht deutliche Fortschritte. Besonders günstig ist ein stabiles Wägelchen zum Schieben, das als Gehhilfe dient und außerdem zum Transport wichtiger Gegenstände geeignet ist.
Im Kindergarten- und Vorschulalter werden soziale Erfahrungen mit Gleichaltrigen immer wichtiger. Besonders beliebt sind daher Rollenspiele. Als Utensilien kann alles verwendet werden, was der Haushalt bietet, da die lebhafte kindliche Phantasie problemlos einen Kochlöffel zu einem Zauberschwert umfunktioniert. Rollenspiele fördern den sprachlichen Ausdruck. Das Kind lernt, sich in andere hineinzuversetzen und andere besser zu verstehen. Auch die Regulation positiver und negativer Gefühle sowie das Erkennen und Lösen kleiner sozialer Konflikte werden dadurch gefördert.

Checkliste: Daran erkennen Sie gutes Spielzeug

Stellen Sie sich vor dem Kauf folgende Fragen:

- Ist das Spielzeug sicher und birgt es keine Gesundheitsgefahren (Unfallgefahr, verschluckbare Kleinteile, Schadstoffe)? .... ☐ ja ☐ nein
- Entspricht das Spielzeug dem Alter und den Interessen des Kindes? .... ☐ ja ☐ nein
- Kommt das Kind alleine (ohne lange Erklärungen) damit zurecht und ist es leicht zu handhaben? .... ☐ ja ☐ nein
- Ist das Spielzeug aus hygienischer Sicht sinnvoll (leicht zu reinigen – wichtig für Babyspielzeug!)? .... ☐ ja ☐ nein
- Ist es haltbar bzw. kann es repariert werden? .... ☐ ja ☐ nein
- Ist das Spielzeug vielseitig einsetzbar? Sind nicht nur vorgegebene Spielabläufe – wie meist bei batteriebetriebenem Spielzeug – möglich? .... ☐ ja ☐ nein
- Ist das Spielzeug ausbaufähig? Können später weitere Komponenten dazugekauft werden? .... ☐ ja ☐ nein
- Fördert es Phantasie, Kreativität und/oder Rollenspiele? .. ☐ ja ☐ nein
- Regt es zu körperlicher Betätigung an oder lernt das Kind etwas dabei? .... ☐ ja ☐ nein
- Lässt es sich mit bereits vorhandenem oder auch zukünftigem Spielzeug kombinieren? .... ☐ ja ☐ nein
- Entspricht es dem Geschmack und den in der Familie herrschenden Werten? .... ☐ ja ☐ nein

Je mehr „ja"-Antworten Sie geben können, umso empfehlenswerter ist es!

Eine Kaufhilfe sind folgende Zeichen:

CE-Zeichen: Erklärung der Spielzeughersteller, dass das Spielzeug der Europäischen Richtlinie für Spielzeug entspricht, also z.B. keine scharfen Ecken und Kanten oder verschluckbare Kleinteile aufweist, nicht oder schwer entflammbar ist und bestimmte Schadstoffe nicht enthalten sind. Nachteil: Aussagen der Hersteller werden nicht von unabhängiger Stelle überprüft, Weichmacher in PVC-Spielsachen sind für Kinder über drei Jahren durchaus erlaubt!

GS-Zeichen (Geprüfte Sicherheit): erfüllt die Anforderungen des CE-Zeichens, zusätzlich entspricht es den strengeren deutschen Bestimmungenim Hinblick auf die Spielzeug-Sicherheit; Überprüfung durch unabhängige Stellen wie TÜV oder VDE (Verband Deutscher Elektrotechniker).

„spiel gut"-Zeichen: Spielzeug ist pädagogisch wertvoll, sicher, funktionsgerecht, in Material, Verarbeitung und Design gut, teilweise Berücksichtigung gesundheitlicher und ökologischer Aspekte (PVC jedoch nicht grundsätzlich untersagt!). Vergabe durch den unabhängigen Arbeitsausschuss Kinderspiel und Spielzeug e.V.; Spielzeug mit diesem Zeichen ist wirklich empfehlenswert!

Tabelle 2: Hier eine Auswahl geeigneten Spielzeugs für jedes Alter. Angegeben ist, ab wann ein Spielzeug erstmals sinnvoll bzw.interessant ist, das heißt, ab wann Sie das genannte Spielzeug anschaffen können. Die meisten der aufgeführten Spielsachen sind jedoch auch für ältere Kinder geeignet und sinnvoll, ggf. mit Ergänzungen oder höherem Schwierigkeitsgrad!

	Spielzeug, das vorwiegend		
Alter des Kindes	**Koordination, Kraft, Grob- und Feinmotorik trainiert**	**Phantasie, Kreativität und Ausdrucksvermögen fördert**	**Denkvermögen und geistigeEntwicklung anregt**
1 bis 6 Monate	• Rassel • Beißring • Badewannenspielzeug • weicher Schaumstoffball oder -würfel	• Stofftiere • Spiegel (z.B. Babyspiegel von JAKO-O,Artikelnummer 664 355 für 14,90€)	• Mobile • Spieluhr • Steckspielzeug (z.B. bunte Ringe)
7 bis 12 Monate	• Sortierbox • Spielzeug zum Ineinanderstecken (z.B. Plastikförmchen) • Küchenutensilien (Schüsseln, Kochlöffel usw.) • Spielzeug zum Schieben oder Ziehen, Wägelchen, auch Spielzeugautos usw.	• Stoffpuppe, Kuscheltier, Schmusetuch	• erste Puzzles (wenige große Teile mit Griffknopf) • Stoffbilderbücher • Stapelturm/-pyramide
1 bis 2 Jahre	• Bälle • Bauklötze • Motorikschleife • Kugelbahn • Sandspielzeug • Spiel-Werkzeug, Klopfbank • Fahrzeuge (wie Bobby-Car), Reittiere (wie Schaukelpferd) • Planschbecken	• Malzeug (Fingerfarben, dicke Stifte) • Puppe aus Plastik, die auch gebadet werden kann • Rhythmusinstrumente (z.B.Trommel, Maracas)	• Pappbilderbücher • Puzzles aus Holz oder stabiler Pappe • Ringpyramide (farbige Ringe verschiedener Größe, die auf Stab gesteckt werden)
2 bis 3 Jahre	• Dreirad, Schlitten, Tretauto oder -traktor • Werkbank • Puppenwagen • Steckbausteine (wie Lego Duplo) • Holzzug mit Schienen • Schaukel, Rutsche	• Spielzeug für Rollenspiele wie Puppenküche, Kaufladen, Arztkoffer, Puppen-Utensilien, Putzzeug für Kinder, Kindertelefon • Spielfiguren, z.B. Bauernhoftiere • Knetmasse • Maltafel, Zaubertafel • Musikinstrumente (wie Xylophon) • Kartons, Decken, Kissen • Kassetten mit Kinderliedern	• Holzperlen zum Auffädeln • Steckbretter (Holzplatte, in die farbige Figuren verschiedener Farben, Formen und Größen gesteckt werden können) • Bilderbücher mit Papierseiten
3 bis 4 Jahre	• Roller, Gokart • Schubkarre, Leiterwagen • Bagger, Kran (auch für die Sandkiste) • Klettergerüst	• Handspielpuppen, Kasperletheater • Funktionsfahrzeuge wie Feuerwehr, Polizeiauto • Spielfiguren wie Ritter, Cowboys • Bastelmaterialien (Tonkarton, Schere, Kleber), Straßenkreide	• Spiele wie Domino, Bilderlotto, Memory, einfache Würfelspiele • Märchenbücher
5 bis 6 Jahre	• Fahrrad • Rollschuhe, Inline-Skates • Springseil • Drachen	• Kinderpost, Puppenstube • Musikinstrumente wie z.B. Blockflöte • Bastel- und Malzeug (Wasserfarben, Webrahmen, Strickliesel)	• erste Computerspiele • Gesellschaftsspiele wie „Mensch-ärgere-dich-nicht“

Bezugsquellen: *JAKO-O GmbH, Werner-von Siemens-Str. 23, 96475 Bad Rodach; Telefon 01805/24 68 10; www.jakoo.de. Eine Auswahl empfehlenswerter Spiele und Spielsachen führt unter anderem schenken & spielen e.K., Hauptstr. 17, 88634 Aftholderberg; Telefon 07552/93 55-913, Fax 07552/93 55-914, www.schenkenundspielen.de. Gutes Holzspielzeug in großer Auswahl erhalten Sie z.B. bei KOALA TOYS, Postfach 10 61 43, 40883 Ratingen; Telefon 01805/30 32 77, www.koala-toys.de.*

Spielzeug – warum weniger oft mehr ist

Die meisten Kinder haben zu viel Spielzeug. Lernen Sie hier pädagogisch sinnvolle Alternativen kennen, die nichts kosten und trotzdem bei Kindern sehr beliebt sind. Mit vielen Praxistipps!

Immer häufiger klagen Eltern, dass ihr Kind sich nur schwer alleine beschäftigen kann und beim Spielen nicht bei der Sache bleibt. Dabei finden sich heute in den Kinderzimmern häufig alle nur erdenklichen Spielzeug-Neuheiten – pädagogisch wertvoll, entwicklungsfördernd und technisch ausgefeilt.

Zuviel des Guten

Kinder sind von den Spielzeugbergen im Kinderzimmer einfach überfordert. Sie können sich oft gar nicht mehr entscheiden, womit sie nun spielen wollen, weil die Auswahl zu groß ist.

Tipp

Praktische Tipps:

- Helfen Sie Ihrem Kind dadurch, dass Sie die Auswahl begrenzen. Beobachten Sie, womit es gerade am liebsten spielt. Diese Spielsachen sind diejenigen, die seiner momentanen Entwicklungsstufe offenbar am besten entsprechen. Spielzeug, mit dem nur selten gespielt wird, braucht Ihr Kind derzeit nicht.
- Räumen Sie Spielsachen, die wenig benutzt werden, weg. Kündigen Sie dies Ihrem Kind aber vorher an, damit es den „Spielzeug-Entzug" nicht als Bestrafung empfindet. Erklären Sie ihm z. B., dass die Spielsachen sich mal ausruhen müssen. Lassen Sie Ihr Kind nach Möglichkeit mitbestimmen, was auf keinen Fall weggeräumt werden darf.

Wie die „Großen"

Es ist Ihnen sicher schon aufgefallen, dass Ihr Kind am liebsten das tut, womit auch Sie gerade beschäftigt sind – und das dann möglichst mit dem gleichen „Handwerkszeug" wie die Großen. Auch wenn Sie ihm Puppengeschirr und Kinder-Rührlöffel bereitlegen, während Sie das Essen zubereiten, wird es lieber einen „echten" Topf aus dem Schrank und einen richtigen Kochlöffel haben wollen.

Tipp

Praktische Tipps:

- Geben Sie Ihrem Kind ruhig richtige Küchenutensilien (ausgenommen Messer, Scheren, Gurkenhobel oder Ähnliches), denn es kann sich mit diesen Dingen nicht verletzen und Sie können sich überflüssiges, teils sogar teures Spielzeug sparen.
- Bekommt es dann auch noch eine Hand voll ungekochte Nudeln oder einige kleingeschnittene Gemüsewürfel von Ihnen, ist der Spiel- und Lernspaß für Ihr Kind schon vollkommen. Und wenn es davon etwas ausgeschüttet hat, kann es das ja schon mal mit Handfeger und Schaufel alleine wieder zusammenkehren.

Spielzeug, das die Phantasie anregt

Wir Erwachsene mit unserer manchmal schon etwas „eingerosteten" Phantasie machen oft den Fehler, unseren Kindern zu „perfektes", weil für genau definierte Zwecke vorherbestimmtes Spielzeug zu schenken. Dabei sind Kinder Meister im Improvisieren. Da wird ein Holz-Bauklotz einmal als Auto über den Teppich geschoben, doch schon kurze Zeit später dient der gleich Klotz beim Puppen-Kaffeeklatsch als Tasse.

Tipp

Praktische Tipps:

- Fördern Sie diese wunderbare Gabe Ihres Kindes, indem Sie ihm nicht zu viel, dafür aber möglichst vielseitiges Spielzeug schenken bzw. zur Verfügung stellen. Gut geeignet sind neben den bereits erwähnten Holz-Bauklötzen ganz einfache Puppen oder Stofftiere, die ganz bewusst „nichts" können, aber auch viele Dinge aus dem Haushalt wie Kisten oder Wäschekörbe (als Schiff, Auto, Bett zu benutzen), Pappröhren (z. B. von Küchenrolle oder Toilettenpapier), Stoff- oder Wollreste (Kind damit nicht allein lassen, es könnte sich Wollfäden um den Hals binden und ersticken!), große Knöpfe usw.
- Auch in der Natur lassen sich jede Menge geeignete Gegenstände zum Spielen und Basteln finden, z. B. Stöckchen, interessant geformte oder gefärbte Steine, trockene Blätter, Kastanien oder Tannenzapfen.

Abbildung 4:
Schon Kleinkinder sind vom raschelnden Herbstlaub fasziniert, Kindergartenkinder basteln daraus die tollsten Collagen.

Für kleine Bastler und Baumeister

Oft kann man beobachten, dass Kinder am Erfinden und Erbauen von Häusern oder Höhlen sowie am Anlegen von Burgen oder Pisten im Sandkasten mehr Spaß haben, als nach der Fertigstellung damit zu spielen.

Tipp

Praktische Tipps:

- Gönnen Sie Ihrem Kind möglichst oft eine derart kreative Beschäftigung. Stellen Sie ihm einige große, stabile Pappkartons zur Verfügung, die es als Haus, Stall oder Garage benutzen kann, die es bemalen darf und aus denen es (mit Ihrer Hilfe) Fenster und Türen herausschneiden kann. Geben Sie ihm einige Decken und Kissen, damit es unter dem Tisch eine Höhle bauen kann.
- Stellen Sie ihm eine Auswahl an ausrangierten Kleidungsstücken und Hüten zur Verfügung und genießen Sie, welch entzückende Rollenspiele sich daraus ergeben.

Bahn frei für kleine Krabbler

Babys im Krabbelalter wollen die Welt entdecken. Damit sich Ihr Kind bei aller Neugierde nicht verletzt, sollten Sie spätestens jetzt die Wohnung kindersicher machen. Wir zeigen Ihnen, worauf Sie achten müssen!

Interessant, die bunten Bücher im Regal! Ihr Kind hält sich an einem Regalbrett fest und zieht sich daran hoch. Das Regal beginnt bereits gefährlich zu schwanken – und wenn Sie jetzt nicht schnell genug zur Stelle sind, ist es schon auf Ihr Kind gestürzt. Eine ganz alltägliche Situation, der Sie mit unserer Checkliste wirksam vorbeugen können.

Tipp

Wenn Sie wissen wollen, wie kindersicher Ihre Wohnung wirklich ist, sollten Sie sie einmal mit den Augen Ihres Kindes betrachten. Begeben Sie sich dazu auf den Boden und krabbeln Sie durch die Wohnung. Manche „Fallen" können Sie erst dadurch erkennen!

Was Sie sich zusätzlich angewöhnen sollten

- Verzichten Sie auf Tischdecken. Hält sich Ihr Kind daran fest, könnte es diese samt Geschirr und heißen Speisen oder Getränken herunterreißen. Stellen Sie Kannen oder Tassen mit heißen Getränken immer möglichst weit in die Mitte des Tisches. Essen oder trinken Sie nichts Heißes, wenn Sie Ihr Kind auf dem Schoß haben.
- Achten Sie darauf, dass die Kabel von elektrischen Geräten nicht herunterhängen und von Ihrem Kind ergriffen werden können. Ziehen Sie nach Gebrauch sicherheitshalber den Netzstecker heraus.

Tipp

Bringen Sie Ihrem Kind bei, dass es nicht an das Sichtfenster des Backrohres fassen darf, wenn dort drinnen Licht brennt, weil dann der Ofen heiß ist. Lassen Sie aber das Licht im Backrohr auch tatsächlich so lange an, bis das Rohr wirklich ausgekühlt ist, damit Ihr Kind sich nicht versehentlich am ausgeschalteten, aber noch heißen Backrohr verbrennt.

- Lassen Sie keine verschluckbaren Kleinteile herumliegen. Räumen Sie Plastiktüten sofort weg, da Erstickungsgefahr droht, wenn Ihr Kind sich diese über den Kopf stülpt.
- Lassen Sie Ihr Kind in der Wohnung auf glatten Böden nicht mit normalen Strümpfen, sondern nur mit „ABS-Söckchen" laufen, damit es nicht ausrutscht.

Abbildung 5:
In der Küche drohen Ihrem Kind besonders viele Gefahren. Eine sehr sinnvolle Sicherheitsmaßnahme ist die Anbringung eines Herdschutzgitters. Damit können lebensbedrohliche Verbrennungen und Verbrühungen vermieden werden.

Checkliste: So wird Ihre Wohnung kindersicher

erledigt/vorhanden

- Montieren Sie den Lattenrost im Babybett ganz unten, damit Ihr Kind nicht hinausstürzen kann. ☐
- Entfernen Sie die beiden herausnehmbaren „Schlupfsprossen" aus dem Bettgitter, bevor Ihr Kind anfängt, darüber zu klettern, weil es hinaus will. ☐
- Versehen Sie alle Steckdosen, die Ihr Kind erreichen kann, mit Kindersicherungen. ☐
- Lassen Sie einen Fehlerstrom-Schutzschalter in den Sicherungskasten einbauen. ☐
- Offen herumliegende Kabel sollten Sie hinter Möbeln verschwinden lassen oder mit Kabelclips fixieren. ☐
- Bringen Sie an Fenstern und Balkontüren Öffnungssperren bzw. abschließbare Griffe an. ☐
- Sichern Sie Türen und Fenster gegen Zufallen (spezieller Klemmschutz, bei Holzfenstern tut's aber auch ein einfacher Haken mit Öse zum Einschrauben aus dem Baumarkt!). ☐
- Ziehen Sie die Türschlüssel ab, damit Ihr Kind sich nicht ein- und Sie nicht aussperren kann. (Tipp: Extra-Wohnungsschlüssel beim Nachbarn deponieren, falls Ihr Kind Sie ausgesperrt hat!) ☐
- Bringen Sie Treppengitteran, um Ihr Kind vor Stürzen zu bewahren. ☐

- Versehen Sie Ihren Küchenherd mit einem Schutzgitter oder kochen Sie ausschließlich auf den beiden hinteren Platten. Für das Backrohr-Fenster ist ein Hitzeschutz empfehlenswert. ☐
- Bewahren Sie Putz- und Reinigungsmittel, Zigaretten (auch Aschenbecher!), Alkoholika, Medikamente und Kosmetika, aber auch Messer, Scheren und Ähnliches kindersicher auf. ☐
- Lassen Sie spitze Ecken und scharfe Kanten an Möbeln unter speziellen Schutzkappen verschwinden (ersatzweise Schaumstoff-Rohrisolierungen aus dem Baumarkt). ☐
- Räumen Sie in alle für Ihr Kind erreichbaren Schubladen und Schrankfächer nur Dinge ein, die für Ihr Kind ungefährlich sind, oder bringen Sie spezielle Kindersicherungen an (Tipp: Als Ausräumschutz für Ungefährliches genügt auch ein straff über zwei Griffe/Türknöpfe gespannter Weckgummi!). ☐
- Räumen Sie elektrische Geräte und alle zerbrechlichen Dinge (Glas, Porzellan) auf höher liegende Regal- bzw. Schrankbretter, damit Ihr Kind sie nicht erreichen kann. ☐
- Befestigen Sie Kleinmöbel wie z.B. Regale an der Wand, damit sie nicht umkippen können. Wackelige Möbelstücke entfernen Sie besser ganz. ☐
- Verkleben oder verschrauben Sie die unteren Regalbretter, um sie gegen Herausfallen oder -ziehen zu sichern. ☐
- Stellen Sie Zimmerpflanzen möglichst hoch, damit Ihr Kind nicht mit der Erde spielt, und entfernen Sie Giftpflanzen ganz. ☐
- Binden Sie den Hochstuhl zur Sicherheit mit einer Schnur am Tisch fest, sodass er nicht umkippen kann. ☐
- Fixieren Sie lose Teppiche, die wegrutschen könnten, am Boden, z.B. mit doppelseitigem Klebeband. ☐
- Entfernen Sie „Kletterhilfen“ wie Stühle oder Tische vor den Fenstern oder in der Nähe der Balkonbrüstung. ☐
- Bekleben Sie zumindest den unteren Bereich von Glastüren mit Splitterschutzfolie. ☐

Großer Entwicklungstest: Entwickelt sich Ihr Kind altersentsprechend?

Wussten Sie, dass Ihr Kind sich nie mehr in seinem Leben so rasant entwickelt wie in den ersten 24 Monaten? Natürlich wollen Sie als Mutter oder Vater genau wissen, ob mit Ihrem Kind alles in Ordnung ist. Unser Entwicklungstest für jede Altersstufe verrät es Ihnen.

Kinder sind kleine Persönlichkeiten mit einem ganz individuellen Entwicklungstempo. Was das eine Kind schon kann, ist für das andere vielleicht noch überhaupt kein Thema. Setzen Sie sich und Ihr Kind also bitte nicht unnötig unter Druck.

Was Ihr Kind in welchem Alter können sollte, lässt sich mit Hilfe der folgenden Tests einfach ermitteln. Haben Sie den Eindruck, Ihr Kind würde sich nicht richtig entwickeln oder seinen Altersgenossen deutlich hinterherhinken, sollten Sie sich unbedingt an Ihren Kinderarzt wenden. Denn je früher eine Störung erkannt wird, um so besser kann durch gezielte Förderung für Ausgleich gesorgt werden.

Warnsignale für eine gestörte Entwicklung im ersten Lebensjahr

- Ihr Baby kann nicht richtig saugen und/oder schlucken und hat deswegen Schwierigkeiten beim Trinken.
- Arme und Beine sind in den ersten zwei Lebensmonaten gestreckt oder unnatürlich schlaff, Ihr Baby hält die Händchen nicht als Faust.
- Es blickt Sie nicht richtig an, die Augen können nichts fixieren und „rutschen“ weg.
- Ihr Kind reagiert nicht auf Geräusche und gibt keinen Laut von sich.
- Es schreit stundenlang ohne Pausen oder kann – im Gegenteil – nicht richtig laut schreien.
- Das Kleine macht sich jedes Mal beim Baden, Füttern und/oder Wickeln steif.
- Es bewegt sich kaum und unternimmt auch im zweiten Halbjahr keine Versuche, sich in eine andere Lage zu drehen.
- Ihr Kind ist über längere Zeiträume extrem nervös und unruhig.

Testanleitung

Bitte suchen Sie sich denjenigen Entwicklungstest heraus, der zum Alter Ihres Kindes passt. Da Ihr Kind in den ersten Lebensjahren innerhalb weniger Monate viel Neues dazulernt, werden in den Tests zusätzliche Altersangaben gemacht. Beantworten Sie nur diejenigen Fragen, die auf das Alter Ihres Kindes zutreffen. Kreuzen Sie „ja“ bzw. „nein“ an, je nachdem, ob Ihr Kind die aufgeführte Fähigkeit bereits beherrscht oder eben noch nicht. Unsere Tests sind so zusammengestellt, dass etwa 90 Prozent der Kinder bis zum genannten Zeitpunkt diese Fähigkeit bereits beherrschen. Es ist also gut möglich, dass Ihr Kind schon deutlich mehr kann, als hier für sein Alter angegeben wird! Zählen Sie zum Schluss die „Nein“-Antworten zusammen.

Entwicklungstest für das erste Lebensjahr

Motorische Entwicklung

2. Monat: hebt Kopf kurz aus Bauchlage an .... ☐ ja ☐ nein
3. Monat: strampelt in Rückenlage kräftig mit den Beinen .. ☐ ja ☐ nein
4. Monat: öffnet Fäustchen zunehmend .... ☐ ja ☐ nein
4. Monat: hält Kopf in Bauchlage sicher und stützt sich auf die Hände .... ☐ ja ☐ nein
5. Monat: führt Hände vor dem Körper zusammen und spielt damit .... ☐ ja ☐ nein
7. Monat: Kopf kippt beim Hochziehen aus der Rückenlage nicht mehr nach hinten .... ☐ ja ☐ nein
7. Monat: greift Spielsachen mit der ganzen Hand .... ☐ ja ☐ nein
7. Monat: wechselt Spielzeug von einer Hand in die andere ☐ ja ☐ nein
8. Monat: kann vom Bauch auf den Rücken und wieder zurück rollen .... ☐ ja ☐ nein
10. Monat: sitzt frei oder beginnt zu krabbeln .... ☐ ja ☐ nein
Ende 12. Monat: steht sicher, wenn es sich anhält .... ☐ ja ☐ nein
Ende 12. Monat: greift Gegenstände mit Zeigefinger und Daumen .... ☐ ja ☐ nein

Wahrnehmung, Sprache, Denken

4. Monat: verfolgt Spielzeug mit den Augen, wenn Sie es langsam vor ihm hin- und herbewegen .... ☐ ja ☐ nein
4. Monat: schreit je nach Anlass unterschiedlich .... ☐ ja ☐ nein
4. Monat: bewegt Kopf in Richtung einer Geräuschquelle .. ☐ ja ☐ nein
7. Monat: untersucht Gegenstände mit dem Mund .... ☐ ja ☐ nein
7. Monat: plaudert in wechselnder Tonhöhe .... ☐ ja ☐ nein
9. Monat: bildet Silbenketten wie „dadada“ oder „gagaga“. ☐ ja ☐ nein
10. Monat: untersucht Gegenstände mit Fingern, Mund und Augen, lässt sie wiederholt mit Absicht fallen..... ☐ ja ☐ nein

12. Monat: verdoppelt Silben wie „mama“ oder „dada“ .... ☐ ja ☐ nein
12. Monat: findet Spielsachen, die Sie vor seinen Augen verstecken .... ☐ ja ☐ nein

Sozialverhalten

3. Monat: lächelt bekannte und fremde Gesichter an .... ☐ ja ☐ nein
4. Monat: hält Blickkontakt und verändert, wenn nötig, dazu seine Lage .... ☐ ja ☐ nein
6. Monat: freut sich sichtlich, wenn es angesprochen wird . ☐ ja ☐ nein
9. Monat: mag „Guck-Guck-Spiele“ .... ☐ ja ☐ nein
10. Monat: unterscheidet Bekannte und Fremde, fremdelt mehr oder minder stark .... ☐ ja ☐ nein
12. Monat: kann selbst Kontakt zu anderen aufnehmen ...... ☐ ja ☐ nein
Ende 12. Monat: macht Wünsche ohne Schreien verständlich . ☐ ja ☐ nein

Entwicklungstest für das zweite und dritte Lebensjahr

Motorische Entwicklung

15. Monat: kann kurze Strecke frei gehen .... ☐ ja ☐ nein
16. Monat: winkt .... ☐ ja ☐ nein
16. Monat: rollt oder wirft einen Ball .... ☐ ja ☐ nein
18. Monat: geht sicher .... ☐ ja ☐ nein
19. Monat: benutzt Löffel, ohne viel zu kleckern .... ☐ ja ☐ nein
21. Monat: stößt Ball mit dem Fuß vorwärts, ohne sich anzuhalten .... ☐ ja ☐ nein
22. Monat: steigt alleine (mit Anhalten an Wand oder Geländer) eine Treppe hinauf oder hinunter .... ☐ ja ☐ nein
22. Monat: zieht Kleidungsstücke aus .... ☐ ja ☐ nein
24. Monat: rennt zielsicher, umrundet Hindernisse und stoppt rechtzeitig .... ☐ ja ☐ nein
24. Monat: kann allein Hände waschen und abtrocknen ...... ☐ ja ☐ nein
24. Monat: blättert Buchseiten einzeln um Wahrnehmung .... ☐ ja ☐ nein

Sprache, Denken

14. Monat: reagiert auf seinen Namen .... ☐ ja ☐ nein
15. Monat: sagt gezielt „Mama“ und „Papa“ .... ☐ ja ☐ nein
15. Monat: gibt und nimmt nach Aufforderung .... ☐ ja ☐ nein
15. Monat: benutzt Gegenstände und prüft sie auf ihre Verwendbarkeit (schüttelt, rollt, klopft damit) ...... ☐ ja ☐ nein
18. Monat: spricht in Kindersprache, z. B. „Wau-wau“ .... ☐ ja ☐ nein
18. Monat: steckt Dinge in einen Behälter und holt sie wieder heraus .... ☐ ja ☐ nein

Die Entwicklungssprünge Ihres Babys

Warum nur sind Babys phasenweise so weinerlich und so schwierig? Des Rätsels Lösung: In den ersten 14 Lebensmonaten macht jedes Kind acht Entwicklungsschübe durch, die es anfangs verunsichern und quengelig machen. Wenn Sie wissen, wann diese Entwicklungssprünge stattfinden, können Sie sich besser darauf einstellen und gelassener damit umgehen.

Während der ersten anderthalb Jahre entwickelt sich Ihr Kind nicht nur körperlich, sondern auch geistig sehr rasch. Der Entwicklungsprozess schreitet allerdings nicht kontinuierlich voran, sondern verläuft in Schüben. Die niederländischen Psychologen Hetty van de Rijt und Frans X. Plooij sind nach langjähriger Beobachtung vieler Babys zu dem Schluss gekommen, dass in den ersten 14 Monaten acht Entwicklungssprünge stattfinden, die immer ähnlich ablaufen.

Neue Fähigkeiten verunsichern Ihr Baby anfangs

Die Sprünge stehen im Zusammenhang mit dem Hirnwachstum und der Reifung des Nervensystems. Durch Umbauvorgänge im Gehirn entwickelt Ihr Kind innerhalb weniger Tage neue Fähigkeiten und Möglichkeiten der Wahrnehmung oder des Lernens. Diese Veränderungen wirken aber zunächst verunsichernd. Ihr Kind ist angespannt und fühlt sich hilflos.
Gerade beim ersten Kind sind Eltern oft richtiggehend verängstigt, warum ihr Baby, das bis vor kurzem noch so ein Sonnenschein war, jetzt plötzlich so weinerlich ist, so schlecht schläft und am liebsten ständig von Mama oder Papa herumgetragen werden will. Und ohnehin schon schwierige Babys werden während der Entwicklungssprünge vorübergehend noch schwieriger, weil sie sich in ihrer Haut nicht mehr wohl fühlen. Nur Mamas Nähe kann die Anspannung lindern.
Es ist völlig verständlich, wenn Sie über diese plötzliche Verhaltensänderung besorgt sind und verzweifelt nach der Ursache suchen. Sie probieren alles Mögliche, um Ihr Baby zu trösten, denken an einen Infekt oder an das Zahnen und stellen Ihr Kind vielleicht sicherheitshalber beim Kinderarzt vor.
Wenn Sie jedoch wissen, dass alle Babys zu bestimmten Zeiten (siehe Tabelle auf Seite 170) einen Entwicklungssprung machen, wird Sie das veränderte Verhalten weniger beunruhigen, und Sie können meist auch besser auf die Bedürfnisse Ihres Kindes, das nun wieder mehr Nähe braucht, eingehen.

Daran erkennen Sie einen Entwicklungssprung

- Ihr Kind schreit mehr und wirkt oft unzufrieden.
- Es will häufiger beschäftigt werden, kann schlechter alleine spielen.
- Es isst weniger.
- Es schläft schlechter (kürzer, mehr Probleme beim Einschlafen).
- Es fremdelt mehr (häufiger, heftiger).
- Es hängt vermehrt an Ihrem Rockzipfel oder klammert sich stärker an Sie.
- Es braucht häufiger den Daumen oder den Schnuller.

Wann sind die Entwicklungssprünge bei Ihrem Kind zu erwarten?

Nach van de Rijt und Plooij dauert es meist zwei bis drei Wochen, bis sich ein Sprung vollzogen hat. Außerdem geben die beiden Psychologen auch die Zeiten, wann die Sprünge stattfinden sollen, sehr genau an. Natürlich gibt es fließende Übergänge, und die angegebenen Zeiten sind nur Richtwerte. Es besteht dabei eine Schwankungsbreite von etwa ein bis zwei Wochen.
Ist Ihr Baby nicht in der 40. Schwangerschaftswoche, also zum errechneten Geburtstermin, auf die Welt gekommen, verschieben sich die Entwicklungssprünge. Wenn die Geburt z. B. erst zwei Wochen nach dem errechneten Termin stattgefunden hat, setzen die Sprünge zwei Wochen eher als beschrieben ein, da das Baby schon weiter entwickelt geboren wurde. Kam Ihr Kind aber beispielsweise sechs Wochen zu früh, setzen die Sprünge sechs Wochen später als angegeben ein. Dann wird der in der fünften Woche zu erwartende Sprung tatsächlich erst in der elften Woche stattfinden.

Tipp

Viele Eltern stellen fest, dass ihr Baby um die 29. oder 30. Woche besonders anhänglich oder auch gereizt ist und sich stark an Mama oder Papa klammert. Auch wenn zu diesem Zeitpunkt keiner der acht Entwicklungssprünge stattfindet, hat es doch etwas Neues gelernt: Es hat jetzt entdeckt, dass Mama oder Papa weggehen und es allein lassen können.

Der Ansatz der Entwicklungssprünge bietet Ihnen eine gute Orientierungshilfe im Hinblick auf die Entwicklung und das Verhalten Ihres Babys. Außerdem macht es auch sehr viel Spaß, es bei seinen Schüben zu begleiten. Sie können ganz gezielt auf Ihr Kind eingehen und ihm diejenigen Dinge anbieten, die seinen neuen Fähigkeiten am besten entsprechen.

Denken Sie aber bitte immer daran, dass Ihr Baby nach einem Entwicklungssprung nicht plötzlich alle in der Tabelle 3 genannten Fähigkeiten auf einmal beherrscht. Es braucht seine Zeit, bis es sich alles angeeignet hat. Manche Fertigkeiten entwickelt es erst Monate nach dem betreffenden Sprung.

Die acht Entwicklungssprünge Ihres Kindes

Welchen Entwicklungssprung Ihr Kind in welchem Alter macht, können Sie der untenstehenden Tabelle 3 entnehmen. Die Angabe der Lebenswochen in der Tabelle 3 ist nur ein Richtwert, der sich auf den errechneten Geburtstermin bezieht.

Tabelle 3: Die acht Entwicklungssprünge Ihres Kindes

Alter/Thematik	Neue Fähigkeiten	Anregungen für Ihr Baby
5. Woche deutlicher Reifesprung	Die Sinnesorgane entwickeln sich weiter. Das Baby kann jetzt Dinge, die bis 30 Zentimeter entfernt sind, deutlicher wahrnehmen. Es kann besser hören und auch Berührungen aufmerksamer wahrnehmen.	Sie können Ihrem Baby Dinge zeigen und mit ihm kleine Gespräche führen. Zu viele Farben oder Geräusche können es jedoch schnell überfordern.
8. Woche Erkennen von „Mustern“	Das Baby erlebt sich selbst und seine Umwelt nicht länger als Einheit, sondern fängt an, feste Muster zu unterscheiden. So entdeckt es z. B. seine Hände, lernt seine Arme und Beine besser zu beherrschen, aber auch die Außenwelt besser zu erkennen. Reflexe werden durch bewusste Bewegungen ersetzt.	Helfen Sie Ihrem Baby, die neuen Fähigkeiten zu entdecken. Geben Sie ihm ungefährliche Dinge, nach denen es greifen kann. Viele Babys probieren jetzt auch ihre Stimme mit immer neuen Lauten aus. Ahmen Sie seine Geräusche nach und beginnen Sie einen Dialog. Viele Babys können sich jetzt schon etwa eine Viertelstunde allein mit etwas zum Anschauen oder Greifen beschäftigen.
12. Woche Entdecken „fließender Übergänge“	Das Baby lernt jetzt fließende Übergänge sehen, hören, riechen, schmecken und fühlen. So lernt es, fließend von einer Körperhaltung in die nächste zu wechseln, den Kopf harmonischer zu bewegen und auch besser zu schlucken. Sie können deutlich erkennen, dass sich Ihr Baby jetzt nicht mehr so abgehackt, sondern kontrollierter und bewusster bewegt.	Sie können sich jetzt schon richtig mit Ihrem Baby unterhalten. Sprechen Sie ganz normal mit ihm oder ahmen Sie seine Laute nach. Beim Greifen und Fühlen können Sie Ihrem Baby viele Anregungen geben, indem Sie ihm unterschiedliche Dinge zeigen und verschiedene Oberflächen zum Betasten anbieten. Babys lieben nun vor allem Bewegungsspiele wie „Flugzeug“ oder „Rutschbahn“ spielen oder „Hoppe, hoppe Reiter“ machen.
19. Woche Wahrnehmen von „Ereignissen“	Das Baby lernt nun, die in den letzten Wochen erworbenen Fähigkeiten zu verknüpfen sowie ganze Ereignisse wahrzunehmen und selbst zu schaffen. Es kann jetzt Bewegungsabläufe wiederholen und sich zielgerichteter bewegen. Auch die Stimme ist „beweglicher“ geworden, und das Baby fängt an zu brabbeln. Es will jetzt schon viel selber machen. Manche Babys fangen schon an, sich zu rollen und vorwärtszuschieben. Andere sind eher kleine Beobachter und möchten immer in der Nähe der Eltern sein, um alles mitzubekommen, was sie machen.	Beginnen Sie, mit Ihrem Baby Bilderbücher anzuschauen. Auch an ersten Fingerspielen wird es sich begeistert beteiligen. Stellen Sie sich mit ihm vor einen Spiegel, damit es sich selbst entdecken kann.

26. Woche Begreifen von „Zusammenhängen"	Das Baby entdeckt nun Zusammenhänge und erkennt, dass manche Dinge sich ähneln. Z. B. erkennt es, dass der Apfel in der Obstschale ähnlich aussieht wie der Apfel im Bilderbuch. Es erkennt auch den Zusammenhang zwischen Wort und Tat und reagiert auf ein „Nein!" oder „Komm her zu mir". Oft reagiert es jetzt ängstlich oder ärgerlich, wenn es merkt, dass Mama weggeht. Es braucht die Mutter als sichere Basis und stellt immer wieder einen kurzen Kontakt zu ihr her, wenn es etwas erkunden will.	Fangen Sie an, kleine Singspiele mit Händeklatschen zu machen. Auch Kuckuck oder Versteckspiele sind jetzt sehr beliebt.
37. Woche Einteilen in „Kategorien"	Nachdem das Baby die Welt mittlerweile schon besser kennen gelernt hat, entwickelt es jetzt die Fähigkeit, Kategorien wahrzunehmen und zu schaffen. Es erkennt Tiere und Dinge wieder und interessiert sich für Formen und Farben. Es zeigt deutlich, ob es etwas gerne mag oder nicht. Auch die Welt der Gefühle wird entdeckt. Erste Eifersucht auf andere Kinder kann auftreten, aber auch Mitgefühl, wenn ein anderes Kind weint.	Es macht jetzt viel Spaß, gemeinsam mit Ihrem Baby die Welt zu entdecken. Es liebt z. B.„Gebenundnehmen-Spiele". Beim Betrachten von Dingen und Bilderbüchern will es alle Einzelheiten genau entdecken. Bieten Sie erst dann etwas Neues an, wenn es am bisherigen Spielzeug das Interesse verloren hat. Machen Sie Ihre Wohnung kindersicher und schaffen Sie Platz fürs Krabbeln und Laufen.
46. Woche Wahrnehmen von „Reihenfolgen"	Jetzt entdeckt das Baby Reihenfolgen. Es merkt, dass es bestimmte Bewegungen nacheinander machen muss, um sein Ziel zu erreichen. Es kann sich die Abfolge verschiedener Gebärden bei einem Fingerspiel merken, und es macht ihm Spaß, Dinge aufzuzählen oder nacheinander zu betrachten.	Ihr Baby möchte jetzt am liebsten alles selbst versuchen. Lassen Sie es so viel wie möglich selber machen. Oft kommt es auch zu Frustrationen, weil Ihr Baby noch nicht so viel kann und/oder darf, wie es will. Es lässt sich aber noch sehr leicht ablenken und vergisst den Ärger schnell wieder.
55. Woche Erkennen von „Programmen"	Jetzt kann das Baby ganze Programme wahrnehmen und selbst durchführen. Es kennt längere Abläufe wie „Essen", „Spazierengehen", „Kochen" oder „Aufräumen". Auch im eigenen Spiel führt es jetzt selbst Programme aus, z. B. Türme bauen, mit einem Auto fahren oder die Puppe füttern.	Lassen Sie Ihr Kind bei den alltäglichen Dingen im Haushalt mithelfen. Geben Sie ihm entweder eigenes echtes „Arbeitsgerät" wie z. B. Besen und Kehrschaufel oder, falls das nicht möglich ist, ein entsprechendes Spielzeug. Sehen Sie großzügig über verschiedene kleinere Malheure beim „Arbeiten" hinweg.

Abbildung 6:
Während eines Entwicklungssprunges braucht Ihr Baby besonders viel Nähe und Körperkontakt. Fast jedes Baby genießt es, wenn es auf Mamas Bauch liegen darf. Dieser intensive Kontakt und der beruhigende Herzschlag erinnern es an die Geborgenheit im Mutterleib.

Zum Weiterlesen: *„Oje, ich wachse!" von Hetty van de Rijt und Frans X. Plooij (Goldmann; 352 Seiten; Taschenbuchausgabe 1998 für 10€; Ausgabe 2005 für 19€). Im Buch können Sie sich Notizen zu den Entwicklungssprüngen Ihres Babys machen. Achtung: Etliche Babys, die als Beispiele in diesem Buch beschrieben werden, sind körperlich und geistig überdurchschnittlich weit entwickelt. Wenn Ihr Kind vieles in diesem Alter noch nicht so wie diese Babys kann, ist dies kein Grund zur Beunruhigung. Machen Sie sicherheitshalber den Entwicklungstest von Seite 164, wenn Sie wissen wollen, ob bei Ihrem Baby alles in Ordnung ist, und wenden Sie sich im Zweifelsfall an Ihren Kinderarzt.*

So kommt Ihr Kind zur Ruhe: Die besten Entspannungsübungen

Kann Ihr Kind abends nicht einschlafen oder flitzt es tagsüber wie aufgezogen durch die Gegend? Unsere Anregungen helfen Ihnen, es spielerisch zur Ruhe zu führen. Und da jedes Kind anders ist, stellen wir Ihnen verschiedene Ansätze vor.

Zappelig, unkonzentriert, aufgedreht – immer mehr Kinder scheinen heute schon gestresst zu sein. Manche Kinder klagen auch häufig über Bauch- oder Kopfschmerzen. Was lässt sich dagegen tun? Natürlich ist es wichtig, dass Kinder genügend Zeit zum Träumen haben und nicht der ganze Tag mit „Programm“ verplant ist – vom Kindergarten am Vormittag bis zum Kinderturnen und zur musikalischen Früherziehung am Nachmittag. Auch sollte die Zeit vor dem Fernseher und vor dem PC begrenzt sein. Aber das allein reicht oft nicht aus, um ein Kind ruhig und ausgeglichen zu machen.

Schon die Kleinsten genießen eine Massage

Liebevolle Berührung macht stark, zufrieden und fröhlich. Das ist schon bei Babys zu beobachten. Nicht umsonst wird in vielen Kulturen seit jeher die Babymassage praktiziert. Damit lernen Säuglinge, ihren Körper besser wahrzunehmen.

Für eine Babymassage brauchen Sie einen warmen Raum, in dem Ihr Baby sich nackt wohl fühlt. Streichen Sie mit sanften, fließenden Berührungen nacheinander über alle Teile des Körpers. Dabei werden immer beide Körperhälften gleichzeitig stimuliert. Sie können dafür ein leicht duftendes Massageöl verwenden. Geben Sie z. B. einen Tropfen Rosen- oder Lavendelöl in 50 Milliliter Mandelöl. Eine gut bebilderte Anleitung finden Sie in den Büchern „Baby-Massage“ von Vimala Schneider (Kösel 2003; 14,95€) oder „Babymassage“ von Ch. Voormann, G. Dandekar (Gräfe & Unzer 2004; 12,90€). Das Buch „Schmetterling und Katzenpfoten“ von Margarita Klein und Thomas Harms (Ökotopia 1999; 17,90€) gibt Anleitungen zur Babymassage, aber auch zur spielerischen Massage von Klein- und Kindergartenkindern bis hinein ins Schulalter.

Lustige Massagespiele für Kleinkinder

Natürlich lieben auch Klein- und Kindergartenkinder eine entspannende Massage, erst recht, wenn sie witzig in ein Spiel verpackt ist. Hier machen schon Kleinkinder ab zweieinhalb Jahren begeistert mit!

Der Pizzabäcker

Ihr Kind ist die Pizza, und Sie sind der Pizzabäcker. Natürlich können Sie auch tauschen, wenn Ihr Kind das Pizzabacken erst gelernt hat. Am besten legen Sie eine weiche Decke unter oder Ihr Kind legt sich aufs Bett. Dann macht es sich Ihr Kind auf dem Bauch gemütlich – ob mit oder ohne Kleider, liegt ganz bei Ihnen.

- Zuerst wird der Pizzateig geknetet. Dabei kneten Sie den Rücken Ihres Kindes richtig durch. Bitte aber nicht zu kräftig, Ihr Kind soll die Massage ja als angenehm empfinden.
- Nun muss der Pizzateig gehen. Dafür braucht er Wärme. Beugen Sie sich mit Ihrem Oberkörper ganz dicht über Ihr Kind und bleiben Sie für kurze Zeit so, sodass Ihr Kind Ihre Wärme spüren kann.
- Jetzt wird der Teig ausgerollt. Dabei streichen Sie mit beiden Händen vom Becken zu den Schultern.
- Nun kann die Pizza belegt werden. Erst kommt Tomatensoße darauf, die Sie locker aus der Dose herauslaufen lassen. Dabei lassen Sie die mit den Fingerspitzen nach unten gebeugte Hand einige Male leicht auf den Rücken Ihres Kindes fallen. Anschließend können Sie ganz nach Wunsch noch weitere Zutaten auflegen, etwa Salamischeibchen oder Pilze, die Sie mit der Hand leicht auf verschiedene Stellen des Rückens aufklatschen.
- Dann ist die Pizza fertig für den Ofen, und Ihr Kind kann, wenn Sie das Pizzabacken in Ihr Gute-Nacht-Ritual einbauen, unter die Bettdecke schlüpfen.

Beim Friseur

Lassen Sie Ihr Kind auf einem Stuhl Platz nehmen. Sie sind die Friseurin und „waschen“ Ihrem Kind die Haare.

- Erst machen Sie die Haare mit der Brause richtig nass (pantomimisch), dabei halten Sie dem kleinen „Kunden“ die Hand vor das Gesicht, damit ihm kein Wasser in die Augen läuft.
- Nun nehmen Sie etwas „Shampoo“ und verteilen es auf dem Kopf Ihres Kindes (sanft die Kopfhaut mit kreisenden Bewegungen massieren). Der Kunde darf Ihnen sagen, ob ihm das angenehm ist oder ob ihm dabei etwas weh tut.
- Ist das Shampoo auf dem ganzen Kopf gut einmassiert, wird es wieder herausgewaschen. Dabei streichen Sie mit Ihren Händen von der Stirn Ihres Kindes sanft nach hinten bis zu den Haarspitzen.
- Anschließend müssen die Haare ausgekämmt werden (mit den gespreizten Fingern durch die Haare fahren). Dabei achtet der Friseur darauf, dass es nicht ziept!
- Wenn Ihr Kind mag, können Sie anschließend die Rollen tauschen und Ihr Kind wäscht Ihnen die Haare. (Dieses und das folgende Massagespiel sind dem Buch „Viele kleine Streichelhände“ von Sabine Seyffert entnommen; Menschenkinder 2003; 8,80€.)

Auf der Autobahn

Suchen Sie gemeinsam mit Ihrem Kind ein paar Spielzeugautos aus. Nehmen Sie möglichst ganz verschiedene Modelle, etwa ein Auto aus Holz und einen kleinen Plastiklaster. Legen Sie eine weiche Decke auf den Boden und bitten Sie Ihr Kind, sich auf den Bauch zu legen und die Augen zu schließen.

- Der Rücken Ihres Kindes ist nun die Autobahn, und Sie fahren mit einem der Autos über den ganzen Rücken, nach oben und unten, nach links und rechts, kreuz und quer.
- Das Auto kann natürlich auch Kurven, Kreise und Wellenlinien fahren.
- Nehmen Sie nun auch das zweite Auto und fahren damit gleichzeitig über den Rücken, mal schnell, mal langsam, mal beide in die gleiche Richtung und mal als Gegenverkehr. Die Autos können sich auch überholen. Wichtig ist nur, dass sie nicht zusammenstoßen.
- Wenn Ihr Kind möchte, können Sie anschließend die Plätze tauschen, und Sie sind die Autobahn.

Autogenes Training, geschickt in Phantasiereisen verpackt

Das autogene Training ist ein bewährtes Entspannungsverfahren. In seiner ursprünglichen Form mit den klassischen Schwere- und Wärmeformeln ist es allerdings erst für Kinder ab etwa 10 Jahren geeignet. Diese Formeln lassen sich jedoch auch ganz kindgerecht in Phantasiereisen einbetten; sie sprechen dann bereits Kinder ab vier Jahren an.

Phantasiereisen sind spannungsfreie Geschichten, die die Sinneswahrnehmung kleiner Kinder über die Vorstellungskraft ansprechen.

Ihr Kind liegt dabei bei gedämpftem Licht in einem ruhigen Zimmer, entweder bequem auf dem Bett oder auf einer dicken Decke. Es schließt die Augen und hört der mit ruhiger Stimme vorgetragenen Erzählung zu. Sie können eine entsprechende Geschichte entweder selbst vorlesen oder aber eine Entspannungs-CD oder -Kassette laufen lassen. Ihr Kind kommt durch die Geschichte erst zur Ruhe, dann wird seine Aufmerksamkeit auf bestimmte Körperpartien und Wahrnehmungen gelenkt. Bitte lesen bzw. hören Sie mit Ihrem Kind immer nur eine Geschichte, niemals mehrere hintereinander! Wenn Ihr Kind mag, kann es nach der Entspannung, sofern es dann nicht schlafen geht, das Gehörte auch malen, was die Wirkung der Phantasiereise noch vertieft.

Tipp

Die schönsten Phantasiereisen für Kinder

Die folgenden Phantasiereisen sind für Kinder ab vier Jahren geeignet:

- „Träumen auf der Mondschaukel“ von Else Müller (Kösel-Verlag; Buch und CD jeweils für 15,50€, MC für 10,50€)

- „Die kleine Wolke" von Else Müller (Kösel-Verlag 1998; CD für 15,50€)
- „Der kleine Brummbär und die Baumfee" von Martin Buntrock und Isolde Raudszus-Nothdurfter (Buntrock Music, Dorsten 2002; CD für 13€)
- „Schlafbär" von Marlinde Krebs und Markus Jedowski (Igel-Records 2003; CD für 12,70€)

Ab etwa fünf Jahren eignet sich der Klassiker unter allen Phantasiereisen, den es schon seit 20 Jahren gibt: „Die Kapitän-Nemo-Geschichten" von Ulrike Petermann (als Buch: Herder, Freiburg 2001; 7,90€; als Hörkassetten, Teil 1 und Teil 2, zu bestellen über www.beleke.de/verlagsgruppe/ind_elvikom.html für 23,50€ inklusive Versand).

Kapitän Nemo nimmt Ihr Kind mit zu einem Unterwasserausflug in seinem U-Boot Nautilus. Zuvor legt Ihr Kind seine „Taucherausrüstung" an. Es steigt mit den Armen und Beinen in den Taucheranzug und fühlt sofort, wie seine Arme und Beine schwer und warm werden.

Anspannen und loslassen

Vielleicht kennen Sie das Entspannungsverfahren der Progressiven Muskelrelaxation nach Jacobson. Durch gezieltes Anspannen und darauf folgendes bewusstes Loslassen einzelner Muskelgruppen werden die Muskeln gelockert. Es stellt sich ein Zustand der Entspannung mit Schwere und Wärme in den Armen und Beinen ein. Auch dieses Entspannungsverfahren ist im Original erst für ältere Kinder geeignet.

Mit der Geschichte von Herrn Bollermann (aus dem Buch „Es geht mir gut!" von Lore Kleikamp, Detlev Jöcker und Susanne Krauss; Menschenkinder 1998; 12,80€) können schon Kindergartenkinder gezielt ihre Muskeln anspannen und dann wieder locker lassen: Herr Bollermann hat einen Schrank gebaut, einen großen Schrank aus schwerem Holz. Dieser steht aber noch nicht an der richtigen Stelle. „Ich muss ihn ein Stückchen verschieben", sagt Herr Bollermann. „Das wird nicht leicht sein, und beim Schieben muss ich daran denken, gleichmäßig zu atmen, damit ich keine Kopfschmerzen bekomme." Herr Bollermann geht auf den Schrank zu, so meint er wenigstens. Doch weil es schon ziemlich dunkel ist und er auch seine Brille nicht auf der Nase hat, merkt er nicht, dass er seine Hände an eine Wand legt und nicht an den Schrank. Nun schie-iebt u-und drü-ückt Herr Bollermann. „Donnerwetter", sagt er. „Der Schrank ist schwerer, als ich dachte. Ich muss es anders versuchen." Er stellt sich so hin, dass er mit einer ganzen Körperseite die Wand berührt, mit Schulter, Arm, Hüfte und Bein. Nun drü-ückt e-er u-und drü-ückt. Kein Erfolg. Er stellt sich mit der anderen Seite vor die Wand. Er drü-ückt u-und drü-ückt. „Das muss mit dem Teufel zugehen!", schimpft Herr Bollermann. „Doch vielleicht komme ich weiter, wenn ich mit dem Rücken schiebe." Er lehnt sich also mit dem ganzen Rücken gegen die Wand, stemmt die Beine fest auf den Boden und drü-ückt u-und drü-ückt. Nichts bewegt

sich. Enttäuscht gibt Herr Bollermann auf. „Ich bin heute wirklich zu schlapp. Aber morgen früh werde ich es noch einmal versuchen."
Während Sie die Geschichte vorlesen, ist Ihr Kind Herr Bollermann und versucht, gemäß der Geschichte den Schrank zu verschieben. Bitte achten Sie darauf, dass Ihr Kind immer mit voller Kraft drückt und dabei gleichmäßig weiteratmet. Außerdem sollte es nicht länger als sechs Sekunden am Stück drücken. Sagen Sie ihm, es solle nur dann drücken, wenn Sie die hier unterstrichenen Textpassagen mit erkennbar „ angestrengter" Stimme vorlesen. So können Sie die Dauer der Muskelanspannung zeitlich steuern.

Yoga für Kids

Yoga verbindet Atem- mit Körperübungen und ist in spielerischer Form bereits für Kinder ab drei Jahren geeignet. Es gibt spezielle Kinderkurse, die vor allem Übungen beinhalten, die dem Bewegungsdrang und der Phantasie der Kinder entgegenkommen. Yoga-Übungen orientieren sich oft an Bildern aus der Natur und aus dem Tierreich. Sie heißen z. B. „Katzenbuckel", „Schildkröte" oder „Zusammengerolltes Blatt" (siehe Abbildung 7).
Besonders witzig finden die Kleinen die Gorilla-Atmung. Sie ist z. B. gut nach dem Aufstehen zum Richtig-wach-Werden geeignet. Hier die Anweisung dazu: Stelle dich mit geschlossenen Beinen hin. Mach die Augen zu und verwandle dich in einen Gorilla. Atme tief ein, öffne die Augen und brülle beim Ausatmen wie ein Gorilla laut und kräftig. Trommle dabei mit beiden Fäusten auf deinen Brustkorb. Die Gorilla-Atmung ist dem sehr empfehlenswerten Buch „Der kleine Yogi" entnommen (von Christine Rank und Susanne Krauss; Menschenkinder 2003; 12,80€). In diesem Buch finden Sie auch einige Yoga-Geschichten, in die verschiedene Yoga-Übungen eingebaut sind.

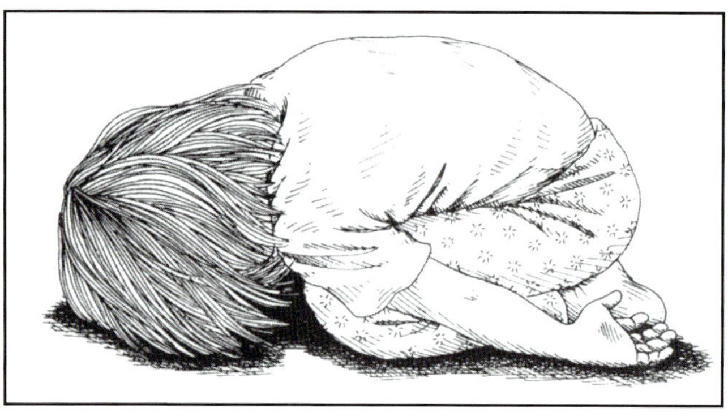

Abbildung 7: Ihr Kind setzt sich für die Yoga-Übung „Zusammengerolltes Blatt" auf die Fersen und streckt die Arme nach vorne auf den Boden. Mit jeder Einatmung „wächst" es weiter nach vorne, sodass sein Rücken ganz lang wird. Dann legt es die Arme wie gezeigt neben sich, die Stirn berührt den Boden.

Mandalas führen Ihr Kind immer wieder zur Mitte

Ihr Kind hat mit den bisher vorgestellten Entspannungsübungen „nichts am Hut", es malt aber gerne? Dann werden ihm sicherlich Mandalas zum Ausmalen Freude machen. Sie sind für Kinder ab etwa vier Jahren geeignet. Die Mandalas können auch als Vorlage für Window-Color-Fensterbilder dienen, die dann z. B. das Kinderzimmerfenster schmücken.

In diesen Kreisbildern, die in Indien seit Jahrtausenden als Meditationshilfe gelten, befindet sich in der Kreismitte ein Kern, um den verschiedene Figuren angeordnet sind (siehe Abbildung 8). Das können geometrische Grundformen, aber auch Tiere, Blumen, Sterne oder ein Labyrinth sein. Beim Ausmalen konzentrieren sich die Kinder automatisch auf die Mitte und werden so zur Stille geführt. Geeignete Malbücher sind z. B.

- „Mandalas, Das besondere Malbuch für Kinder ab 4" von Karin Eischer (Loewe 1998; 7,50€),
- „Mandala-Malbuch für Kinder ab 4 Jahren" von Johannes Rosengarten (Arena 1998; 5€).

Unter www.loewe-verlag.de, Button „Kids", können Sie kostenfrei einige Mandala-Malvorlagen herunterladen und ausdrucken.

Abbildung 8:
Die ist ein Beispiel für ein einfaches Mandala. Sie können dieses Bild kopieren und vergrößern, um zu testen, ob das Ausmalen Ihrem Kind Freude macht und es sich dabei entspannt.

Dadurch werden Kinder klüger: Musik machen mit Babys und Kleinkindern

Musik fördert die Sprachentwicklung, stimuliert das Rhythmusgefühl, regt beide Gehirnhälften zu besserer Zusammenarbeit an und stärkt das Selbstbewusstsein. Außerdem machen Singen, Trommeln und Tanzen einfach Spaß. Gute Gründe also, öfter mal zusammen Musik zu machen.

Wussten Sie, dass Babys bereits im zarten Alter von sechs Monaten beginnen, sich zu Musik oder Gesang rhythmisch zu bewegen? Sie nicken mit dem Kopf oder schaukeln mit dem Oberkörper im Takt der Musik, und sobald sie sicher auf den Beinen sind, beginnen sie zu tanzen.

Singen Sie gemeinsam

Babys und Kleinkinder lieben es, wenn Mama oder Papa ihnen etwas vorsingen. Dabei ist es übrigens völlig gleichgültig, ob Sie nach Erwachsenenmaßstäben singen können – Ihrem Kind wird es in jedem Fall gefallen. Singt Ihr Kind alleine oder mit Ihnen, sollten Sie über falsche Töne hinwegsehen, denn Kritik kann dazu führen, dass es nicht mehr unbeschwert und mit Freude singt.

Tipp

Zur Beruhigung Ihres schreienden Babys eignen sich am besten Lieder bzw. Melodien, die es schon aus den Tagen der Schwangerschaft kennt. Haben Sie Ihr Lieblingslied häufig gesungen oder einen bestimmten Song oft gehört, wird sich Ihr Baby dadurch am ehesten besänftigen lassen.

Singen wirkt je nach Situation und Lied entspannend, z. B. die bekannten Schlaflieder, kann aber morgens im Bad auch ein prima Muntermacher sein, wenn Sie etwas Flottes anstimmen. Das gesungene „Heile, heile Segen“ tröstet Ihr Kind nach kleineren Verletzungen. Ideal sind die typischen Kinderlieder: Sie haben eingängige Texte und Melodien, handeln von kindgerechten Themen und laden zum Tanzen oder Klatschen ein. Singen Sie z. B. ein Lied, das zu Ihrer momentanen Tätigkeit passt. Sie werden sehen, es gibt Lieder für alle

Gelegenheiten, etwa „Hänschen klein" zum Spazierengehen, „Lirum, larum, Löffelstiel" zum Kochen oder „Zeigt her eure Füßchen" zum Waschen. Sie können sich aber auch „quer durchs Tierreich" singen mit „Kuckuck, kuckuck, ruft's aus dem Wald" und „Summ, summ, summ, Bienchen summ herum" oder auch durch alle Jahreszeiten mit „ABC, die Katze lief im Schnee" und „Im Märzen der Bauer".

Tipp

Singen Sie mit Ihrem Kind im Auto. Das wirkt nicht nur gegen Quengeln, sondern sogar gegen Reiseübelkeit, denn Ihr Kind atmet beim Singen besonders tief und gleichmäßig und ist zudem abgelenkt.

Abbildung 9: Gemeinsam musizieren macht besonders viel Spaß, und von Rhythmusinstrumenten sind bereits Kleinkinder begeistert. Foto: © JAKO-O, Bad Rodach

Wenn Sie die Liedtexte nicht mehr auswendig können oder die Melodien vergessen haben, gibt es inzwischen sogar Hilfe aus dem Internet: Unter www.ingeb.org/Volksong.html finden Sie z. B. eine umfangreiche Sammlung von Liedtexten und teils auch Tondateien mit der Melodie.

So hat Ihr Kind Spaß an Musik

- Kleine Kinder lieben Bewegungs- und Tanzspiele wie „Brüderchen, komm tanz mit mir" oder Kniereiter wie „Hoppe, hoppe Reiter", am besten mit vielen Wiederholungen. Auch Kitzelspiele mit passendem Lied bereiten Ihrem Kind viel Vergnügen. Anregungen finden Sie z. B. in „Zehn kleine Krabbelfinger" von M. Austermann u. G. Wohlleben (Kösel 2002; 127 Seiten; 17,95€; auch als Audio-CD für 15,00€).

- Tanzen Sie mit Ihrem Kind. So kann es Musik mit dem ganzen Körper erleben und ausdrücken. Schon die Kleinsten tanzen gerne auf Mamas Arm, wenn es nicht gerade Rock'n'Roll ist.
- Hören Sie gezielt Musik. Bieten Sie Ihrem Kind ruhig verschiedene Musikrichtungen von Klassik über Country bis Schlager an. Auch Kinderlieder auf Kassette sind erlaubt, wenn Sie zwischendurch immer wieder selbst bzw. gemeinsam singen. Ständiges Hintergrundgedudel ist jedoch ungünstig, da Ihr Kind die Musik gar nicht bewusst wahrnimmt und es außerdem die Sprachentwicklung stört.
- Geben Sie Ihrem Kind altersgerechte Musikinstrumente. Das kann eine Rassel sein, ein Ball mit Glöckchen, ein Xylophon oder eine einfache Flöte bzw. Pfeife. Natürlich können Sie Rhythmusinstrumente auch leicht selbst machen, etwa indem Sie Knöpfe oder Reis in eine Plastikdose füllen (bitte mit Klebeband sichern, damit nichts verschluckt werden kann!).

Tipp

Viele Eltern möchten, dass ihr Kind schon früh ein Instrument lernt. Das ist durchaus sinnvoll, da dies im Alter zwischen drei und zwölf Jahren am leichtesten fällt. Warten Sie jedoch trotzdem damit, bis Ihr Kind selbst Interesse am Musizieren hat.
Zwingen Sie ihm bitte kein bestimmtes Instrument auf. Die Vorlieben für ein Instrument sind, wie eine Studie ergeben hat, deutlich geschlechtsabhängig. Als „weiblich" gelten Flöte, Violine, Cello und Klarinette. „Männlich" sind dagegen Schlagzeug, Trompete, Posaune und Saxophon. Andere Musikinstrumente wie etwa Gitarre sind diesbezüglich „neutral".

Bezugsquellen: *Beim Kauf von Musikinstrumenten können Sie sich in jedem Musikgeschäft beraten lassen. Eine Auswahl kindgerechter Instrumente (z. B. die in der Abbildung 9, Seite 179, gezeigten Rhythmusinstrumente) erhalten Sie auch bei JAKO-O GmbH, Werner-von-Siemens-Str. 23; 96475 Bad Rodach; Tel. Bestellservice 01805/24 68 10; im Internet www.jakoo.de.*

Welcher Kindergarten-Typ ist für Ihr Kind geeignet?

Gerade in größeren Städten haben Eltern die Qual der Wahl. Wir zeigen Ihnen, was hinter den unterschiedlichen pädagogischen Konzepten steckt und wie Sie den richtigen Kindergarten für Ihr Kind finden. Mit umfassender tabellarischer Übersicht.

Seit der PISA-Studie wird von verschiedenen Seiten gefordert, dass der Kindergarten die Drei- bis Sechsjährigen nicht nur betreuen, sondern stärker fördern müsse. Im Kindergarten sollen die Kinder vielfältige Anregungen bekommen, damit sie neugierig werden (bzw. bleiben!), und Anreize erhalten, ihre Welt selbst zu entdecken. Wichtig ist aber auch, dass Kinder soziale Fähigkeiten wie Gemeinschaftsgefühl, Rücksicht und Toleranz erlernen.

Auch die Bedürfnisse der Eltern müssen berücksichtigt werden

Der Kindergarten muss nicht nur zu Ihrem Kind, sondern auch zu Ihnen passen! Im Vorfeld sollten Sie daher auch folgende Punkte berücksichtigen:

- Wohnort- oder Arbeitsplatznähe: Haben Sie es morgens eilig, weil Sie zur Arbeit müssen? Sollte der Kindergarten daher möglichst in Ihrer Nähe oder auf dem Weg zur Arbeit liegen? Legen Sie Wert darauf, Ihr Kind zu Fuß zum Kindergarten zu bringen?
- Öffnungszeiten: Stimmen die Öffnungszeiten des Kindergartens ggf. mit Ihren Arbeitszeiten überein? Gibt es ein Betreuungsangebot in anderen Kindergärten, wenn der Kindergarten Ihres Kindes Ferien hat?
- Elternmitarbeit: Wie viel Zeit wollen oder können Sie in die Mitarbeit investieren?

Tipp

Bedenken Sie bitte, dass die Wartelisten für bestimmte Kindergartentypen regional sehr unterschiedlich sein können. Informieren Sie sich daher möglichst frühzeitig beim Kindergarten Ihrer Wahl (eventuell schon ein bis zwei Jahre im Voraus!).

Tabelle 4: Übersicht über das pädagogische Konzept und wichtige Besonderheiten verschiedener Kindergärten

Kindergarten-Typ	Pädagogisches Konzept	Gut zu wissen
Städtischer Kindergarten	• verschiedene pädagogische Konzepte möglich • oft große Gruppen (bis 25 Kinder)	• meist nahe gelegen, daher gut für Kinder, die in der Nähe Freunde finden wollen • eher geeignet für Kinder, die sich auch in größeren Gruppen behaupten können, weniger gut für sehr schüchterne Kinder • häufig lange Öffnungszeiten (z. B. Ganztagsbetreuung) und elternfreundliche Ferienregelung
Kirchlicher Kindergarten	• verschiedene pädagogische Konzepte möglich • besondere Berücksichtigung christlicher Inhalte, Leben im Kirchenjahr • oft große Gruppen (bis 25 Kinder)	• wie „liberal" ein kirchlicher Kindergarten ist, ist je nach Einrichtung unterschiedlich, daher eventuell auch für weniger religiöse Eltern interessant • besondere Förderung des Gemeinschaftsgefühls • Vor- und Nachteile meist ähnlich wie bei Städtischen Kindergärten
Bewegungskindergarten	**selbstbestimmtes Lernen durch Bewegung** • Bewegung wird als wichtiges Mittel der ganzheitlichen Entwicklung des Kindes erkannt • offener Kindergarten, bei dem die Kinder selbst entscheiden, wobei sie mitmachen wollen • Grundaktivitäten wie Gehen, Klettern oder Werfen werden durch kindgemäße Spielangebote gefördert • spielerische Auseinandersetzung mit Geräten, Spielpartnern und Spielsituationen fördert die soziale Kompetenz und das Gemeinschaftsgefühl, vermittelt aber auch Erfolgserlebnisse	• Ausgleich der Bewegungsarmut unserer Zeit • Ideal für Kinder, die viel Bewegung brauchen, z. B. hyperaktive Kinder • Förderung der motorischen Fähigkeiten, daher für sportlich „schwächere" Kinder geeignet, denen so viel Bewegung jedoch auch zu viel werden könnte!
Bilingualer Kindergarten	**spielerischer Spracherwerb durch zweisprachige Erziehung** • eine Erzieherin spricht nur deutsch, die zweite nur in der Fremdsprache (meist englisch oder französisch, möglichst als Muttersprache) • Kinder lernen die Sprache über die jeweilige Situation, Gesagtes wird unterstützt durch Handlungen und Gesten, Erklärungen in der zweiten Sprache sind nur ergänzend • meist kleinere Gruppen (bis 20 Kinder)	• Voraussetzung: altersgemäße Entwicklung der Muttersprache, die das Kind jedoch noch nicht perfekt beherrschen muss • häusliches Üben der Fremdsprache ist nicht notwendig! • Erlernen einer Fremdsprache fällt Kindern in diesem Alter erstaunlich leicht
Elterninitiativ-Gruppe (darf sich offiziell nicht Kindergarten nennen)	**hier machen Eltern vieles selbst** • verschiedene pädagogische Konzepte möglich, häufig wird freies Spiel gefördert • meist kleine Gruppen bis 15 Kinder	• großes Mitspracherecht der Eltern und meist monatliche Elternabende, aber relativ hoher Zeitaufwand für aktive Mithilfe • oft etwas höherer Beitrag • in diesen Einrichtungen werden nicht selten auch Kinder unter drei Jahren bzw. sogar Wickelkinder in begrenzter Zahl aufgenommen
Integrations-Kindergarten	**behinderte und nichtbehinderte Kinder werden zusammen erzogen** • unterschiedliche pädagogische Konzepte möglich • kleinere Gruppen (unter 20 Kinder, nicht mehr als ein Viertel davon behindert) • zusätzliches Fachpersonal wie z. B. Heilpädagoginnen	• Rücksicht und Toleranz werden gefördert • oft etwas höherer Beitrag

Kindergarten mit Situationsansatz	**Erziehungsarbeit orientiert sich an den Erfahrungen des Kindes** • Impulse gehen vom Kind aus, von seinen Fragen, Erfahrungen, Erlebnissen • Erzieherin gibt nur Hilfestellung, damit die Kinder das Thema möglichst selbstständig bearbeiten können • Ziel: Den Kindern sollen die nötigen Kompetenzen für den Alltag vermittelt werden (wie beschaffe ich mir die nötigen Informationen)	• fortschrittliches Konzept, das auch in städtischen oder kirchlichen Kindergärten angeboten wird
Kindergarten mit Projektarbeit	**ideale Form der Bildung im Kindergarten** • Themen werden im Zusammenhang bearbeitet, z. B. Projekte wie „Auf dem Wochenmarkt", „Beim Zahnarzt" • Kontakt zur „Außenwelt" jenseits des Kindergartens wird gefördert • kann gut mit dem Situationsansatz kombiniert werden (Beispiel: Reggio-Pädagogik) • Ziel: Kinder erwerben im Zusammenhang und im Kontakt zur alltäglichen Umwelt alle erforderlichen Fähigkeiten • Förderung von Selbstständigkeit, Erfahrungslernen und Handlungsorientierung	• zukunftsträchtiges Konzept, das auch in städtischen oder kirchlichen Kindergärten angeboten wird
Kindergarten mit traditionellem Ansatz	**Themen werden von der Erzieherin vorgegeben** • Ziel: Kinder sollen die vorgegebenen Inhalte möglichst spielerisch erlernen oder in bestimmten vorgegebenen Fertigkeiten gefördert werden	• traditionelles Konzept, das meist in städtischen oder kirchlichen Kindergärten angeboten wird
Montessori-Kindergarten	**Leitsatz: „Hilf mir, es selbst zu tun."** • große Auswahl speziell entwickelter Materialien, mit denen Kinder Farbe, Form und Beschaffenheit von Gegenständen erforschen können (Sinnesschulung) • Erzieherinnen haben eine spezielle Ausbildung • jedes Kind wird gemäß seiner Fähigkeiten gefördert, Erzieherin unterstützt das Kind beim eigenständigen Lernen, greift aber so wenig wie möglich ein • keine vorgegebene Zeiteinteilung • meist kleinere Gruppen bis 20 Kinder	• gut für schüchterne oder leicht entwicklungsverzögerte Kinder geeignet • spezielle Schulung von Wahrnehmung und Entwicklung • oft etwas höherer Beitrag und mehr Mitarbeit der Eltern erforderlich • zusätzliche Informationen unter www.montessori.de
Offener Kindergarten	**fördert soziale Kontakte und die Selbstbestimmung des Kindes** • alle Räumlichkeiten und alle Angebote stehen allen Kindern jederzeit zur Verfügung • Kind kann jederzeit selbst entscheiden, was es machen möchte, und auch, ob es draußen oder drinnen spielen will • fördert gruppenübergreifende Freundschaften	• fortschrittliches Konzept, das auch in städtischen oder kirchlichen Kindergärten angeboten wird • kann besonders jüngere oder ohnehin schon nervöse, überreizte Kinder (z. B. mit ADHS) überfordern
Reggio-Kindergarten	**Projektarbeit, die sich an den Interessen der Kinder orientiert** • Kinder lernen, wie sie sich Informationen beschaffen können • keine Vermittlung von vorgegebenem Wissen • Kinder arbeiten gemeinschaftlich an bestimmten Projekten • Erzieherinnen lernen von und mit den Kindern • Erziehung ist Gemeinschaftsaufgabe von Eltern, Erziehern, fachlichen Beratern und Mitbürgern	• zukunftsweisendes Konzept, das Forschergeist und Selbstbestimmung der Kinder optimal unterstützt
Waldkindergarten (auch als Naturkindergarten bezeichnet)	**den ganzen Tag draußen im Wald** • häufig Situationsansatz (siehe oben) als pädagogisches Konzept, wenig zeitliche Vorgaben • fördert Verbundenheit mit der Natur • kaum vorgegebenes Spielzeug, Kinder spielen mit dem, was sie im Wald finden • Schutzhütte ist als Unterschlupf vorhanden • meist kleine Gruppen (etwa 15 Kinder)	• gutes Abwehrtraining, Kinder sind daher meist weniger oft krank • empfehlenswert für Kinder mit ausgeprägtem Bewegungsdrang (etwa ADHS-Kinder), die sich richtig austoben können • Förderung der motorischen Entwicklung • Öffnungszeit meist kürzer als bei „normalen" Kindergärten, vor allem im Winter

Waldorf-Kindergarten	**aufgebaut auf die Anthroposophie Rudolf Steiners** • Persönlichkeit des Kindes steht im Vordergrund • Erzieherinnen haben eine spezielle Ausbildung • Erzieherin dient als Vorbild, da nach Steiner Kinder besonders durch Nachahmung lernen, gleichzeitig soll die Erzieherin aber auch vom Kind lernen • Spiel mit natürlichen Materialien, die Kreativität und Phantasie fördern; wenig vorgefertigtes, eher einfaches Spielzeug • gleichmäßiger Tagesablauf und starke Orientierung an den Jahreszeiten geben Stabilität und Geborgenheit • meist kleinere Gruppen bis 20 Kinder	• bewusstes Gegengewicht zur Konsumorientierung unserer heutigen Gesellschaft • Kindergartenform, die Kinder vor Überreizung schützt, daher gut für nervöse, zappelige Kinder geeignet • oft etwas höherer Beitrag • Eltern sollten auch zu Hause nach den Grundsätzen Steiners leben (kein Plastikspielzeug, kein Fernsehen oder Kassetten) • zusätzliche Informationen unter www.waldorf.net

Lernen Kinder im Kindergarten zu wenig? Die PISA- und die OECD-Studie brachten es an den Tag: Deutschland hat, was die frühkindliche Förderung angeht, eindeutig Nachholbedarf, und eine breit angelegte Untersuchung bescheinigt deutschen Kindertagesstätten allenfalls eine durchschnittliche pädagogische Qualität. Doch gibt es auch bei uns sehr gute Kindergärten, die sich intensiv und nach innovativen pädagogischen Konzepten um die Kinder bemühen und sie spielerisch fördern. Die Hinweise in diesem Artikel werden Ihnen helfen, diese Perlen zu finden.

Checkliste: Worauf Sie bei der Wahl achten sollten

Besuchen Sie den in Frage kommenden Kindergarten an einem ganz normalen Tag. Sehen Sie sich genau um und lassen Sie sich von den Mitarbeiter/innen alles erklären. Die Liste der folgenden Merkmale spiegelt den idealen Kindergarten wider. Kein „normaler“ Kindergarten wird alle aufgelisteten Anforderungen optimal erfüllen können. Deshalb haben Sie mit den drei Smileys die Möglichkeit zu differenzieren, ob der Kindergarten die jeweilige Anforderung sehr gut, nur „mittelprächtig“ oder aber unzureichend bzw. gar nicht erfüllt. Je mehr lächelnde Smileys Sie vergeben können, um so besser ist der Kindergarten für Ihr Kind geeignet.

Ausstattung und Räumlichkeiten ☺ 😐 ☹

1. Wirkt die gesamte Atmosphäre einladend? ☐☐☐
2. Sind die Räume hell und freundlich? ☐☐☐
3. Gibt es Schlaf- und Ruhebereiche für die Kinder? ☐☐☐
4. Ist der Kindergarten mit ausreichend Spiel- und Lernmaterial (Spiele, Bücher, Bau- und Bastelmaterial, Musikinstrumente) ausgestattet? ☐☐☐
5. Sind die Räume so gestaltet, dass die Kinder in verschiedenen Ecken ganz unterschiedlichen Betätigungen nachgehen können (z. B. Rollenspielbereich, Bastelecke/Maltisch, Bewegungsbaustelle, Bilderbuch- und Kuschelecke)? ☐☐☐

☺ 😐 ☹

6. Sind Geräte und Spielmaterialien offen zur freien Verfügung der Kinder? ☐☐☐
7. Können die Kinder ins Freie? Sind sie möglichst jeden Tag eine längere Zeit draußen? ☐☐☐
8. Ist das Außengelände so gestaltet, dass die Kinder viel Bewegung haben und unterschiedliche Muskelgruppen beansprucht werden (z. B. Möglichkeiten zum Rennen, Klettern, Kriechen, für Sand- und Wasserspiele)? ☐☐☐
9. Gibt es einen Bereich im Garten, den die Kinder selbst pflegen und in dem sie etwas anpflanzen können? ☐☐☐

Rahmenbedingungen

1. Passen die Öffnungszeiten zu Ihren Betreuungswünschen (Tagesablauf, Arbeitszeit)? ☐☐☐
2. Sind die Kosten langfristig für Sie tragbar? Gibt es Zuschüsse? Reduziert sich der Beitrag für ein weiteres Kind, das diesen Kindergarten besucht? ☐☐☐
3. Gehen die Erzieher/innen flexibel mit Ihren Zeitwünschen um? ☐☐☐
4. Gibt es in der Ferienzeit eine „Notgruppe" für Kinder berufstätiger Eltern? ☐☐☐
5. Ist der Kindergarten gut zu Fuß erreichbar? ☐☐☐
6. Liegt er auf Ihrem Weg zur Arbeit? ☐☐☐
7. Wohnen die Freunde Ihres Kindes in der Nähe? ☐☐☐
8. Kann Ihr Kind dort zu Mittag essen? Wird dabei auf eine gesunde und ausgewogene Ernährung geachtet? ☐☐☐

Erzieher/innen und pädagogisches Konzept

1. Wie groß sind die Gruppen? (üblich: 15 bis 25 Kinder) ☐☐☐
2. Gibt es pro Gruppe mindestens zwei Erzieher/innen? ☐☐☐
3. Ist das Personal gut ausgebildet? Wie viele der Mitarbeiter sind staatlich anerkannte Erzieherinnen, wie viele sind Kindergartenhelferinnen, Praktikanten oder ABM-Kräfte? ☐☐☐
4. Erhalten Sie (auf Wunsch schon vor der Anmeldung) ein pädagogisches Konzept in schriftlicher Form, das Sie über Angebote, Ziele und Besonderheiten informiert? ☐☐☐
5. Arbeiten die Erzieher/innen sowohl mit der ganzen Gruppe als auch mit Kleingruppen und einzelnen Kindern? ☐☐☐
6. Sind Ihnen die Erzieher/innen sympathisch? Haben Sie das Gefühl, ihnen Ihr Kind vorbehaltlos anvertrauen zu können? ☐☐☐

Umgang mit dem Kind

1. Gehen die Erzieher/innen liebevoll mit den Kindern um? Werden die Kinder ermutigt und unterstützt? ☐☐☐

☺ 😐 ☹

2. Gehen auch die Erzieher/innen untereinander freundlich und respektvoll miteinander um, herrscht eine gute Atmosphäre? ☐☐☐
3. Fühlen sich die Kinder wohl und beschäftigen sie sich engagiert bei den verschiedenen Angeboten? ☐☐☐
4. Werden die Kinder aktiv an der Planung und Gestaltung des Alltages sowie der Angebote beteiligt? Haben sie ein Mitspracherecht? Werden sie z. B. in Alltagsaktivitäten wie Tischdecken, Blumengießen, Kochen und Backen einbezogen? ☐☐☐

Möglichkeiten und Qualität der Förderung

1. Gibt es Spiel- und Lernangebote für Kinder verschiedener Altersgruppen? ☐☐☐
2. Können die Kinder eine Fremdsprache lernen? ☐☐☐
3. Werden kleine naturwissenschaftliche Experimente gemacht? ☐☐☐
4. Wie viel Wert wird auf die Sprachförderung gelegt (z. B. durch Morgenkreise, Kinderkonferenzen, Lese- und Erzählstunden, Bilderbuchbetrachtungen)? ☐☐☐
5. Gibt es eine Malschule oder Gemeinschafts-Kunstprojekte? ☐☐☐
6. Findet musikalische Früherziehung statt? ☐☐☐
7. Welches Sportangebot steht zur Verfügung? Wie oft pro Woche? ☐☐☐
8. Wie oft haben die Kinder die Möglichkeit, die Umgebung des Kindergartens kennen zu lernen und zu erkunden (Wälder, Wiesen und Felder, landwirtschaft- und handwerkliche Betriebe, Geschäfte und Märkte, Kirchen)? ☐☐☐
9. Werden regelmäßig Ausflüge in den Zoo, ins Museum oder ins Kindertheater gemacht? ☐☐☐
10. Gibt es spezielle Projekte, etwa zur Gesundheitsförderung oder zur Gewaltprävention (z. B. Aktion „Faustlos")? ☐☐☐
11. Werden einzelne Kinder bei Bedarf gezielt gefördert? ☐☐☐

Zusammenarbeit mit den Eltern

1. Fühlen Sie sich willkommen und als Partner respektiert? ☐☐☐
2. Sprechen die Erzieher/innen Sie und Ihr Kind direkt an? ☐☐☐
3. Geht man kompetent auf Ihre Fragen ein? ☐☐☐
4. Stimmen Sie mit den pädagogischen und religiösen Vorstellungen des Kindergartens und der einzelnen Erzieher/innen überein? ☐☐☐
5. Bieten die Erzieher/innen Hilfe und Beratung an, etwa für den Fall, dass Ihr Kind Schwierigkeiten beim Start im Kindergarten hat? ☐☐☐
6. Können Sie vor Aufnahme Ihres Kindes den Kindergartenalltag live miterleben, etwa durch Schnuppertage oder Vorbesuche? ☐☐☐
7. Werden die Eltern in die Kindergartenarbeit einbezogen (z. B. durch Mitsprachemöglichkeiten, Weiterbildungen für Eltern)? ☐☐☐

☺ 😐 ☹

8. Ist Ihre aktive Mitwirkung erwünscht oder gar Pflicht, z. B. bei der Gestaltung des Kindergarten-Alltags oder der Planung von Aktivitäten? ☐☐☐

9. Werden die Eltern regelmäßig über die Entwicklung ihres Kindes informiert, etwa durch Elterngespräche? ☐☐☐

Zuletzt die entscheidenden Fragen: Würden Sie selbst gerne in diesen Kindergarten gehen? Glauben Sie, dass sich Ihr Kind hier wohl fühlen könnte?

Hilfe, unser Kind ist ein Schreibaby! – Rat und Hilfe für erschöpfte Eltern

Dass Babys in den ersten Lebensmonaten häufig schreien, ist völlig normal. Doch gibt es auch Säuglinge, die sehr schnell überreizt sind und sich nicht mehr beruhigen lassen. Unsere Tipps für den Tagesablauf und spezielle Beruhigungstechniken helfen, dieses Problem zu entschärfen.

Ein Neugeborenes schreit durchschnittlich eineinhalb Stunden am Tag. Das tägliche Schreipensum erhöht sich bis zur sechsten Woche auf zweieinhalb Stunden und reduziert sich etwa ab dem vierten Lebensmonat auf eine Stunde täglich. Doch etwa 30 Prozent aller Babys gelten als Schreikinder, die mehr als drei Stunden täglich an mindestens drei Tagen in der Woche schreien – und das über einen Zeitraum von mehr als drei Wochen hinweg.

Achten Sie gut auf sich!

Wenn Ihr Baby viel schreit, besteht die Gefahr, dass Sie als Mutter oder Vater sich schnell schuldig oder inkompetent fühlen und von Gefühlen der Hilflosigkeit und Ohnmacht geplagt werden. Nehmen Sie die Hilfe von Verwandten oder guten Freunden an, die Ihnen Ihr Baby stundenweise abnehmen können, oder bitten Sie sogar gezielt darum. Sie selbst brauchen Phasen der Erholung und eventuell auch sachkundige Unterstützung durch Ihren Kinderarzt oder Ihre Hebamme, die Ihnen ggf. auch die Adresse der nächstgelegenen Schreiambulanz nennen können. Je sicherer Sie sich im Umgang mit Ihrem Kind fühlen, umso eher wird es sich von Ihnen beruhigen lassen.

Warum es abends oft am schlimmsten ist

Grund für die nachmittäglichen oder abendlichen Schreiphasen (bevorzugt zwischen 16 und 22 Uhr) ist in den ersten drei Lebensmonaten meist eine Reizüberflutung. Die Anspannung, die sich bis zum Abend aufgebaut hat und sich in anhaltendem Geschrei entlädt, erfolgt aus der ständigen Übererregung durch Gucken, Spielen, Herumtragen – alles mit der besten Absicht, das Baby zu beruhigen.

Oft wird zwar noch von „Dreimonatskoliken" gesprochen, doch sind Blähungen als Ursache für das Geschrei weniger häufig als angenommen. Natürlich schluckt Ihr Baby beim Schreien Luft und kann als Folge (!) der Schreiattacken Blähungen bekommen, die das Problem noch verschlimmern. Hat Ihr Baby wirklich Blähungen, können sich diese noch verstärken, wenn Sie in der Annahme, es habe Hunger, immer wieder die Brust bzw. Flasche geben! Spezielle Tipps gegen Blähungen finden Sie auf Seite 24.

Zu viel des Guten

Oft sind Kinder, die viel schreien, besonders wach und interessiert, sodass man den Eindruck bekommt, sie könnten gar nicht genug von der Welt bekommen. Sie verleiten ihre Eltern dazu, ihnen mehr an Reizen zu bieten, als ein Baby in dem Alter überhaupt verkraften kann. Da diese Babys Schwierigkeiten mit der Selbstregulation (besonders des Schlaf-Wach-Rhythmus) haben, muss man ihnen helfen, ihren Rhythmus zu finden. Die wichtigsten Regeln sind hier: „Weniger ist mehr" und „Regelmäßigkeit ist besser als Abwechslung".

Tipp

Akupressur gegen Unruhe

An Babys Händen und Füßen gibt es je einen Akupressur-Punkt, der bei Stimulation beruhigend wirkt. Die genannten Punkte werden beidseitig etwa 20 bis 30 Sekunden sanft gedrückt, dabei Fingerspitze im Uhrzeigersinn auf dem Punkt leicht kreisen lassen.

- Mit dem Punkt Herz 7 an den Händen (genau in Höhe der Handgelenksfalte, siehe Abbildung 10) beginnen.
- Der Punkt Leber 3 an den Füßen befindet sich in der Nähe des Zwischenraumes zwischen der ersten und zweiten Zehe genau zwischen dem ersten und zweiten Mittelfußknochen in einem Grübchen (siehe Abbildung 11).

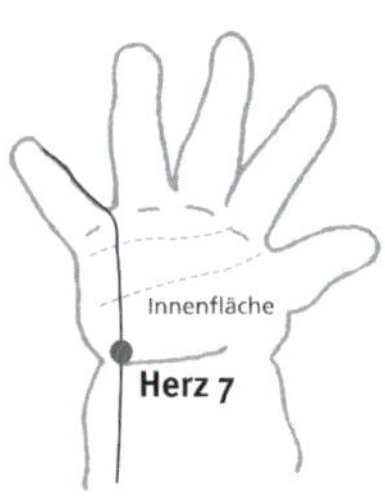

Abbildung 10

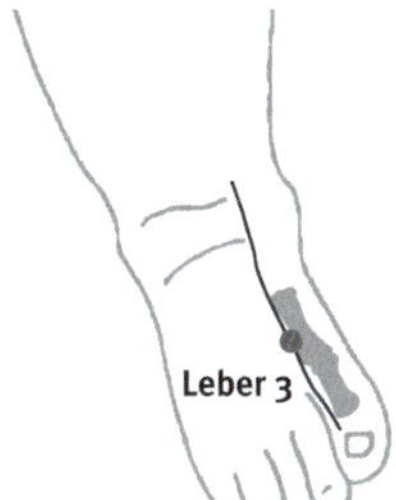

Abbildung 11

Besonders wichtig: ein regelmäßiger Tagesablauf

- Reduzieren Sie Reize und Eindrücke. Selbst wenn Sie das Gefühl haben, dass Ihr Baby interessiert ist, überfordert es sich meist. Überlegen Sie, was Ihr Baby z. B. von seiner Krabbeldecke oder vom Tragetuch aus sehen, hören und begreifen kann – so viel ist ausreichend, mehr sollte es gar nicht sein. Verzichten Sie besser auf Radio und Fernsehen im Beisein Ihres Babys. Legen Sie lieber Mozart auf, das beruhigt erfahrungsgemäß die meisten Babys.

- Schaffen Sie Ruheinseln. Um zur Ruhe zu kommen, helfen Ihrem Baby ein etwas abgedunkeltes Zimmer, sanftes Wiegen auf dem Arm und leises Summen, Zureden oder Singen. Als sehr wirksam hat sich auch das Beruhigungsprogramm nach Harvey Karp, einem amerikanischen Kinderarzt, erwiesen (siehe Kasten auf Seite 191).

Tipp

Bach-Blüten für übermüdete kleine Quengler

Aspen; Cichory; Heather; Impatiens; Red Chestnut; Walnut

Lassen Sie sich diese Mischung ohne Alkohol in der Apotheke herstellen (rezeptfrei, je nach Apotheke 5 bis 10€). Zur Bettgehzeit zwei Tropfen davon auf die Lippen träufeln, bei Neugeborenen (im ersten Lebensmonat) besser nur äußerlich anwenden und auf die Schläfen oder hinter die Ohren tupfen.

- Wechseln Sie Ihre Beruhigungsversuche nicht zu schnell. Wenn das Baby sich nicht beruhigt, versuchen Eltern immer wieder etwas anderes, da das Kind sich mit der bisherigen Methode nicht beruhigen ließ. Doch brauchen gerade Schreikinder länger, um sich auf eine Beruhigungsmethode einstellen zu können. Bleiben Sie etwa fünf Minuten lang bei der gewählten Methode und probieren Sie erst danach etwas anderes aus.
- Vermeiden Sie Übermüdung. Versuchen Sie, Ihr Baby anfangs nach einer bis eineinhalb Stunden wieder zur Ruhe und dann bald zum Schlafen zu bringen.

Tipp

Daran erkennen Sie, dass Ihr Baby müde ist:

- veränderter Gesichtsausdruck, starrer Blick, Stirnrunzeln oder Grimassieren
- Gähnen, Augen-/Ohrenreiben, Schreien/Weinen oder Quengeln
- ruckartige Bewegungen, Ballen der Fäustchen, Steifmachen
- reduzierte Aktivität, weniger Bewegungen, Gesichtabwenden
- Saugen, Schnullern oder Daumenlutschen

Beruhigungsprogramm nach Harvey Karp

1. Geben Sie Ihrem Baby Begrenzung wie im Bauch und wickeln Sie es in ein Tuch oder eine Decke ein. Es sollte seine Arme und Beine nur mehr wenig bewegen können. Damit lassen sich auch die in den ersten Wochen auftretenden Reflexzuckungen, die Ihr Baby sehr erschrecken können, verhindern.
2. Legen Sie Ihr Baby in der Embryohaltung auf die Seite. Sichern Sie es gegen Umfallen in die Bauchlage durch eine zusammengerollte Decke oder ein Kissen.
3. Schaffen Sie eine beruhigende Geräuschkulisse. Machen Sie „Schschsch"-Laute, die etwa fünf Zentimeter von Babys Ohr entfernt ungefähr so laut wie sein eigenes Schreien sein sollten. Alternativ eignen sich auch Geräusche von Staubsauger, Haarfön oder Waschmaschine (zur Schonung der Geräte Motorengeräusch besser auf Kassette aufnehmen). Auch ein alter Wecker mit lautem Ticken wirkt in den ersten drei Monaten oft wahre Wunder, da er das Baby an Ihren Herzschlag erinnert.
4. Wiegen Sie Ihr Kind. Natürlich können Sie Ihr Baby auf dem Arm wiegen, mit ihm durchs Zimmer tanzen oder in einem Schaukelstuhl schaukeln. Wirksamer ist allerdings die „Scheibenwischer-Methode": Legen Sie sich das eingewickelte Baby mit dem Rücken auf Ihre nebeneinander liegenden Oberschenkel (Köpfchen zum Knie) und bewegen Sie die Beine rhythmisch auf und ab oder (wie ein Scheibenwischer, daher der Name!) nach links und rechts. Passen Sie dabei den Rhythmus dem Geschrei Ihres Babys an: Je heftiger es schreit, desto schneller bewegen Sie Ihre Beine.
5. Letzte Rettung: Saugen. Saugen entspannt Ihr Baby. Bieten Sie ihm Brust, Schnuller, Flasche oder Ihren sauberen Finger an. Da heftig schreiende Babys oft gar nicht saugen wollen und Brust oder Schnuller ablehnen, sollte sich Ihr Kind durch die Punkte 1. bis 4. schon etwas beruhigt haben. Halten Sie sich bitte genau an die Reihenfolge der einzelnen Punkte und beenden Sie Ihre Beruhigungsversuche, wenn Ihr Baby nicht mehr schreit.

- Sorgen Sie für einen regelmäßigen Tagesablauf. Das gibt Ihrem Kind Sicherheit, und es kann sich in seinem Alltag besser orientieren. Versuchen Sie mit liebevoller Unterstützung eine regelmäßige Abfolge von Wachsein – Füttern – (oft folgt nur ein kurzes Nickerchen) – Wachphase (meist besonders aufmerksam) – Ruhe und Schlaf zu finden. Dazu sollten Sie Ihr Kind gut beobachten. So werden Sie schon bald lernen, was es gerade braucht. Chaotische Essens- und Schlafenszeiten sind weder für Sie noch für Ihr Kind gut, daher dürfen Sie hier ruhig mit etwas Regelmäßigkeit nachhelfen und sollten besonders die Schlafenszeiten nicht allein Ihrem Kind überlassen!

- Nutzen Sie gute Wachphasen für entspannte Zwiegespräche und Spiele. Widerstehen Sie der Versuchung, dann den Haushalt zu erledigen. Je entspannter die Wachphasen Ihres Babys verlaufen, desto besser wird sein Schlaf sein. Und: Je entspannter Sie sind, desto eher kann auch Ihr Kind zur Ruhe kommen!
- Überbrücken Sie Schreistunden mit Spazierengehen oder Tragen im Tragetuch oder -sack. Enger Körperkontakt (Kind bitte immer so tragen, dass es Sie anblickt!) und gleichmäßige Bewegung wirken außerordentlich beruhigend auf Ihr Baby. Nehmen Sie, wenn möglich, Hilfe von anderen an. Auch Ihr Partner oder eine Oma können den Kinderwagen schieben bzw. Ihr Kind im Tragetuch tragen.

Was hilft nachts

Machen Sie nachts zum Füttern wenig Licht, sprechen Sie möglichst wenig und nur leise mit Ihrem Baby, damit es nicht zu munter wird. Wickeln Sie es nur, wenn es unbedingt nötig ist. So lernt Ihr Baby mit der Zeit, dass die Nacht zum Schlafen da ist.

Tipp

Besorgen Sie sich eine Baby-Hängematte oder Federwiege! Sie ist leichter zu schaukeln als eine Wiege, selbst ein unruhiger Säugling kann sie schon in Bewegung setzen. Durch die rhythmische Bewegung schläft Ihr Kind leichter wieder ein. Beruhigend wirkt auch ein getragenes T-Shirt mit Ihrem Geruch im Babybett, da ein Baby seine Mutter schon sehr bald am Geruch erkennt.

Wenn Ihr Baby nachts nach dem Füttern nur schwer wieder in den Schlaf findet, sollten Sie eine Wärmflasche in sein Bettchen legen. In einem warmen Bett schlafen Babys meist viel schneller wieder ein. Nehmen Sie jedoch die Wärmflasche unbedingt wieder heraus, bevor Sie Ihr Kind hinlegen, damit es nicht zu Verbrennungen kommen kann.

Eine hilfreiche Internetadresse ist die Homepage von Trostreich, Interaktives Netzwerk Schreibabys, die unter www.trostreich.de zu erreichen ist und von einer selbst betroffenen Mutter ins Leben gerufen wurde. Hier werden auch alternative Therapiemodelle vorgestellt.

Bezugsquellen: *Lullababy®-Federwiege (z. B. Federwiege und Korb Single für 119,85 €), erhältlich bei L.B.I. Products, Postfach 5805, 78437 Konstanz; Tel. 0180/500 16 88; im Internet: www.lullababy.com. Eine Baby-Hängematte mit Holzgestell erhalten Sie z. B. bei Baby-Walz unter der Best.-Nr. 277.819 für 59,00 €; Versandhaus Walz GmbH, 88336 Bad Waldsee; tel. Bestellservice 01805/33 40 11; im Internet: www.baby-walz.de.*

ERZIEHUNG

Muss Strafe sein und wie wird sie eingesetzt, ohne zu schaden?

Fast alle Eltern lehnen körperliche Strafen ab. Ob auch andere Strafen schädlich sind und wie Sie Ihr Kind trotzdem zur Einhaltung von Regeln und Grenzen bewegen können, verrät Ihnen dieser Artikel.

Eltern eines Neugeborenen können sich kaum vorstellen, ihr Kind jemals strafen zu müssen oder zu wollen. Ist aus dem hilflosen Baby aber erst ein trotziges Kleinkind geworden oder ein „rotzfrecher" Kindergartenbengel, kommen Eltern kaum ohne gelegentliche und angemessene Strafen aus.

Wie „funktioniert" Strafe?

Eine Strafe ist die unangenehme oder schmerzhafte Antwort auf ein unerwünschtes Verhalten, beispielsweise das Nicht-Einhalten von Regeln oder Missachten von Grenzen. Dahinter steckt die Idee, dass der Bestrafte, um der Strafe in Zukunft zu entgehen, das unerwünschte Verhalten unterlässt. Strafen sind jedoch nicht selten unwirksam, weil sie den Widerstand des Kindes sowie seinen Trotz herausfordern und sich bei manchen Kindern eine „Jetzt erst recht!"-Mentalität entwickelt. Bei ohnehin eher aggressiven Kindern können Strafen die Aggressivität noch verstärken, ein Kind aber auch einschüchtern und verängstigen. Besser und sinnvoller als herkömmliche Strafen sind die Auszeit oder die Anwendung logischer Folgen (siehe Straf- Knigge), die tatsächlich dazu führen, dass das Kind sein Verhalten ändert.

Unfolgsame Krabbelkinder

Babys wollen ihre Welt erforschen und probieren aus Neugier oft Dinge aus, die Eltern ihnen einfach nicht erlauben können. Strafen sind hier völlig sinnlos, da ein Baby nicht mit Vorsatz handelt und Sie als Eltern nicht absichtlich ärgern will, auch wenn es zum fünften Mal in Folge fasziniert die Erde aus dem Blumentopf buddelt.

Gestalten Sie die Umgebung so, dass Ihr Kind nach Möglichkeit keine gefährlichen oder auch wertvollen bzw. zerbrechlichen Gegenstände erreichen kann. Lassen sich „magische Anziehungspunkte", die nicht für Babys geeignet sind, nicht entfernen, hilft ein ernst gemeintes und mit bestimmter Stimme vorgetragenes „Nein". Halten Sie gleichzeitig die Hand vor den betreffenden Gegen-

stand. Bleiben Sie konsequent, auch wenn Ihr Kind wütend schreit und sich wiederholt dem betreffenden Gegenstand nähert.
„Nein“ verstehen bereits Kinder im zweiten Lebenshalbjahr. Anfangs müssen Sie Ihr Kind sicher noch mehrmals vom Schauplatz entfernen und eventuell mit etwas anderem ablenken, bis es die gesetzte Grenze einhalten kann.

Wenn einem die Hand ausrutscht ...

Für die meisten Eltern kommen körperliche Strafen als Erziehungsmittel nicht in Frage – und doch ist es mehr als 90 Prozent aller Eltern schon ein- oder mehrmals passiert, dass ihnen die Hand „ausgerutscht“ ist und sie ihrem Kind eine Ohrfeige verpasst haben.

Tipp

Hat Ihr Kind Sie dermaßen „auf die Palme gebracht“, dass Sie es geschlagen haben, stellen sich meist sofort danach Reue und Schuldgefühle ein. Begeben Sie sich dann am besten auf Augenhöhe mit Ihrem Kind und entschuldigen Sie sich. Sie dürfen Ihrem Kind durchaus sagen, dass Sie sich sehr über sein Verhalten geärgert haben, nur sollten Sie ihm klarmachen, dass Ihre Reaktion darauf, der Schlag, falsch von Ihnen war.

Gezielte Klapse auf die Hand, wenn ein Kind bestimmte Dinge immer wieder trotz Verbot in die Hand nimmt, sind leider immer noch relativ verbreitet. In diesen Fällen ist es jedoch sinnvoller, den begehrten Gegenstand zumindest zeitweise außer Reichweite oder aber das Kind in ein anderes Zimmer zu bringen.

Kleiner „Straf-Knigge“

- Bestrafen Sie Ihr Kind nur dann, wenn es die Regeln, gegen die es verstößt, auch kennt. Zeigt sich ein unerwünschtes Verhalten zum ersten Mal, sollten Sie Ihrem Kind zunächst erklären, warum es das nicht darf, bzw. es wenigstens vorwarnen. Besonders bei lebhaften Kindern ist es wichtig, nicht zu viele starre Regeln aufzustellen, die das Kind gar nicht einhalten könnte!
- Strafen oder auch der Entzug von Begünstigungen (z. B. Spielplatzbesuch) sollten in logischem Zusammenhang mit dem Vergehen stehen. Eine logische Folge ist z. B., dass ein Kleinkind nicht mehr zum Einkaufen

mitgenommen wird, solange es immer wieder Wutanfälle an der Supermarktkasse bekommt, weil Sie ihm die gewünschten Süßigkeiten nicht kaufen. Bei Kindern bis zum Schulalter ist es zusätzlich wichtig, dass die Strafe auch in einem engen zeitlichen Zusammenhang mit dem Fehlverhalten steht. Ein Kleinkind kann nur dann erkennen, dass sein gerade gezeigtes Verhalten falsch war, wenn Sie ihm dies unmittelbar danach klarmachen. Es also abends zu strafen, wenn es mittags den Bruder im Streit gebissen hat, ist völlig sinnlos.

- Die Strafe muss angemessen sein. Überzogene Strafen fordern Rachegelüste und Aggressionen geradezu heraus. Eine Auszeit (übrigens eines der besten und wirksamsten Mittel!) zum „Wieder-Einkriegen" in einem anderen Raum sollte beispielsweise so lange in Minuten dauern, wie Ihr Kind Jahre alt ist. Stundenlanges Verbannen ins Kinderzimmer wegen einer frechen Antwort wäre überzogen.
- Seien Sie konsequent! Wenn Sie ein unerwünschtes Verhalten mit Strafe belegt haben, sollten Sie jedes Mal prompt reagieren. Vermeiden Sie Androhungen, die Sie ohnehin nicht halten können! Sätze wie „Ich nehme dich nie wieder mit, wenn..." laufen ins Leere und führen nur dazu, dass Ihr Kind Sie gar nicht mehr ernst nimmt, da Sie die ausgesprochene Drohung nicht wahrmachen (können).

Strafen, auf die Sie besser verzichten

- Liebesentzug: z. B. stundenlanges Ignorieren des Kindes, Sätze wie „Jetzt habe ich dich nicht mehr lieb!" oder „Jetzt bin ich aber sehr traurig über dich".
- Ohne Essen ins Bett schicken: unbedingt vermeiden, da ein Kind nie zur Strafe ins Bett gehen oder hungern sollte – Essen und Schlafen sind Grundbedürfnisse, die nicht missbraucht werden dürfen!
- Hausarrest: nur sinnvoll, wenn das Fehlverhalten mit Zuspätkommen oder Weglaufen zusammenhängt; Hausarrest immer nur für ein bis drei Tage verhängen.
- Fernsehentzug: eine der härtesten Strafen für Kinder, die aber den Fernseher nur zusätzlich interessant macht; nur sinnvoll, wenn das Vergehen mit dem Fernsehkonsum zusammenhängt.

Immer mit der Ruhe: Wie Eltern gelassen bleiben

Ihr Kind nervt und quengelt den ganzen Tag. Da kann man als Mutter oder Vater schon mal an die Decke gehen. Um sich hinterher zu fragen, warum man sich eben eigentlich so aufgeregt hat und warum man es nicht geschafft hat, „cool" zu bleiben. Lernen Sie hier die besten Erste-Hilfe-Strategien kennen.

Auch wenn uns die strahlenden Vorzeigefamilien aus der Werbung ständig eine heile Welt mit entspannten Eltern und glücklichem Nachwuchs präsentieren: Im richtigen Leben mit Kindern können Eltern gar nicht perfekt sein und immer verständnisvoll und ruhig bleiben!

Erste Hilfe gegen Wutanfälle

Wenn Sie merken, dass Sie kurz davor sind, die Fassung zu verlieren und loszubrüllen, haben sich folgende Strategien bewährt:

- Zählen Sie bis zehn. Oft reichen diese paar Sekunden schon aus, damit Sie sich wieder im Griff haben.
- Nehmen Sie eine Auszeit und verlassen Sie den Raum. Will Ihr Kleinkind hinter Ihnen her, gehen Sie am besten zur Toilette, denn die können Sie für wenige Minuten auch absperren. Deponieren Sie dort zur Ablenkung eventuell ein Witzbuch – Humor hilft, Ihre Anspannung abzubauen. Oder Sie packen Ihr Baby oder Kleinkind in Kinderwagen bzw. Buggy und drehen eine flotte Runde um den Block.
- Lassen Sie das Fass nicht überlaufen. Oft wollen Eltern tolerant sein und nicht ständig am Kind herumnörgeln, obwohl sie gerade etwas Ruhe bräuchten. Wenn dann zum x-ten Mal der Hüpfball an die Wand donnert und nebenbei noch Benjamin Blümchen in voller Lautstärke trötet, brüllen sie eben doch los. Oft zur maßlosen Verwunderung ihres Kindes, denn der klitzekleine Anlass, der das Fass zum Überlaufen gebracht hat, war doch eine solche Reaktion gar nicht wert! Sagen Sie Ihrem Kind besser frühzeitig, was Sie stört: „Ich bin wirklich müde und brauche jetzt etwas Ruhe. Geh bitte zum Kassetten-Hören in dein Zimmer."

So vermeiden Sie, dass Ihnen die Hand ausrutscht

Fast alle Eltern sind sich einig, dass sie ihr Kind nicht mit Schlägen erziehen wollen. Doch in vielen Familien haben Mutter oder Vater trotzdem schon mal eine Ohrfeige ausgeteilt. Diese Tipps helfen Ihnen, damit es nicht so weit kommen muss:

- Wenn Sie merken, dass Sie Ihr Kind schlagen möchten, hilft sofortiger Körperkontakt, die Anspannung zu lösen. Kleine Hände, die in Gefahr geraten, sollten Sie lieber festhalten als schlagen. Wenn Sie schnell zupacken, ist das sicherer als ein Klaps und erregt die Aufmerksamkeit Ihres Kindes genauso. Läuft Ihr Kind immer wieder von Ihnen weg auf die Straße, nehmen Sie es fest in die Arme oder auf den Schoß. Lassen Sie es erst wieder laufen, wenn es sich beruhigt hat. Will Ihr Kind nicht zu Ihnen kommen oder wirft es sich auf den Boden, weil es nicht mehr laufen möchte, setzen Sie Ihre Körperkraft ein und tragen es dorthin, wo Sie es haben wollen. Sagen Sie Ihrem Kind dabei jedes Mal, was Sie von ihm erwarten.
- Haben Sie Ihrem Kind die Ohrfeige bereits angedroht und gar schon die Hand erhoben, leiten Sie den Schlag um, sodass er die Tischplatte oder Ihren Oberschenkel trifft. Das verringert Ihre Anspannung, und das laute Geräusch wird Ihr Kind aufmerken lassen. So kann es sicherlich besser zuhören, als wenn es nach der Backpfeife weinend vor Ihnen steht oder tief getroffen davonläuft.

Entschärfen Sie Probleme mit Humor

Wenn Sie das Gefühl haben, Ihr Kind wegen bestimmter Dinge schon tausendmal ermahnt zu haben und es trotzdem nicht klappen will, ist es absolut verständlich, dass Sie irgendwann richtig wütend werden. Vielleicht können Sie cool bleiben, wenn Sie den Überraschungsfaktor Humor einsetzen und Ihr Kind mit einem unerwarteten Spruch überraschen. Hier ein paar erfolgsverdächtige Beispiele (geeignet ab drei bis vier Jahren):

- Schamlos übertrieben. Statt „Trag mit deinen Schuhen nicht so viel Dreck in die Wohnung!“ besser „Meine Güte, du hast ja einen halben Sumpf am Schuh kleben!“
- Wettstreit anbieten. Statt „Jetzt schlüpf endlich in deine Jacke!“ besser „Wer hat schneller die Jacke an: du oder ich?“
- Clever ablenken. Statt „Kommt nicht in Frage. Heute stecke ich nicht schon wieder 50 Cent in diesen Wackel-Hubschrauber!“ besser „Hast du dir schon überlegt, welche Joghurtsorten wir heute kaufen: lieber Kirsch oder doch Aprikose?“
- Originelle Sprüche. Statt „Jetzt trödel nicht so!“ besser „Beeil dich mal – so wie die schnellste Maus von Mexiko!“

Was tun, wenn die Wut Sie doch gepackt hat?

Haben Sie die Beherrschung verloren und Ihr Kind angeschrieen, erklären Sie ihm so bald wie möglich, was passiert ist und warum Sie so wütend wurden.

Bitten Sie Ihr Kind um Verzeihung und nehmen Sie es in den Arm, wenn es das möchte. Entschuldigen Sie sich für den unangemessenen Ton, aber nicht für Ihren Ärger, wenn dieser berechtigt war.
Erwarten Sie nicht, dass Ihr Kind Sie von Ihren Schuldgefühlen entlastet. Wenn ein solcher Wutanfall, den Sie nicht verhindern konnten, Ihnen trotz Ihrer Entschuldigung nicht aus dem Kopf geht, sollten Sie nicht mit Ihrem Kind, sondern mit Ihrem Partner oder einer Freundin darüber sprechen.
Sie selbst oder Ihr Partner, der in die Sache nicht verwickelt und deswegen unparteiisch ist, können später, wenn sich die Aufregung gelegt hat, mit dem Kind sprechen und es fragen, wie es sich während des Wutanfalles gefühlt hat. Sprechen Sie mit ihm darüber, was es am liebsten getan hätte, und fragen Sie es, was man denn tun könnte, damit es nicht wieder so weit kommt. So lernt Ihr Kind, mit der Wut eines anderen umzugehen, denn es wird sicher nicht das letzte Mal im Laufe seines Lebens sein, dass es mit diesem starken Gefühl konfrontiert wird. Da ist es allemal besser, schon in der Familie den Umgang damit zu lernen.
Vertrauen Sie darauf, dass Ihr Kind bereit ist, Ihnen den Wutanfall zu vergeben. Vergessen Sie nie, dass Ihr Kind sich immer nach Ihrer Nähe und Wärme sehnt. Denken Sie aber daran, dass Vergebung keine Einbahnstraße ist. Sie funktioniert am besten in Familien, in denen Kinder ab und zu miserabler Laune sein dürfen und in denen auch die Eltern ihren Kindern von ganzem Herzen verzeihen.

Entspannung à la minute

Wenn Ihnen alles über den Kopf wächst, brauchen Sie eine Entspannungstechnik, die Sie sofort einsetzen können und die Ihnen innerhalb weniger Minuten hilft. Wie wäre es mit dem folgenden Vorschlag?

Verreisen mit dem Kopf: Erinnern Sie sich in Stresssituationen an Ihren letzten Urlaub. Stellen Sie sich vor, wie Sie am Strand liegen, im warmen Sand, oder wie Sie barfuß durch den feuchten Sand laufen und die Wellen Ihre Füße umspülen. Genießen Sie den Geruch des Meeres und hören Sie die anrollenden Wellen. Oder erinnern Sie sich an einen entspannten freien Nachmittag, wie Sie sich im Liegestuhl auf der Terrasse räkeln und sich die Sonne ins Gesicht scheinen lassen. Riechen Sie den Duft der Blumen und hören Sie das Zwitschern der Vögel. Wenn Sie wieder in Ihre Wohnung zurückkehren, sind Sie bestimmt entspannt genug, um Alltagschaos ohne Wutanfall zu bewältigen. Diese Methode sollten Sie anfangs in ruhigen Momenten üben, bis sich ein Gefühl der Entspannung einstellt.

Eltern brauchen Oasen im Alltag

Nehmen Sie Hilfe an. Nicht nur Ihr Partner kann Sie entlasten. Bitten Sie, wenn möglich, auch Großeltern und andere Verwandte um Mithilfe. Oft sind auch Freunde bereit, mal auszuhelfen, oder befreundete Eltern kümmern sich stundenweise um Ihr Kind, wenn Sie im Gegenzug dafür auf deren Kind aufpassen.
Pflegen Sie Kontakte zu Freundinnen und Kollegen. Das kann Sie in mehrfacher Hinsicht entlasten. Sind diese kinderlos, ist es oft interessant zu hören, womit sie im Alltag zu kämpfen haben. Und haben sie ebenfalls Kinder, tut es gut zu erfahren, dass in anderen Familien auch nicht alles glatt geht. Manchmal ein Muss: Frust ablassen bei der besten Freundin. Auch wenn sich die Situation dadurch nicht ändert, tut es gut, sich Belastendes einmal von der Seele zu reden.

Tipp

Trauen Sie Ihrem Partner in der Kindererziehung etwas zu. Wenn Ihr Mann bei der Pflege des Babys hilft oder mit dem größeren Kind etwas unternimmt, fördert das die Vater-Kind-Beziehung, und Sie haben gleichzeitig etwas Freiraum gewonnen. Übrigens: Kindern ist es völlig egal, wenn der Papi nicht alles so perfekt kann wie die Mami! Und mit ein wenig Übung wird er schnell zum „Meister“.

Wutausbrüche

Ruhig bleiben, auch wenn Ihr Kind ausrastet

Wutausbrüche gehören zum Familienalltag dazu, doch verlangen sie von uns Eltern Nerven wie Drahtseile und tonnenweise Geduld. Was steckt dahinter, wenn Ihr Kind brüllt und tobt, sobald etwas nicht nach seinem Kopf geht? Wie reagieren Sie am besten darauf?

Die Anlässe sind für uns Erwachsene oft „nichtig“: Die Schleife am Schuh will und will nicht halten oder Sie verweigern Ihrem Kind die „Quengelware“ an der Supermarktkasse. Und schon geht es los: Ihr Kind führt sich auf wie Rumpelstilzchen, wirft sich auf den Boden, schreit und tobt. Jetzt besser nachgeben oder lieber hart bleiben, ohne sich in Machtkämpfe zu verwickeln, das ist dann die Frage.

6 Tipps, die Ihrem Kind helfen

Die Wut richtet sich meist nicht gegen Sie persönlich. Sie ist vielmehr Ausdruck dafür, dass Ihr Kind mit sich selbst Schwierigkeiten hat. Zeigen Sie ihm deshalb, dass Sie seine Gefühle akzeptieren. Atmen Sie tief durch, damit Sie so ruhig und gelassen wie möglich darauf reagieren. Mit den folgenden Tipps lernt Ihr Kind, angemessen mit seiner Wut umzugehen:

1. Machen Sie Ihrem Kind klar, dass es Verhaltensweisen gibt, die Sie nicht akzeptieren können, z. B. jemanden schlagen, beißen, treten oder Gegenstände werfen.

Tipp

Hält Ihr Kind sich nicht daran, müssen Sie reagieren. So könnten Sie Ihr Kind entsprechend klar ansprechen, es festhalten, es auf den Boden setzen oder räumliche Distanz schaffen. Kinder, die andere oder sich selbst gefährden, muss man vielleicht länger festhalten, bis sie ruhig werden, damit niemand verletzt wird. Alle diese Reaktionen sollen nicht als Strafe, sondern als Grenze eingesetzt werden.

2. Ist Ihr Kind so wütend, dass es auf Ihre Ansprache nicht reagiert, sollte es auf ungefährliche Weise Dampf ablassen können. Lassen Sie es ruhig mit den Fäusten trommeln oder mit den Füßen aufstampfen. Wird es Ihnen zu viel, verlassen Sie den Raum oder bringen Sie Ihr Kind zum „Abkühlen“ für wenige Minuten ins Kinderzimmer.
3. Bleiben Sie konsequent, denn wenn Sie bei Wutanfällen schnell nachgeben, wird Ihr Kind dieses erfolgreiche Verhalten immer öfter einsetzen, um zu bekommen, was es sich in den Kopf gesetzt hat. Allenfalls sollten Sie vor einem drohenden Wutanfall einlenken, wenn Sie bemerken, dass etwas für Ihr Kind ganz besonders wichtig ist.
4. Hat Ihr Kind sich wieder etwas beruhigt, sollten Sie mit ihm über den Wutanfall sprechen. Fragen Sie Ihr Kind, wie es sich gefühlt hat und was der Grund dafür war, etwa: „Bist du wütend, weil ich zuerst das Baby ins Bett bringen musste und dir jetzt nichts vorlesen konnte?“ Wie hätte man seinen Ärger vermeiden können? Gäbe es einen für alle Seiten akzeptablen Kompromiss? Wie hätte Ihr Kind sich statt des Wutanfalls verhalten können? Signalisieren Sie Ihrem Kind Verständnis für die Wut, dann erlebt es Sie sogar als Unterstützung, lassen Sie aber keinen Zweifel daran, dass Sie bestimmte Verhaltensweisen nicht akzeptieren.
5. Sie sind ein wichtiges Vorbild für Ihr Kind. Achten Sie also darauf, wie Sie selbst mit Wut umgehen. Sagen Sie Ihrem Kind, dass auch Sie manchmal wütend werden, aber zeigen Sie ihm, wie Sie Ihre Wut überwinden (z. B. tief

durchatmen, etwas Anstrengendes arbeiten oder den Raum verlassen, bevor Sie Gewalt anwenden).

6. Loben Sie Ihr Kind, sobald es einen Konflikt friedlich mit Worten löst oder auf einen Kompromiss eingeht.

Trotzanfälle:
Wie viel Nein darf sein?

Wenn das Ich Ihres Kindes erwacht, wälzt sich der vor kurzem noch so entzückende Sprössling plötzlich brüllend auf dem Boden. Wie reagieren Sie am besten? Wie halten Sie das aus? Welche Hilfe braucht Ihr Kind jetzt? Hier die besten Tipps für diese schwierige Phase.

Die Trotzphase, ein Meilenstein in der kindlichen Entwicklung, beginnt gegen Ende des zweiten Lebensjahres und dauert etwa bis zum vierten Lebensjahr. Es geht dabei aber nur bei oberflächlicher Betrachtung um Trotz und Widerstand, sondern im Wesentlichen um die Ablösung und das Selbstständigwerden Ihres Kindes. Das probateste Mittel, einigermaßen gelassen zu bleiben, ist das Wissen, dass die Trotzphase ein äußerst wichtiger Schritt in der Persönlichkeitsentwicklung Ihres Kindes ist. Sein eigener Wille erwacht – er zeigt sich in Form von Trotzreaktionen und Gehorsamsverweigerung.

Vorbeugen ist besser als trotzen ...

- Überprüfen Sie die Liste Ihrer Regeln und Verbote. Jetzt gilt die Maxime: Weniger ist mehr! Reduzieren Sie potenzielle Konfliktsituationen auf ein Minimum. Entfernen Sie lieber „interessante" Gegenstände, die für Ihr Kind ungeeignet sind, als sie Ihrem Kind immer wieder zu verbieten.
- Sprechen Sie verständlich, klar und deutlich mit Ihrem Kind. Endlos lange Erklärungen und Vorträge führen selten zum Ziel. Erklären Sie Ihrem Kind trotzdem kurz und in verständlicher Form, warum es etwas nicht darf.
- Geben Sie Ihrem Kind die Möglichkeit, sich auf Veränderungen einzustellen. Sagen Sie Ihrem spielenden Kind z. B. schon zehn Minuten vorher, dass Sie bald spazieren gehen wollen. Alles, worauf es sich einstellen kann, kann es auch leichter annehmen.
- Planen Sie grundsätzlich für alle Tätigkeiten etwas mehr Zeit ein. Wenn Sie sich weniger unter Druck fühlen, fällt es leichter, gelassen zu reagieren.
- Bleiben Sie für Ihr Kind berechenbar. Nichts verwirrt es mehr als unterschiedliches Verhalten in derselben Situation! Manchmal Ja, dann wieder Nein, ab

und zu ein Vielleicht und manchmal lange Diskussionen machen es ratlos.

- Zeigen Sie Ihrem Kind in guten Momenten immer wieder Ihre Zuneigung. Nehmen Sie es einfach öfter in den Arm, kuscheln Sie zusammen, hören Sie ihm aufmerksam zu, bewundern und loben Sie es.
- Unterstützen Sie Ihr Kind möglichst oft in seinen Bestrebungen nach Selbstständigkeit. Bieten Sie Situationen an, in denen Ihr Kind selbstständig sein kann. Nehmen Sie sich Zeit für gemeinsame Unternehmungen, in denen Ihr Kind das Tempo angibt.

Erste Hilfe im Trotzanfall

Auch die besten Eltern können bei Trotzanfällen nicht immer geduldig und verständnisvoll bleiben. Sie dürfen ruhig auch mal wütend oder „böse" werden, wenn Sie wichtige Grenzen durchsetzen. Das kann Ihr Kind wesentlich leichter aushalten, als wenn Sie sich von ihm abwenden oder es auslachen würden. Sie dürfen auch Ihre Gefühle wie Ärger und Enttäuschung ausdrücken. So kann Ihr Kind sie nicht nur erkennen lernen, sondern übt durch Ihr Vorbild den konstruktiven Umgang damit.

- Ablenken hilft oft, ist aber nicht immer sinnvoll. Natürlich können Sie Ihr Kind mit einem kleinen Auftrag beschäftigen oder auch etwas entscheiden lassen (möglichst zwischen zwei akzeptablen Alternativen), etwa: „Ziehst du heute den roten oder den blauen Pulli an?" Da es in der Trotzphase jedoch nicht um die Sache an sich, sondern um Abgrenzung geht, wird Ihr Kind sicher bald eine neue Gelegenheit finden.
- Halten Sie den Trotzanfall aus. Sind Sie gerade ausgeglichen, bleiben Sie bei Ihrem Kind und versuchen Sie, es nach einigen Minuten wieder zu beruhigen, indem Sie es in den Arm nehmen oder streicheln. Zeigen Sie ihm, dass Sie es trotzdem lieben.
- Entfernen Sie sich vom Schauplatz. Sind Ihre Nerven schon arg strapaziert, verlassen Sie am besten den Raum und lassen Ihr Kind alleine trotzen. Warnen Sie aber vor und sagen Sie ihm, dass Sie jetzt leider rausgehen müssen, weil Ihnen sein Anfall heute einfach zu viel ist. In Stresssituationen wie im Supermarkt klemmen Sie sich das wütende Kind unter den Arm und verlassen so ruhig wie möglich das Geschäft.

Ungehorsam:
So gehen Sie am besten damit um

Ist „Nein“ gerade das Lieblingswort Ihres Kindes oder drückt es sich ganz still und heimlich um Ihre Aufforderungen herum? Beides kann Eltern zur Weißglut bringen, wenn es ständig vorkommt. Lesen Sie hier, wie Sie fair mit Ihrem Kind umgehen und trotzdem Regeln konsequenter durchsetzen.

Spätestens mit dem Beginn der Trotzphase wollen kleine Leute längst nicht mehr so wie Mama oder Papa. Ist die Trotzphase mit etwa vier Jahren glücklich ausgestanden, wird die Erziehung aber häufig auch nicht einfacher. Im Alter zwischen vier und sechs Jahren, im typischen Märchenalter, interessieren sich Kinder sehr für „gut und böse“ sowie „richtig und falsch“. Deshalb sind sie meist bereit, sich an klare und sinnvolle Regeln zu halten. Trotzdem wird Ihr Kind immer wieder Regeln boykottieren und seine Grenzen austesten. Das ist völlig normal, wenn auch manchmal sehr anstrengend!

Wenn Kinder einfach nicht gehorchen wollen

Wenn Sie allerdings das Gefühl haben, dass Ihr Kind überhaupt nicht mehr gehorcht, sollten Sie folgende Überlegungen anstellen:

- Erwarten Sie zu viel von Ihrem Kind? Gibt es zu viele Verbote und Regeln oder sind sie für Ihr Kind noch zu schwer einzuhalten? Manchen Kindern fällt es auch außergewöhnlich schwer, sich an Regeln und Grenzen zu halten, weil sie besonders ungeduldig, impulsiv, unkonzentriert oder verträumt sind. Ihr Kind könnte sich in diesen Fällen zu sehr eingeengt oder gar unterdrückt vorkommen. Ganz wichtig: Lieber nur wenige Regeln, dafür aber konsequent darauf achten, dass sie eingehalten werden!
- Strafen Sie viel? In vielen Fällen ruft Strafe – sozusagen als Rache – neue Unfolgsamkeit hervor, insbesondere dann, wenn Ihr Kind sie als ungerecht empfindet. Wenn eine Strafe nichts nützt, macht es auch wenig Sinn, sie zu wiederholen oder zu verschärfen. Grundsätzlich sollte die „Strafe“ mit dem Regelverstoß Ihres Kindes in Zusammenhang stehen. Dann handelt es sich um eine „logische Konsequenz“ (siehe Seite 206).
- Sprechen Sie viele (leere) Drohungen aus? Sätze wie „Dann nehme ich dich nie mehr mit“ oder „Dann lasse ich dich alleine zu Hause“ sollten Sie sich sparen. Diese Drohungen können Sie gar nicht wahr machen. Ihr Kind lernt durch solche leeren Drohungen nur, dass es Sie nicht wirklich ernst zu nehmen braucht. Übrigens sind Drohungen immer eine schlechte Strategie. Die Einhaltung einer Regel klappt langfristig nur dann, wenn Ihr Kind sie einsieht und durch positive Anreize dazu motiviert ist. Der positive Anreiz für Ihr Kind

sollte hauptsächlich in Ihrer Liebe und Zuwendung bestehen. Denn wenn Sie Ihr Kind regelmäßig für das Einhalten Ihrer Anweisungen mit Belohnungen „bezahlen“, wird es ohne materiellen Anreiz bald gar nicht mehr helfen oder gehorchen wollen.

So geben Sie Anweisungen, denen Ihr Kind folgen kann

- Sprechen Sie Ihr Kind laut und deutlich mit seinem Namen an und nehmen Sie Blickkontakt auf. Gehen Sie am besten zu ihm hin, denn je weiter weg Sie sind, desto weniger fühlt sich Ihr Kind persönlich angesprochen. Gehen Sie eventuell vor Ihrem Kind in die Hocke, sodass Sie auf gleicher Augenhöhe sind, und/oder legen Sie ihm die Hand auf die Schulter. Das hilft Ihrem Kind, sich auf Sie und die Aufforderung zu konzentrieren. Bringen Sie Anweisungen und Verbote nicht zu leise, schon fast bittend, sondern in bestimmtem Tonfall vor.
- Sprechen Sie in kurzen, klaren Sätzen und sagen Sie ganz konkret, was Sie von Ihrem Kind erwarten. Sagen Sie Ihrem Kind nicht, was es nicht tun soll, sondern teilen Sie ihm genau mit, was Sie von ihm erwarten. Sagen Sie also z. B. „Setz dich ruhig auf deinen Stuhl. Die Beine gehören unter den Tisch“ statt „Du sollst bei Tisch nicht so herumkaspern“. Lassen Sie Ihr Kind die Aufforderung eventuell wiederholen („Also, was sollst du tun?“), um sicherzugehen, dass es sie auch verstanden hat.
- Zerlegen Sie Aufgaben in kleine, überschaubare Schritte! Die meisten Kinder sind mit Anweisungen wie „Zieh deine Schuhe aus, häng deine Jacke auf, wasch dir die Hände und wirf die Bonbonpapiere aus der Jackentasche in den Abfall“ überfordert. Schuhe ausziehen und Jacke aufhängen sind fürs Erste genug. Nachdem Ihr Kind dies erledigt hat, schicken Sie es als Nächstes zum Händewaschen usw.
- Hat Ihr Kind eine Anordnung von Ihnen ordentlich ausgeführt, loben Sie es danach bitte! Die meisten Eltern erwarten Gehorsam von ihrem Kind und finden es selbstverständlich, dass ihren Anordnungen Folge geleistet wird. Insbesondere wenn mehrere Ermahnungen vorausgegangen sind, haben Sie als Eltern oft das Gefühl „Na endlich! Warum nicht gleich so?“ und wenden sich

Tipp

Hilfreich ist oft die 1-2-3-Regel. Sagen Sie Ihrem Kind, was es tun bzw. lassen soll und welche Konsequenzen erfolgen, wenn es bei „drei“ nicht gehorcht. Zählen Sie dann bis drei. So lange hat es Zeit, Ihrer Aufforderung nachzukommen. Konsequent angewendet, hat dieses Vorgehen eine gewisse Signalwirkung, die das Befolgen von Aufforderungen erleichtert.

wieder anderen Dingen zu. Für Ihr Kind bedeutet das aber, dass es nach Erledigung der Aufgabe weniger (oder gar keine) Aufmerksamkeit bekommt als zuvor, als es Sie durch sein Verhalten dazu gezwungen hat, sich mit ihm zu beschäftigen. Wohlverhalten „lohnt" sich also nicht sonderlich. Dem können Sie nur durch promptes Lob entgegenwirken.

Auf Regelverstöße richtig reagieren

Auch wenn es nicht einfach ist und keineswegs immer gelingt: Reagieren Sie möglichst prompt und vorhersehbar auf Fehlverhalten.
Oberster Leitsatz, wenn Regeln oder Grenzen verletzt werden: handeln statt reden! Anstatt Ihr Kind mehrmals zu ermahnen, gehen Sie nach einer Wiederholung der Aufforderung sofort zu ihm hin und sorgen dafür, dass es der Anweisung nachkommt.

- Führen Sie Ihrem Kind z. B. die Hand, wenn es „nicht weiß", wie es seine Bilderbücher einräumen soll.
- Nehmen Sie ihm das Spielzeug wieder ab, das es gerade gewaltsam einem anderen Kind entrissen hat oder im Zimmer herumwirft.
- Ärgert oder schlägt es ständig die Geschwister, stört es ununterbrochen oder redet es wie ein Wasserfall, während Sie telefonieren, dann muss es den Raum für eine Auszeit verlassen. Führen Sie Ihr Kind freundlich, aber klar und bestimmt hinaus oder tragen Sie es notfalls, wenn es nicht freiwillig geht. Anschließend sollte es so viele Minuten in seinem Zimmer bleiben, wie es Jahre alt ist. Tobt und schreit es allerdings anhaltend weiter, sollte es dort so lange bleiben, bis es sich wieder beruhigt hat.
- Kommt Ihr Kind hingegen einer Aufforderung ohne Theater nach, sollten Sie seinen guten Willen anerkennen, selbst wenn das Resultat der Bemühungen oft alles andere als perfekt ist! Ist Ihr Kind mit völlig verdreckten Schuhen ins Haus gekommen, hat es diese aber, nachdem es bereits im Flur etliche Dreckbröckchen verloren hat, ordnungsgemäß in den Schuhschrank geräumt, sollten Sie über den gemachten Dreck entweder schweigend hinwegsehen oder Ihrem Kind ohne Vorwurf den Staubsauger in die Hand drücken, damit es den Schmutz wieder entfernen kann. Hier gilt: Positives bestärken, Negatives (soweit nicht wesentlich) weniger beachten!

Logische Konsequenzen statt Strafen

Wenn Ihr Kind Grenzen übertritt, muss das Folgen haben. Ich spreche hier jedoch nicht von drakonischen Strafen.

- Setzen Sie „logische Konsequenzen" ein. Diese stehen immer in Zusammenhang mit der „Tat". Ihr Kind kann sie deshalb einsehen. So ist es z. B. wenig sinnvoll, Ihrem Kind Fernsehverbot zu erteilen, weil es beim Fußballspielen Ihr

Tulpenbeet zertrampelt hat. Stattdessen sollten Sie von ihm verlangen, Ihnen bei der Behebung des Schadens zu helfen.

- Achten Sie darauf, Ihr Kind für seine Tat, jedoch nicht als Person zu kritisieren. „Du hast da etwas falsch gemacht, bitte mach es besser“ ist etwas anderes als „Immer machst du alles falsch“. Verzichten Sie insbesondere auf Generalisierungen wie „Immer machst du ...“ oder „Nie machst du ...“.
- Bleiben Sie mit dem „Strafmaß“ realistisch. Konsequenzen sollten mit Bedacht gewählt, realistisch und durchführbar sein. Strafen wie zwei Wochen striktes Fernsehverbot sind für Kinder und Eltern nur schwer durchzuhalten. Und wenn Sie zuerst drohen, dann aber nicht konsequent bleiben können, machen Sie sich nur unglaubwürdig. Also lieber Konsequenzen wählen, die machbar sind und tatsächlich in den Alltag passen!

Wenn Eltern sich nicht einig sind: Bei Mama darf ich das!

In vielen Familien gibt es unterschiedliche Auffassungen, was die Kindererziehung angeht. Oft hängt deswegen sogar der Haussegen schief. Doch müssen – oder können – Eltern sich überhaupt immer einig sein?

In Mutter und Vater findet jedes Kind zwei Bezugspersonen, die unterschiedlich denken, fühlen und handeln. Eltern werden nie in allem einer Meinung sein. Das ist aber durchaus kein Nachteil, sondern kann sehr anregend sein. Kinder müssen spüren, dass es verschiedene Arten gibt, gefüttert, getröstet oder ins Bett gebracht zu werden. Unterschiedliche Auffassungen haben auch nichts damit zu tun, dass der eine besser und der andere schlechter erzieht. Kinder lernen dadurch zu vergleichen und erfahren, welches Modell angemessener ist. Die Begegnung mit unterschiedlichen Erziehungsstilen macht Kinder lebenstüchtig, gibt ihnen Selbstbewusstsein und Selbstvertrauen, sich in verschiedenen Situationen des Alltags zurechtzufinden und zu behaupten.

Die „Alltags-Mama“ und der „Freizeit-Papa“

In den meisten Familien ist es immer noch die Mutter, die sich überwiegend um die Erziehung der Kinder kümmert, während der Vater ganztags außer Haus seinem Beruf nachgeht. Unterschiedliche Erziehungsstile ergeben sich allein aus der Nähe oder Distanz zum Kind.
Mütter sind oft für die lästigen und unangenehmen Dinge im Leben des Kindes zuständig: Sie überwachen das Zähneputzen, gehen gewissenhaft zu allen vorgeschriebenen Vorsorgeuntersuchungen, bringen ihr Kind zur Krankengymnastik oder Ergotherapie und überwachen, dass es auch zu Hause übt, und sie achten darauf, dass es bei einer Erkrankung regelmäßig die verordnete Medizin einnimmt. Deswegen können sie das Kind oft realistischer einschätzen als der Vater und sind häufig auch konsequenter in der Erziehung, um sich nicht in tägliche Kleinkriege zu verstricken.
Die Väter hingegen wollen ihrem Kind in der knapp bemessenen Freizeit nahe sein, sich sozusagen bei ihm beliebt machen, und treffen deswegen ungern unpopuläre Entscheidungen. Väter sind daher oft nachgiebiger und gelassener. Sie sind häufig „zuständig“ für das Toben und Balgen, das Spielen und Bauen, für abenteuerliche und sportliche Unternehmungen.
Übrigens: Ist in einer Familie die Aufteilung anders – die Mutter geht arbeiten, während der Vater Hausmann ist –, ist meist der Vater konsequenter in der Erziehung!

Die Herkunftsfamilie prägt den Erziehungsstil

Jeder Elternteil bringt seine eigene Lebensgeschichte mit. Je nachdem, wie es früher bei ihm zu Hause zuging, wird er entweder vertraute Muster aus seiner eigenen Erziehung übernehmen oder aber sich ganz bewusst dagegen entscheiden und alles anders machen wollen. Haben Sie z. B. früher unter Ihrem strengen Vater gelitten und häufig Angst vor ihm gehabt, möchten Sie es jetzt bei Ihrem Kind besser machen und sind deshalb vielleicht eher zu nachsichtig. Ihr Partner versucht möglicherweise im Gegenzug – „Wir mussten auch folgen, und es hat uns nicht geschadet!“ – Ihre Nachsicht auszugleichen, indem er einen eher strengen Erziehungsstil praktiziert.

Das System Familie

In einer Familie können die einzelnen Familienmitglieder nicht isoliert betrachtet werden. Jeder ist von jedem abhängig. Das gilt auch für die Erziehung. Gibt es unterschiedliche Erziehungsstile, kann das sogar zu einem richtigen Teufelskreis führen. Je strenger und konsequenter sich der eine Elternteil verhält, umso mehr versucht beispielsweise der andere Elternteil, die „Härte“ auszugleichen, und ist besonders nachgiebig. Das verunsichert wiederum die Kinder, die nun oft nicht mehr wissen, wie sie sich verhalten und wem sie folgen sollen. Entsprechend „unfolgsam“ führen sie sich dann auch auf, was den konsequenten Elternteil nur zu noch strengerem Verhalten verleitet, während der andere „zum Ausgleich“ den Partner ständig milde stimmen will und um Nachsicht für die Kinder bittet.

Die Frage nach der Ursache ist müßig. Wesentlich ist, dass diese Eskalationsspirale an jedem Punkt beliebig unterbrochen werden kann – und zwar von allen Beteiligten. So etwa kann der bisher ausgleichend nachgiebigere Elternteil nun bewusst strenger sein. Nicht selten wird dann der bisher strengere Teil plötzlich nachsichtiger reagieren. Allerdings ist es eine ziemliche Überwindung, sich „ungewöhnlich“ zu verhalten.

Tipp

Grundsätzlich ist es ratsamer, selbst eine Veränderung herbeizuführen, anstatt darauf zu warten, dass der Partner sich – den Vorwürfen entsprechend – verändert.

Bleiben Sie gelassen!

Hat Ihr Partner in einer Erziehungsfrage ganz anders entschieden, als Ihnen lieb ist, sollten Sie Ihren Ärger zunächst hinunterschlucken und nicht gleich aufbrausen. Vielleicht hilft es Ihnen, tief durchzuatmen und leise bis zehn zu zählen? Besprechen Sie den Vorfall in Ruhe und möglichst in einem gewissen zeitlichen Abstand mit Ihrem Partner, sodass Sie vernünftig darüber reden können, ohne gleich in einen Streit zu geraten.

Prinzipiell ist es für Kinder nicht schädlich, wenn sie einen fairen Streit oder eine heftige Diskussion zwischen den Eltern mitbekommen. Wichtig ist nur, dass sie auch die nachfolgende Einigung oder zumindest die Beilegung des Streites erleben. Doch sollten strittige Erziehungsfragen nicht vor dem Kind ausdiskutiert werden.

Als demokratische Alternative bietet sich eine Familienkonferenz an. Ihr Kind lernt dabei, wie man sich bei Konflikten fair mit anderen auseinander setzt. Und außerdem werden neue Regeln, die Sie gemeinsam beschließen, besser eingehalten als Regeln, die Sie Ihrem Kind quasi aufzwingen. So lernen selbst kleine Kinder schon, Verantwortung für ihre Vorschläge und Entscheidungen zu übernehmen.

Sprechen Sie über Ihre Erziehungsgrundsätze!

Setzen Sie sich abends zusammen, um ohne Kind in Ruhe zu besprechen, was Ihnen und Ihrem Partner in der Erziehung wichtig ist:

- Wann soll Ihr Kind im Bett sein?
- Darf es bei Ihnen im Ehebett schlafen? In welchen Situationen?
- Wie viel können Sie Ihrem Kind zutrauen? Kann es schon alleine zum Bäcker um die Ecke Semmeln holen?
- Wie viel Süßigkeiten sind erlaubt?
- Welche Regeln sollen bei Tisch gelten?
- Darf Ihr Kind fernsehen und, wenn ja, wie lange pro Tag?
- Welche Sendungen?
- Welche Werte sind Ihnen und Ihrem Partner wichtig? Wie wichtig sind Ihnen Verantwortungsbewusstsein, Selbstständigkeit, Regelbewusstsein, Rücksichtnahme, Höflichkeit? Wenn Sie über diese Werte und Ansprüche sprechen, wird es oft viel leichter, geeignete Erziehungsmaßnahmen zu finden. Sprechen Sie aber auch über Ihren Erziehungsstil!
- In welchen Situationen folgt Ihr Kind und wann müssen Sie es fünfmal – ohne großen Erfolg – ermahnen?
- Was machen Sie anders in den Situationen, in denen der Gehorsam klappt?
- Könnten Sie dieses „Erziehungs-Erfolgsmodell" auch auf weitere Situationen anwenden?
- Welche Konsequenzen könnten Sie beide in bestimmten schwierigen Erziehungssituationen einsetzen?
- Wo müssten Sie mehr Zeit im Tagesablauf einplanen, damit die Nerven nicht so schnell blank liegen?

Manchmal ist das gleiche Erziehungsziel mit verschiedenen Methoden zu erreichen. Wenn sich z. B. beide Eltern einig sind, dass ihr Kind Grenzen akzeptieren lernen soll, dann kann die Mutter es ihm beibringen, indem sie etwa die Schlafenszeit konsequent einhält, und der Vater kann sich zum gleichen Thema einbringen, indem er beim Fußball auf Fairness besteht.

Tipp

Wenn Sie Ihrem Partner sagen wollen, dass Sie mit seinem Erziehungsstil nicht einverstanden sind, sollten Sie Schuldzuweisungen vermeiden. Sagen Sie z. B. nicht „Du schreist immer gleich los“. Sprechen Sie in „Ich-Botschaften“ und drücken Sie Verständnis für Ihren Partner aus: „Ich kann gut verstehen, dass du dich abends ärgerst, wenn im Wohnzimmer wieder Berge von Spielzeug auf dem Boden liegen. Aber wir haben beide gesehen, dass es wenig nützt, wenn du Max anschreist, er solle jetzt endlich aufräumen.“

Besprechen Sie dann andere Strategien, wie Sie gemeinsam vorgehen können, um Ihr Kind zu einem gewünschten Verhalten zu bewegen: „Was hältst du davon, wenn wir ihn nur noch einmal auffordern aufzuräumen? Dafür werden wir ihm ankündigen, dass alles, was dann noch auf dem Boden liegt, eine Woche lang weggepackt wird.“

Legen Sie fest, wer wofür zuständig ist

Kinder brauchen Klarheit! Ihr Kind muss wissen, an wen bzw. woran es sich in bestimmten Situationen zu halten hat. Das ist besonders wichtig, wenn Sie sich über bestimmte Erziehungsfragen nicht einigen können. Dann könnten Sie Verantwortungsbereiche festlegen. So hat es sich in vielen Familien bewährt, dass die Mutter sich um gesundheitliche Belange kümmert, da sie es meist ist, die auch mit dem Sprössling zum Kinderarzt geht. Der Vater hingegen könnte der richtige Ansprechpartner für alle sportlichen Fragen oder für das Taschengeld sein.

Wenn Sie als Mutter das Gefühl haben, dass die ganze Erziehungsarbeit an Ihnen hängen bleibt, sollten Sie mit Ihrem Partner Vereinbarungen treffen und diese immer wieder einfordern. Das heißt aber auch, dass Sie geduldig abwarten müssen. Sind Sie nämlich in Erziehungsdingen einfach zu schnell, hat Ihr Partner gar keine Chance, Aufgaben zu übernehmen. Überlegen Sie einmal: Wer geht hin, wenn das Kind hingefallen ist? Wer greift ein, wenn Gefahr besteht, dass es etwas anstellt? Wer kümmert sich darum, dass es abends pünktlich im Bett liegt?

Lassen Sie sich nicht austricksen!

Die lieben Kleinen sind oft ausgebuffter, als ihre Eltern denken! Seien Sie wachsam, wenn Ihr Kind plötzlich Süßholz raspelt und Sie mit „Bitte, bitte, liebes Mammilein!" herumzukriegen versucht. Eine andere beliebte Masche ist „Aber Papa hat es mir erlaubt!", die später in der Schulzeit gerne in der Variante „Aber die anderen dürfen/haben das auch alle!" ihre Fortsetzung findet.

Bevor Sie jetzt eine endgültige Entscheidung treffen, sollten Sie Ihr Kind lieber auf später vertrösten und erst mal mit Ihrem Partner sprechen. Denn ein ständiges Kompetenzgerangel – mal Hü, mal Hott – verwirrt Ihr Kind nur. Es wird dadurch möglicherweise unsicher oder aufmüpfig, stellt sich stur oder fängt an, Sie beide gegeneinander auszuspielen.

Versuchen Sie folgende Fallen zu vermeiden, um die Autorität Ihres Partners nicht zu untergraben:

- Kritisieren Sie Ihren Partner nicht im Beisein Ihres Kindes. Vermeiden Sie Sätze wie „Typisch, du hast natürlich wieder vergessen ..."
- Fallen Sie Ihrem Partner nicht in den Rücken. Hat Ihr Partner Ihrem Kind z. B. verboten, kurz vor dem Mittagessen noch etwas zu naschen, sollten Sie ihm nicht mit einem Augenzwinkern einen Schokoriegel zustecken oder gar noch verschwörerisch flüstern: „Das bleibt aber unter uns!"
- Versuchen Sie nicht, Ihren Partner herabzusetzen oder sich beim Kind einzuschmeicheln. Übermäßige Nachgiebigkeit à la „Bei mir darfst du mehr ..." oder „Ich bin netter zu dir als ..." schaden allen Beteiligten.

Erste Hilfe gegen Trödeln: So behalten Sie die Nerven

Sie haben einen wichtigen Termin, Ihr Kind muss jedoch unbedingt noch jedes Stofftier einzeln ins Bett bringen. Solche Szenen spielen sich in vielen Familien ab und bringen Eltern zum Verzweifeln. Mit unseren Praxistipps werden Sie und Ihr Kind ohne Stress schneller fertig.

Was Erwachsenen als Trödelei erscheint, ist für Kinder oft nur ein Versunkensein in ihr Spiel.
Kinder haben alle Zeit der Welt, Termine und Uhren existieren in den ersten Lebensjahren für sie nicht. Mit abstrakten Zeitbegriffen wie „in einer Stunde" oder „in zehn Minuten" können sie nichts anfangen. Sie lernen dies erst im Schulalter, wenn sie die Uhr lesen können. Wenn Sie diese Tatsachen bedenken, fällt es Ihnen von vornherein leichter, gelassen mit Ihrem ins Spiel versunkenen Kind umzugehen – selbst wenn Sie wieder mal in Eile sind.

Trödeln als Strategie

Manche Kinder setzen ihr Geträdel allerdings auch ganz gezielt dazu ein, um mehr Aufmerksamkeit zu bekommen oder etwas Unangenehmem zu entgehen. Ist die Trödelei ein Hilferuf, sollten Sie mehr Zeit und Zuwendung für Ihr Kind einplanen – Zeit, die Sie ausschließlich für dieses Kind und nicht etwa auch für die Geschwister reservieren.
Will Ihr Kind mit der Trödelei allerdings immer und überall im Mittelpunkt stehen und/oder austesten, wann Mutter oder Vater endgültig aus der Haut fahren, hilft meist nur Konsequenz. Ist es nie zur rechten Zeit angezogen, kann es nicht mitkommen zum Einkaufen. Dauert der abendliche „Kampf" im Bad immer ewig, muss die Gute-Nacht-Geschichte ausfallen.

Tipp

Bach-Blüten für kleine Trödler:

- Hornbeam bei fehlendem Zeitgefühl, ständiger Müdigkeit
- Agrimony und Scleranthus bei Kindern, die sich dauernd ablenken lassen
- Wild Rose, wenn es keine Lust und keinen Ehrgeiz hat, überfordert ist
- Crab Apple und Rock Water, wenn alles so lange dauert, weil es zu pedantisch ist

- Clematis für kleine Traumtänzer
- Chicory, Heather und Vine für Kinder, die durch das Trödeln im Mittelpunkt stehen und andere mit sich beschäftigen wollen
- Bach-Blüten für Eltern, die Ihnen helfen, die Nerven zu bewahren: Beech, Holly, Impatiens

Lassen Sie sich diese Mischungen (für Ihr Kind ohne Alkohol) in der Apotheke herstellen (rezeptfrei, je nach Apotheke 5 bis 10 €). Dosierung (ab Geburt, aber auch für Erwachsene): morgens, mittags, nachmittags und abends je 4 Tropfen auf einem Plastiklöffel, Tropfen für kurze Zeit im Mund behalten.

Die 12 besten Anti-Trödel-Tipps

1. Das Wichtigste vorweg: Versuchen Sie nicht, Ihr Kind durch ständige Ermahnungen zur Eile anzutreiben. Manche Kinder fühlen sich dann überfordert und werden in der Eile noch langsamer. Andere wiederum schalten auf stur und trödeln extra noch mehr, um ihren Widerstand zu demonstrieren.
2. Selbst ruhig bleiben: Stress und Hektik übertragen sich auf Ihr Kind und verschärfen die Situation noch. Sensible Kinder fühlen sich eventuell stark unter Druck gesetzt und verheddern sich vor Aufregung z. B. beim Anziehen erst recht.
3. Mehr Zeit einplanen: Das ist das beste Mittel gegen Trödelstress. Wer früher aufsteht und schon 15 Minuten vor dem eigentlichen Aufbruch mit dem Anziehen beginnt, kann leichter gelassen bleiben, wenn der Sprössling sich von jedem Kuscheltier einzeln verabschiedet.
4. Rituale einführen: Feste Abläufe sparen vor allem morgens und vor dem Schlafengehen (beides beliebte Trödelzeiten) Zeit, weil Sie besser abschätzen können, wie lange es dauert, und Ihr Kind gar nicht erst etwas Neues ausprobieren muss.
5. Vorfreude wecken: „Ködern" Sie Ihr Kind beim Spaziergang etwa mit „Schau mal, da vorne im Schaufenster ist ein Teddy!" oder geben Sie ihm eine wichtige Aufgabe, etwa in den nächsten Briefkasten einen Brief einzuwerfen.
6. Ablenkung hilft: Gehen langweilige Alltagsdinge wie Anziehen oder Zähneputzen nur zäh voran, erzählen oder singen Sie dabei, dann macht Ihr Kind besser mit.
7. Wettkampf veranstalten: Ein „Mal sehen, wer von uns beiden zuerst seine Schuhe an hat!" wird Ihr Kind anspornen.
8. Aufgaben in überschaubare „Häppchen" aufteilen: Da Ihr Kind mit Aufforderungen wie „Jetzt mach dich endlich fertig – wir müssen gleich los!" überfordert ist, sollten Sie alle erforderlichen Schritte einzeln nennen und erst dann die nächste Aufgabe stellen, wenn die vorherige erledigt ist. Etwa: Schlafanzug ausziehen, dann erst Zähne putzen und, wenn das erledigt ist, herausgelegte Kleidung anziehen.

9. Vorbild sein: Ziehen Sie sich ruhig und ohne viele Ermahnungen an. Kann Ihr Kind sich selbst anziehen, sagen Sie „Ich warte draußen auf dich!“ und verlassen dann das Haus. Das beschleunigt kleine Trödler oft ungemein.
10. Alternativmethode anwenden: Ist Ihr Kind mit etwas anderem „schwer“ beschäftigt, helfen Fragen wie „Möchtest du die Jacke selbst anziehen oder soll ich dir in die Ärmel helfen?“, die zwei Antworten in Ihrem Sinne zulassen.
11. Konsequenz der Trödelei spüren lassen: Wer trödelt, kann einiges verpassen. Kommen Sie z. B. morgens nie pünktlich aus dem Haus, ist es oft heilsam, wenn Ihr Kind vor der verschlossenen Tür des Kindergartens steht und nicht mehr hineinkommt.
12. Lob spornt an: Loben Sie Ihr Kind, wenn es ohne Trödeln mitmacht. Als kleine Belohnung ist etwas Extrazeit zum Vorlesen oder Spielen sinnvoll. Geht das nicht direkt, können Sie einem Kindergartenkind auch Schnelligkeitspunkte geben, die es bei einer bestimmten Punktzahl für eine Fahrradtour, ein Picknick oder Ähnliches einlösen kann.

Tipp

Trainieren Sie mit Ihrem Kind ab dem letzten Jahr vor der Einschulung, Zeit richtig einzuteilen.
Stellen Sie für bestimmte Tätigkeiten einen Eierwecker, etwa zwei Minuten für das Zähneputzen, fünf bis zehn Minuten für das Anziehen, 20 Minuten für das Frühstück. Wenn der Wecker klingelt, wissen Sie beide, dass die geplante Zeit um ist. Ist Ihr Kind nicht in der geplanten Zeit fertig geworden, sollte es versuchen, durch häufiges Üben seine „Bestzeit“ zu verbessern. Gelingt das nicht, wissen Sie, dass Sie mehr Zeit für diese Tätigkeit einplanen und etwas früher aufstehen müssen.

Wenn Ihr Kind sich bei Besuch unmöglich aufführt – diese Strategien helfen

Erfahren Sie, was dahinter steckt und wie Sie bei „akuten Störfällen“ für Abhilfe sorgen können. Außerdem: Die besten Tipps, wie Sie Störverhalten schon vorbeugend vermeiden.

Fast alle Eltern kennen dieses unliebsame Verhalten: Der Besuch hat kaum die Wohnung betreten, da dreht der Sprössling richtig auf. Er hüpft lärmend durch die Wohnung, redet ohne Punkt und Komma und/oder andauernd dazwischen, bekommt Schreianfälle, stellt ständig etwas an oder er zieht und zerrt an Ihrer Kleidung oder an der Hand.

Warum nur?

Jedes Kind will dazugehören und beachtet werden. Das Ziel all dieser Verhaltensweisen ist es, sich die Aufmerksamkeit aller Anwesenden zu sichern. Durch die besondere „Ehrenrolle“ des Gastes, für den extra Kuchen gebacken oder die gute Tischdecke aufgedeckt wird, befürchtet das Kind umso mehr, nun nicht mehr im Mittelpunkt zu stehen.
Je größer das „Publikum“, umso heftiger sind denn auch oft die Störungen, mit denen das Kind auf sich aufmerksam machen will. Erschwerend kommt häufig hinzu, dass Eltern von ihrem Kind natürlich gerade dann besonders gutes Verhalten erwarten, wenn sie Besuch haben.

Tipp

Um Enttäuschungen auf allen Seiten zu vermeiden, sollten Sie von Ihrem Kind grundsätzlich kein mustergültiges Verhalten erwarten, weil ausnahmsweise Besuch da ist. Ihr Kind wird nun nicht plötzlich ohne zu kleckern mit Messer und Gabel essen können oder sich stundenlang brav und ruhig in seinem Zimmer beschäftigen, wenn das im Familienalltag sonst niemand von ihm erwartet und es daher damit völlig überfordert wäre.

Was tun, wenn Ihr Kind ständig stört?

- Je nachdem, wie ausgeprägt das Störverhalten ist, können und sollen Sie es ruhig zunächst ignorieren. Flitzt Ihr Dreijähriger beispielsweise mit Indianergeheul um den Esstisch, ist es am besten, erst einmal abzuwarten und Ihrem Kind dabei keine besondere Aufmerksamkeit zu schenken. Oft erübrigt sich das Theater allein dadurch, dass sich niemand darüber aufregt und das Verhalten somit nicht zum Ziel führt.

- Alternativ oder als nächster Schritt bietet es sich an, Ihrem Kind ein vernünftiges Maß an Aufmerksamkeit zu schenken, ihm aber nicht zu erlauben, die Situation zu dominieren. Fragen Sie es z. B., ob es etwas zu essen oder zu trinken möchte, welches Stück Kuchen es haben will und was es sich zu trinken wünscht, genau so, als ob es auch Gast wäre. Sie können Ihr Kind auch ablenken und versuchen, ihm eine interessante Beschäftigungsalternative schmackhaft zu machen. Besonders stolz sind Kinder aber meist dann, wenn man sie helfen lässt. Bitten Sie es z. B., dem Gast die Toilette zu zeigen oder etwas aus der Küche zu holen. Beziehen Sie Ihr Kind bei Tisch immer wieder ins Gespräch mit ein, lassen Sie aber nicht zu, dass sich alles nur um Ihr Kind dreht.
- Bei ausgeprägtem oder andauerndem Störverhalten bitten Sie Ihr Kind, den Raum zu verlassen und z. B. ins Kinderzimmer zu gehen, wo es ungestört toben, singen und schreien darf. Weigert sich Ihr Kind zu gehen, nehmen Sie es ruhig an der Hand oder notfalls unter den Arm und bringen Sie es in sein Zimmer. Sagen Sie ihm ruhig, aber bestimmt, dass es erst dann wieder herauskommen darf, wenn es sich beruhigt hat und sich wieder benehmen kann.

Abbildung 1:
Die Mithilfe bei den Vorbereitungen gibt Ihrem Kind das Gefühl, wichtig zu sein, und hilft, Störungen vorzubeugen.

Tipp

Kommen auch Kinder zu Besuch, können Sie einen extra Kindertisch decken, an dem die Benimm-Regeln nicht so streng sein müssen. Kinder finden es meist viel lustiger, unter sich zu sein und sich keine langweiligen „Erwachsenen-Gespräche“ anhören zu müssen.

Schlechtes Benehmen, „coole“ Sprüche

Ab dem Kindergartenalter kann es Ihnen auch passieren, dass die zu Besuch kommende Tante für alle laut hörbar als „doof“ oder „blöd“ oder sogar mit einem Schimpfwort bezeichnet wird. Sagen Sie Ihrem Kind dann sofort in bestimmtem Tonfall, dass es nicht in Ordnung ist, so mit anderen zu sprechen, da dies deren Gefühle verletzt. Will Ihr Kind trotzdem durch seine Ausdrücke weiter provozieren, muss es den Raum verlassen. Dies gilt auch, wenn es sich grob daneben benimmt und etwa mit dem Essen matscht, ständig rülpst oder mit dem Stuhl kippelt. Bei Tisch sollten Sie davon ausgehen, dass Ihr Kind wohl schon satt ist, und kommentarlos den Teller abräumen.

Wie können Sie vorbeugen?

- Beziehen Sie Ihr Kind von Anfang an mit ein. Lassen Sie sich von Ihrem Kind beraten (z. B. Auswahl von Tischdecke oder Servietten) und lassen Sie es beim Kuchenbacken oder Tischdecken mithelfen. Würdigen Sie seinen Beitrag dann auch im Beisein des Gastes, das verstärkt Ihr Lob noch.
- Treffen Sie vor dem Besuch eine Vereinbarung. Machen Sie beispielsweise aus, dass es anfangs für eine gewisse Zeit dabei sein darf und ganz besonders im Gespräch beachtet wird, dass sich dann aber auch die Erwachsenen alleine unterhalten wollen, während es spielt oder etwas malt. Ideal ist eine Beschäftigung, bei der zum Schluss ein Ergebnis zu sehen ist, das dann von allen Erwachsenen gebührend gewürdigt wird, also etwa ein Bild, ein Puzzle oder eine Bastelarbeit.
- Stellen Sie eine Belohnung in Aussicht. Diese Belohnung sollte ganz bewusst nichts Materielles sein, sondern in ungeteilter Aufmerksamkeit und gemeinsam verbrachter Zeit bestehen. Vereinbaren Sie z. B. mit Ihrem Kind, dass Sie sich am Abend oder am nächsten Tag eine Stunde (oder auch länger) ausschließlich Ihrem Kind widmen und es in dieser Zeit bestimmen darf, was gemacht wird (vorlesen, spielen, gemeinsam basteln...).

Wie viele – und welche – Grenzen braucht ein Kind?

Manche Regel muss Ihr Kind schon im ersten Lebensjahr lernen, doch zu viele Verbote entmutigen es. Unser Beitrag hilft Ihnen, den richtigen Mittelweg zu finden. Plus: Die 10 besten logischen Konsequenzen für den Erziehungsalltag.

Mit den Begriffen Grenzen, Regeln und Konsequenzen verbinden viele Eltern eine starre, autoritäre Erziehung. Und damit möchte man sein Kind ja keinesfalls traktieren. Daher fällt es Eltern oft schwer, konsequent zu bleiben, wenn ihr Kind bettelt und schmeichelt oder entnervend trotzt und quengelt. Sie befürchten, ihr Kind könnte sich ungeliebt fühlen. Tatsache ist jedoch: Kinder brauchen Grenzen, denn Grenzen geben ihnen das Gefühl, sich besser in ihrer Umwelt zurechtzufinden. Grenzen sind für Kinder im positiven Sinne Orientierungshilfen. Und es ist die Pflicht von uns Eltern, ihnen diese Orientierung zu geben. Möglicherweise wäre es Ihrem Kind eine gewisse Zeit angenehm, wenn Sie es immer gewähren ließen, wie es will. Es wird dann aber das Gefühl bekommen, dass es Ihnen gleichgültig ist, was es treibt, oder dass Sie nicht an ihm interessiert sind. Es wird Ihr Nicht-Eingreifen auch als Mangel erleben. Schließlich kann es manchmal eine Erleichterung sein, wenn man gesagt bekommt, wo es langgeht.

Kinder, die nicht in ihre Schranken verwiesen werden, entwickeln sich zu kleinen Tyrannen. Das ständige Gequengel und die vermehrte Aufmerksamkeit, die sie fordern, sind jedoch ein Hilferuf nach Halt und Orientierung!

Kleine Rebellen brauchen liebevolle Konsequenz

Grenzüberschreitungen sind normal – und das nicht erst in der Pubertät. Während der Trotz- und Quengelphasen probieren Kinder gerne aus, wie weit sie gehen können, und versuchen immer wieder, Grenzen zu übertreten. Das ist völlig normal und kein Anlass zur Sorge. Es ist nur ziemlich nervenaufreibend und anstrengend.

Reagiert Ihr Kind nicht auf eine freundlich, aber bestimmt vorgetragene Anweisung – Blickkontakt nicht vergessen! –, hilft es meist nichts, das Anliegen in zunehmender Lautstärke zu wiederholen. Jetzt müssen Sie handeln! Wie, das verrät Ihnen unsere „Top Ten“ der besten logischen Konsequenzen auf Seite 221.

10 goldene Familienregeln gegen Konflikte

1. Kinder, die sich geliebt und angenommen fühlen, können Regeln und Grenzen leichter akzeptieren.
2. Vermeiden Sie zu viele bzw. unnötige Verbote. Beugen Sie Problemen lieber auf andere Weise vor: Richten Sie Ihre Wohnung z.B. so ein, dass Ihr Kleinkind Gefährliches oder Wertvolles gar nicht erst erreichen kann (einschließen, in höhere Regale räumen). Verlangen Sie nicht zu viel von Ihrem Kind, etwa dass es sich bei einem langen Telefonat die ganze Zeit ruhig verhält. Überlegen Sie sich, bevor Sie ein Verbot aussprechen, ob Sie immer noch darauf bestehen würden, wenn Ihr Kind deswegen einen Wutanfall bekäme und sich schreiend auf dem Boden wälzen würde. Bei dem, was Sie trotzdem verbieten würden, handelt es sich in der Regel um wirklich wichtige Dinge, die z.B. dem Schutz Ihres Kindes vor Gefahren dienen.
3. Formulieren Sie Regeln und Verbote eindeutig. Sprechen Sie mit fester Stimme in kurzen, klaren Sätzen mit Ihrem Kind. Stellen Sie sicher, dass es tatsächlich zuhört, indem Sie es ansehen und vielleicht sogar berühren, um seine Aufmerksamkeit auf Sie zu lenken.
4. Zeigen Sie Verständnis für den Ärger oder Trotz Ihres Kindes, wenn es mit einem Verbot konfrontiert wird. Bleiben Sie aber trotzdem konsequent!
5. Räumen Sie Ihrem Kind ein Mitspracherecht ein. Ab dem Kindergartenalter können Sie mit Ihrem Kind gemeinsam Regeln vereinbaren. Das erhöht die Wahrscheinlichkeit, dass Ihr Kind sich auch daran halten wird.
6. Erklären Sie, warum Ihr Kind etwas tun soll bzw. nicht darf. Wenn es den Grund kennt, fällt es ihm leichter, sich an die Regel zu halten.
7. Drohen Sie nie mit Folgen, die Sie nicht einhalten können oder wollen. Vermeiden Sie z.B. Drohungen wie „Wenn du nicht brav bist, nehme ich dich nie wieder mit zum Einkaufen!“ Ihr Kind lernt daraus nämlich nur, dass man Ihre Drohungen nicht ernst nehmen muss, weil die angekündigten Konsequenzen nicht eintreten.
8. Setzen Sie auf den Nachahmungstrieb. Sie als Eltern sind das beste Vorbild für Ihr Kind. Halten Sie sich aber selbst nicht an die geltenden Regeln, kann Ihr Kind nur schwer verstehen, warum es das tun sollte. Wenn z.B. der Papa die Wohnung mit Straßenschuhen betritt, wird natürlich der Sohn nicht akzeptieren, dass er sich die Schuhe schon vor der Haustür ausziehen soll.
9. Ausnahmen sind erlaubt, jedoch nicht ständig. Bei besonderen Anlässen (z.B. Geburtstag, Familienfeiern) darf Ihr Kind ruhig auch etwas länger aufbleiben oder mehr naschen, als üblicherweise erlaubt ist. So kann es erkennen, dass Sie seine Wünsche verstehen und ernst nehmen.

10. Grenzen und Regeln sollten den Erfordernissen angepasst werden. Lehnt Ihr Kind sich andauernd gegen bestimmte Regeln auf, sollten Sie überprüfen, ob diese für Ihr Kind noch passend sind oder Sie ihm vielleicht schon etwas mehr Eigenständigkeit zutrauen können.

Abbildung 2:
In dieser Situation werden wohl alle Eltern eine Grenze setzen, selbst wenn der kleine Entdecker dann einen heftigen Wutanfall bekommt. Die Sicherheit des Kindes geht in diesem Fall vor! Trotzdem sollten Regale möglichst an der Wand befestigt werden, um Unfälle zu vermeiden.

Tabelle 1: Die 10 besten logischen Konsequenzen für den Erziehungsalltag mit Klein- und Kindergartenkindern

Problemverhalten	logische Konsequenz
1. Ihr Kleinkind geht immer an gefährliche Gegenstände, die sich nicht außer Reichweite bringen lassen	Wenn ein bestimmtes „Nein!“ (ein- bis zweimal wiederholen) und die schützend davor gehaltene Hand Ihr Kind nicht stoppen, sollten Sie es vom Schauplatz entfernen. Setzen Sie es z. B. für wenige Minuten in seinen Laufstall, notfalls auch wiederholt, wenn es danach gleich erneut testet, wie ernst das Nein gemeint ist.
2. Ihr Kind trotzt bzw. ist wütend auf Sie und schlägt Sie, tritt, kratzt oder beißt.	Sagen Sie ruhig, aber bestimmt, dass Ihr Kind damit aufhören soll, weil es Ihnen damit wehtut. Halten Sie seine Hand fest, wenn es Sie schlägt. Nützt das nichts, verlassen Sie den Raum (Tipp: Gehen Sie in die Toilette, da können Sie zusperren, falls Ihr Kind Ihnen folgt) bzw. bringen Sie Ihr Kind für eine Auszeit (nicht länger als drei Minuten) in sein Kinderzimmer. Halten Sie Ihr Kind gerade auf dem Arm, wenn es Sie bedrängt, setzen Sie es konsequent auf den Boden.
3. Ihr Kind bekommt beim Einkaufen einen Trotzanfall, weil es das gewünschte Spielzeug oder die Süßigkeiten nicht bekommt.	Erklären Sie Ihrem Kind, bevor Sie ins Geschäft gehen, dass es keine Süßigkeiten/Spielzeug bekommt. Will es trotzdem in die Spielzeugabteilung, können Sie wiederholen: „Du kannst dir die Sachen gerne ansehen, aber wir kaufen nichts!“ Beginnt Ihr Kind zu schreien, nehmen Sie es fest an die Hand und verlassen Sie notfalls das Geschäft und gehen erst wieder hinein, wenn es sich beruhigt hat. Wälzt es sich schreiend auf dem Boden, klemmen Sie sich das Kind unter den Arm und tragen es hinaus. Hat Ihr Kind sich wiederholt daneben benommen, nehmen Sie es einige Male nicht mehr mit zum Einkaufen oder lassen Sie es eventuell im Auto, wenn Sie in kurzer Zeit wieder zurück sein werden.

4. Ihr Kind trödelt wenn Sie pünktlich aus dem Haus müssen oder es in den Kindergarten soll.	Ist Ihr Kind in ein Spiel oder Buch vertieft, können Sie es jedes Mal, wenn Sie an ihm vorbeikommen, auffordern, das nächste Kleidungsstück anzuziehen. Tut es das nicht, nehmen Sie Ihr Kind so, wie es ist, mit. Notfalls steht es dann im Schlafanzug und einer Tasche mit Kleidung im Kindergarten und muss sich dort anziehen. Ist es für diese logische Konsequenz zu kalt oder bringen Sie es doch nicht übers Herz, dürfen Sie Ihr Kind auch gegen seinen Willen anziehen. Spielplatzbesuche und andere angenehme Dinge müssen leider ausfallen, wenn Ihr Kind nicht fertig ist, bzw. es kann nicht mitgehen.
5. Ihr Kind läuft trotz Verbot auf die Straße oder bleibt mit dem Dreirad, Roller oder Fahrrad nicht auf dem Grundstück.	Bringen Sie Ihr Kind ruhig, aber bestimmt ins Haus und schicken Sie seine Freunde nach Hause, wenn es auf die Straße gelaufen ist. Sagen Sie ihm, dass es nach einer halben Stunde wieder hinaus kann, wenn es sich an das Verbot hält. Läuft es wieder auf die Straße, muss es an diesem Tag im Haus bleiben. Hat es mit einem Fahrzeug das Grundstück verlassen, wird das Gefährt für diesen Tag konfisziert. Sind Sie mit dem Buggy unterwegs, muss Ihr Kind in den Wagen und darf nicht mehr selbst laufen, wenn es nicht bei Ihnen an der Hand bleibt.
6. Ihr Kind drückt sich vor dem Zähneputzen bzw. lässt auch Sie nicht putzen.	Wenn die Zähne nicht geputzt werden, kann Ihr Kind keine Süßigkeiten essen, da diese ja den Zähnen schaden. Auch gezuckerter Tee und Säfte sind dann tabu, und es gibt so lange nur Wasser zu trinken, bis Ihr Kind seinen Zahnputzstreik beendet hat.
7. Ihr Kind streitet sich mit dem Geschwisterkind oder Freund heftig um ein Spielzeug bzw. hat es diesem bereits aus der Hand gerissen.	Dieses Verhalten ist für Kinder unter zwei Jahren normal, da ihnen die sprachlichen Möglichkeiten zur Konfliktlösung fehlen. Versuchen Sie den Streit zu schlichten. Größere Kinder müssen das Spielzeug, das sie dem anderen aus der Hand gerissen haben, zurückgeben. Hört der Streit ums Spielzeug nicht auf, wird das Spielzeug für zehn Minuten entfernt. Eskaliert der Streit weiter, trennen Sie die Streithähne (Freund nach Hause schicken, Geschwister in das eigene Zimmer schicken bzw. auf andere Art räumlich trennen).
8. Ihr Kind möchte zur Essenszeit nicht essen, hat aber prompt nach einer halben Stunde Hunger.	Will Ihr Kind nicht zur normalen Essenszeit mitessen bzw. spielt es und kommt gar nicht an den Tisch, können Sie davon ausgehen, dass es nicht hungrig ist. Räumen Sie seinen Teller ruhig, aber bestimmt ab. Sind alle Familienmitglieder mit der Mahlzeit fertig, wird abgeräumt, auch wenn Ihr Kind jetzt plötzlich nach seinem Teller schreit. Gibt es etwas, das Ihr Kind absolut nicht mag, können Sie ihm als Ersatz ein Stück trockenes Brot anbieten. Nachmittags gibt es keine Zwischenmahlzeit, insbesondere keine Süßigkeiten. Wem das zu hart erscheint, der kann die nächste Mahlzeit etwas vorziehen oder dem Kind etwas Obst oder Gemüse anbieten.
9. Ihr Kind matscht mit dem Essen.	In den ersten zwei Lebensjahren geht Essen kaum ohne Matschen ab. Einem größeren Kind sollten Sie mit der Bemerkung „Ich sehe, du bist gar nicht mehr hungrig!“ ruhig den Teller wegnehmen, wenn es das Essen neben dem Teller verteilt oder gar die Erbsen durch die Luft fliegen.
10. Ihr Kind räumt nicht auf.	Da Kinder bei großer Unordnung überfordert sind, sollten Sie zusammen mit Ihrem Kind aufräumen und genaue Anweisungen geben (etwa: Räum bitte alle Bücher ins Regal!). Will es dabei nicht helfen, kommt alles, was auf dem Boden liegt, in eine große Kiste, die erst nach einigen Tagen wieder geleert wird. Auch angenehme Dinge wie etwa Fernsehen können nicht stattfinden, wenn die Arbeit, in diesem Fall das Aufräumen, nicht erledigt ist.

Vermeiden Sie diese 7 häufigen Erziehungsfallen

Kinder zu erziehen scheint immer schwieriger zu werden. Tobende Winzlinge, rotzfreche Kindergartenkinder – wie können Eltern damit umgehen, ohne wie ein Feldwebel zu brüllen oder Klapse auszuteilen? Lesen Sie hier, wie Sie die häufigsten Erziehungsfehler vermeiden.

Wie gut Ihr Kind gehorcht, hängt nicht nur von Ihrer Erziehung, sondern auch von seiner Veranlagung ab. Doch gibt es einige Fallen, in die wir Eltern immer wieder tappen.

1. Falle: Kind unbeabsichtigt belohnen

Wenn Sie Ihr Kind mit vermehrter Aufmerksamkeit, durch ein Spielzeug oder Süßigkeiten von einem Fehlverhalten ablenken wollen, wird es dafür belohnt und deshalb immer wieder so handeln. Bei größeren Kindern hat langes Debattieren denselben Effekt – das Kind bekommt vermehrt Aufmerksamkeit. Selbst Schimpfen und Nörgeln sind Ihrem Kind lieber als gar keine Zuwendung.

2. Falle: Bei „Theater" letztlich doch nachgeben

Wenn Kinder ihr Gebrüll, die Tobsuchtsanfälle oder das Gequengel verstärken, geben manche Eltern irgendwann entnervt nach. Hat es seinen Willen erreicht, wird ein Kind diese Strategie häufiger einsetzen. Auf Seiten der Eltern gibt es ähnliche Probleme: Wenn Sie schnell schreien oder drohen, wird Ihr Kind Sie bald bei normal vorgebrachten Anweisungen nicht mehr ernst nehmen. Folgt Ihr Kind nicht, sollten Sie nicht lauter werden, sondern handeln. Gehen Sie z. B. zu Ihrem Kind und führen Sie ihm die Hand, wenn es nicht „weiß", wo es seine Jacke aufhängen soll, oder führen Sie es ins Kinderzimmer für eine Auszeit, wenn es sich nicht beruhigt.

3. Falle: Erwünschtes Verhalten übersehen

Leider loben die meisten Eltern ihre Kinder viel zu wenig, wenn sie sich gut benehmen, schimpfen aber schnell, wenn sie sich unerwünscht verhalten. So lernen Kinder, dass sie sich „daneben benehmen" müssen, um beachtet zu werden.

4. Falle: Falsche Anweisungen geben

Wie gut Ihr Kind Ihre Anweisungen befolgt, hängt auch davon ab, wie Sie diese geben. Vermeiden Sie diese Fehler:

- Zu viele Anweisungen, insbesondere auf einmal, führen dazu, dass Ihr Kind glaubt, es ohnehin nicht recht machen zu können. Es resigniert oder rebelliert dann häufig.
- Zu wenige Anweisungen lassen Ihr Kind im Unklaren, was Sie von ihm erwarten. Geben Sie klare Anweisungen oder machen Sie Ihrem Kind vor, was es tun soll.
- Zu schwierige Anweisungen kann Ihr Kind nicht verstehen und deshalb nicht befolgen. Wenn das, was Sie von ihm erwarten, eine Überforderung darstellt, wird es nicht tun, was Sie von ihm verlangen. So kann z. B. ein dreijähriges Kind sein Kinderzimmer nicht allein aufräumen.
- Zu ungenaue Anweisungen führen nicht zum Erfolg, weil Ihr Kind nicht weiß, was Sie von ihm wollen. Sagen Sie z. B. statt „Benimm dich ordentlich!" besser „Setz dich ruhig an den Tisch und matsch nicht mit dem Essen!" Fragen Sie nicht „Möchtest du jetzt ins Bett gehen?", sondern sagen Sie klar „Es ist jetzt Zeit, dass du ins Bett gehst."
- Anweisungen zur falschen Zeit, etwa während Ihr Kind intensiv spielt, werden häufig tatsächlich überhört oder aber ignoriert. Sprechen Sie Ihr Kind gezielt an, stellen Sie Augen- oder Körperkontakt her und geben Sie dann Ihre Anweisung. Wenn es nicht unbedingt erforderlich ist, sollten Sie Ihr Kind nicht aus seiner Tätigkeit herausreißen.
- Anweisungen, die Ihr Kind nicht einordnen kann, etwa weil Sie ihm etwas verbieten, gleichzeitig aber schüchtern und bittend sprechen oder währenddessen lächeln. Dabei weiß Ihr Kind nicht, ob es den Worten oder aber Ihrer Körpersprache glauben soll. Auch Anweisungen, die Sie ihm vom Raum nebenan zurufen, werden oft nicht befolgt.

5. Falle: Wirkungslose Strafen einsetzen

Strafen sind immer ungünstig. Bei Problemverhalten sind logische Folgen, notfalls auch eine kurze Auszeit besser. Aus diesen Gründen sind Strafen oft nutzlos oder gefährlich:

- Angedrohte Strafe wird nicht ausgeführt. Kinder lernen sehr schnell, Drohungen zu ignorieren, wenn sie nicht wahr gemacht werden. Deswegen sind insbesondere unrealistische Drohungen wie „Du darfst nie mehr ..." sinnlos.
- Inkonsequente Bestrafung. Wird ein und dasselbe unerwünschte Verhalten einmal ignoriert, das andere Mal aber bestraft, weiß Ihr Kind nicht, was von ihm nun eigentlich erwartet wird. Das Gleiche passiert, wenn Eltern sich nicht einig sind und z. B. die Mutter das Kind gewähren lässt, der Vater dasselbe Verhalten aber bestraft.

- Strafe als letztes Mittel. Wenn Sie unerwünschtes Verhalten zunächst ertragen, Ihnen später aber doch der Geduldsfaden reißt, fällt die Strafe oft zu hart aus. Daher sollten Sie besser sofort, aber moderat auf Fehlverhalten reagieren.
- Strafe im Zorn. Wenn Sie selbst sehr wütend sind, könnten Sie die Kontrolle verlieren und Ihrem Kind weh tun.
- Strafe ohne Lernmöglichkeit. Aus einer Strafe ohne Zusammenhang mit dem Fehlverhalten lernt das Kind nichts. Besser sind Schadensersatz oder Wiedergutmachung.

6. Falle: Ungünstiges Vorbild abgeben

Kinder lernen sehr viel aus dem Verhalten ihrer Eltern. Wenn Sie selbst z. B. schnell laut werden, wird Ihr Kind daraus schließen, dass Schreien in Ordnung ist.

7. Falle: Verletzende Kritik äußern

Um das Selbstwertgefühl Ihres Kindes nicht zu verletzen, sollten Sie es nicht als Person kritisieren („Du hast dich wieder so blöd angestellt!"), sondern nur sein Verhalten. Das Gefühl, es könne sowieso nichts und mache nichts recht, führt nicht selten dazu, dass Ihr Kind sich zurückzieht und in eine regelrechte Verweigerungshaltung hineingerät.

Wenn Sie bei Erziehungsproblemen professionelle Hilfe brauchen, können Sie sich in einer Erziehungs- und Familienberatungsstelle kostenlos beraten lassen. Die Adresse der nächstgelegenen psychologischen Beratungsstelle finden Sie unter www.bke.de/ratsuchende.htm oder unter dem jeweiligen Träger (z.B. Stadt oder Landkreis, evangelische oder katholische Kirche, Arbeiterwohlfahrt, Paritätischer Wohlfahrtsverband, Caritas oder Diakonisches Werk) im Telefonbuch.

Ist „Triple P“ das ideale Erziehungsprogramm für Sie?

Elterntrainings gibt es inzwischen viele, doch Triple P ist etwas Besonderes: Es ist nicht nur einfach anzuwenden, sondern auch eines der wenigen Programme, deren Wirksamkeit wissenschaftlich nachgewiesen ist. Lesen Sie hier, wie und warum Triple P so gut funktioniert.

Der Name Triple P steht für „Positive Parenting Program“ (positives Erziehungsprogramm). Dieses Erziehungsprogramm wurde in langjähriger Forschung an der Universität von Queensland (Australien) entwickelt. Aufgrund der großen Erfolge, die Eltern damit erzielen können, gibt es seit einigen Jahren auch Kurse in Deutschland.
Triple P ist für Kinder ab ca. einem Jahr geeignet. Bestimmte Aspekte – wie etwa die fünf Säulen der positiven Erziehung – sollten am besten schon im Babyalter beachtet werden.

Richtig erziehen kann man lernen

Triple P kann Ihnen helfen, Ihr Kind liebevoll zu erziehen und es in seiner Entwicklung zu fördern. Sie lernen dadurch, eine positive Beziehung zu Ihrem Kind aufzubauen sowie den Familienalltag einfacher und schöner zu gestalten. Auch zum Umgang mit schwierigen Situationen bzw. deren Vorbeugung erhalten Sie Rat und Unterstützung. Nachfolgend haben wir für Sie die wichtigsten Grundsätze und möglichen Verhaltensregeln der positiven Erziehung zusammengestellt.

Die 5 Säulen der positiven Erziehung

Um die Entwicklung und das Selbstvertrauen Ihres Kindes zu fördern, sollten Sie diese fünf Punkte beachten:

1. Sorgen Sie für eine sichere und interessante Umgebung. Wohnung und Garten sollten Ihrem Kind möglichst viele Möglichkeiten und Anregungen zum Entdecken, Forschen und Ausprobieren geben, damit seine geistige Entwicklung gefördert wird. Gleichzeitig sollte die Umgebung Ihres Kindes sicher sein, damit es sie ohne ständige Einschränkungen und Verbote erforschen kann. So können Sie Frustration und damit möglicherweise Verhaltensauffälligkeiten vorbeugen und selbst entspannter sein.
2. Schaffen Sie eine positive Atmosphäre. Braucht Ihr Kind Ihre Unterstützung, sollten Sie für es da sein und ihm zuhören oder es ggf. anleiten oder ermu-

tigen. Tut es etwas, das Sie gut finden, bestärken Sie es darin und loben es sofort. So wird es ermutigt, sich auch in Zukunft wieder so zu verhalten.

3. Seien Sie konsequent. Wenn Sie als Eltern konstant und vorhersehbar reagieren, kann Ihr Kind am einfachsten erkennen, wie es sich verhalten soll. Benimmt Ihr Kind sich falsch, sollten Sie in jedem Fall und sofort darauf reagieren und ihm sagen, was es statt dessen tun sollte.
4. Setzen Sie Ihre Erwartungen nicht zu hoch an. Kein Kind wird immer hilfsbereit oder ordentlich sein können. Manchmal glauben Eltern auch, ihr Kind müsste dieses oder jenes doch schon können, weil etwa das ältere Geschwisterkind das in diesem Alter schon beherrschte. Da sich Kinder aber ganz individuell entwickeln, kann ein bestimmtes Verhalten das jüngere Kind durchaus noch überfordern.
5. Denken Sie auch an sich selbst! Sie selbst müssen nicht perfekt sein und dürfen durchaus Fehler machen. Auch Sie brauchen manchmal Ruhe oder Zeit zu zweit. Nur wenn Sie Ihre eigenen Bedürfnisse berücksichtigen, können Sie geduldig und ausgeglichen sein und Ihr Kind liebevoll erziehen.

So benimmt sich Ihr Kind gerne gut

Als Grundlage benötigt jedes Kind eine positive Beziehung zu seinen Eltern. Mit den folgenden Ideen können Sie die Beziehung zu Ihrem Kind verbessern und vertiefen:

- Verbringen Sie wertvolle Zeit mit Ihrem Kind. Nehmen Sie sich immer dann Zeit für Ihr Kind, wenn es Sie um Hilfe bittet oder sich mit einer Frage bzw. um etwas herzuzeigen an Sie wendet. Geht es nicht sofort, sollten Sie so bald als möglich etwas Zeit mit Ihrem Kind einplanen. Das scheint sinnvoller zu sein als eine längere Zeit zu einem festgelegten Zeitpunkt, da Letzteres den Bedürfnissen des Kindes nicht unbedingt gerecht wird.
- Reden Sie mit Ihrem Kind. Damit unterstützen Sie nicht nur seine Sprachentwicklung und erweitern seinen Horizont. Gleichzeitig fühlt es sich angenommen, was sein Selbstbewusstsein fördert. Sprechen Sie über Themen, die Ihr Kind interessieren, und erzählen Sie ihm auch von Ihren Gedanken und Ihren Gefühlen. Hören Sie aufmerksam zu, wenn Ihr Kind Ihnen etwas sagen will.

So bringen Sie Ihr Kind dazu, wünschenswertes Verhalten häufiger an den Tag zu legen:

Tipp

Gerade in den ersten Lebensjahren ist die körperliche Zuneigung der Eltern besonders wichtig, damit Ihr Kind eine feste und sichere Bindung zu Ihnen aufbauen kann.

- Loben Sie Ihr Kind für erwünschtes Verhalten. Kinder freuen sich genauso über Lob wie Erwachsene. Wenn Sie bemerken, dass es begeistert malt, sagen Sie z. B. „Ich freue mich, dass du so schön malst". Hat es sich ohne zu trödeln abends ausgezogen, sagen Sie ihm, wie sehr Sie sich freuen, dass es sich so schnell auszieht.

Tipp

Loben Sie möglichst konkret. Sagen Sie etwa, was genau Ihnen an einem Bild Ihres Kindes gefällt. Und loben Sie nur, wenn Sie es auch ehrlich meinen!

- Schenken Sie Ihrem Kind Aufmerksamkeit, wenn es sich gut benimmt. Lächeln Sie es dann an, klopfen Sie ihm auf die Schulter oder sehen Sie ihm eine Weile zu.
- Sorgen Sie für spannende Beschäftigung. Ihr Kind braucht nicht viel, aber sinnvolles Spielzeug, das sich vielseitig verwenden lässt und seine Phantasie anregt. So kann es sich auf interessante Weise selbst beschäftigen, was Langeweile und Störverhalten gar nicht erst aufkommen lässt.

Wenn Sie Ihr Kind an neue Fertigkeiten oder Verhaltensweisen heranführen wollen, helfen Ihnen die folgenden Methoden:

- Lernen am Modell: Jeder Mensch lernt, indem er andere beobachtet. Das gilt für unser Verhalten im positiven wie im negativen Sinn, aber auch für den Erwerb neuer Fertigkeiten. Wenn Sie z. B. Schuhe putzen, lassen Sie Ihr Kind zusehen. Erklären Sie ihm, was Sie tun und wofür das gut ist. Lassen Sie Ihr Kind dann mithelfen bzw. es selber machen. Helfen Sie, wenn nötig, und lassen Sie Ihr Kind dann noch einmal selbst probieren. Loben Sie es, wenn es etwas gut macht oder sich bemüht.
- Beiläufiges Lernen: Wendet Ihr Kind sich mit einer Frage oder Bitte um Hilfe an Sie, ist es motiviert, etwas Neues zu lernen. Helfen Sie ihm dabei, selbst die Antwort auf seine Frage herauszufinden („Warum, glaubst du, ist das so?"). Bevor Sie ihm bei einer Tätigkeit helfen, können Sie fragen: „Was meinst du, wird passieren, wenn du es so versuchst?"
- Die Fragen-Sagen-Tun-Methode: Eine neue Tätigkeit, etwa das Zähneputzen selbstständig zu lernen, ist für Kinder nicht immer ganz einfach. Das gilt besonders, wenn mehrere Schritte nacheinander ausgeführt werden müssen. Fragen Sie Ihr Kind: „Was müssen wir als Erstes tun?" Weiß Ihr Kind die Antwort nicht, sagen Sie ihm: „Als Erstes machen wir..." Helfen Sie Ihrem Kind dann ggf. dabei, es selbst zu tun. Führen Sie ihm, wenn nötig, anfangs die Hände, bis es von allein weitermacht. Loben Sie es für seine Mitarbeit und wiederholen Sie noch einmal, wie es richtig ist: „Ja, so machst du es

richtig. Zuerst machst du ..." Wiederholen Sie die Fragen-Sagen-Tun-Methode bei jedem neuen Schritt (z. B. Zahnpasta auf die Bürste tun, Zähne putzen, Zahnbürste säubern).

- Der Punkteplan: Für jedes Kind gibt es Dinge, die ihm ganz besonders schwer fallen. Oft helfen Belohnungsanreize, etwa ein Punktesystem. Dabei bekommt Ihr Kind immer dann, wenn es etwas richtig gemacht hat, einen Punkt. Die Punkte werden auf einer Karte gesammelt. Für eine bestimmte Anzahl von Punkten gibt es dann eine vorher vereinbarte Belohnung, z. B. einen Ausflug in den Zoo.

Tipp

Ist Ihr Kind jünger als drei oder vier Jahre, sollte die Belohnung unmittelbar nach dem erwünschten Verhalten bzw. spätestens am Abend desselben Tages erfolgen.

Auf Problemverhalten sofort richtig reagieren

Zunächst muss Ihr Kind wissen, was Sie von ihm erwarten. Es muss wissen, welche Regeln in Ihrer Familie gelten. Diese Regeln sollten positiv formuliert werden. Also etwa „Türen werden leise zugemacht" statt „Nicht mit den Türen knallen!" Achten Sie darauf, dass es besser wenige Regeln gibt, die dafür konsequent eingehalten werden, als zu viele, über die Ihr Kind leicht den Überblick verliert.

Vergisst Ihr Kind hin und wieder, eine Regel zu befolgen, sprechen Sie es direkt an, z. B. mit seinem Namen, um seine Aufmerksamkeit zu gewinnen. Erklären Sie ihm dann, was es eben falsch gemacht hat und warum das für Sie ein Problem ist. Sagen Sie ihm auch, wie es sich richtig verhalten soll. Etwa: „Leon, du hast eben die Tür zugeknallt. Das stört unsere Nachbarn, und ich erschrecke mich auch manchmal dadurch. Mach bitte die Türe leise zu." Lassen Sie sich von Ihrem Kind das richtige Verhalten zeigen und loben Sie es dann dafür. Ähnlich gehen Sie vor, wenn Sie möchten, dass Ihr Kind etwas tut bzw. mit einem Problemverhalten aufhört:

1. Gewinnen Sie die Aufmerksamkeit Ihres Kindes. Sprechen Sie es mit seinem Namen an, begeben Sie sich in seine Nähe.
2. Sagen Sie ihm, was es tun soll. Z. B.: „Hör auf herumzuzappeln. Setz dich ruhig an den Tisch."
3. Geben Sie Ihrem Kind etwas Zeit zu reagieren. Bleiben Sie aber in der Nähe und beobachten Sie, ob es Ihrer Anweisung folgt.
4. Loben Sie es, wenn es gehorcht.
5. Wiederholen Sie die Anweisung einmal, wenn Ihr Kind auf eine Bitte nicht reagiert. Hört es mit seinem Problemverhalten nicht auf, gehen Sie sofort zu Punkt 6 über.

6. Lassen Sie eine Konsequenz folgen. Als logische Folge auf den Streit um ein Spielzeug können Sie dieses für etwa fünf Minuten entfernen. Wirft Ihr Kind mit Sand, darf es für kurze Zeit nicht mehr in die Sandkiste und muss sich stattdessen ruhig neben Sie setzen.

Führen logische Konsequenzen nicht zum Erfolg, setzen Sie den Stillen Stuhl ein. Ihr Kind muss dazu seine Beschäftigung unterbrechen und für einige Minuten ruhig neben Ihnen sitzen. Danach darf es mit seiner Beschäftigung weitermachen. Bleibt es nicht sitzen oder handelt es sich um ein schwerwiegendes bzw. wiederholtes Problemverhalten (z. B. andere Kinder verletzen), bekommt Ihr Kind eine Auszeit (bringen Sie Ihr Kind z. B. in ein anderes Zimmer).

Wichtig: Beim Stillen Stuhl und bei der Auszeit sind kurze Zeiten wirksamer als längere. Für zweijährige Kinder genügt eine Minute, für Drei- bis Fünfjährige sollten es maximal zwei Minuten sein und bei Kindern ab fünf Jahren nicht mehr als fünf Minuten.

Wie viel Triple P brauchen Sie?

Wenn Sie sich, vielleicht mehr vorbeugend, informieren wollen, wie Sie sich Ihrem Kind gegenüber pädagogisch sinnvoll verhalten, können Sie über www.triplep.de Broschüren, Kleine Helfer, das Elternarbeitsbuch und -video bestellen.

Zeigt Ihr Kind nur einige wenige klar umgrenzte problematische Verhaltensweisen, etwa Schlafschwierigkeiten, Wutanfälle, Ängstlichkeit oder Ungehorsam, reicht häufig eine Triple P-Kurzberatung aus. Diese besteht aus bis zu vier Beratungssitzungen, die jeweils zwischen 20 und 30 Minuten dauern und bei Bedarf praktische Übungen beinhalten.

Der Triple P-Elternkurs ist für Eltern zu empfehlen, deren Kind verschiedene Schwierigkeiten in unterschiedlichen Situationen zeigt, die ihre Erziehungsfertigkeiten umfassend verbessern wollen oder sich neue Anregungen für ihre Erziehung holen wollen. Der Elterngruppenkurs umfasst vier zweistündige Gruppensitzungen. Dem schließen sich vier individuelle Telefonkontakte à ca. 20 Minuten im wöchentlichen Abstand an.

***Weitere Informationen**, Kontaktadresse und Kosten: Auf der Internetseite www.triplep.de finden Sie unter dem Menüpunkt „Infos für Eltern“ die Rubrik „Anbieterliste“, wo Sie nach Beratern oder Trainern in Ihrer Nähe suchen können. Die Kursgebühren für den Elternkurs liegen je nach Anbieter meist zwischen 50 und 200 € pro Paar. Kurzberatungen werden z.B. von Kindergärten manchmal kostenlos bzw. gegen eine geringe Gebühr angeboten. Bei freien Triple P-Beratern fallen Gebühren zwischen 50 € und 150 € für vier Beratungssitzungen an.*

Einschlafen – die besten Tipps für jedes Alter

Schlafprobleme bei Säuglingen und Kleinkindern sind häufig und für die Eltern sehr strapaziös. Lesen Sie hier, worauf Sie achten müssen, damit Ein- und Durchschlafen (wieder) gelingen.

Viele Babys schlafen von Anfang an schwer ein, doch treten im zweiten Lebenshalbjahr nicht selten auch bei zuvor „problemlosen" Schläfern plötzlich Ein- und/oder Durchschlafstörungen auf. Durchschlafen bedeutet im ersten Lebenshalbjahr, dass Ihr Kind fünf bis sieben Stunden am Stück schläft. Wiegt Ihr Baby weniger als fünf Kilogramm, hat es mit größter Wahrscheinlichkeit schon früher wieder Hunger. Wie viel Schlaf Ihr Kind durchschnittlich benötigt, ist abhängig vom Alter (siehe Tabelle 2).

Tabelle 2: So viel Schlaf braucht Ihr Kind durchschnittlich
Die Gesamt-Schlafdauer kann um eine Stunde nach oben oder unten abweichen

Alter des Kindes	Gesamt-Schlafdauer	Nachtschlaf	Anzahl der Tages-Schläfchen
1. Lebensmonat	16 Stunden	8 bis 9 Stunden (nicht am Stück!)	3 bis 4
2. bis 6. Lebensmonat	15 Stunden	10 Stunden (nicht am Stück!)	3
7. bis 12. Monat	14 Stunden	11 Stunden	2
13. bis 17. Monat	13 ½ Stunden	11 Stunden	2
18. bis 24. Monat	13 ½ Stunden	11 Stunden	1
2 bis 3 Jahre	13 Stunden	11 Stunden	1
3 bis 4 Jahre	12 Stunden	11 Stunden	0 bis 1
4 bis 5 Jahre	11 ½ Stunden	11 ½ Stunden	0
5 bis 6 Jahre	11 Stunden	11 Stunden	0

Oft schuld: Übermüdung

Neugeborene sind etwa alle eineinhalb Stunden müde und wollen schlafen. Auch ältere Kinder haben ihre ganz bestimmten Zeiten (fachsprachlich Schlaffenster genannt), zu denen sie müde sind und einschlafen können. Ist der Zeitpunkt überschritten, werden sie wieder munterer, um nach 50 bis 60 Minuten erneut „bettreif" zu sein. Die Müdigkeit kehrt also wieder, ist dann aber noch stärker. Da Kinder bei zunehmender Übermüdung regelrecht überdreht sind, ist es wichtig, sie bei auftretender Müdigkeit (siehe Tipp im Kapitel ***Entwicklung und Förderung*** auf Seite 190) rechtzeitig schlafen zu legen. Manche Kinder sind allerdings erst in der zweiten Müdigkeitsphase wirklich müde genug, um problemlos einschlafen zu können. Beobachten Sie Ihr Kind einmal über mehrere Tage, um festzustellen, wann der geeignete Zeitpunkt ist.

Hilfreiche Schlaf-Tipps für alle Altersstufen

- Regelmäßigkeit: Die Eltern, nicht das Kind, geben den Tagesrhythmus und auch die abendliche Schlafenszeit, am besten zwischen 19 und 21 Uhr, vor.

★ **Wichtig:** Benutzen Sie das Bett niemals als Ort der Bestrafung, etwa für eine Auszeit!

- „Cool-down-Zeit“: Eine Stunde vor der Schlafenszeit keine Aufregungen mehr, kein Fernsehen oder Toben, besser ruhige Beschäftigung im Sitzen, ruhige Musik oder entspannende Geschichte hören oder etwas basteln. Dämpfen Sie das Aktivitätsniveau der ganzen Familie, drehen Sie Fernseher (am besten ganz ausschalten!) oder Musik leiser und dämpfen Sie auch die Lautstärke Ihrer Unterhaltung.
- Legen Sie Ihr Kind möglichst immer zur gleichen Zeit schlafen.
- Lassen Sie Ihr Kind abends nur in seinem Bettchen bzw. in der Wiege einschlafen, damit es schon an seiner Umgebung merkt, das dies z. B. etwas anderes als das Mittagsschläfchen im Kinderwagen ist.
- Gute-Nacht-Ritual: Führen Sie ein Abendritual ein, das jeden Tag gleich abläuft. Bei einem Baby sind z. B. füttern und aufstoßen lassen, wickeln, Schlafanzug anziehen, Schlaflied oder Spieluhr, nach Gute-Nacht-Kuss Baby wach ins Bett legen und Raum verlassen sinnvoll. Bei einem größeren Kind dürfen natürlich die Gute-Nacht-Geschichte, abendliches Kuscheln und ein kurzes Gespräch an der Bettkante nicht fehlen. Halten Sie das Gute-Nacht-Ritual ganz konsequent ein, auch wenn Sie es einmal eilig haben.
- Tagesschläfchen: Ihr Kind sollte spätestens vier Stunden vor der Schlafenszeit aus seinem letzten Tagesschlaf aufgewacht sein. Wecken Sie es ansonsten durch Ansprechen oder Streicheln. Lassen Sie Ihr Baby in den ersten vier Lebensmonaten tagsüber ohne Abdunkelung des Raumes schlafen, damit es sich leichter auf den Tag-Nacht-Rhythmus einstellen kann.
- „Langweilige“ Nächte: Signalisieren Sie Ihrem Kind konsequent, dass die Nacht zum Schlafen da ist, indem Sie nur wenig Licht machen und nur leise das Nötigste sprechen. Ist Ihr Kind durstig, geben Sie ihm nur etwas Wasser. Ist es nachts aufgewacht, versuchen Sie es im Bett zu lassen und durch Streicheln, Zudecken, ein leises Schlaflied sowie eventuell den Schnuller zu beruhigen.
- Nächtliche Ängste: Gegen die weit verbreitete Angst im Dunkeln hilft ein schwaches Nachtlicht und/oder die nur angelehnte Zimmertür. Trennungsängste kann Ihr Kind besser bewältigen, wenn es ein oder zwei heiß geliebte Kuscheltiere oder Lieblingspuppen im Bett hat.
- Untersuchung beim Kinderarzt: Um mögliche körperliche Ursachen einer hartnäckigen Schlafstörung abklären zu lassen, sollten Sie Ihr Kind ärztlich untersuchen lassen.

Auch mit natürlichen Heilmitteln können Sie Ihrem Kind helfen leichter einzuschlafen. Lesen Sie dazu mehr im Kapitel ***Gesundheit*** auf Seite 134.

So lernen Kinder alleine spielen

Schon Babys können lernen, für kurze Zeit alleine zu spielen. Doch immer häufiger klagen Eltern, dass ihr Kind sich nicht einmal fünf Minuten lang alleine beschäftigen kann und sie ständig fordert. Was Sie dagegen tun können, zeigt Ihnen dieser Beitrag.

Schon im ersten Lebensjahr können sich Babys etwa 10 Minuten lang mit etwas Interessantem beschäftigen und sind dabei ganz in ihr Spiel vertieft. Im zweiten Lebensjahr schaffen manche Kleinkinder bereits 30 Minuten konzentriertes Spiel. Dass es dazwischen immer wieder Tage gibt, an denen Ihr Kind Ihnen ständig am Rockzipfel hängt, ist völlig normal. Vielleicht „brütet" es gerade eine Erkrankung aus oder Sie selbst stehen sehr unter Stress bzw. sind unsicher – Ihr Kind spürt dies und fordert deshalb besonders viel Zuwendung.

Kann Ihr Kind sich dauerhaft kaum alleine beschäftigen, sind möglicherweise z. B. Trennungsängste oder auch Konzentrationsstörungen der Grund. Im ersten Fall kann Ihr Kind nicht spielen, weil es Sie nicht aus den Augen lässt, während im zweiten Fall die Aufmerksamkeitsspanne für ein konzentriertes Spiel einfach zu kurz ist.

Mit diesen Tipps lernt Ihr Kind allein zu spielen

- Ein vorhersehbarer Tagesablauf hilft Ihrem Kind, sich auf gemeinsame Spielzeiten einzustellen. Gleichzeitig gibt die feste Struktur Ihrem Kind die Sicherheit, die es benötigt, um zu bestimmten Zeiten (etwa während Sie kochen) auch alleine zu spielen.
- Anleitung und Hilfe: Um etwas Neues auszuprobieren, brauchen gerade Kinder in den ersten Lebensjahren oft etwas Anleitung. Machen Sie Ihrem Kind also beispielsweise vor, wie es Klötzchen zu einem Turm aufeinander setzen kann. Ermutigen Sie Ihr Kind dann, es Ihnen nachzumachen, etwa mit den Worten: „So, nun bist du an der Reihe. Du kannst das auch." Kommt Ihr Kind beim Spiel nicht weiter, helfen Sie ihm, da es sonst die Lust verliert.

Tipp

Kommt Ihr Kind zu Ihnen und möchte spielen, wenn Sie gerade keine Zeit haben oder etwas Ruhe brauchen, stellen Sie einen Eierwecker und erklären Sie Ihrem Kind: „Wenn der Wecker klingelt, habe ich wieder Zeit, mit dir zu spielen."

Abbildung 3:
Sehr konzentriert wird der Holzzug über die Brücke geschoben. Kinder, die sich beim Spiel gut konzenrieren können, sind auch später in der Schule weniger ablenkbar.

- Bitte nicht stören: Spielt Ihr Kind ganz vertieft, unterbrechen Sie es möglichst nicht. Mischen Sie sich nicht mit Spielvorschlägen ein, sofern Ihr Kind Sie nicht darum gebeten hat. Verkneifen Sie sich Ermahnungen wie „Hör auf, du machst dich ja schmutzig!“ oder „Du machst schon wieder Unordnung!“
- Sicherheit und Nähe: Je kleiner ein Kind ist, umso mehr braucht es die Nähe von Mutter oder Vater, um beruhigt spielen zu können. Hat es z. B. Angst, Sie könnten weggehen, wird es sich gar nicht auf ein Spiel einlassen, sondern immer nur hinter Ihnen herlaufen. Oft genügt es, wenn Ihr Kind Sie sehen kann oder immer wieder einmal bei Ihnen vorbeischaut.
- Konzentriert zusammen spielen: Wenn Sie gemeinsam mit Ihrem Kind spielen, sollten Sie ganz bei der Sache sein. Sind Sie mit den Gedanken woanders, spürt das Ihr Kind und wird unzufrieden. Meist versucht es dann verstärkt, Ihre Aufmerksamkeit zu erregen, und hat kein Interesse daran, alleine zu spielen. Ungünstig ist auch, wenn im Hintergrund Fernseher oder Radio laufen, da dies die Konzentration Ihres Kindes stört und auch Sie als Erwachsenen ablenkt.
- Beschränkung: Räumen Sie alles Spielzeug weg, mit dem Ihr Kind nicht spielt. Je weniger Spielzeug Ihr Kind hat (und je weniger herumliegt!), umso eher kann es sich darauf konzentrieren. Beobachten Sie Ihr Kind zuvor genau, womit es am liebsten spielt. Ideal sind „unvollkommene“ Spielzeuge, die sich immer wieder anders einsetzen lassen und so die Phantasie Ihres Kindes fördern.
- Loben Sie Ihr Kind: Hat Ihr Kind etwas gebastelt oder einen originellen Einfall umgesetzt, loben Sie es bitte. Besonders wichtig ist das Lob, wenn sich Ihr Kind gerade prima alleine beschäftigt. Damit signalisieren Sie ihm, dass Sie ihm auch und gerade dann Aufmerksamkeit schenken, wenn es sich selbst beschäftigt.
- Lassen Sie Ihr Kind entscheiden, was es spielen will, und akzeptieren Sie seine Entscheidung. Versuchen Sie nicht, es durch „sanftes Drängen“ zu pädagogisch sinnvollen Spielen zu bewegen.

Tipp

Die Spiel- und Bastelecke (ab drei Jahren)
Richten Sie in der Wohnung eine Bastelecke ein, in der Ihr Kind alles findet, was es zum Basteln braucht. Je nach Alter Ihres Kindes und dem zur Verfügung stehenden Platz können dort z. B. bereitliegen:

- verschiedene Malstifte
- Kinderschere
- Klebstoff (am besten als Stift!)
- Klebefilm
- Knete
- Schnur
- Papier und Pappe (möglichst auch einige farbige Bögen)
- Wellpappe sowie besonders große Bögen oder übrige Tapetenrollen
- Zeitschriften, Kataloge oder Kalenderblätter mit ansprechenden Fotos
- Sammelobjekte von den Spaziergängen wie Steine Kastanien oder getrocknete Blätter
- Holzreste oder -späne
- Alufolie
- leere Papprollen (Toilettenpapier, Küchenrolle)
- Stoff- und Wollreste
- Knöpfe
- saubere Joghurtbecher in verschiedenen Größen
- Füllmaterial aus Paketen.

Sicher fallen Ihnen weitere „nützliche“ Dinge ein, mit denen Ihr Kind sich gefahrlos beschäftigen und die es zum Bauen oder Basteln gebrauchen kann. Idealerweise befindet sich die Bastelecke zwar in Ihrer Nähe, jedoch nicht gerade im Wohnzimmer, sodass „Unvollendetes“ stehen bleiben darf und sich niemand daran stört, wenn es etwas unordentlich zugeht. Falls der Boden nicht gewischt werden kann, sollten Sie etwas unterlegen, z. B. eine ausrangierte Tischdecke aus Wachstuch. Sinnvoll ist auch eine abwischbare Schürze für den kleinen Bastler.
Wenn Sie Ihrem Kind die Bastelecke einmal gezeigt haben, sollten Sie es möglichst ungestört und ohne Vorgabe von Vorschlägen werkeln lassen. Sie werden staunen, welche originellen Ideen Ihr Kind hat und wie konzentriert es sich dort beschäftigen kann! Helfen Sie nur, wenn Ihr Kind darum bittet! Lassen Sie es jedoch nicht unbeaufsichtigt, damit es sich nicht versehentlich gefährdet (z. B. durch die Schnur). Loben Sie Ihr Kind immer wieder, wenn es konzentriert spielt und bastelt.

Wenn's im Kinderzimmer kracht: So vermeiden Sie Machtkämpfe unter Geschwistern

Eltern mit zwei oder mehr Kindern wünschen sich nichts sehnlicher als ein harmonisches Familienleben. Doch in vielen Familien streiten die Geschwister erbittert um Kleinigkeiten, sodass sich die Eltern verzweifelt fragen: Warum nur? Und vor allem: Was können wir dagegen tun?

Die meisten Eltern haben schon alle möglichen Methoden versucht, Streit zwischen ihren Kindern zu schlichten. Doch es ist wie verhext: Wie sehr sie sich auch bemühen, die Streitereien werden nicht weniger, sondern – im Gegenteil – oft sogar noch schlimmer.

Geschwisterrivalität ist normal und bis zu einem gewissen Maß auch unvermeidbar. Trotzdem schaffen es die wenigsten Eltern, sich wirklich aus den Streitigkeiten herauszuhalten und die Kinder ihre Probleme selbst lösen zu lassen. Schuld daran könnte der an uns allen unbewusst nagende Zweifel sein, ob wir wirklich allen Kindern als Eltern gerecht werden können. Bricht nun zwischen den Geschwistern ein Streit aus, verspüren wir den Impuls, das eine oder andere Kind (vorzugsweise das „Schwächste") in Schutz nehmen zu wollen. Im Nu entsteht so aus zwei streitenden Kindern ein Konfliktdreieck aus den beiden Streithähnen und einem Elternteil. Dadurch, dass Eltern sich in den Streit hineinziehen lassen und möglicherweise für eines der Kinder Partei ergreifen, wird die Geschwisterrivalität noch verschärft.

Warum streiten Geschwister oft so erbittert miteinander?

Das begehrte Spielzeug, um das heiß gekämpft wird, so lange es jedes der Kinder haben möchte, und das danach unbeachtet in der Ecke liegt, ist oft nicht der wahre Grund, sondern bloß der sprichwörtliche Zankapfel.

Kinder streiten in den allermeisten Fällen um die Aufmerksamkeit der Eltern. Streitende Kinder wissen sehr genau, dass Kampfeslärm aus dem Kinderzimmer meist sehr schnell Mutter oder Vater auf den Plan rufen, die dann zu vermitteln versuchen oder auch den Schwächeren in Schutz nehmen. Kinder wollen so immer wieder austesten, auf wessen Seite Vater oder Mutter denn nun stehen. Starke Eifersucht oder Konkurrenz unter den Geschwistern (siehe Kasten) verschärft dieses Verhalten noch.

Kleinkindern bis etwa drei oder vier Jahren geht es oft wirklich darum, einen Besitz zu ergattern bzw. diesen auch zu verteidigen. Da sie oft keine andere

Möglichkeit sehen, als das begehrte Stück an sich zu reißen oder sich durch Schlagen zu verteidigen, bricht schnell ein heftiger Streit aus. In diesen Fällen sollten Eltern lenkend eingreifen, während die wirksamste Streitvermeidungsmethode darin besteht, den Streit einfach zu ignorieren!

Geschwister werden zu Rivalen, wenn

- sie ungerecht behandelt werden und etwa ein Kind bevorzugt wird,
- eine starke Konkurrenzsituation besteht, etwa bei geringem Altersabstand, besonders wenn es sich um zwei Schwestern oder – noch ausgeprägter – um zwei Brüder handelt,
- ein Kind häufig überfordert wird, etwa durch Vergleiche mit dem Geschwisterkind.

So können Sie Machtkämpfen und Streit vorbeugen

Wenn Sie die Faktoren (siehe Kasten) beachten, die die Geschwisterrivalität verschärfen, können Sie aktiv gegensteuern:

1. Jedes Kind braucht genügend Raum, Zeit und Liebe. Nutzen Sie die Gelegenheit, mit allen Kindern zusammen etwas zu unternehmen oder zu spielen. Das schafft Gemeinsamkeiten und Gelegenheit, den friedlichen Umgang miteinander zu trainieren. Reservieren Sie aber auch für jedes Kind etwas Zeit, die Sie mit ihm allein verbringen. Dabei ist es besonders wichtig, dass jedes Kind gleich viel Aufmerksamkeit erhält. Die gerechte Zeitverteilung ist natürlich in Familien mit einem Säugling oder einem chronisch kranken bzw. behinderten Kind besonders schwierig, worunter ältere bzw. gesunde Kinder oft zu leiden haben. Hier kann eine enge Bezugsperson außerhalb der Familie – etwa eine Oma, ein Opa oder eine Tante – helfen, einen Ausgleich zu schaffen.
2. Streit darf kein Tabuthema sein. Es ist völlig in Ordnung, wenn Kinder sich streiten. Streit ist sogar wichtig, um Konfliktlösungsstrategien auszutesten und durchsetzungsfähig für die eigenen Belange einzutreten. Sicher wünschen Sie sich, dass Ihr Kind sich später auch, wenn nötig, wehren kann! Wird Streit ständig unterdrückt, kann das dazu führen, dass Kinder alles in sich „hineinfressen". Verbieten Sie Ihren Kindern das Streiten nicht und streichen Sie Sätze wie „Bei uns wird nicht gestritten!" aus Ihrem Vokabular.
3. Vergleichen Sie Ihre Kinder nicht miteinander. Jedes Ihrer Kinder ist eine einzigartige Persönlichkeit. Gerade bei hohem Konkurrenzdruck (etwa geringem Altersabstand) ist es z. B. sehr schwierig für das ältere Kind, wenn ihm Leistungen des jüngeren („Schau mal, das kann ja sogar schon deine jüngere Schwester!") vorgehalten werden. So steigt nur der Frustpegel, der schnell neuen Streit ausbrechen lässt.

Abbildung 4:
Hier könnte in der nächsten Minute ein Streit ausbrechen, wenn der große Bruder von den begehrten Gummibärchen nichts abgeben will oder die kleine Schwester ihm die Tüte entreißt. Trotzdem sollten Eltern erst einmal abwarten, ob die Kinder das Problem nicht selber lösen können.

4. Behandeln Sie Ihre Kinder gerecht, aber nicht unbedingt gleich. Alle Kinder gleich zu behandeln, kann nicht funktionieren, weil sie nun einmal nicht gleich sind. Die Erstgeborenen müssen oft mehr Aufgaben übernehmen, da sie ja älter sind, sollten dafür aber auch Privilegien besitzen. Natürlich ist das Nesthäkchen als jüngstes Kind vielleicht noch langsamer und schwächer, es bekommt aber auch am meisten Hilfe. Mittelkinder sind oft die Verlierer, weil sie je nach Situation zwar schon groß genug für Pflichten, in manchen Fällen aber noch zu klein für die Privilegien des Ältesten sind.
Auch besondere Situationen müssen berücksichtigt werden, etwa wenn ein Kind in Schule oder Kindergarten Schwierigkeiten hat und deshalb überfordert ist. Gerade wenn Ihr Kind fast schon regelmäßig nach dem Kindergarten oder der Schule aus unerfindlichen Gründen „ausflippt", kann das ein Hinweis darauf sein, dass es sich dort wohl mehr angepasst als durchgesetzt hat. Sprechen Sie mit der Erzieherin oder der Lehrkraft, damit Ihr Kind die notwendige Unterstützung erhält, seine Konflikte dort zu lösen, wo sie auftreten. Es gibt auch besonders eifersüchtige Kinder oder Kinder mit leichten Schwächen (etwa Lese-Rechtschreib-Schwäche), die aus einem Gefühl der Unterlegenheit heraus schnell Streit vom Zaun brechen. Hier sind Schuldzuweisungen („Immer musst du deinen Bruder ärgern!") völlig fehl am Platz, denn diese Kinder brauchen eine Extraportion Zuwendung!

5. „Mami, der/die hat mich schon wieder gehauen!" Ergreifen Sie möglichst für keinen der Streithähne Partei und trösten Sie ggf. das geschlagene Kind kurz, ohne aber sofort mit dem Angreifer zu schimpfen. Natürlich müssen Sie eingreifen und dem Unterlegenen helfen, wenn Verletzungen drohen oder der Streit eskaliert. Versuchen Sie möglichst selten, „Recht zu sprechen". Sie waren bei Streitbeginn schließlich nicht dabei und haben den Zwist nicht beobachtet. Sie können z. B. auch nicht wissen, ob das arme geschlagene „Unschuldslamm" den bösen Bruder vorher nicht kräftig provoziert hat! Je mehr eines der Kinder in die Rolle des „Bösewichts" gedrängt wird, um so eher wird es seiner Rollenerwartung mit der Zeit auch gerecht werden und sich mit neuem Streit und neuen Schlägen an der „Petze" rächen.

Sollen Eltern den Streit schlichten?

Da Streit vornehmlich auf das Erregen der elterlichen Aufmerksamkeit abzielt, wird Streiten schnell unattraktiv, wenn Mutter oder Vater den Streit so weit wie möglich ignorieren. Bitte greifen Sie jedoch ein, wenn wirklich eine Schlägerei im Gange ist oder ein Kind Gefahr läuft, verletzt zu werden.

Tipp

Streit lässt sich meist schnell beenden, wenn Sie einfach den Schauplatz verlassen, etwa um zur Toilette zu gehen. Hier können Sie sich unauffällig zurückziehen und haben ein gutes Argument, die Türe abzuschließen, wenn die Streithähne plötzlich vor der Klotüre weiterstreiten!

Natürlich können Sie auch die streitenden Kinder aus dem Raum und in getrennte Zimmer schicken. Doch dazu müssen Sie zuerst von dem Streit Notiz genommen haben. Deshalb ist das komplette Ignorieren und Zur-Toilette-gehen oft noch wirksamer, da den Kindern dann sogar der „Teilerfolg" (Mama oder Papa haben den Streit wenigstens zur Kenntnis genommen) verwehrt wird.

Kinder bis etwa fünf Jahren müssen jedoch erst lernen, Konflikte zu lösen. Kleinere Streitigkeiten können Sie ruhig ignorieren, so lange Sie aufmerksam beobachten, ob es den Kindern gelingt, den Streit selbst beizulegen. Ist das nicht der Fall, sollten Sie zusammen mit den Kindern versuchen, einen Kompromiss zu erarbeiten bzw. bei Kindern unter drei Jahren selbst einen Kompromiss vorzuschlagen:

1. Lassen Sie jedes Kind seine Sicht der Dinge schildern. Jeder darf schildern, wie er sich fühlt und wie es seiner Meinung nach zum Streit gekommen ist. So lernen Kinder, Emotionen auszudrücken und der Gegenpartei zuzuhören.
2. Entwickeln Sie gemeinsam Lösungsvorschläge. Fragen Sie Ihre Kinder ab etwa vier Jahren, ob sie sich eine Lösung für das strittige Problem vorstellen können. Setzen Sie akzeptable Vorschläge der Kinder sofort um. Sind Ihre Kinder jünger, können Sie einen oder zwei Vorschläge zur Auswahl anbieten.
3. Notfalls müssen Sie den Zankapfel entfernen. Wenn sich trotz aller Bemühungen der Streit nicht beenden lässt, weil jeder der Streithähne z. B. das umkämpfte Spielzeug sofort haben will, sollten Sie dieses je nach Alter der Kinder für fünf bis 15 Minuten ganz entfernen.

Konfliktlösungsbeispiele

- Kind 1 lässt Kind 2 nicht mitspielen. Bieten Sie Kind 2 eine neue Spielmöglichkeit an. Vielleicht wird Kind 1 dann neugierig und fragt, ob es mitspielen darf. Oder Kind 2 lädt Kind 1 später selbst zum Mitspielen ein.
- Kind 1 nimmt Kind 2 das Spielzeug weg. Kind 2 kann daraufhin ein anderes Spielzeug von Kind 1 nehmen und sagen: „Gut, dann tauschen wir!“ Ist Kind 1 damit nicht einverstanden, muss es selbst das Spielzeug von Kind 2 zurückgeben.

Streitkultur lässt sich lernen

Das beste Vorbild sind Sie als Eltern. Es schadet Kindern keineswegs, wenn sie einen fairen Streit oder eine Diskussion mit völlig gegensätzlichen Meinungen miterleben. Zwei Voraussetzungen sollten aber erfüllt sein: Ihre Kinder sollten auch sehen, dass Sie sich nachher wieder versöhnen. Ansonsten könnten Ängste aufkommen, dass Papi und Mami sich nicht mehr lieb haben. Und es sollte bei dem Streit weder um ein spezielles Beziehungsthema noch um eine Erziehungsfrage gehen. Helfen Sie Ihren Kindern, ihre Interessen und Gefühle mit Worten auszudrücken und nicht gleich loszuschlagen. Trainieren Sie, indem Sie viel mit Ihren Kindern sprechen, um ihre Ausdrucksmöglichkeiten zu verbessern. Loben Sie, wenn es den Kindern gelingt, Meinungsverschiedenheiten ohne Streit zu beenden.

Tipp

Ein hilfreiches Buch zum Thema Streit (geeignet ab drei Jahren) ist „Die kleinen Streithammel“ mit Plüsch-Hammel von B. Spathelf und S. Szesny (Albarello 2002; 32 S.; 13,70 €). Das Buch nennt eine ganze Reihe im Alltag umsetzbarer Streitregeln, die sich gut zu Hause einführen lassen.

Rollenspiele helfen, Lösungsmöglichkeiten zu entwickeln und durchzuspielen. Dabei können entweder die Kinder verschiedene Rollen ausprobieren oder Sie nehmen Puppen oder Kuscheltiere als Stellvertreter.

So gelingt der Start in den Kindergarten ohne Tränen

Die besten Tipps, wie Sie Ihr Kind vorbereiten und sich an den ersten Tagen richtig verhalten. Extra: Unterstützung durch Bach-Blüten.

Zugegeben, völlig ohne jedes Tränchen wird der morgendliche Abschied vor dem Kindergarten an den ersten Tagen vermutlich nicht ausfallen – und das ist ganz normal. Wenn Sie jedoch einige Dinge beachten, können Sie Ihrem Kind diesen wichtigen Abschnitt in seinem (und Ihrem!) Leben doch einfacher machen.

Was Sie schon vor dem ersten Kindergartentag tun können

- Üben Sie das Loslassen am besten schon, bevor Ihr Kind in den Kindergarten kommt. Sie können Ihr Kind z.B. öfter mal stundenweise von einer zuverlässigen Freundin (am besten mit eigenem Kind), den Großeltern, einer Tante oder einem guten Babysitter betreuen lassen.
- Stärken Sie Selbstbewusstsein und Kontaktfreudigkeit Ihres Kindes durch vielfältige Kontakte zu anderen Kindern: in einer Spiel- oder Krabbelgruppe, auf dem Spielplatz, im Spiel mit Nachbarskindern und Kindern von Freunden und Verwandten. Ideal ist es, wenn Sie ein oder mehrere Kinder kennen, die bereits in den Kindergarten gehen, den auch Ihr Kind besuchen wird. Laden Sie dieses Kind (oder eines der Kinder) zu sich nach Hause ein, damit Ihr Kind schon erste Kontakte knüpfen kann. Es erleichtert ihm den Kindergarten-Start sehr, wenn es dort in den ersten Tagen schon Freunde hat oder einige der Kinder wenigstens kennt.
- Bereiten Sie Ihr Kind mit altersgerechten Büchern auf den Kindergarten vor. Gut geeignet sind z.B. „Der kleine Bär kommt in den Kindergarten" von Jutta Langreuter und Vera Sobat (Ars Edition,1999; 7,90 €) oder aus der Sachbuchreihe „Wieso? Weshalb? Warum?" der Band „Unser Kindergarten" von Katrin Lindley und Patricia Mennen (Ravensburger Buchverlag, 1999; 12,95 €).
- Sprechen Sie mit Ihrem Kind über den Kindergarten, was es dort Interessantes und Neues zu entdecken gibt. Beschreiben Sie den Kindergarten aber nicht unrealistisch positiv, denn sonst ist Ihr Kind später vermutlich enttäuscht.
- Beziehen Sie Ihr Kind mit ein, wenn Sie die Dinge, die es für den Kindergarten braucht, besorgen. Lassen Sie es die Kindergartentasche, eine Dose für das Pausenbrot und ggf. eine schicke Trinkflasche aussuchen. Nehmen Sie es mit, wenn Sie Turnbeutel bzw. Turnzeug kaufen und schildern Sie ihm, wofür es alle diese Dinge braucht. Sobald Sie den Kindergartenplatz für Ihr

Kind haben, können Sie es mit seinem Kindergarten vertraut machen. Gehen Sie öfter mal beim Spazierengehen dort vorbei. Nutzen Sie Kindergarten-Feste oder den Tag der offenen Tür, um dem Kindergarten einen Besuch abzustatten. Günstig ist es auch, wenn Ihr Kind Sie bereits bei der Kindergarten-Anmeldung begleitet hat. Nehmen Sie „Schnupperangebote“ wahr oder fragen Sie ggf. selbst nach, ob Sie mal einen Nachmittag mit Ihrem Kind „zu Besuch“ kommen können.

Checkliste: Reif für den Kindergarten?

Das Alter eines Kindes sagt noch nichts über seine Eignung für den Kindergarten aus. Folgende Anzeichen zeigen Ihnen, dass Ihr Kind „kindergartenreif“ ist:

- Ihr Kind kann sich ohne Probleme wie Tränen und Geschrei für mindestens eineinhalb, besser aber zwei Stunden von Ihnen trennen.
- Es kann einige Zeit lang mit anderen Kindern spielen. Zeigt es noch keinerlei Interesse am Spiel mit Gleichaltrigen, wird es im Kindergarten möglicherweise überfordert sein.
- Es kann sich mindestens 15 Minuten lang auf eine Sache (ein Spiel oder eine Beschäftigung) konzentrieren.
- Ihr Kind kann sich weitgehend problemlos sprachlich verständigen. Es sollte also mindestens Dreiwortsätze sprechen, Fragen stellen und auch beantworten können.
- Altersentsprechende Anweisungen muss es verstehen und möglichst auch alleine ausführen können (z.B. Jacke anziehen, Hände waschen, zur Toilette gehen).
- Es sollte seinem Alter entsprechend fit sein, also sicher rennen, springen und klettern können.
- Es sollte sich weitgehend selbst anziehen können. Hilfestellung bei Schuhbändern und widerspenstigen Jeansknöpfen wird es sicher noch benötigen.
- Ihr Kind sollte nach Möglichkeit keine Windeln mehr tragen. Dass ab und zu im Spieleifer mal etwas „in die Hose“ geht, ist aber normal.

Das hilft in den ersten Tagen

- Stehen Sie früh genug auf, damit Sie und Ihr Kind nicht in Zeitdruck kommen. Sie beide müssen erst ausprobieren, wie es morgens möglichst reibungslos klappt und wie lange sie dazu brauchen.
- Räumen Sie Ihrem Kind ein Mitspracherecht beim Pausenbrot ein. Das erhöht die Wahrscheinlichkeit, dass Ihr Kind es auch wirklich mit Appetit verspeist.

- Kommen Sie am Anfang der Bringzeit, dann sind noch nicht so viele Kinder da. Es ist noch nicht so laut und unübersichtlich für Ihr Kind und die Wahrscheinlichkeit, von einem anderen Kind zum Spielen aufgefordert zu werden, ist höher.
- Begrenzen Sie anfangs die Zeit, die Ihr Kind im Kindergarten verbringt, auf ein bis zwei Stunden, bevor Sie es – wie vereinbart – wieder abholen. Bleiben Sie in den ersten Tagen bei Ihrem Kind im Kindergarten, sofern dies in der Einrichtung möglich ist. Ansonsten sollten Sie wenigstens morgens noch eine Weile bei ihm bleiben. Wenn Sie die ersten Tage mit Ihrem Kind im Kindergarten verbringen, sollten Sie sich möglichst im Hintergrund halten. Verlassen Sie dann auch immer wieder für kurze Zeit den Raum und steigern Sie Ihre Abwesenheit. Leiten Sie Ihr Kind an, eine Erzieherin zu fragen, wenn es etwas möchte oder Hilfe braucht.

Tipp

Sofern Sie berufstätig sind und dies an Ihrem Arbeitsplatz möglich ist, sollten Sie Ihren Arbeitgeber um „Gleitzeit“ bitten, falls es anfangs mit der Zeiteinteilung noch nicht so gut klappt. Ideal wäre es, wenn Sie in der ersten Kindergartenwoche Urlaub nehmen könnten.

- Der Abschied von Ihnen fällt Ihrem Kind leichter, wenn es sein Kuscheltier oder seine Lieblingspuppe in den Kindergarten mitnehmen darf. Besonders wichtig ist es aber, dass Sie ihm den Abschied von Ihnen und die Integration im Kindergarten auch wirklich zutrauen. Andernfalls würde es Ihre Unsicherheit spüren und dadurch selbst verunsichert.
- Halten Sie intensiven Kontakt zu den Erzieherinnen. Informieren Sie sie über wichtige Ereignisse, die im vergangenen Jahr stattgefunden haben (z.B. Trennung der Eltern, Geburt eines Geschwisterchens, neuer Lebenspartner der Mutter/des Vaters). Erkundigen Sie sich ggf., wie lange Ihr Kind tatsächlich noch weint, wenn Sie den Kindergarten verlassen haben. Wollen Sie wissen, ob Ihr Kind im Kindergarten Probleme hat, fragen Sie immer auch bei der Erzieherin nach. Ihr Kind kann Ihnen zwar zu verstehen geben, dass etwas nicht stimmt, ist aber oft noch nicht in der Lage, über seine Gefühle oder die Gründe dafür zu sprechen.
- Seien Sie konsequent. Diskutieren Sie nicht jeden Morgen, warum und ob Ihr Kind wirklich in den Kindergarten muss. Wenn Sie ihm im Kindergarten angekündigt haben, dass Sie nun gehen werden, dann tun Sie dies auch. Vermeiden Sie dramatische Abschiede und lassen Sie sich nicht darauf ein, sich immer noch ein paar Minuten länger festhalten zulassen. Vermeiden Sie doppeldeutige Botschaften, etwa sich zu verabschieden, aber dann an der Türe stehen zu bleiben, weil Sie sich selbst nicht trennen können.

Abbildung 5: An den ersten Tagen ist es besonders wichtig, dass sich die Erzieherin genügend Zeit für Ihr Kind nimmt. Die anfängliche Scheu geht dann schnell vorüber.

Tipp

Will Ihr Kind nach einigen Wochen plötzlich nicht mehr in den Kindergarten, können Sie es mit folgender Begründung ruhig mal einen Tag zu Hause lassen: „Jeder braucht mal einen Tag Pause. Nach diesem Tag gehst du wieder wie vereinbart in den Kindergarten."

- Führen Sie ein Abschiedsritual ein. Verabschieden Sie sich „kurz und schmerzlos" mit einem Kuss und ein paar aufmunternden Worten („Tschüss, ich gehe jetzt und hole dich mittags wieder ab. Viel Spaß bis dahin!") oder spielen Sie noch einige Minuten mit ihm, je nachdem, was bei Ihrem Kind am besten ankommt. Bleiben Sie dann aber konsequent dabei. Bitte nie heimlich davonschleichen!

Tipp

Wenn Sie beim Abschied selbst Tränen in den Augen haben, sollten Sie diese vor Ihrem Kind verbergen. Es könnte sonst das Gefühl bekommen, dass der Kindergarten doch etwas Entsetzliches sein muss, wenn sogar Mama weinen muss. Fällt der Abschied von Ihnen jeden Morgen problematisch aus, weil Sie vielleicht selbst Schwierigkeiten haben loszulassen, hilft es oft, wenn der Papa oder eine Oma das Kind in den Kindergarten bringt. Der Abschied von Mama zu Hause fällt Ihrem Kind meist weniger schwer.

Bach-Blüten

1. die Ihrem Kind den Kindergarten-Start erleichtern:
Aspen, Chicory, Honeysuckle, Larch, Mimulus, Red Chestnut, Walnut,

2. die Sie als Eltern dabei unterstützen:
Mimulus, Red Chestnut, Walnut

Lassen Sie sich diese Mischungen (für Ihr Kind ohne Alkohol) in der Apotheke herstellen (rezeptfrei, je nach Apotheke 5 bis 10€). Dosierung: morgens, mittags, nachmittags und abends je 4 Tropfen auf einem Plastiklöffel, Tropfen für kurze Zeit im Mund behalten. Beginnen Sie bei Ihrem Kind mit der Gabe etwa zwei bis drei Wochen vor Kindergarten-Beginn und behalten Sie die Tropfen dann noch einige Wochen lang bei.

- Erleichtern Sie Ihrem Kind selbstständiges An- und Ausziehen z.B. auf der Toilette und beim Turnen durch geeignete Kleidung: Pullis ohne viele Knöpfe, Schuhe mit Klettverschluss, Hosen mit Gummibund (keine Latzhosen oder Jeans mit Knöpfen). In den ersten Wochen ist Ihr Kind nach dem Kindergarten-Besuch oft müde, weinerlich oder überreizt. Bitte sorgen Sie nachmittags für Ruhe. Versuchen Sie nicht, gleich mittags die Frage „Na, wie war es denn im Kindergarten?“ zu stellen. Warten Sie lieber, bis es von sich aus erzählen will, etwa wenn Sie abends noch eine Weile an der Bettkante sitzen und über den vergangenen Tag sprechen.

Die Eingewöhnungszeit dauert oft länger als erwartet

Der Prozess der Eingewöhnung dauert oft länger, als Eltern- und auch Erzieherinnen es erwarten. Dass ein Kindergarten-Neuling bis Weihnachten braucht, um sich einzugewöhnen, ist völlig normal. Nach einer Untersuchung des Staatsinstitutes für Frühpädagogik in München berichteten Erzieherinnen für einen beträchtlichen Anteil der neu eingetretenen Kinder noch nach zehn Monaten von Verhaltensweisen, die sie Problemen im Zusammenhang mit der Eingewöhnung zuschreiben. Es zeigte sich auch, dass die Eingewöhnungszeit, die ein Kind imKindergarten benötigt, unabhängig vom Alter ist und überwiegend von seinem Temperament abhängt.

Fit für den Schulweg: So wird Ihr Kind verkehrssicher

Durchschnittlich alle 13 Minuten verunglückt auf Deutschlands Straßen ein Kind. Lesen Sie hier, wie Sie mit Ihrem Kind richtiges Verhalten im Straßenverkehr einüben.

Der Straßenverkehr ist mit Abstand die größte Bedrohung für Kinder, die oft erst als ABC-Schützen damit beginnen, Wege allein zurückzulegen und Erfahrungen im Straßenverkehr zu sammeln. Doch können Sie als Eltern schon lange vor Schulbeginn viel dafür tun, dass Ihr Kind den Schulweg später sicher bewältigen kann.

Draufgänger oder Zauderer?

Psychologen des Max-Planck-Institutes haben ein Glücksspiel entwickelt, mit dem sich voraussagen lässt, ob ein Kind sich im Verkehr risikofreudig oder vorsichtig verhalten wird. Sie testeten dazu je 22 Jungen und Mädchen im Alter von fünf bis sechs Jahren. Den Spielaufbau können Sie nachfolgend lesen, sodass Sie das Spiel selbst mit Ihrem Kind ab fünf Jahren durchführen können.

Spielvorbereitung:
Nehmen Sie zehn leere, gleich aussehende Streichholzschachteln und legen Sie in neun von ihnen je einen Sticker (Motive je nach Vorliebe Ihres Kindes aussuchen!). Stickerbögen können Sie in jedem Schreibwarengeschäft kaufen. In die zehnte Schachtel kommt ein Zettel, auf den Sie einen Teufel (oder Teufelskopf) gemalt oder geklebt haben.

Spielanleitung:
Legen Sie die zehn gefüllten Schachteln vor Ihr Kind auf den Tisch und erklären Sie ihm, dass in neun der Schachteln ein Sticker ist, den es behalten darf. In der zehnten Schachtel ist jedoch ein Teufelsbild. Es darf nun so viele von den Schachteln aufmachen, wie es möchte, und die gefundenen Sticker behalten. Erwischt es jedoch die „Teufelsschachtel“, muss es alle Sticker wieder hergeben – und das Spiel ist beendet. Erklären Sie Ihrem Kind, dass es umso mehr Sticker ergattern kann, je mehr Schachteln es aufmacht. Je mehr Schachteln es öffnet, umso größer ist aber auch die Gefahr, dass es den Teufel erwischt und alle Sticker wieder verliert. Nach jeder geöffneten Schachtel muss es entscheiden, ob es noch eine weitere

Schachtel öffnen will. Spielen Sie das Spiel insgesamt dreimal, es muss jedoch nicht am selben Tag sein.

Auswertung:
Hat Ihr Kind bei mindestens einem der drei Spieldurchläufe mehr als fünf Schachteln geöffnet, gehört es zu den risikofreudigen Kindern. Hat es bei jedem der drei Versuche nicht mehr als fünf Schachteln geöffnet, gehört es zu den vorsichtigen Kindern.

Die als wagemutig identifizierten Kinder gingen auch im Straßenverkehr ein höheres Risiko ein und waren vermehrt unfallgefährdet. Vorsichtige Kinder wollten die Straße erst überqueren, wenn mehr als sieben Sekunden Zeit bis zum Herannahen des nächsten Wagens blieb und sie somit „gemütlich" über die Straße gehen konnten. Wagemutige Kinder entschlossen sich wesentlich schneller, die Straße zu überqueren, und betraten die Straße auch, wenn deutlich weniger Zeit als sieben Sekunden zur Verfügung stand.

Verkehrserziehung: Ab wann?

Wenn Sie denken, Verkehrserziehung beginnt damit, dass Sie Ihrem Kind beibringen, wie es gefahrlos eine Straße überqueren kann, dann irren Sie. Schon viel früher beginnt Ihr Kind zu beobachten, wie Sie als Mutter oder Vater sich anderen Verkehrsteilnehmern gegenüber verhalten und in verschiedenen Verkehrssituationen reagieren.
Beachten Sie in Zukunft, sich partnerschaftlicher gegenüber anderen Verkehrsteilnehmern zu verhalten. Sie sind das Vorbild für Ihr Kind! Bemühen Sie sich, nicht auf andere Verkehrsteilnehmer zu schimpfen. Kinder sind anfangs selbst schwache und hilfsbedürftige Verkehrsteilnehmer. Daher könnten „bissige" Kommentare Ihr Kind verunsichern.

Schritt für Schritt: So üben Sie richtig

Folgende fünf Schritte führen dazu, dass Ihr Kind sich das korrekte Verhalten gut einprägt und selbstständig anwenden kann:

1. Erklären Sie Ihrem Kind, wie es sich richtig verhält (z. B. beim Überqueren einer Straße). Lassen Sie sich anschließend von Ihrem Kind erklären, was es tun sollte.
2. Machen Sie Ihrem Kind das korrekte Verhalten vor.
3. Nehmen Sie Ihr Kind an die Hand und machen Sie es anschließend gemeinsam.

Tipp

Um sich alles noch einmal von Ihrem Kind erklären zu lassen, können Sie die Rolle des Kindes übernehmen und dabei absichtlich etwas falsch machen. Ihr Kind wird sich diebisch freuen, Sie auch mal bei einem Fehler zu erwischen und Ihnen zu sagen, wie es richtig ist.

4. Lassen Sie Ihr Kind dann allein die jeweilige Verkehrssituation meistern.
5. Beobachten Sie Ihr Kind immer wieder, ob es sich richtig verhält, und weisen Sie es, wenn nötig, auf Fehler hin. Es sollte Ihnen anschließend noch einmal erklären, wie es richtig gemacht wird, und das richtige Verhalten mit Ihnen zusammen oder allein wiederholen.

Tipp

Lassen Sie sich öfter mal von Ihrem Kind führen. So erfahren Sie, welche Regeln Ihr Kind nicht kennt.

So machen Sie's richtig vor

- Wählen Sie auf allen Wegen, die Sie mit Ihrem Kind gehen, nicht unbedingt die kürzeste, sondern die sicherste Strecke. Kleine Umwege, z. B. zum Fußgängerübergang oder zu einem übersichtlicheren Straßenabschnitt, sollten Sie in Kauf nehmen.
- Halten Sie sich auf Gehwegen möglichst weit innen und führen Sie Ihr Kind immer auf der Häuserseite.
- Warten Sie an der Ampel konsequent auf „Grün". Schauen Sie sorgfältig und für Ihr Kind erkennbar nach links und rechts, bevor Sie losgehen. Gehen Sie zügig, aber auch nicht zu schnell über die Straße.
- Sehen Sie auch am Zebrastreifen deutlich nach links und rechts und warten Sie, bis herankommende Autos angehalten haben.
- Halten Sie beim Überqueren der Fahrbahn ohne Ampel oder Zebrastreifen immer am Fahrbahnrand an, schauen Sie deutlich nach beiden Seiten und gehen Sie dann auf kürzestem Weg (sprich: geradeaus) über die Straße.
- Ist es einmal unvermeidlich, zwischen parkenden Autos hindurch über die Straße zu gehen, halten Sie, sobald Sie freie Sicht auf die Straße haben, noch einmal an und schauen sich erneut nach beiden Seiten um.

Buchtipps:

ab drei Jahren:

- „Pass auf im Straßenverkehr" von A. Weinhold (Ravensburger Buchverlag 1999; 16 Seiten; 12,95 €)
- „Ich pass auf im Straßenverkehr" von A. Weinhold (Ravensburger Buchverlag 2001; 10 Seiten; 6,95 €)

ab vier Jahren:

- „Fit im Straßenverkehr. 4–7 Jahre" von G. Kopietz, J. Sommer, H. Kollars (Betz, Wien 2000; 32 Seiten; 12,90 €)
- „Das große Verkehrs-Erlebnisbuch" von M. Steinmann, R. Tobinski (Fleurus Verlag 2004; 58 Seiten; 12,90 €)
- „Verkehrsschule mit der Maus", verschiedene Themenbände (z. B. Allein unterwegs, Schulweg), von A. Kinzel, (Xenos, Hamburg 2000; 32 Seiten; 3,50 €)

So wird Ihr Kind fit für den Straßenverkehr

Das richtige Verhalten im Straßenverkehr muss Ihr Kind immer und immer wieder üben, bis es ihm in Fleisch und Blut übergegangen ist. Besonders wichtig ist dabei Ihr gutes Vorbild, denn Kinder lernen vieles durch Nachahmung ihrer Eltern.

- Wecken Sie von Anfang an das Interesse an der Verkehrserziehung durch kindgerechte und sachlich korrekte Bilderbücher (siehe Kasten).
- Erklären Sie Ihrem Kind, dass Schubsen, Nachlaufen (auch einem Ball) und Raufen auf der Straße gefährlich ist. Ihr Kind muss deshalb genau wissen, an welchen Orten es gefahrlos spielen kann.
- Wenn Sie mit Ihrem Kind unterwegs sind, sollten Sie betont deutlich und langsam demonstrieren, wie man sich richtig verhält. Auch wenn Sie selbst denken, dass Sie manchmal „überdeutlich" und „übertrieben" handeln, ist es für Ihr Kind gerade richtig. Denn was Sie mit einem schnellen Blick erfassen können, bedeutet für Ihr Kind oft noch große Mühe.
- Lassen Sie Ihr Kind die Geschwindigkeit von Autos schätzen. So bekommt es ein Gefühl für die Schnelligkeit herannahender Fahrzeuge.
- Üben Sie bei jeder Gelegenheit und nutzen Sie dazu die täglichen Wege, z. B. zum Einkaufen oder zum Spielplatz. Beginnen Sie mit Ihrer Verkehrserziehung so früh wie möglich, am besten, sobald Ihr Kind gelernt hat, an der Hand zu gehen.
- Zeigen Sie Ihrem Kind, wie man richtig nach dem fahrenden Verkehr Ausschau hält. Kleinkinder konzentrieren sich häufig nicht auf den Verkehr auf der Straße. Ihre Aufmerksamkeit wird leicht von anderen Leuten oder Dingen wie z. B. parkenden Autos abgelenkt. Daher sollten Sie Ihr Kind genau fragen, was es sieht.

- Erklären Sie Ihrem Kind, was ein Autofahrer von ihm sehen kann. Ihrem Kind sollte bewusst sein, dass es zwischen Sträuchern, parkenden Autos oder hinter anderen Hindernissen nicht zu sehen ist und die Autofahrer somit nicht mit ihm rechnen.
- Weisen Sie Ihr Kind auf Zeichen anderer Verkehrsteilnehmer hin (z. B. Blinken eines Autos oder Handzeichen abbiegender Radfahrer).
- Schärfen Sie Ihrem Kind ein, Straßen möglichst an gesicherten Überwegen (Ampeln, Zebrastreifen) zu überqueren. Falls dies nicht möglich ist, sollten freie Stellen gesucht werden, an denen keine parkenden Autos oder Büsche die Sicht versperren. Stark befahrene Straßen sollte es am besten meiden.
- Besprechen Sie, was Ihr Kind an einer Ampel oder einem Zebrastreifen beachten muss. Es sollte Blickkontakt mit den Fahrern herannahender Fahrzeuge aufnehmen und ein Handzeichen geben, damit der Fahrer erkennen kann, dass es die Straße überqueren will. Erklären Sie ihm, dass sich leider nicht alle Fahrer so verhalten, wie es zu erwarten wäre. Es darf deshalb erst dann hinübergehen, wenn alle Autos bereits stehen.
- Zeigen Sie Ihrem Kind den sichersten Weg zu seinem Freund, zum Kindergarten oder zur Schule. Üben Sie diesen Weg mit ihm ein und zeigen Sie ihm für jeden dieser Wege ganz genau, an welcher Stelle es die Straße am sichersten überqueren kann.
- Es genügt nicht, eine neue Übung lediglich einmal durchzuführen. Genauso falsch wäre aber auch die ständige Wiederholung immer desselben Ablaufs. Sinnvoll ist kurzes, aber häufiges Üben mit vielen kleinen Änderungen, damit Ihr Kind Spaß an der Sache hat.
- Oft verhält sich ein Kind schon nach ein paar Mal Üben korrekt. Aber Vorsicht: Die Übungssituation ist noch keine echte Bewährungsprobe. Begleiten Sie Ihr Kind so lange, bis es sicher ist. Bleiben Sie dabei in Ihrem Verhalten konsequent und machen Sie alles möglichst korrekt vor.

Weitere Informationenzum *Thema Verkehrserziehung finden Sie im Internet aufder Seite der Deutschen Verkehrswacht e.V. unter www.dvw-ev.de/index.php?page=helmi#01 (Merkblätter für Schulanfänger). Weitere Sicherheitstipps für Eltern sowie spielerische Anregungen für Kinder gibt es unter www.planet-helmi.de zu entdecken (geeignet für Kinder ab fünf Jahren).*

Abschied vom Schnuller: Die 11 besten Tipps

Spätestens im Alter von zwei bis drei Jahren sollten Kinder ihren geliebten Tröster abgeben, damit es nicht zu Zahnfehlstellungen kommt. Doch was tun, wenn Ihr Kind sich hartnäckig weigert? Mit unseren erprobten Praxistipps klappt es bestimmt!

Das Bedürfnis zu saugen ist angeboren. Sogar Ungeborene im Mutterleib nuckeln bereits hingebungsvoll am Daumen, wie man auf Ultraschallbildern erkennen kann.
Prinzipiell ist gegen kiefergerecht geformte Beruhigungssauger (mit abgeflachtem Saugteil, keine Kirsch- bzw. Tropfenform) in den ersten beiden Lebensjahren wenig einzuwenden. Ein Schnuller ist in jedem Fall besser als Daumenlutschen. Der immer verfügbare Daumen lässt sich viel schwerer wieder abgewöhnen, und so lutschen Kinder oft noch im Alter von fünf oder sechs Jahren am Daumen – mit schweren Schäden für das Gebiss.

Dauerschnullern ist schlecht für die Zähne!

Auch wenn der Schnuller in den ersten beiden Lebensjahren unbedenklich für die Zahngesundheit ist, sollte Ihr Kind ihn spätestens am dritten Geburtstag abgegeben haben. Bis zu diesem Zeitpunkt kann das Wachstum des kindlichen Kiefers eventuelle Schäden noch ausgleichen – danach oft nicht mehr!

- Lutschen am Schnuller führt zu Zahnfehlstellungen (noch schlimmer sind allerdings die Schäden durch Daumenlutschen!): Bei langjährigen Schnullerkindern treten häufig nach vorne verschobene obere Schneide- und Eckzähne auf. Es kommt eventuell zum „offenen Biss“, bei dem das Kind beim Kauen beeinträchtigt ist, da es mangels Schluss der Schneidezähne nicht mehr richtig abbeißen kann. Auch Lautbildung und Sprachentwicklung können gestört werden. Vor allem Zischlaute wie S und Z machen dann Probleme.
- Bei nach vorne verschobenen oberen Schneidezähnen kann der Mund nicht mehr regelrecht geschlossen werden. Somit atmet das Kind ständig durch den Mund. Durch die Mundatmung erhöht sich das Kariesrisiko, weil die Mundhöhle schneller austrocknet. Auch Erkältungskrankheiten treten dann häufiger auf.
- Schnullerkinder haben häufiger Mittelohrentzündung.

Wann ist der richtige Zeitpunkt?

Frühestens ab dem achten Lebensmonat ist es sinnvoll, Ihrem Kind den Schnuller abzugewöhnen. In dieser Zeit wird nämlich der Saugreflex durch den Kaureflex ersetzt, und das bisherige Saugbedürfnis wird zur Angewohnheit, die Ihr Kind umso schwerer wieder los wird, je länger es am Schnuller nuckelt. Wenn Sie Ihrem Kind in diesem Alter als Schnullerersatz einen Beißring oder Spielzeug geben, das es in den Mund stecken kann, wird der Nuckel mit etwas Konsequenz schon bald nicht mehr vermisst.
Viele Kinder sind jedoch bereits älter, wenn der Abschied vom Schnuller naht: Spätestens im Alter von zwei bis drei Jahren sollte Ihr Kind auf den geliebten Nuckel verzichten.

Daran erkennen Sie, wann der richtige Zeitpunkt gekommen ist:

- Ihr Kind sollte den Schnuller aus eigenem Entschluss abgeben. Dann fällt ihm die erste schwere Zeit ohne den gewohnten Tröster wesentlich leichter. Andernfalls besteht die Gefahr, dass es sich stattdessen das Daumenlutschen angewöhnt.
- Wichtig ist, dass Ihr Kind beim Abgewöhnen des Schnullers keinen zusätzlichen Belastungen ausgesetzt ist. Es ist z. B. äußerst ungünstig, wenn gerade ein Geschwisterchen zur Welt gekommen ist oder Ihr Kind eine wichtige Bezugsperson verliert (etwa Trennung der Eltern, Wechsel der Tagesmutter).

Begrenzen Sie die Schnullerzeit

- Nach dem ersten Geburtstag sollten Sie Ihr Kind daran gewöhnen, dass es den Schnuller nur noch zum Einschlafen oder in besonders belastenden Situationen (z. B. wenn es krank ist) bekommt.
- Geben Sie ihm den Schnuller so selten und so kurz wie möglich, denn das Saugbedürfnis ist oft schon nach wenigen Minuten befriedigt. Reichen Sie ihm den Schnuller nur dann, wenn Sie sicher sind, dass es ihn auch wirklich will.
- Sprechen sollte Ihr Kind ohne Schnuller. Hat es beim Sprechen den Nuckel im Mund, sollten Sie Bitten geflissentlich überhören, da Sie es dann „leider nicht verstehen können“.
- Ein Schnuller reicht. Liegen in der Wohnung mehrere Schnuller griffbereit herum, wird Ihr Kind nur dazu verführt, den Schnuller öfter als notwendig zu verlangen.

Die 11 besten Tipps, damit Ihrem Kind die Trennung vom Schnuller leichter fällt

1. Kaufen Sie keine Schnuller nach. Kaputte oder verloren gegangene Schnuller sollten Sie nicht ersetzen. Das signalisiert Ihrem Kind, dass die Zeit für

den Schnuller irgendwann vorbei sein wird. Schnuller der Größe 3 (ab 18 Monaten) sollten Sie am besten gar nicht verwenden, denn das erschwert die Abgewöhnung nur.

2. Beobachten Sie genau, wann Ihr Kind den Schnuller braucht. Viele Kinder greifen aus Langeweile oder Gewohnheit zum Schnuller. Beschäftigen Sie Ihr Kind in diesen Fällen und sorgen Sie dafür, dass der Schnuller dabei hinderlich ist. Sehen Sie z. B. zusammen ein Buch an und sprechen Sie darüber. Mit Schnuller im Mund können Sie Ihr Kind jedoch leider, leider so schlecht verstehen ...
3. Verzichten Sie möglichst auf Zwang. Lassen Sie den Schnuller besser nicht von einem Tag auf den anderen ganz verschwinden, wenn Ihr Kind ihn bisher noch häufig benutzt hat. Verzichten Sie auf Strafen oder bittere Tinkturen, die den Schnuller verleiden sollen.
4. Erklären Sie Ihrem Kind, warum es Zeit ist, den Schnuller abzugeben. Sagen Sie ihm beispielsweise, dass Sie es besser verstehen, wenn es ohne Schnuller spricht, oder dass seine Zähne ohne Schnuller schöner wachsen. Hilfreich sind auch Bilderbücher, die den Abschied vom Schnuller zum Thema haben (siehe Kasten).
5. Machen Sie den Schnuller unattraktiv. Sie können den Schnuller mit einer Nadel anstechen. Wenn die Luft raus ist, macht das Saugen daran keinen Spaß mehr. Wenn Sie bei einem Latexschnuller zusätzlich alle paar Tage einen Millimeter mit einer sauberen Schere abschneiden, hält er irgendwann nicht mehr und Ihr Kind wirft den „kaputten Schnuller" freiwillig weg. Allerdings funktionieren diese Methoden bei Kindern über zwei Jahren nicht mehr, da sie den Trick in diesem Alter meist schon durchschauen.
6. Phantasiegestalten oder Autoritäten nehmen den Schnuller entgegen. Oft

Bilderbücher, die beim Abgewöhnen des Schnullers helfen

geeignet ab ca. 18 Monaten:

- „Nick braucht keinen Schnuller mehr" (mit Türen zum Öffnen) von A. Flad u. I. Einwohlt (Coppenrath, Münster 2003; 12 Seiten; 6,95 €)

geeignet ab zwei bis drei Jahren:

- „Ein Bär von der Schnullerfee" (mit kleinem Plüschteddy) von B. Spathelf u. S. Szesny (Albarello 1997; 32 Seiten; 13,70 €)
- „Häschen braucht keinen Schnuller mehr" (mit Tipps der Kinderpsychologin H. Gürtler) von M. Boelts u. K. Parkinson (Coppenrath, Münster 1999; 40 Seiten; 11,95 €)
- „Der kleine Bär; Baby Bär braucht keinen Schnuller mehr" von J. Langreuter u.V. Sorbat (Ars Edition 2003; 32 Seiten; 12,50 €)

hilft es, wenn Ihr Kind dem Nikolaus, dem Osterhasen oder dem Christkind den Schnuller mitgeben kann. Sehr bewährt hat sich die „Schnullerfee" (siehe Buch „Ein Bär von der Schnullerfee"), die den Schnuller im Austausch für ein tolles Geschenk mitnimmt.

Tipp

Bitten Sie eine Arbeitskollegin oder Bekannte (die Ihr Kind jedoch noch nicht kennen darf!), als „Schnullerfee" verkleidet (z. B. mit Hexenhut, Zauberstab und langem Kleid) den Schnuller entgegenzunehmen und dafür ein Geschenk mitzubringen. Die „Schnullerfee" kann ihren Besuch ruhig auch mehrere Tage im Voraus telefonisch ankündigen. Eine solche „Schnullerfee" hinterlässt in aller Regel einen bleibenden Eindruck!

7. Geschenke erhöhen das Durchhaltevermögen. Verlangt Ihr Kind seinen Schnuller zurück, hilft oft der Hinweis, dass der Schnuller doch gegen ein Geschenk eingetauscht wurde. Wollte es den Schnuller nun tatsächlich wiederhaben, müsste es dafür sein tolles Geschenk zurückgeben. Selbst wenn Sie nicht die „Schnullerfee" bemühen wollen, können Sie schnullerfeie Tage bzw. Nächte am nächsten Morgen mit einem kleinen Geschenk belohnen, etwa einem glitzernden Sticker oder einer anderen kleinen Überraschung.

8. Ein Abschied in Raten fällt manchmal leichter. Vereinbaren Sie mit Ihrem Kind, dass es den Schnuller nur noch zu bestimmten Zeiten oder an bestimmten Orten benutzen darf. Bei einem schwer „schnullerabhängigen" Kind könnten Sie den Schnuller zunächst nur noch im Haus, später nur noch im Kinderzimmer und zum Schluss nur noch im Bett zulassen.

9. Lassen Sie Ihr Kind den Schnuller verschenken. Dabei ist es unwesentlich, ob es den Schnuller nun einem Baby aus dem Verwandten- oder Freundeskreis schenkt oder aber für Vogelbabys an einer Schleife in der Nähe eines Nestes aufhängt. Der psychologische Effekt dabei ist beachtlich, denn das Baby bzw. die Vogelbabys brauchen den Schnuller jetzt, das Kind ist jedoch schon so groß, dass es ihn nicht mehr braucht. Loben Sie Ihr Kind gebührend für seine Hilfsbereitschaft!

10. Rituale erleichtern den Abschied. Sie können den Schnuller z. B. im Beisein der ganzen Familie im Garten oder im Urlaub am Strand vergraben. Ihr Kind darf seinen Nuckel selbst in das Loch hineinlegen. Oder machen Sie einen feierlichen Zug zur Mülltonne und lassen Sie Ihr Kind den Schnuller wegwerfen. Wenn Sie dann noch einige Worte dazu sprechen, wird es eine besonders beeindruckende „Schnuller-Abschiedsfeier", die ihren Zweck kaum jemals verfehlen wird!

Die richtigen Worte für eine Schnuller-Abschiedsfeier

Lassen Sie Ihr Kind jeden der folgenden Sätze einzeln nachsprechen:
„Mein lieber Schnuller (oder Nucki oder wie der Schnuller von Ihrem Kind genannt wurde)! Es war eine schöne Zeit mit dir. Du warst ein guter Freund für mich. Nie hast du mich im Stich gelassen. Jetzt aber ist die Zeit gekommen, wo wir uns trennen müssen. Ich werde dich nicht vergessen. Leb' wohl, lieber Schnuller." Mit diesen Worten wirft Ihr Kind seinen Schnuller in die Mülltonne oder in das zuvor gegrabene Loch.

11. Bieten Sie anderen Trost an. Bleiben Sie konsequent, wenn Ihr Kind seinen Schnuller abgegeben hat. Bieten Sie ihm als Tröster besser sein Lieblingskuscheltier oder eine Schmusedecke an. Kuscheln Sie zusammen. Beim Einschlafen helfen z. B. Händchenhalten, Kinn oder Bäuchlein streicheln, mit leiser Stimme reden oder singen. Ihr Kind sollte sich keinesfalls in den Schlaf weinen müssen.

Anti-Nuckel-Hilfe und gleichzeitig Korrektur: die Mundvorhofplatte

Eine Mundvorhofplatte (MVP, siehe Abbildung 6 unten) liegt, ähnlich wie ein Schnorchel beim Tauchen, lose zwischen der Zahnreihe und der Lippe. Sie wird von der Lippenmuskulatur gehalten und übt dadurch einen sanften Druck auf bereits vorstehende Zähne aus. So werden diese wieder in Normalstellung gebracht.
Gleichzeitig ist die MVP ein Ersatz für Daumen oder Schnuller, da das Kind etwas im Mund hat, ohne jedoch dabei die Zähne weiter zu schädigen. So ist es möglich, einem Kind das Nuckeln ohne Zwang sanft abzugewöhnen.
Die MVP ist für Kinder ab drei Jahren geeignet und wird regelmäßig über Nacht sowie stundenweise auch tagsüber getragen. Eine MVP wird vom Zahnarzt oder Kieferorthopäden verordnet und ist nicht frei verkäuflich (Kosten 10 bis 15 €).

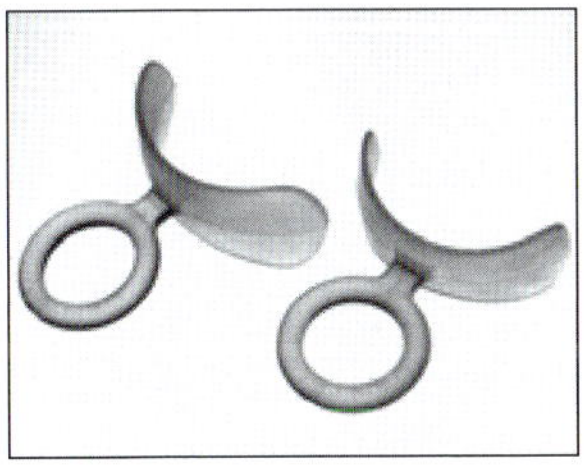

Abbildung 6: Mundvorhofplatten gibt es in verschiedenen Größen und unterschiedlichen Formen. Sie unterstützen Kinder ab drei Jahren beim Abgewöhnen des Schnullers. Gleichzeitig lassen sich vorstehende Schneidezähne sanft korrigieren.

Wieder modern: So bringen Sie Ihrem Kind Werte wie Toleranz und Verantwortung näher

Kleine Egoisten, die nur an sich selbst denken, sind out. Die meisten Eltern sind sich einig, dass Werte wichtig sind. Doch wie wachsen Kinder zu anständigen, ehrlichen, liebevollen und friedfertigen Menschen heran?

Umfragen der letzten Jahre zeigten immer wieder, dass uns Werte wie Ehrlichkeit, Hilfsbereitschaft, Treue, Toleranz, Verantwortung und Solidarität wichtig sind. Und sicher können Sie diese Auflistung um weitere Werte ergänzen, die für Sie persönlich sehr wichtig sind.

Rücksicht muss man lernen

Kinder kommen als kleine „Egoisten" auf die Welt, die anfangs nur ihre eigenen Bedürfnisse wahrnehmen. Jüngere Kinder sind noch nicht in der Lage, zwischen „mein" und „dein" unterscheiden. Wenn ein Kleinkind versucht, die Welt kennen zu lernen, kann es das nur, indem es so tut, als sei alles seins. In den ersten Lebensjahren ist das, was seine Bedürfnisse befriedigt, ihm am meisten Spaß macht und was seinen Interessen entgegenkommt, das wichtigste Auswahlkriterium. Einem anderen Kind ein Spielzeug ausleihen, einen Keks abgeben oder Musik leiser hören, wenn Mama telefonieren will – warum?
Bis zum Alter von drei bis vier Jahren ist dieses Verhalten keine „böse Absicht", sondern schlicht die einzige Möglichkeit, sich zu entscheiden. Erst danach, mit zunehmender sozialer Erfahrung, steigt auch die Fähigkeit des Kindes, bei persönlichen Entscheidungen die Interessen anderer Kinder und Erwachsener mit einzubeziehen. Erst im Vor- und Grundschulalter können Kinder also die moralische Dimension ihres Handelns erkennen.
Kinder wollen wissen, woran sie sind und wie sie sich verhalten sollen. Sie müssen unterscheiden können zwischen richtig und falsch, zwischen gut und böse. Dabei müssen wir Eltern ihnen helfen. Kinder müssen erkennen können, worauf ihre Eltern „Wert" legen!

Nur Ihr Vorbild zählt!

Kinder beobachten sehr genau, wie wir Erwachsenen uns verhalten. Predigen wir „Du darfst nicht lügen!", lassen uns manchmal aber am Telefon verleugnen? Halten wir immer, was wir unserem Kind versprochen haben?

Natürlich sind Eltern keine Heiligen, doch wenn Sie Ihrem Kind diejenigen Werte, die Ihnen wirklich wichtig sind, glaubhaft vermitteln wollen, müssen Sie ihm diese Werte vorleben. Erklärungen und Predigten sind ohne gutes Beispiel völlig nutz- und wirkungslos. Kinder mit ihrer oft entwaffnenden Ehrlichkeit werden reine Lippenbekenntnisse sehr schnell entlarven.

So bringen Sie Ihrem Kind Werte näher

Machen Sie Ihre Werte zu den Werten Ihres Kindes! Zeigen und erklären Sie ihm, wo die Vorteile für es selbst liegen. Wenn es ehrlich ist, wird es voraussichtlich dafür von seinen Freunden gemocht werden. Wenn es rücksichtsvoll ist, wird es ebensolche Freunde haben.
Bringen Sie Ihr Kind dazu, ein Individuum mit Werten sein zu wollen! Sprechen Sie mit Ihrem Kind (ab Vorschulalter) darüber, wie es von Menschen, die ihm wichtig sind, gesehen werden möchte, etwa: „Was würdest du dir wünschen, dass die Oma/dein bester Freund über dich erzählt?“ Damit regen Sie es an, nachzudenken wie es sich selbst gern sehen möchte und was es keinesfalls sein möchte. Daraus ergibt sich klarerweise, dass es sich entsprechend verhalten muss, damit niemand etwas Gegenteiliges erzählen kann! Unterstützen Sie Ihr Kind dabei, so zu sein, wie es selbst zu sein wünscht.

Jede Familie muss ihre eigenen „Lebensregeln“ aufstellen

Früher wurden allgemeingültige Lebensregeln von außen durch Tradition und Gesellschaft vorgegeben. Heute muss jede Familie selbst solche verbindlichen Regeln festlegen. Das macht es für uns Eltern nicht eben leichter! Natürlich gibt es weiterhin „Standardwerke“ wie die Zehn Gebote, die den eigenen „Lebensregeln“ zu Grunde liegen können. Doch Werte sind etwas Subjektives – und was der einen Familie wichtig ist, muss für die andere nicht von Bedeutung sein (Beispiel: Rücksicht versus Durchsetzungsvermögen).
Wie wichtig Ihnen z. B. Ordnung oder Pünktlichkeit sind, bestimmen nur Sie selbst. Ein geregelter Tagesablauf ist allerdings eine große Hilfe, diese Werte auch Ihrem Kind überzeugend zu vermitteln.
Wenn Sie Ihr Kind zu Leistungsbereitschaft und Verantwortung erziehen wollen, sollten Sie keinesfalls Druck ausüben (dadurch wird nur das Gegenteil erreicht!), sondern Ihrem Kind von klein auf Aufgaben übertragen, die es eigenverantwortlich durchführen kann. So kann ein dreijähriges Kind z. B. schon alleine den Tisch decken oder abräumen. Versuchen Sie nicht, Ihrem Kind so viele Schwierigkeiten und Probleme wie möglich aus dem Weg zu räumen, sondern helfen Sie ihm, diese anzupacken und zu lösen.

Checkliste: Welche Werte sind Ihnen wichtig?

Die Beantwortung der folgenden Fragen hilft Ihnen zu erkennen, welche Werte und Ansichten für Ihre Familie bedeutsam sind:

- Bei welchen Gelegenheiten feiern Sie ein Fest?
- Bei welchen Anlässen sind Sie „explodiert“, weil jemand etwas getan hat, das Ihr persönliches Wertesystem verletzt hat?
- Bei welchen Vereinen und/oder Organisationen sind Sie aktives bzw. zahlendes Mitglied?
- Wo engagieren Sie sich darüber hinaus noch?
- Wofür geben Sie Geld aus, das nicht dem Lebensunterhalt dient? Wofür spenden Sie?

Verteidigen Sie Ihre Werte!

Wenn Ihr Kind immer wieder gegen „Lebensregeln“ verstößt, die Ihnen wichtig sind, sollte das für Ihr Kind auch Konsequenzen haben. Andernfalls würde es Ihnen gar nicht abnehmen, dass Ihnen diese Regeln wirklich am Herzen liegen.

- Sie können ihm dann z. B. sagen, dass Sie von einem bestimmten Verhalten in einer bestimmten Situation enttäuscht waren (bitte nur das Verhalten, nicht das Kind kritisieren!). Dann dürfen Sie auch ruhig dazu stehen, dass Sie persönlich eben das eine oder andere höher werten, und Ihrem Kind die Beweggründe dafür erklären.
- Um Ihrem Kind zu vermitteln, wie sich die Missachtung bestimmter Werte wie Hilfsbereitschaft oder Rücksicht anfühlt, können Sie ihm eine passende Geschichte oder ein Beispiel erzählen und es dann fragen, wie es sich wohl in dieser Situation gefühlt hätte. Auch Rollenspiele bieten dazu eine gute Möglichkeit.
- Sie können Ihr Kind anhalten, sich für sein Verhalten beim Betroffenen zu entschuldigen bzw. das mit Ihrem Kind zusammen tun.
- Oder Sie lassen logische Folgen wirken. Etwa wenn Ihr Kind sich nicht an den Tagesablauf der Familie halten will und gerade zu den Essenszeiten „dringend“ spielen muss, um zehn Minuten nach der Mahlzeit nach einem Butterbrot zu quengeln. Dann sollten Sie Ihr Kind jeweils einmal (!) zu den Mahlzeiten zu Tisch rufen. Kommt es nicht, hat es wohl offensichtlich keinen Hunger, und sein Gedeck wird am Ende der Mahlzeit abgeräumt. Bis zur nächsten Mahlzeit sind dann jedoch Knabbereien, Süßigkeiten und kleine Imbisse tabu.

Nehmen Sie sich Zeit für Ihr Kind

In einer Welt, in der niemand mehr Zeit zu haben scheint, wird Zeit füreinander immer wichtiger. Zeit ist ein Ausdruck von Liebe. Kinder brauchen viel Liebe – und darum ist die Zeit, die Sie sich für Ihr Kind nehmen, auch ein wichtiger Schritt bei der Vermittlung von Werten.

- Gestalten Sie die Freizeit zusammen mit Ihrem Kind. Beim gemeinsamen Spielen, Wandern, Toben oder bei Unternehmungen verschiedenster Art kann Ihr Kind eine positive Beziehung und Bindung zu Ihnen aufbauen. So ganz nebenher werden Werte gelernt, vermittelt und aufgenommen, z. B. beim Spielen Regeln einzuhalten oder beim Wandern trotz Müdigkeit und Durst durchzuhalten und ein Ziel zu erreichen.
- Nehmen Sie sich Zeit für Gespräche. Kleinkinder können unendlich viele Fragen stellen, manchmal mit philosophischem oder religiösem Inhalt wie etwa: Kommen Hunde auch in den Himmel? Oder: Warum ist der liebe Gott keine Frau? Dann haben wir Eltern oft große Schwierigkeiten, komplizierte Dinge möglichst einfach zu erklären. Jedoch sind Kinder bis zum Schulalter meist mit einer aus unserer Sicht völlig unzureichenden Antwort zufrieden. Erklären Sie deshalb nicht zu viel auf einmal und warten Sie lieber ab, bis Ihr Kind das Gehörte „verdaut" hat und eventuell weiter fragt. Sprechen Sie nur so viel und so lange mit Ihrem Kind darüber, wie es das selbst wünscht. Die einzelnen Fragen müssen nicht umfassend beantwortet werden. Sie können Ihr Gespräch auch ein anderes Mal fortsetzen. Manche Fragen werden Sie vielleicht gar nicht beantworten können. Auch das ist nicht schlimm. Im Gegenteil: Ihr Kind lernt dabei, dass auch Sie als Eltern nur ein begrenztes Wissen haben und auf viele Fragen keine Antwort wissen.

Tipp

Vermitteln Sie Werte in der „Ich-Form". Sagen Sie z. B. statt „Das macht man nicht!" lieber „Ich möchte nicht, dass du ... machst, weil ...". Oder statt „Du musst ..." besser „Ich möchte, dass du ..., weil ..."

Märchen und Geschichten vermitteln Werte

Märchen mit ihrer strikten Trennung zwischen gut und böse, dem sicheren Sieg des Guten und einem Helden, mit dem sich das Kind identifizieren kann, sind eine wunderbare Möglichkeit, Ihrem Kind Werte wie Hilfsbereitschaft, Freundschaft, Treue oder Geduld näher zu bringen. Eine Auflistung, welche Werte in welchem Märchen behandelt werden, finden Sie im Kapitel ***Erziehung*** auf Seite 143. In einer glaubensnahen Erziehung dürfen natürlich auch kindgerecht aufbereitete Stellen aus der Bibel nicht fehlen. Am besten kaufen Sie eine ansprechend bebilderte Kinderbibel.

Geschichten und Begebenheiten, die Sie selbst erlebt haben, sind für Ihr Kind besonders ansprechend und interessant. Wenn Sie aus Ihrer eigenen Kindheit erzählen – wie Sie damals gehandelt bzw. gefühlt haben und was sich daraus ergeben hat –, können Sie sicher sein, dass Ihr Kind gut zuhört. Sie können Ihr Kind zusätzlich fragen, wie es selbst gehandelt hätte oder was

Tipp

Kinder im Kindergartenalter finden insbesondere Geschichten aus dem alten Testament sehr interessant.

es empfindet, und schon haben Sie den Einstieg in ein wirklich „wert-volles“ Gespräch.
Helden, die Werte vermitteln, finden Sie in vielen Bilderbüchern (siehe unten), aber auch im Fernsehen oder in anderen Medien. Der immer freundliche und hilfsbereite Benjamin Blümchen kommt z. B. bei Kindern ab drei Jahren gut an. Der ebenfalls sehr hilfsbereite und tolerante Drache Tabaluga ist hingegen erst für etwas ältere Kinder ab vier bis fünf wirklich verständlich.

Kinderbücher, die Werte vermitteln (geeignet ab ca. drei Jahren)

Die folgende Auflistung stellt eine persönliche Auswahl aus vielen geeigneten Büchern, die mehr oder minder offensichtlich Werte vermitteln, dar. Mein Favorit ist „Irgendwie Anders“.

Thema Toleranz, Anderssein, Diskriminierung, Freundschaft:

- „Irgendwie Anders“ von K. Cave und Ch. Riddell (Oetinger Verlag 1994; 28 Seiten; 12,00 €)
- „Das Vier-Farben-Land“ von G. Ruck-Pauquet und U. Baier (OZ Verlag 2001; 28 Seiten; 11,90 €)
- „Huch! Wir kriegen Besuch!“ von M. Sodtke (Lappan Verlag 1996; 72 Seiten; 6,90 €)
- „Der Rabe, der anders war“ von E. Schreiber-Wicke und C. Holland (Thienemann Verlag 1994; 36 Seiten; 11,90 €)

Thema Freundschaft, Hilfsbereitschaft, Zufriedenheit:

- „Gibt es eigentlich Brummer, die nach Möhren schmecken?“ von M. Sodtke (Lappan Verlag 1994; 72 Seiten; 6,90 €)
- „Für mich bist du der Beste!“ (mit Ausklappseiten und kleiner Plüschkatze) von A. Diem und S. Szesny (Albarello 2000; 32 Seiten; 13,70 €)
- „Hexe Pollonia macht das Rennen“ (mit Ausklappseiten und kleinem Plüschhund) von A. Diem und S. Szesny (Albarello 2001; 32 Seiten; 13,70 €)
- „Sankt Martin und der kleine Bär“ von A. Schneider und M. Dusikova (Nord-Süd Verlag 2000; 32 Seiten; 12,80 €)

Thema Mut, Tapferkeit:

- „Ich bin MäuseKatzenBärenStark“ von B. Bos und H. de Beer (Nord-Süd Verlag 2004; 32 Seiten; 5,00 €)

Kleiner Kinder-Knigge: Gute Manieren ohne Stress

Gutes Benehmen macht das tägliche Miteinander leichter. Deshalb können Sie Ihrem Kind nach dem Motto „Was Hänschen nicht lernt ..." schon ab etwa drei Jahren einige wichtige Benimmregeln beibringen. Wir zeigen Ihnen, worauf es ankommt.

Gutes Benehmen ist wieder „in". Das zeigt eine Umfrage aus dem Jahr 2003, in der gefragt wurde: „Was sollten Eltern ihren Kindern für ihr Leben mit auf den Weg geben?" 87 Prozent der Befragten sprachen sich für Höflichkeit und gutes Benehmen aus, während etwa Toleranz und Freude am Lernen erst an dritter bzw. fünfter Stelle folgten.

Dass Kinder bei Tisch hampeln und kleckern, anderen ins Wort fallen oder „bitte" und „danke" nicht über die Lippen bringen, muss nicht sein. Trotzdem ist es oft alles andere als leicht, seinem Kind gutes Benehmen beizubringen! Doch schon Kindergartenkinder können erkennen:

- Gute Manieren erleichtern das Zusammenleben, weil sie nichts anderes als Rücksichtnahme auf die anderen in der Familie, im Kindergarten oder in der Schule bedeuten.
- Ein respektvoller Umgang mit anderen wirkt sich positiv aus. Andere Menschen sind offener, freundlicher und auch eher bereit, auf einen selbst einzugehen.
- Konflikte lassen sich leichter lösen, wenn durch bestimmte Umgangsregeln das Streitpotenzial minimiert wird.
- Gutes Benehmen macht sicherer und selbstbewusster.

Was kann Ihr Kind ab drei Jahren lernen?

Oft werden schlechte Manieren bei Kleinkindern damit entschuldigt, dass das Kind ja noch so klein sei. Aber selbst Dreijährige können schon lernen, auf andere Rücksicht zu nehmen. Dabei gilt die Faustregel, andere so zu behandeln, wie man auch selbst gerne behandelt werden will.

- Freundliche Begrüßung: Um einem anderen zu zeigen, dass er willkommen ist, sollte Ihr Kind ihn ansehen und freundlich grüßen, z. B. „Guten Tag!" Besonders persönlich wird die Begrüßung, wenn es dazu auch die Hand gibt. Gleiches gilt natürlich auch für die Verabschiedung.
- Die Zauberwörter „bitte" und „danke": Ihr Kind lernt schnell, dass es mit einem „bitte" viel eher (wenn auch nicht immer) einen Wunsch erfüllt bekommt. Und sein „danke" zeigt dem anderen, dass es sich über ein Geschenk freut.

Tipp

Kinder bis zum Anfang des Schulalters sprechen oft alle Menschen mit „du“ an, da sie den Unterschied zum höflichen „Sie“ noch nicht kennen. Manchmal können sie auch zwischen Vor- und Nachnamen noch nicht unterscheiden. Ein „Du, Frau Mayer“ ist also völlig normal. Fällt Ihrem Kind von selbst auf, dass manche Erwachsene sich duzen und andere sich mit „Sie“ ansprechen, erklären Sie ihm, dass man Menschen, die man nicht so gut kennt, siezt.

- Entschuldigung: Wenn Ihr Kind einem anderen weh oder ihm Unrecht getan hat, kann es durch ein „Entschuldige bitte!“ zeigen, dass es ihm Leid tut. Dann fühlt sich der andere gleich besser.
- Ausreden lassen: Ihr Kind sollte lernen zuzuhören und einem anderen, wenn er redet, nicht ins Wort zu fallen. Das ist natürlich für ungeduldige Kinder besonders schwierig. Erklären Sie Ihrem Kind, dass es selbst ja auch möchte, dass die anderen zuhören, wenn es etwas zu erzählen hat.
- Schimpfwörter sind tabu: Sie verletzen den anderen und sind deshalb selbst dann, wenn Ihr Kind sehr wütend ist, tabu. Notfalls kann es sich in seinem Zimmer so richtig ausschimpfen, wenn es keiner hört.
- Tischmanieren: Wenn sich alle bei Tisch an ein paar einfache Regeln halten, verlaufen die Mahlzeiten entspannter. Hierzu gehören: Hände waschen vor dem Essen, Besteck benutzen (Löffel, Gabel und je nach Fingerfertigkeit auch Messer), nicht mit dem Stuhl kippeln, nicht mit vollem Mund sprechen. Ab vier Jahren können Sie von Ihrem Kind verlangen, dass es sitzen bleibt, bis alle aufgegessen haben.

Ihr gutes Vorbild ist das A und O

Ihr Kind wird nur die Manieren zeigen, die es zu Hause kennen lernt. Da Kinder vor allem durch Nachahmung lernen, ist es äußerst wichtig, Ihrem Kind das vorzuleben, was Sie von ihm erwarten.

- Gemeinsam funktioniert Erziehung leichter. Deshalb sollten sich alle, die an der Erziehung Ihres Kindes beteiligt sind (Partner, Großeltern und andere Verwandte, Kindergarten), auf gewisse Grundregeln einigen und diese von Ihrem Kind einfordern.
- Konzentrieren Sie sich auf das Wichtigste! Eine unüberschaubare Flut von „Das macht man nicht“ und „Wie sagt man da?“ führt nur zu Frust auf allen Seiten, weil es mit dem guten Benehmen so gar nicht klappen will. Was stört Sie am meisten? Ist es das Benehmen bei Tisch oder eher stoffeliges Verhalten ohne „bitte“ und „danke“? Beginnen Sie immer mit dem, was Ihnen am wichtigsten ist. Zu viel auf einmal überfordert Ihr Kind.

- Stellen Sie klare Regeln auf. Reden Sie mit Ihrem Kind darüber, wie und warum es sich in bestimmten Situationen höflich und rücksichtsvoll verhalten sollte. Erklären Sie ihm, wie sich andere fühlen, wenn es sich gut bzw. unmanierlich benimmt. Fragen Sie es auch, wie es sich selbst fühlen würde, wenn sein Freund sich so danebenbenehmen würde.
- Bleiben Sie bei den vereinbarten Regeln konsequent. Bekommt Ihr Kind etwa den Mund nicht auf, um ein Glas Tee zu erbitten, können Sie sein „Gib mir sofort den Tee!“ so lange überhören, bis es sich an das „Zauberwort“ erinnert.
- Machen Sie Ihrem Kind gute Manieren mit einem netten Bilderbuch (geeignet ab drei bis vier Jahren) schmackhaft.

Unterhaltsame Benimmbücher

- „Upps, benimm dich! Das vergnügte Benimmbuch für Kinder“ von U. Scheffler und J. Timm (Ars Edition 2004; 32 S.; 12,50 €)
- „Gutes Benehmen ist hüpfeleicht“ von Ch. Merz und B. Gotzen-Beek (Kerle bei Herder, Freiburg 2003; 28 S.; 11,90 €)

Medientipp: *Um Höflichkeit, Hilfsbereitschaft und Tischmanieren geht es in den 14 Liedern im Album „Bitte sehr & Danke schön“ von Detlev Jöcker (Menschenkinder-Verlag, erschienen im März 2004). Die CD kostet 13,80 €, die Hörkassette 9,80 €. Das gleichnamige Buch mit Noten und Liedern sowie Spielen und Geschichten von Detlev Jöcker und Ingrid van Bebber ist für 8,80 € erhältlich.*

Mit diesen Tipps trocknen die Tränen schneller

Wer von uns möchte nicht sein Kind trösten, wenn es weint? Je schneller es ihm wieder gut geht, umso besser. Sie finden hier neben der Anleitung zum richtigen Trösten auch konkrete Ratschläge für „Härtefälle".

Das A und O des Tröstens für Kinder jeden Alters ist enger Körperkontakt. Das beruhigt und gibt Sicherheit. Babys, die keine Schmerzen haben, lassen sich durch Auf-den-Arm-Nehmen, Herumtragen (z. B. im Tragtuch) oder sanftes Wiegen meist beruhigen. Ihr Baby entspannt sich oft schon, wenn Sie ihm langsam über den Rücken streichen oder sanft, aber rhythmisch den Po tätscheln. Wichtig ist nur, dass Sie schnell reagieren, bevor es sich in Rage brüllt und dann wirklich „untröstlich" ist. Weitere Tipps finden Sie auf im Kapitel ***Entwicklung*** Seite 200.
Größere Kinder wollen meist auf den Schoß oder in den Arm genommen werden. Tränen oder eine Beule können Sie oft „wegküssen".

Tipp

In vielen Fällen beruhigt sich Ihr schreiendes oder aufgeregtes Kind, wenn Sie ihm ruhig, aber fest eine oder beide Hände auf die Schulter bzw. beide Schultern legen und dort kurze Zeit liegen lassen. Ihre Ruhe überträgt sich dadurch auf Ihr Kind.
Auch Kraulen, Massieren oder Streicheln im Nacken wirkt ungemein beruhigend. Das ist wohl eine Art Urinstinkt, denn auch viele Tiermütter fassen ihr Kind im Nacken. Es verfällt dadurch in eine Tragestarre und wird sofort ruhig.

Anleitung: Richtig trösten

Meist lassen sich Kinder relativ einfach trösten. Probleme gibt es oft erst dann, wenn das Kind spürt: Mama oder Papa haben nicht viel Zeit, sind mit den Gedanken woanders oder wissen nicht, wann und wie ich wirklich Trost brauche.

- Übertreiben Sie Ihre Tröstungsversuche nicht, aber reagieren Sie auch nicht zu „cool". Nur wenn Ihr Mitleid und Ihre Hilfsmaßnahmen dem Wehwehchen oder Problem Ihres Kindes angemessen sind, fühlt es sich wirklich ernst genommen. Ansonsten entsteht eine Atmosphäre, in der seine Gefühle nicht zugelassen werden. Das kann beim Kind eventuell zu Blockaden und Unsicherheit führen.

- Gestehen Sie Ihrem Kind zu, seine Gefühle selbst zu bewerten. Nur Ihr Kind kann entscheiden, wie schlimm oder unwichtig die Ereignisse in diesem Moment für es sind. Wiegeln Sie also nicht ab „Nun wein doch nicht, so schlimm hast du dir doch gar nicht wehgetan", sondern zeigen Sie Verständnis, etwa durch den Satz: „Mir scheint, du hast dir ganz schön wehgetan."

Tipp

Mit dem Satz „Das tut jetzt bestimmt sehr weh. Aber es wird alles wieder gut!" drücken Sie aus, dass Sie den Schmerz und die Gefühle des Kindes ernst nehmen, aber gleichzeitig zeigen Sie ihm auf, dass auch das vorbeigeht. Diese begleitende und unterstützende Zuversicht wirkt sich nicht nur bei Kindern tröstlich aus!

- Erlauben Sie Ihrem Kind, sich auszuweinen. Das ist insbesondere bei Jungen wichtig, denen mit dem wiederholten Satz „Ein Indianer kennt keinen Schmerz" irgendwann der Zugang zu ihren Gefühlen abhanden kommt. Bieten Sie Ihrem Kind dabei Körperkontakt an und halten oder streicheln Sie es, bis es sich beruhigt hat.
- Halten Sie sich mit voreiligem Trost oder Lösungsvorschlägen zurück. Vielen Kindern genügt es schon, dass sie verstanden werden. Sie brauchen dazu allerdings nicht bedauert zu werden! Meist werden Sie schon bald ein „War gar nicht so schlimm. Ich geh jetzt wieder spielen!" hören. Es ist aber ein Riesenunterschied, ob Ihr Kind die Situation so beurteilt oder Sie ihm das vorgeben.
- Fragen Sie Ihr Kindergartenkind, wie Sie ihm helfen können. Ist Ihr Kind jünger als drei Jahre, können Sie ihm aus Ihrer Erfahrung heraus Vorschläge machen. So lernt es, seine Bedürfnisse einzuschätzen und auch auszudrücken. Drängen Sie ihm Ihre Hilfe nicht auf, denn Ihr Kind wird vielleicht schon selbst mit der Situation fertig. Braucht es weiteren Trost und Hilfe, wird es Sie darum bitten bzw. Ihre Nähe suchen.

Trösten Sie bitte nie vorbeugend!

Oft bekommt Ihr Kind dann erst richtig Angst. Das gilt für Arztbesuche, bei denen es auch „ganz bestimmt nicht weh tut" (Ihr Kind ist vielleicht noch gar nicht auf die Idee gekommen, dass etwas weh tun könnte), oder für die Trennung im Kindergarten „Ich hol dich ganz bestimmt mittags wieder ab" (Ihr Kind hat bisher gar nicht daran gezweifelt).

Tipp

Nimmt ein anderes Kind Ihrem Kind sein Spielzeug weg oder geht es rücksichtslos damit um, fordern Sie das andere Kind auf (sofern es nicht dessen Mutter selbst tut), das Spielzeug zurückzugeben. Macht es das nicht, können Sie Ihr Kind fragen, ob es möchte, dass Sie sein Spielzeug vorübergehend wegpacken und so in Sicherheit bringen.

Abbildung 7:
Wenn mehrere Kinder gleichzeitig rutschen wollen und es deswegen zum Streit kommt, müssen Eltern oft vermitteln. Finden die Kinder mit Ihrer Hilfe nicht selbst zu einem Kompromiss, sollten Sie einen Lösungsvorschlag unterbreiten.

der anderen Eltern vielleicht am liebsten im Erdboden versinken. Dabei kann ein solches Verhalten bei Kindern dieses Alters im Eifer des Gefechts durchaus gelegentlich vorkommen. Es sollte nur nicht zur Gewohnheit werden!

Lösung: Hier einige Regeln zum sinnvollen Umgang mit aggressivem Verhalten:

- Ignorieren Sie aggressives Verhalten keinesfalls, sondern sagen Sie laut und deutlich, womit Ihr Kind aufhören soll: „Jan, hör auf, das Mädchen zu treten!" Reagiert Ihr Kind nicht, gehen Sie zu ihm und hindern es daran. Notfalls muss es sich für eine Auszeit einige Minuten ruhig neben Sie auf die Bank setzen.
- Streit an und für sich ist nichts Schlechtes! Kinder, die streiten, wollen oft ihren Platz in der Gruppe finden. Darum sollten Erwachsene sich nicht in jede lautstarke Auseinandersetzung einmischen. Die Grenze ist immer dann erreicht, wenn gewalttätige Übergriffe jeglicher Art auftreten. Sie sollten aber auch eingreifen, wenn Sie mitbekommen, wie Kinder andere mit Worten erheblich verletzen, lächerlich machen oder massiv unter Druck setzen.
- Schenken Sie dem „Opfer" besondere Aufmerksamkeit und Trost. Dadurch lernt der kleine Angreifer, dass gutes Sozialverhalten „belohnt" wird.

- Versuchen Sie, die Streitursache zu klären. Hören Sie sich beide Positionen an. Fassen Sie den Sachverhalt in eigenen Worten zusammen („Also, du wolltest auf die Schaukel, aber der andere Junge hat gesagt, er wäre vor dir dran ..."). Fragen Sie die beiden Kinder, was man denn in diesem Fall tun könnte. Fällt ihnen keine Lösung ein, können Sie selbst einen oder zwei Vorschläge machen. Indem Sie das Gespräch mit dem Kontrahenten und seinen Eltern suchen, leben Sie eine Form der gewaltfreien Konfliktlösung vor.
- Fordern Sie eine Wiedergutmachung, also z. B. eine Entschuldigung, von Ihrem Kind ein.
- Notfalls ist die vorübergehende Entfernung des „Streitobjekts" eine brauchbare Alternative.

„Mami, der hat mich gehauen!"

Niemand will sein Kind zu einer „Petze" erziehen, doch ist es weder sinnvoll noch wünschenswert, sich alles gefallen zu lassen oder aber es dem anderen mit gleicher Münze heimzuzahlen. Kinder sollen lernen, Streitigkeiten mit Worten und nicht mit Fäusten auszutragen, denn Gewalt ist keine Lösung.
Lösung: Ermuntern Sie Ihr Kind immer wieder, Streitigkeiten durch Reden beizulegen und nicht mit Schlägen auszutragen. Das gelingt selbstbewussten und redegewandten Kindern besser als schüchternen und unsicheren. Natürlich müssen die Kinder lernen, Probleme selbst zu lösen. Bei Kindern im Kindergartenalter gelingt das aber häufig noch nicht ohne die Hilfe eines Erwachsenen. Ermuntern Sie Ihr Kind, wenn es mit Reden nicht mehr weiterkommt, zu Ihnen zu kommen und Sie um Hilfe zu bitten. Gehen Sie gemeinsam zu dem anderen Kind und versuchen Sie, die Streitursache zu klären.

Helfen Sie Ihrem Kind durch aktives Zuhören, seine Probleme selbst zu lösen

Durch diese spezielle Form des Gespräches fühlt sich Ihr Kind verstanden. Es kann dabei seine Gefühle zum Ausdruck bringen und selbst Lösungsmöglichkeiten entwickeln. Dadurch wächst auch sein Selbstvertrauen.

Diese spezielle Form des Zuhörens wurde erstmals von Thomas Gordon, einem amerikanischen Psychologen, der sich schon inden 50er Jahren um eine gewaltfreie Erziehung bemühte, zur Verbesserung der Eltern-Kind-Beziehung eingesetzt und in Elternkursen gelehrt. Das aktive Zuhören funktioniert bereits bei Kleinkindern, wird aber überwiegend ab dem Kindergarten- oder Schulalter mit großem Erfolg eingesetzt.

Die Technik des aktiven Zuhörens

Die meisten Eltern reagieren auf Äußerungen ihres Kindes häufig mit Warnungen, guten Ratschlägen und Belehrungen. Oft missverstehen sie dabei, was ihnen ihr Kind sagen will, und bauen eine Kommunikationsblockade auf, weil sich das Kind dann unverstanden oder ungerecht behandelt fühlt. Diese Probleme lassen sich durch aktives Zuhören umgehen. Dabei geben Sie als Zuhörer das eben Gehörte, also die Botschaft Ihres Kindes, durch eine Rückmeldung wieder, so wie Sie es verstanden haben. Dadurch kann sich Ihr Kind sicher sein, dass Sie es verstanden haben, und gerade Kleinkinder, die ihre eigenen Gefühle oft noch gar nicht richtig einordnen können, werden sich ihrer Gefühle dadurch erst bewusst.

- Wenn Sie Ihrem Kind etwas mitteilen möchten, sprechen Sie in Ich-Botschaften. Statt Ihrem Kind Schuld zuzuweisen, indem Sie beispielsweise sagen „Du bist faul. Nie kannst du dein Zimmer aufräumen!“, teilen Sie ihm Ihre eigenen Gefühle mit durch den Satz „Ich ärgere mich, wenn ich in deinem Zimmer Staub saugen möchte, und komme gar nicht durch, weil so viel am Boden liegt.“
- Geben Sie hingegen das eben Gehörte wider, so wie Sie es verstanden haben, sprechen Sie in Du-Botschaften, ohne die Aussage Ihres Kindes positiv oder negativ zubewerten. Sie beginnen Ihren Satz beispielsweise mit „Duglaubst also,...“ oder „Du fühlst dich ...“ oder „Das klingt, als würdest du ...“. Dann weiß Ihr Kind, dass seine Botschaft angekommen ist,

oder es kann, falls Sie sich einmal getäuscht haben und seine Aussage falsch interpretiert haben, Sie korrigieren und sagen „Nein, so meine ich das nicht!“

Fallbeispiel

Ihr Kind will abends nicht ins Bett gehen und sagt: „In meinem Zimmer ist es so dunkel, und da sind lauter Geister drin!“ Statt nun zu sagen „Aber du weißt doch, dass es gar keine Geister gibt. Du brauchst nur Licht anzumachen, dann siehst du, dass niemand in deinem Zimmer ist. Also, marsch ins Bett!“ können Sie als Mutter oder Vater – ganz ohne zu werten oder eine Problemlösung vorzuschlagen – sagen: „Du glaubst also, dass Geister in deinem Zimmer sind, und hast große Angst vor ihnen.“ Ihr Kind wird vermutlich erleichtert reagieren, weil es sich verstanden fühlt, und beispielsweise sagen: „Ja, davor habe ich Angst!“

Lassen Sie Ihr Kind seine Probleme selbst lösen

Das aktive Zuhören ist eine gute Möglichkeit, Ihr Kind zum Sprechen zu bringenund seine Gefühle ernst zu nehmen. Im Dialog mit Mutter oder Vater kann Ihr Kind nun damit anfangen, selbst eine Lösung für sein Problem zu finden. Durch Ihre Rückmeldung beim aktiven Zuhören bringen Sie Ihr Kind dazu, selbstständig zu denken und nach einer Lösung zu suchen, da Sie ihm keine „Patentlösung“ oder einen guten Rat aufdrängen. Sie zeigen Ihrem Kind damit, dass Sie ihm zu trauen, selbst mit diesem Problem fertig zu werden. So entwickelt es sich zu einer selbstständigen, verantwortungsbewussten und unabhängigen Persönlichkeit.
Ihr Kind kann Lösungsmöglichkeiten vorschlagen, die sie dann gemeinsam daraufhin überprüfen, ob sie auch praktikabel sind. Gerade bei Klein- und Kindergartenkindern werden aber immer wieder Vorschläge kommen, die in dieser Form nicht Erfolg versprechend sind. Hier kann es sinnvoll sein, selbst Alternativen anzubieten. Wichtig dabei ist, dass Sie Ihren Vorschlag wirklich als eine von mehreren möglichen Lösungen sehen und Ihr Kind nicht jedes Mal automatisch dazu „verdonnern“, ihn auch anzunehmen (was allerdings manchmal als letzte Möglichkeit trotzdem nötig sein kann).

Fallbeispiel

Um beim obigen Fallbeispiel zu bleiben, könnte sich der Dialog zwischen Ihnen und Ihrem Kind etwa wie folgt entwickeln und zu einer Lösung führen:
Sie sagen: „Was könnten wir denn tun, damit du keine Angst mehr haben musst?“ Ihr Kind: „Wir können doch einfach das Licht anlassen.“ **Sie: „Ich**

Abbildung 8:
Besonders gut klappt das aktive Zuhören, wenn Sie sich auf Augenhöhe mit Ihrem Kind begeben und nicht „von oben herab" zu ihm sprechen.

befürchte, dass du nicht einschlafen kannst, wenn das Licht brennt. Würde es auch genügen, wenn wir im Flur Licht machen und die Türe auflassen? Dann ist es in deinem Kinderzimmer auch nicht mehr so dunkel." Ihr Kind: „Ja." **Sie: „Gut, dann machen wir das so."**

In Deutschland wird von der Akademie für personenzentrierte Psychologie in Bonn ein Gordon-Familientraining für Eltern angeboten. Sind Sie an Elternkursen interessiert, können Sie sich unter www.gordonmodell.de informieren, wann und wo diese stattfinden.

Was Eltern niemals sagen dürfen: Worte, die Kinder ein Leben lang verfolgen

„Lass mich das machen, du bist immer so ungeschickt!" kann für Ihr Kind eine Hypothek fürs ganze Leben bedeuten. Ganz gleich wie kompetent es als Erwachsener einmal sein wird: Es hat immer noch diesen Satz im Kopf, der es als selbst erfüllende Prophezeiung am Erfolg hindert.

Worte sind mächtig und können verletzen. Manche sind sogar so mächtig, dass sie uns als Bannbotschaften das ganze Leben verfolgen. Den Begriff Bannbotschaften prägte die Psychotherapeutin Sabine Unger für Sprüche und Gedanken aus der Kindheit, die sich wie ein böser Bann über einen Menschen legen. Aussprüche wie „Das macht man nicht", „Lass das, das geht sonst bloß wieder schief!", „Das schaffst du nie" oder „Mädchen machen so was nicht!" kennt jeder von uns. Und solche Sätze nisten sich im Kopf ein – sie rauben uns Kraft, Mut und Energie. Sie untergraben unser Selbstbewusstsein und lähmen Neugier und Phantasie.

Eltern sagen die Wahrheit und haben Recht

Das glaubt zumindest Ihr Kind. Wenn es dann Sätze wie „Mathematisch bist du völlig unbegabt" oder „Kannst du denn gar nichts richtig machen!" immer wieder hört, dann glaubt es daran. Viele dieser Botschaften brennen sich ins Unterbewusstsein ein und wirken dort als Erfolgsverhinderer.
Häufig verfolgt uns dieser Glaube das ganze Leben lang. Selbst wenn Erwachsene, ganz objektiv betrachtet, diese Botschaften als falsch entlarven können sollten: Die Bannbotschaft wirkt, da hat alles andere keine Chance mehr. Man kann einem Menschen dann noch so oft sagen, dass er gut ist oder etwas gut kann – er wird es nicht glauben!

Die Macht des Wörtchens „immer"

Sicher kennen auch Sie Sätze wie „Immer lässt du dein Spielzeug rumliegen" oder „Nie kann man sich auf dich verlassen". Sie sind ungerecht und – genau genommen – völlig übertrieben, denn niemand macht etwas wirklich „immer" bzw. „nie". Außerdem wirken solche Aussagen entmutigend. Wenn man es doch immer nur falsch macht, dann braucht man sich doch gar nicht mehr zu bemühen, oder?

Abbildung 9:
„Pass auf, dass du nicht herunterfällst!" wäre in dieser Situation die falsche Botschaft. Stattdessen braucht der kleine Kletterer eine Ermutigung wie „Du kommst da schon hinauf. Wenn ich helfen soll, sagst du es mir."

Irgendwann geht das Vertrauen in die eigenen Fähigkeiten möglicherweise ganz verloren. Auch bei späteren Fehlern und Misserfolgen wird das Kind verstärkt die Schuld bei sich suchen, statt auch einmal widrige äußere Umstände dafür verantwortlich zu machen.

Wie sich die Bannbotschaft festsetzt

Bannbotschaften können Kindern überall begegnen: im Kindergarten, in der Schule, unter Freunden. Die meisten werden jedoch, häufig unwissentlich oder gar mit der Absicht, das Kind vor Schaden zu bewahren, von den Eltern ausgesprochen.

Die Botschaften können z. B. lauten:
- „alte Heulsuse" unter Kindergartenkindern
- „So ein unsportliches Kind wie dich habe ich schon lange nicht mehr in einer Klasse gehabt" vom Sportlehrer
- „Du fällst da noch runter! Die Rutsche ist zu hoch für dich" von der Mutter

Hört Ihr Kind solche Vorwürfe und Ermahnungen immer wieder, untergraben sie sein Selbstbewusstsein. Es verliert den Mut und fühlt sich als Versager. Ihr Kind traut sich nichts mehr zu und vermeidet neue Herausforderungen aus Angst, erneut zu versagen. So gerät es in einen Teufelskreis: Es traut sich nichts zu und probiert sicherheitshalber nichts Neues aus. So kann es keine neuen Fähigkeiten erwerben, keine Erfolgserlebnisse sammeln – und wird deswegen immer öfter scheitern. Irgendwann ist sein Selbstbewusstsein so tief gesunken, dass es schon an leichten Aufgaben verzweifelt. Psychologen bezeichnen das als „erlernte Hilflosigkeit".

Die sich selbst erfüllende Prophezeiung

Hat sich eine Bannbotschaft wie „Das geht sowieso schief. Mir gelingt eben nie etwas" erst einmal im Kopf festgesetzt, führt sie dazu, dass sich das Kind (oder

der Erwachsene) unbewusst auch entsprechend verhält. Es (er) ist unsicher, sucht bei anderen stets nach Zeichen von Kritik oder Missbilligung („Der Lehrer guckt schon so zweifelnd"), erinnert sich nur an frühere Missgeschicke, während ihm Erfolge gar nicht in den Sinn kommen. Wen wundert's, dass über kurz oder lang wirklich etwas schief geht, sich die Prophezeiung also (wieder) erfüllt und damit erneut bestätigt.

Bannsprüche als Selbstschutz und Ausrede

Bannbotschaften können manchmal auch bequem sein, wenngleich sie immer das Potenzial des Kindes oder Erwachsenen schwächen. Ein überzeugtes „Ich kann das sowieso nicht." schützt vor Misserfolgen – denn wer nichts versucht, kann auch nicht scheitern.
Ein „Ich bin in Mathe einfach eine Niete." ist eine stilvolle Ausrede nach der verhauenen Klassenarbeit. Denn man braucht sich auch gar nicht erst anzustrengen und Mathe zu pauken, weil das Ergebnis schon vorher feststeht. So verliert ein Kind (bei Mathe sind es eher Mädchen, während Jungen oft die Kompetenz in Deutsch und bei Fremdsprachen abgesprochen wird) von vornherein jede Motivation.

Verbannen Sie Bannbotschaften aus der Erziehung!

Eltern sind auch nur Menschen, und so gibt es immer wieder Situationen, in denen Ihnen aus Ärger oder Zorn mal etwas herausrutscht, das Sie nachher bereuen. Doch keine Sorge! So lange es sich dabei um vereinzelte Ausrutscher handelt, stecken seelisch stabile Kinder, die sich von ihren Eltern geliebt wissen, diese Tiefschläge unbeschadet weg. Manchmal ist es sinnvoll, einem größeren Kind zu erklären, warum Sie in dieser Situation so ungehalten reagiert haben. Auch eine Entschuldigung kann vieles wieder ungeschehen machen – wenn sie ernst gemeint ist und nicht zu häufig gebraucht wird. Ansonsten nutzt sie sich nämlich ab.

Mit den folgenden drei Schritten verbannen Sie Bannbotschaften an Ihr Kind:

1. Machen Sie sich bewusst, wie Sie mit Ihrem Kind sprechen. Gibt es da offensichtliche oder versteckte Bannbotschaften? Geben Sie manchmal abfällige Kommentare ab wie „Typisch Lena! Kann natürlich wieder nicht ohne zu verschütten Milch eingießen!" oder Vergleiche wie „Nimm dir mal ein Beispiel an deinem Bruder. Der kann ja auch bei Tisch stillsitzen"? Vielleicht erstellen Sie sogar eine Liste.
2. Überlegen Sie, warum Sie diese Bannbotschaften aussprechen. Was ließ Sie in einer bestimmten Situation so gereizt reagieren? Waren Sie enttäuscht von Ihrem Kind? Warum? Hat eine bestimmte Situation Sie an Ihre eigene Kindheit erinnert? Sind Sie unterschwellig enttäuscht, weil Sie sich immer

Tipp

Jeder Mensch trägt sein Päckchen an Bannbotschaften, schlechten Erfahrungen und unerfüllten Träumen mit sich herum. Überlegen Sie einmal, was in Ihrem Päckchen alles enthalten ist. Wenn Sie sich das bewusst machen, wird es Ihnen leichter fallen, diese negativen Gefühle nicht auf Ihr Kind zu übertragen. Denn die Botschaften, die Sie an Ihr Kind weitergeben, liegen oft weniger in der Person oder dem Verhalten Ihres Kindes begründet, als vielmehr in Ihrer eigenen Vergangenheit.

ein kontaktfreudiges Kind gewünscht haben, Ihr Sohn aber schüchtern und schweigsam ist?

3. Überprüfen Sie das Kommunikationsverhalten in Ihrer Familie. Wie sprechen Sie mit Ihrem Kind? Würden Sie so auch mit Bekannten oder Freunden reden? Manchmal hilft ein gezielt eingesetzter, höflicher Umgangston, um mit weniger Stress und mehr Freundlichkeit mehr bei Ihrem Kind zu erreichen.

Verhängnisvolle Sätze, die Ihrem Kind schaden

Hüten Sie sich vor den folgenden Sätzen. Sie wirken wie „verbale Ohrfeigen" und verunsichern Ihr Kind stark.

- „Ich will dich nicht mehr sehen!" oder „Jetzt hab ich dich nicht mehr lieb!" Ohne Ihre Liebe ist Ihr Kind hilflos, deswegen sind Sätze wie diese sehr bedrohlich. Wenn Sie Ihrem Kind eine Auszeit verordnen, tun Sie das bitte mit neutralen Worten: „Du gehst jetzt in dein Kinderzimmer, bis du dich wieder beruhigt hast!"
- „Du bist (selbst) schuld!" Das Wort „Schuld" ist ein sehr harter Begriff. Kinder neigen ohnehin dazu, sich für alles Mögliche verantwortlich zu fühlen, z. B. sogar für die Scheidung der Eltern. Diese Tendenz sollten Sie durch Sätze wie diesen nicht noch verstärken. Und wenn etwas passiert ist: Wem hilft es, wenn am Schluss der Schuldige feststeht?
- „Du bist wie dein Vater/deine Mutter!" Meist wird damit leider auf die negativen Eigenschaften des Partners angespielt. Kindern ist ein Satz wie dieser in den meisten Fällen unverständlich, er hinterlässt nur ein ungutes Gefühl. Sie können Ihr Kind allerdings gerne mit Aussagen wie „Ich habe damit früher auch oft Schwierigkeiten gehabt" oder „Dein Papa ist auch keine Sportskanone. Dafür kann er sehr geschickt kaputte Dinge wieder reparieren" trösten, wenn etwas misslungen ist oder ihm etwas schwer fällt.
- „Ich hab dir ja gleich gesagt, dass du das nicht kannst!" oder „Dafür bist du zu klein/zu ungeschickt/zu schusselig!" Sätze wie diese nisten sich schneller im Kopf ein, als einem lieb ist. Formulieren Sie lieber positiv: „Versuch es

mal. Wenn es nicht gleich klappt, macht es auch nichts" oder „Wenn du mich brauchst, helfe ich dir gerne."
- „Ich hab jetzt keine Zeit!", „Ich habe Wichtigeres zu tun!", „Das interessiert mich nicht!" oder „Lass mich bloß mit deinem Kram in Ruhe!" Aussprüche wie diese signalisieren Ihrem Kind, dass es Ihnen unwichtig bzw. andere Dinge viel wichtiger sind. Hört es sie häufiger, untergraben sie massiv das kindliche Selbstbewusstsein. Formulieren Sie lieber positiv: „Ich muss jetzt eben telefonieren. Aber dann setzen wir uns zusammen aufs Sofa, und du erzählst mir das ganz genau."
- „Ich versteh dich nicht!" oder „Wie du nur so ... sein kannst, kann ich wirklich nicht verstehen!" Überlegen Sie, wie Sie sich fühlen würden, wenn Ihnen jemand nachdrücklich sagt, dass er Ihre Art oder Ihre Handlungen nicht nur nicht gutheißt, sondern sie nicht einmal verstehen kann.
- „Aus dir wird nichts!", „Dumm geboren und nichts dazugelernt!" oder „Sag mal, wie dämlich kann man eigentlich sein?" Sätze wie diese demotivieren ein Kind dermaßen, dass es bald noch nicht einmal mehr einen Versuch wagen möchte. Deshalb sollten derart negative Äußerungen wirklich tabu sein.

Sinnsprüche, die alles andere als sinnvoll sind

Es gibt eine ganze Reihe von Lebensweisheiten, die häufig zitiert werden. Trotzdem können manche davon Ihrem Kind schaden, weil sie „Tugenden" beinhalten, die Sie Ihrem Kind vermutlich gar nicht wünschen. Hier ein paar Beispiele, wie die Botschaft im Klartext lautet:
- „Wer hoch hinaus will, der fällt auch tief " bedeutet: Jede Herausforderung birgt das Risiko, dass etwas dabei misslingt. Drum probier es lieber erst gar nicht.
- „Wer sich in Gefahr begibt, kommt darin um" bedeutet: Geh nur kein Risiko ein, selbst wenn es dich weiterbringen könnte.
- „Ein Indianer kennt keinen Schmerz" bedeutet: Behalte deine Gefühle lieber für dich, um nicht für schwach oder verletzlich gehalten zu werden.
- „Schuster, bleib bei deinen Leisten!" bedeutet: Mache nichts, was du nicht von der Pike auf gelernt hast. Neuen Dingen bist du nicht gewachsen.
- „Müßiggang ist aller Laster Anfang" bedeutet: Schufte ohne Pause, denn Ausruhen ist bloß ein anderes Wort für Faulheit.
- „Reden ist Silber, Schweigen ist Gold" bedeutet: Du handelst dir nur Unannehmlichkeiten ein, wenn du den Mund aufmachst. Sei bescheiden, dann kommst du weiter.

Zum Weiterlesen: *„Das schaffst du nie!" von Sabine Unger; Kreuz-Verlag 2004; 16,90 €. Dieses Buch ist jedoch kein Erziehungsratgeber, sondern beleuchtet die Wirkung von Bannbotschaften auf Erwachsene Trotzdem ist es empfehlenswert, da jeder Erwachsene solchen Ballast mit sich herumschleppt, und es enthält wertvolle Anregungen, was Sie bei Ihrem Kind besser machen können.*

Selbstschutzerziehung: Kinder stark machen von Anfang an

Starke, selbstbewusste Kinder können sich besser gegen Übergriffe schützen und werden seltener drogenabhängig. Den Grundstein dafür können Sie schon in der frühesten Kindheit legen. Lesen Sie hier, wie Sie Mut und Selbstsicherheit Ihres Kindes fördern. Extra: Die sieben „Mutmach-Sätze", die Ihr Kind stark und glücklich machen.

Der Grundstein für das Selbstvertrauen Ihres Kindes wird bereits im Säuglingsalter gelegt. Nur Babys, die eine sichere und enge Bindung an eine verlässliche Bezugsperson (in den meisten Fällen die Mutter) aufbauen können, lernen: „Da gibt es jemanden, der mich liebt, mich versteht und der für mich da ist!" Und dieses Wissen begleitet Ihr Kind sein Leben lang und gibt ihm Stärke.

Vertrauen Sie auf Ihr Gefühl

Sie brauchen nicht einen einzigen Babykurs, wenn Sie sich voll und ganz auf Ihr Kind einlassen! Alle Eltern verfügen über ein intuitives „Elternprogramm", mit dem sie sozusagen aus dem Bauch heraus wissen, was das Beste für ihr Kind ist.
Nur trauen sich leider manche Eltern gar nicht mehr, auf ihr Bauchgefühl zu hören. Zu viele Besserwisser gibt es da, die einem genau erklären, wie man mit einem Baby umgehen muss. Beispielsweise die Schwiegermutter, die behauptet, dass das Kind nur verzogen wird, wenn Sie es immer sofort trösten. Oder die Freundin, die sagt: „Meine Tochter schläft schon durch, weil ich mein Kind von Anfang an allein im Kinderzimmer ins Bettchen gelegt habe!"

Vertrauen Sie auf Ihr Gefühl, wenn es Ihnen sagt, dass Sie Ihr Kind
- nicht weinen lassen wollen,
- möglichst lange nach Bedarf stillen wollen,
- die ersten Monate zu sich ins Bett nehmen wollen,
- möglichst oft im Tragtuch tragen wollen. Sie sind die „Fachfrau" für Ihr Kind – und niemand sonst!

Babys brauchen Verlässlichkeit

Damit Ihr Baby lernt, dass es sich auf Sie und später auch auf andere verlassen kann, gibt es ein einfaches Erfolgsrezept: Wenn Ihr Kind Ihnen signalisiert, dass es Sie braucht, sollten Sie

- sofort,
- zuverlässig und
- dem Alter und der jeweiligen Situation angemessen reagieren.

Eine schnelle Antwort macht Ihr Baby zufrieden, denn sie erlöst es von seinem Unwohlsein. Wenn Sie jedes Mal prompt reagieren, lernt Ihr Baby, dass es sich auf Sie verlassen und selbst etwas bewirken kann. Natürlich sollten Sie auf vergleichbare Situationen auch möglichst gleichartig reagieren. Das vermittelt Ihrem Kind Sicherheit.

Ab dem zweiten Lebenshalbjahr beginnt Ihr Baby langsam auszutesten, wie Sie sich in bestimmten Situationen verhalten und wo seine und Ihre Grenzen sind. Erst dann sollten Sie ihm kurze (!) Wartezeiten zumuten oder ihm auch einmal etwas verwehren.

Eltern sind der wichtigste Schutzfaktor

Sie als Eltern sind der wichtigste Schutzfaktor für Ihr Kind. Zu Ihnen hat es die erste Beziehung seines Lebens, und die Erfahrungen, die es dabei macht, wirken sein ganzes Leben lang nach. Sie sind der erste Ansprechpartner und die Sicherheitsbasis, zu der es sich zurückziehen kann. Und gleichzeitig sind Sie das Vorbild dafür, wie Ihr Kind Kontakte zu anderen knüpfen und wie es mit Konflikten umgehen wird.

Erziehung, die selbstsicher macht

- Lieben Sie Ihr Kind, wie es ist! Machen Sie Ihre Liebe bitte nicht von Leistungen oder vom Wohlverhalten Ihres Kindes abhängig. Wenn Ihr Kind etwas nicht kann, so gibt es doch auch viele Dinge, die ihm gut gelingen.

Tipp

Stellen Sie eine Liste auf, die alle positiven Eigenschaften Ihres Kindes enthält. Im Erziehungsalltag schleichen sich oft Gedanken wie „Wenn es nur besser gehorchen/weniger trödeln würde!“ oder „Wenn es nur nicht so schusselig (oder unordentlich oder unruhig ...) wäre!“ ein. Dabei übersehen Sie leicht, dass Ihr Sprössling z. B. äußerst kreative Spielideen hat, hingebungsvoll bastelt oder sich rührend um kleinere Kinder kümmert.

- Seien Sie mutig! Trauen Sie Ihrem Kind etwas zu. Auch wenn Sie es dann nicht unter Kontrolle haben: Erlauben Sie ihm schon im Krabbelalter, sich so weit, wie es sich traut, von Ihnen zu entfernen (natürlich nur in kindersicherer

Umgebung!), ohne dass Sie es zurückholen. Halten Sie es am Spielplatz nicht davon ab, Klettergeräte zu erklimmen, die Ihnen zu gefährlich erscheinen. Bleiben Sie anfangs lieber in der Nähe, um Ihr Kind notfalls unterstützen zu können. Trauen Sie ihm ab etwa sechs Jahren zu, auch mal allein zum Bäcker zu gehen.

- Lassen Sie sich nicht alles gefallen! Wenn z. B. im Restaurant die Suppe kalt serviert wird, sollten Sie höflich, aber bestimmt um eine warme Suppe bitten, statt leise vor sich hinschimpfend die kalte Brühe zu essen. So lernt Ihr Kind am besten, dass es offen sagen darf, was ihm nicht passt, dass es dabei aber nicht ausfallend werden sollte.
- Stehen Sie zu Ihren Gefühlen! Wenn Sie innerlich vor Wut kochen, sollten Sie sich nicht dazu zwingen, freundlich zu lächeln. Das verwirrt Ihr Kind nur. Es darf ruhig merken (und kann das auch gut aushalten!), wenn es Sie richtig auf die Palme gebracht hat. Natürlich sollten Sie es nicht beschimpfen, doch dürfen Sie Ihren Ärger ausdrücken, am besten in der Ich-Form: „Ich ärgere mich, wenn hier schon wieder alles rumliegt, obwohl ich vorhin gerade erst aufgeräumt habe!“
- Ermutigen und loben Sie Ihr Kind! Gerade wenn Ihr Kind unsicher oder ungeschickt ist und Ihrer Meinung nach nichts „Rechtes“ zusammenbringt, braucht es Ihren Zuspruch. Ihr Lob muss aber immer ehrlich gemeint sein. Loben Sie also z. B., wenn Ihnen die Bastelei oder das Bild nicht gefällt, den Eifer, mit dem Ihr Kind bei der Sache war. Sprechen Sie prinzipiell möglichst positiv, z. B. „Ich finde es gut, dass du ...!“ statt „Das war nicht schlecht ...“
- Hören Sie gut zu! Ihr Kind sollte Ihnen alles sagen dürfen, was es bedrückt. Das wird es jedoch nur dann tun, wenn es sich sicher sein kann, dass Sie ihm zuhören. Auch wenn Ihnen manches seiner Probleme eher lächerlich vorkommt: Ihrem Kind ist es bitter ernst! Unterbrechen Sie es nicht, wenn es darüber berichtet. Sagen Sie ihm, dass Sie verstehen können, wie es sich fühlt. Bieten Sie keine vorschnellen Lösungen an. Fragen Sie lieber: „Was, meinst du, könnten wir dagegen tun?“ Haben Sie gerade einmal keine Zeit, um sich Ihrem Kind sofort zu widmen, sollten Sie ihm genau sagen, wann Sie ihm zuhören können, etwa: „Wenn ich das Telefonat beendet habe, setzen wir uns zusammen aufs Sofa, und dann erzählst du mir, was los ist!“
- Kritisieren Sie nur falsches Verhalten, aber nie Ihr Kind! Sagen Sie z. B. statt „Du bis ein richtiger Raufbold!“ besser „Es ist nicht in Ordnung, dass du wegen des roten Autos gleich mit deinem Bruder raufst!“

Sieben „Mutmach-Sätze“, die Ihr Kind stark und glücklich machen

Worte sind mächtig – sie können bestärken, aufbauen, Mut machen. Sie können aber auch verletzen und verunsichern. Das gilt für Kinder noch mehr als für Erwachsene. Die folgenden Sätze sollte Ihr Kind möglichst oft zu hören bekommen:

1. **„Ich liebe dich und freue mich, dass du da bist."** Ganz gleich, was Ihr Kind auch gerade angestellt hat.
2. **„Ich bin immer für dich da. Ich helfe dir, wenn du mich brauchst."**
3. **„Du bist stark. Du schaffst das."** Auch oder gerade dann, wenn Ihr Kind soeben an etwas gescheitert ist.
4. **„Ich verstehe dich."** Oder zumindest versuchen Sie es.
5. **„Erzähle mir mehr. Was du tust und wie du fühlst, interessiert mich."** Hören Sie aufmerksam zu und halten Sie Blickkontakt, wenn Ihr Kind spricht.
6. **„Ich bin so stolz auf dich!"** Das können Sie zusätzlich auch damit ausdrücken, dass Sie Bilder und Basteleien Ihres Kindes ausstellen, sein Foto immer bei sich haben, peinliche Begebenheiten nicht weitererzählen.
7. **„Ich vertraue dir!"** Geben Sie Ihrem Kind sofort die nächste Chance, falls es Ihr Vertrauen gerade missbraucht hat.

Wer auch mal schwach sein darf, wird wirklich stark

In den ersten drei Lebensjahren ist es völlig normal, dass die Entwicklung Ihres Kindes nicht kontinuierlich, sondern in Sprüngen und manchmal auch mit Rückschritten erfolgt. Plötzlich braucht Ihr Kind bei Dingen, die es doch schon konnte, wieder Hilfe, hängt dauernd an Ihrem Rockzipfel und hat oft Probleme mit dem Essen und/oder Schlafen. Durch Umbauvorgänge im reifenden Gehirn entwickelt Ihr Kind innerhalb weniger Tage neue Fähigkeiten und Möglichkeiten der Wahrnehmung oder des Lernens.
Dadurch ist es anfangs verunsichert und braucht Ihre Hilfe stärker. Plötzlich fühlt es sich wieder klein und hilflos. Unterstützen Sie es in diesen Phasen liebevoll, gewähren Sie ihm mehr Nähe, aber bestärken Sie es darin, seinen Fähigkeiten zu vertrauen. Verlangen Sie also etwas von Ihrem Kind! „Das schaffst du schon selbst!" ist jetzt ein wichtiger Satz. Damit überwindet Ihr Kind seine schwache Phase und lernt, dass es sich bei Ihnen Hilfe holen kann, wenn es sich schwach fühlt. Es erfährt aber auch, dass Sie an es glauben und dass es selbst etwas erreichen kann.

Bewegung macht stark – nicht nur die Muskeln

Viel Bewegung macht Ihr Kind nicht nur körperlich, sondern auch geistig beweglich. Kinder, die sich ausreichend austoben können, sind darüber hinaus auch seelisch meist ausgeglichener. Und Ihr Kind hat Erfolgserlebnisse: Es kann sich beim Rennen und Hüpfen mit anderen Kindern messen oder es erlebt den Triumph, sich erstmals bis ganz oben aufs Klettergerüst getraut zu haben. Neben genügend „Auslauf" braucht Ihr Kind immer wieder Ermutigung, um sich gerne zu bewegen. Genau genommen reicht es schon aus, Ihr Kind nicht zu entmutigen!

Sagen Sie nicht	sondern besser
„Du wirst gleich hinfallen!"	„Achtung! Da ist es rutschig. Mach lieber etwas langsamer."
„Du wirst dir noch weh tun!"	„Pass hier besonders gut auf, da liegen Glasscherben."
„Das geht nicht gut!"	„Das ist zu riskant! Mach das nicht. Ich erkläre dir auch, warum."
„Kletter da nicht rauf. Dazu bist du noch zu klein!"	„Versuche es. Ich bin hier und gebe dir die Hand, wenn du sie brauchst."
„Ich hab dir doch gleich gesagt, dass du das noch nicht kannst!"	„Es ist nicht schlimm. Versuch es noch einmal."

Entmutigte Kinder wissen nichts mit sich anzufangen

Ein Kind, das Angst hat zu versagen, sich zu blamieren oder zurückgewiesen zu werden, sitzt oft nur still abseits und traut sich nicht mit anderen Kindern zu spielen. Manchmal kommt es sogar so weit, dass es sich selbst nicht mehr beschäftigen kann, weil ihm nichts einfällt, was es spielen könnte, da es ja ohnehin nichts richtig kann. Und weil ihm Erfolgserlebnisse fehlen, wird es immer mutloser. Aus dieser Sackgasse muss es wieder heraus. Es braucht dringend das Gefühl: „Ich kann etwas bewirken!" Am gefahrlosesten geht das zunächst, indem es wieder lernt, alleine zu spielen. Doch wie können Sie ein derart entmutigtes Kind wieder aufbauen?

Diese drei Sätze sind „Gift" für unsichere Kinder

- „Wehr dich doch!" Diese Aufforderung hilft Ihrem Kind nicht weiter, denn offenbar lässt es sich lieber alles gefallen, weil es gar nicht weiß, was es sonst tun könnte. Es fühlt sich eher noch von Ihnen gedemütigt, merkt es doch nur, dass es wieder alles falsch gemacht hat. Laden Sie lieber nur einen Freund nach Hause ein, dann hat Ihr Kind ein „Heimspiel", und die Gefahr, dass ihm der Freund sein Spielzeug abnimmt, ist sehr gering. Oder gehen Sie z. B. zu einer ruhigeren Zeit auf den Spielplatz, wenn Ihr Kind sonst immer an der Rutsche weggedrängt wird.
- „Jetzt reiß dich aber zusammen!" Wenn Ihr Kind sich aus Ihrer Sicht daneben benimmt oder wegen einer Nichtigkeit anfängt zu weinen, ist das nur Ausdruck seiner Verzweiflung oder auch Wut. Es kann sich gar nicht zusammenreißen, denn die Gefühle überrollen es einfach. Wenn Trösten nichts hilft, können Sie die Gedanken Ihres Kindes auf etwas Positives lenken. Statt z. B. aus dem frischen Schmutzfleck am Knie der neuen Hose ein Drama zu machen, könnten Sie zusammen raten, welchem Gegenstand oder Tier der Fleck wohl ähnlich sieht.
- „Stell dich doch nicht so an!" Diese Aussage beinhaltet, dass sich Ihr Kind blöd anstellt und wirklich gar nichts richtig machen kann. Ist es beispielsweise gestürzt und weint vor Schreck oder Schmerz, braucht es keinen Vorwurf, sondern Trost und danach Ermutigung („Steh wieder auf. Versuch noch einmal, über den Baumstumpf zu springen."). Sonst verfestigt sich das Gefühl der Wertlosigkeit und das nächste Missgeschick ist schon vorprogrammiert.

Zum Weiterlesen: *Einen vertiefenden Artikel finden Sie im Internet unter www.liga-kind.de/pages/301haugschnabel.htm. Weitere Informationen und Spielideen für Kindergartenkinder liefert Ihnen „Das Stark-mach-Buch" von Sylvia Schneider (Christophorus-Verlag 2002; 72 Seiten; 14,90€).*

Zu viel Elternliebe? Wann Verwöhnen Ihrem Kind schadet

Verwöhnen kann für Ihr Kind gut oder schlecht sein, je nachdem, auf welche Weise es stattfindet. Verwöhnte Kinder sind oft entmutigte Kinder. Verwöhnen auf richtige Art und Weise aber macht Kinder stark! Mit Anti-Verwöhn-Programm für mehr Eigenständigkeit.

Das dritte Eis oder die vierte Barbie-Puppe, nur damit das Kind nicht enttäuscht ist und den Frust des Neins nicht aushalten muss? Ein Kind kann zu sehr verwöhnt werden, wenn es alles bekommt, und das auch noch sofort. Das ist schädlich, weil damit nur kleine Diktatoren herangezogen werden.
Wenn Verwöhnen aber heißt, dem Kind alle Liebe zu geben, sich Zeit zu nehmen, ihm den Rücken zu stärken, es aufzubauen und anzuerkennen, dann stellt dies eine sichere Basis für das spätere Leben dar, von der das Kind zehren kann. Liebevolle Zuwendung können Eltern nie zu viel geben!

Verwöhnen hat viele Gesichter

Beim Thema Verwöhnen denken die meisten an übermäßigen Geld- und Geschenkesegen für das Kind. Doch Verwöhnen ist mehr: Es fängt da an, wo nicht nur die Bedürfnisse des Kindes befriedigt werden, sondern dem Kind jeder Wunsch erfüllt und jedes Verhalten akzeptiert wird. Dazu gehören z. B.

- Maßlosigkeit bei Geschenken, Süßigkeiten, Geldzuwendungen,
- Wunscherfüllung immer sofort oder sogar im Voraus,
- Inkonsequenz, etwa ständige Ausnahmen von Regeln, die „eigentlich" gelten sollten,
- dauerndes Verhätscheln oder „In-Watte-Packen" beim kleinsten Unwohlsein, auch ständige unnötigen Hilfen bei Handlungen, die das Kind bei eigener Bemühung selbst durchführen oder schon erlernen könnte,
- Befreiung von altersgemäßen Pflichten, Aufgaben oder Mitarbeit im Haushalt, aber auch
- Konflikte für das Kind zu lösen, statt ihm Eigeninitiative zuzutrauen.

Diese Art des Verwöhnens mag gut gemeint sein, sie schadet Ihrem Kind aber!

Babys brauchen sofortige Zuwendung

Ein Baby ist ganz und gar von seiner Mutter abhängig, die alle seine Bedürfnisse befriedigt. Wenn die Mutter auf sein Schreien zuverlässig und schnell reagiert, entstehen in seinem Gehirn wichtige Verknüpfungen: Es fühlt sich sicher, geborgen und es lernt, dass es durch sein Schreien etwas bewirken kann. Stillen Sie also Ihr Baby nach Bedarf. Halten und tragen Sie es, wenn es danach verlangt. In den ersten sechs Lebensmonaten kann es gar nicht zu viel Körperkontakt bekommen. Im Gegenteil: Je mehr Nähe es jetzt erhält, desto weniger wird es später fordern. Kinder mit sicheren Bindungen verhalten sich später selbstbewusster.

Verwöhnung beginnt meist im Kleinkindalter

Als Eltern sollten Sie Ihr Handeln immer der Entwicklung Ihres Kindes anpassen. Und das bedeutet, ihm auch etwas zuzumuten, etwa sich eine Weile selbst auf der Krabbeldecke zu beschäftigen oder bei Hunger kurz bis zur nächsten Mahlzeit zu warten. Der Weg zur Selbstständigkeit Ihres Kindes ist lang und besteht aus vielen kleinen Schritten. Beobachten Sie es daher aufmerksam, um Ihre Erziehung und Ihr Handeln an seinem Entwicklungsstand auszurichten. Sie sollten Ihrem Kind nichts abnehmen, was es schon selbst tun kann.

Tipp

Gelegentliches Verwöhnen ist etwas sehr Schönes und macht Ihr Kind stark, weil es sich geliebt und geborgen fühlt. Sie brauchen deswegen kein schlechtes Gewissen zu haben, wenn Sie Ihr Kind ansonsten altersgemäß fordern. Verwöhnen darf nur nicht mit dem Hintergedanken erfolgen, sich damit Ruhe zu „erkaufen“.

Das Anti-Verwöhn-Programm

Was tun, wenn Ihr Kind immer mehr fordert und sich immer weniger dazu bequemt, altersgemäße Aufgaben zu übernehmen? Der Ausstieg aus dieser Situation scheint schwierig, ja gar unmöglich zu sein. Erziehungsexperten betonen jedoch, dass eine Änderung solchen Verhaltens jederzeit möglich ist. Sie müssen sich nur konsequent dafür entscheiden, sich künftig anders zu verhalten und Anforderungen zu stellen.

- Beginnen Sie mit kleinen Schritten! Ihr Kind soll schließlich nicht das Gefühl bekommen, es würde nicht mehr geliebt, weil seine Eltern plötzlich so viel von ihm verlangen.
- Überlegen Sie sich, welche Anforderungen Sie in Zukunft an Ihr Kind stellen wollen. Fangen Sie mit einer einzigen Sache an, die Ihnen am wichtigsten ist. Das kann das selbstständige Anziehen morgens sein oder die Vereinba-

rung, dass Ihr Kind mit Ihnen gemeinsam einmal täglich zu einer festgesetzten Zeit (dann gibt es weniger Diskussionen!) das Kinderzimmer aufräumt. Beginnen Sie hingegen mit zu vielen Dingen auf einmal, funktioniert es üblicherweise nicht.

- Formulieren Sie Ihre Anforderung klar, freundlich und ruhig, jedoch unmissverständlich und mit fester Stimme. Beispiel: „Nina, zieh dich jetzt bitte an!“, und nicht „Nina, würdest du dich jetzt bitte anziehen?!“
- Kommt Ihr Kind Ihren Anforderungen nicht nach, sollte es die Folgen seines Tuns zu spüren bekommen. Das ist die wirksamste und lehrreichste Form der Erziehung.
- Klappt die erste Vereinbarung gut, lassen Sie nach und nach weitere Aufgaben und Handgriffe folgen, die Ihr Kind schon ausführen bzw. üben kann. Dazu müssen Sie es gut beobachten, anleiten sowie fordern und fördern.
- Leisten Sie Ihrem Kind Hilfe zur Selbsthilfe. Leiten Sie es so an, dass es lernt, immer mehr Dinge selbst zu tun.
- Loben Sie Ihr Kind, wenn es seine Sache gut gemacht hat. Manchmal sind kleine Belohnungen oder ein Punkteplan (mit einer größeren Belohnung wie etwa ein Ausflug für eine bestimmte Anzahl von Punkten) hilfreich und stärken die Motivation Ihres Kindes.

Weg mit der Windel – so unterstützen Sie Ihr Kind beim Sauberwerden

Leider wird Ihr Kind weder durch Tricks noch durch fleißiges Üben früher sauber und trocken. Wir verraten Ihnen hier stattdessen die besten Tipps, wie Ihr Kind stressfrei die Windel los wird.

Meist interessieren sich Kinder im Alter zwischen zwei und drei Jahren fürs Töpfchen. Bis zum Alter von 18 Monaten sind Darm- und Blasenentleerung entwicklungsbedingt noch nicht willentlich zu beeinflussen.
Den Darm können über 90 Prozent aller Kinder bis zum vierten Geburtstag kontrollieren. Die Blasenkontrolle ist schwerer zu erlernen. Manche Kinder sind daher erst mit vier oder gar fünf Jahren trocken. Der größte Teil schafft es jedoch bis zum Ende des dritten Lebensjahres.

Wann mit der Sauberkeitserziehung beginnen?

Früheres Training macht leider nicht früher sauber, wie eine amerikanische Studie belegt. Beginnt die Sauberkeitserziehung, bevor Kinder 27 Monate alt sind, dauert es in der Regel länger, bis sie wirklich trocken sind.
Doch jedes Kind ist anders, und der richtige Zeitpunkt ist gekommen, wenn sich Ihr Kind für das Töpfchen interessiert. Bei einigen Kindern ist dies erst mit drei oder sogar vier Jahren der Fall! Entscheidungshilfe gibt die folgende Checkliste.

Checkliste: Ist Ihr Kind reif fürs Töpfchen?

Körperliche Voraussetzungen:

- hat regelmäßige Darmbewegungen, sodass der Stuhlgang zu einer in etwa vorhersagbaren Zeit erfolgt. . . . ☐ ja ☐ nein
- hat „trockene“ Zeiträume von drei bis vier Stunden, in denen es nicht in die Windel einnässt . . . . ☐ ja ☐ nein
- kann laufen und sich selbst aufs Töpfchen setzen . . . . ☐ ja ☐ nein
- kann mitteilen, dass es aufs Töpfchen muss, und kann Stuhlgang und Urin kindgemäß benennen. . . . . ☐ ja ☐ nein
- kann einfachen Anweisungen folgen . . . . ☐ ja ☐ nein
- kann selbst Hose herunter- und wieder hochziehen . . . . ☐ ja ☐ nein

Geistige Voraussetzungen:

- will mit zur Toilette gehen und zusehen .... ☐ ja ☐ nein
- will keine Windel mehr tragen .... ☐ ja ☐ nein
- will schmutzige Windel sofort entfernt haben .... ☐ ja ☐ nein
- will unabhängig sein und alles selber machen .... ☐ ja ☐ nein

Ihr Kind muss keineswegs alle Voraussetzungen erfüllen, um sauber und trocken zu werden! Je mehr „Ja"-Antworten Sie jedoch gegeben haben, desto leichter wird es Ihrem Kind fallen.

Acht wichtige Schritte zur perfekten Blasenkontrolle

Kinder müssen einige Entwicklungsschritte (siehe Tabelle auf Seite 290) machen, bevor die Kontrolle über Darm und Blase wirklich klappt. So müssen sie beispielsweise lernen, dass Grummeln im Bauch und Druck auf der Blase mit Stuhlgang und Wasserlassen zusammenhängen. Sie müssen Zeitgefühl entwickeln, um den Topf oder die Toilette noch rechtzeitig zu erreichen. Und natürlich müssen sie lernen, die Schließmuskeln von Darm und Blase willentlich zu kontrollieren.

So sitzt Ihr Kind richtig

Auch wenn es Töpfchen in verschiedenen Farben und Formen gibt, die zum Teil das Kind sogar durch Spielmöglichkeiten „ködern", halte ich nur einen Topf für wirklich empfehlenswert. Und dies ist „Der Topf", der durch eine breite Sitzfläche bei längeren „Geschäften" Druckstellen vermeidet, wirklich kippsicher ist und durch eine spezielle Form die physiologisch richtige Hockstellung ermöglicht (siehe Abbildung auf der nächsten Seite).

Wenn Ihnen das schlichte Modell „Der Topf" zu nüchtern ist, können Sie es durch Window-Color-Figuren nach Wunsch Ihres Kindes verzieren. Unser „Topf" verwandelte sich z. B. durch eine Window-Color-Ente in das „Entenboot" aus dem Buch „Julchen geht aufs Töpfchen".

Manche Kinder ziehen von Anfang an die Toilette vor – lassen Sie Ihr Kind also selbst entscheiden, was es lieber möchte. Damit Ihr Kind auf der Toilette gut und sicher sitzen kann und keine Angst haben muss hineinzufallen, braucht es einen Sitz, der die Öffnung der Klobrille verkleinert. Sehr angenehm sind gepolsterte Modelle (siehe Bezugsquellen). Ganz wichtig ist in jedem Fall, dass Ihr Kind die Füße abstützen kann, damit es auch richtig „drücken" kann. Sie können dafür einen Schemel verwenden. Praktischer und sicherer ist ein Toilettentrainer mit integrierter Stufe, die nicht umkippen oder wegrutschen kann.

Abbildung 10:
Auf diesem Topf sitzt das Kind in der physiologisch richtigen Hockstellung.
Foto: © Baby-Walz, Bad Waldsee

Tipp

„Gemütliche" Toilette
Eiskalte Klobrillen verderben auch motivierten Kindern die Lust. Machen Sie es Ihrem Kind auf der Toilette so gemütlich wie möglich. Heizen Sie im Winter ein. Legen Sie nette Bilderbücher aufs „stille Örtchen" und oder halten Sie einen Kassettenrekorder mit der Lieblingskassette bereit. Eine übertriebene Klohygiene ist hingegen nicht erforderlich, auch wenn uns die Werbung dies weismachen will. Normales Putzen genügt (WC-Reiniger nie in Reichweite Ihres Kindes aufbewahren!), Desinfizieren ist unnötig!

Die 10 besten Töpfchentipps

1. Lassen Sie Ihr Kind mit dem Töpfchen spielen, damit es sich daran gewöhnt. Besonders geeignet sind Rollenspiele, in denen Teddy oder Puppe aufs Töpfchen gehen.
2. Nehmen Sie es auf die Toilette mit. Wenn es bei Mama, Papa oder älteren Geschwistern zusehen darf, begreift es am besten, wie es geht. Hilfreich sind auch entsprechende Bücher (siehe Kasten auf Seite 289).
3. Lassen Sie Ihr Kind, wann immer es dazu Lust hat, auf seinem Töpfchen „probesitzen". Dies kann anfangs noch komplett angezogen erfolgen und erst später ohne Windel. Bleiben Sie beim Probesitzen und auch bei den ersten richtigen „Sitzungen" immer in der Nähe.
4. Erklären Sie Ihrem Kind, dass Stuhlgang der „Abfall vom Essen" ist und dass nur dieser Abfall in der Toilette weggespült wird. So kann es mit seinem „Verlust" leichter umgehen. Manchen Kindern hilft es auch, wenn Sie schon in der Windelphase zeigen, was aus dem Stuhlgang wird. Setzen Sie Ihr Kind nach dem Wickeln neben das Töpfchen und leeren Sie den Stuhlgang aus der soeben entfernten Windel in den Topf. Dann kann es beim Ausleeren und Spülen zusehen und, wenn es möchte, mithelfen.

5. Bauen Sie die Topfsitzungen in den Tagesablauf ein. Eine gewisse Regelmäßigkeit ist vor allem für den Stuhlgang wichtig. Starre Regeln nach minutengenauem Stundenplan sind jedoch unnötig und einengend.
6. Windelslips sind oft eine prima Hilfe, da peinliche Pfützen vermieden werden. In manchen Fällen sind sie jedoch absolut kontraproduktiv, da sich das Kind wie in einer Windel fühlt und daher wieder unbesorgt alles laufen lässt. So lernt es nicht, auf die Signale seiner Blase zu achten.
7. Ihr Kind braucht immer wieder ehrlich gemeinte Ermutigung und Lob. Freuen Sie sich mit ihm, wenn es etwas in den Topf gemacht hat. Übertriebene Begeisterungsstürme sind jedoch nicht angebracht, da sie nicht echt wirken.
8. Ziehen Sie Ihrem Kind nur Kleidung an, die es schnell (!) alleine ausziehen kann, z. B. Hosen mit Gummizug. Verzichten Sie auf Latzhosen, Hosen mit Gürtel oder typischen Jeansknöpfen und Strumpfhosen. Ziehen Sie Ihrem Kind, wenn möglich, lieber Kniestrümpfe an und ggf. einen Schneeanzug drüber für draußen.

Tipp

Nehmen Sie für unterwegs Ersatzkleidung zum Wechseln mit. Eine Ersatzgarnitur sollten Sie immer im Auto deponieren.

9. Bleiben Sie ruhig, wenn ein Malheur passiert ist. Lassen Sie Ihr Kind beim Aufwischen helfen, dann kann es aktiv etwas gegen sein „Versagen" unternehmen. Das stärkt sein in diesem Moment oft etwas angeknackstes Selbstbewusstsein.
10. Kalkulieren Sie Rückschläge ein! Ist (oder wird) Ihr Kind krank oder gibt es andere Belastungsfaktoren (Umzug, Trennung der Eltern, Geburt eines Geschwisterchens), wird oft wieder die Hose nass.

Bücher zum Thema Töpfchen

Zur Unterstützung der Sauberkeitserziehung
(ab zwei bis drei Jahren):

- „Julchen geht aufs Töpfchen" von U. Keicher u. G. Dürr (Pattloch 2002; 32 Seiten; 9,90€) – für mich das beste und einfühlsamste Töpfchenbuch!
- „Der kleine Zauberer Windelfutsch" mit Stabpuppe, von B. Spathelf u. S. Szesny (Albarello 1999; 32 Seiten; 13,70€) – sehr nett und phantasievoll, aber nicht so informativ.

- „Willi ganz ohne Windel“ von B. Moßmann (Thienemann Verlag 2002; 32 Seiten; 11,90€) – das einzige Buch, in dem ein männliches Wesen (in diesem Fall ein kleines Wildschwein) aufs Töpfchen muss, die beiden vorgenannten Bücher handeln von Mädchen.

Nette „Topflektüre“ ohne erzieherische Ambitionen
(ab zwei Jahren):

- „Welcher Po passt auf dieses Klo?“ (zweigeteilte Seiten für verschiedene lustige Kombinationen) von N. Moost u. M. Schober (Esslinger Verlag Schreiber 1997; 22 Seiten; 8,60€).
- „Mein Töpfchenbuch“ von R. Pradella (Pestalozzi 2003; 12 Seiten; 3,95€).

Tabelle 3: Alle Entwicklungsschritte im Überblick und wie Sie jeweils richtig darauf reagieren

Entwicklungsschritt	Richtige Elternreaktion
1. Kind merkt, dass „etwas in seinem Bauch“ anders ist, d.h., dass Darm- bzw. Blasenentleerung bevorsteht, wobei Signale des Darmes in der Regel zuerst wahrgenommen werden.	Diesen Entwicklungsschritt bemerken Eltern normalerweise nicht.
2. Kind zieht sich evtl. zurück und macht „bewusst“ in die Windel.	Sie können versuchen, Ihr Kind noch rechtzeitig auf den Topf zu setzen.Oft ist es jedoch schon zu spät, und/oder Ihr Kleines will nicht gestört werden, sodass es sinnvoller ist, Ihr Kind in Ruhe zu lassen.
3. Kind meldet, wenn etwas in der Windel ist.	Freuen Sie sich mit Ihrem Kind, dass es bemerkt hat, wie Urin oder Stuhlgang in die Windel gingen. Gehen Sie dann ohne Vorwurf mit ihm wickeln. Teddy oder Lieblingspuppe können während des Wickelns auf dem Töpfchen sitzen.
4.Kind bemerkt Stuhldrang so rechtzeitig, dass es auf Topf oder Toilette gehen kann. 5. Kind nimmt Harndrang wahr, wenn Blase gut gefüllt ist und Blasenentleerung kurz bevorsteht.	Von Schritt 3 zu Schritt 4 und 5 ist oft viel Geduld erforderlich. Stellen Sie den Topf in Reichweite (und auch als „Erinnerung“!) auf. Ermuntern Sie Ihr Kind, auf den Topf zu gehen, wenn Sie bemerken, dass es wahrscheinlich muss. Helfen Sie Ihrem Kind ggf. beim Herunterziehen der Hose, wenn es sehr eilig ist. Wenn Ihr Kind sein „Geschäft“ bewundern möchte, geben Sie ihm Zeit dazu. Freuen Sie sich mit ihm über den Töpfcheninhalt und loben Sie es. Lassen Sie Ihr Kind helfen, den Topf auszuleeren, und lassen Sie es selbst die Klospülung betätigen, wenn es das möchte.
6. Kind kann Harndrang bereits wahrnehmen, wenn Blase mäßig gefüllt ist und kann Toilettengang daher noch kurz aufschieben.	Erinnern Sie Ihr Kind an sein Töpfchen bzw. die Toilette, wenn Sie bemerken, dass es herumtrippelt, die Oberschenkel zusammenpresst, in den Schritt fasst oder sich gezielt auf die Fersen hockt.
7. Kind kann Blase „vorbeugend“ trotz geringer Füllung willentlich entleeren.	Bitten Sie Ihr Kind, zur Toilette zu gehen, bevor Sie das Haus verlassen oder bevor es schlafen geht.
8. Kind wird auch nachts zuverlässig wach, wenn die Blase voll ist.	War Ihr Kind 14 Tage lang morgens trocken, können Sie nachts die Windel weglassen. Verwenden Sie evtl. für den Übergang sicherheitshalber noch einige Wochen einen Windelslip, den Ihr Kind selbst herunterziehen kann.

Bezugsquellen: *„Der Topf“, Best.-Nr. 296.449 (6,95€), sowie ein Toilettentrainer mit integrierter Stufe, Best.-Nr. 100.595 (19,95€), sind erhältlich bei Versandhaus Walz GmbH, 88336 Bad Waldsee; Tel. Bestellservice 01805/33 40 11; im Internet www.baby-walz.de. Einen stabilen, gepolsterten Soft-Klo-Sitz, Best.-Nr. 662 120 (19,95€), gibt es bei JAKO-O GmbH, Werner-von-Siemens-Str. 23; 96475 Bad Rodach; Tel. Bestellservice 01805/24 68 10; im Internet www.jakoo.de.*

Wie Sie Ihrem Kind die Nuckelflasche schonend abgewöhnen

Viele Kleinkinder hängen sehr an ihrer Nuckelflasche und bestehen meist abends noch auf der geliebten Einschlafhilfe. Doch Sie als Eltern wissen, dass das schlecht für die Zähne ist. Mit unseren Tipps fällt der Abschied von der Flasche leichter.

Früher maß man den Milchzähnen nicht viel Bedeutung bei. Inzwischen steht jedoch fest, dass es infolge geschädigter Milchzähne auch zu Schäden oder Fehlstellungen an den bleibenden Zähnen kommen kann.
Traurige Berühmtheit in puncto Zahnschäden erreichte das „Nursing-Bottle-Syndrom" (Nuckelflaschen-Syndrom), bei dem es durch die ständige Umspülung der Zähne infolge Dauernuckelns zu schwerer Karies, besonders der Frontzähne, kam. Alle kohlenhydrat- oder säurehaltigen Flüssigkeiten, also Milch, Saft oder gesüßter Tee, können die Zähne schädigen. Beachten Sie bitte, dass diese Getränke auch nicht aus der Trinklerntasse/Schnabeltasse gegeben werden sollen!

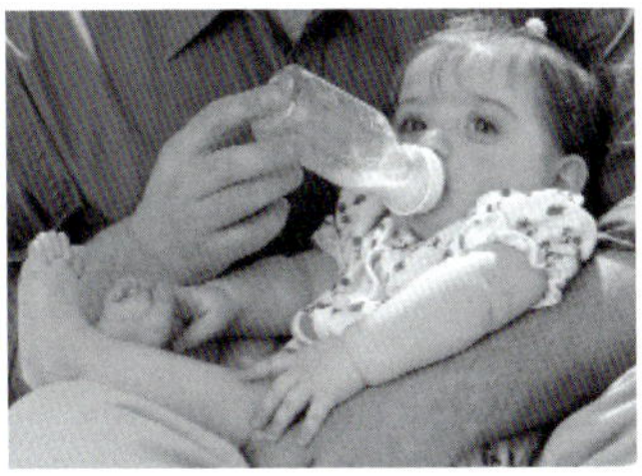

Abbildung 11:
Halten Sie das Fläschen während des Trinkens selbst. So können Sie dem zahnschädigenden Dauernuckeln vorbeugen

Was Sie tun können, damit Ihr Kind gar nicht erst zum Dauernuckler wird

- Kaufen Sie nur Glasflaschen und auf keinen Fall Plastikfläschchen mit extra Greifloch in der Mitte.
- Halten Sie beim Füttern die Flasche selbst, das begrenzt das Nuckeln automatisch auf den eigentlichen Trinkvorgang.
- Haben Sie Ihr Kind vier bis sechs Monate gestillt, sollten Sie es gar nicht mehr an die Flasche gewöhnen, sondern möglichst gleich an Becher oder Tasse. Anfangs ist oft eine Trinklerntasse hilfreich.

- Hat Ihr Baby von Anfang an Milch aus der Flasche bekommen, können Sie im zweiten Lebenshalbjahr weiterhin die Milch im Fläschchen geben. Bieten Sie aber alle anderen Getränke nur in der Tasse oder im Becher an.
- Bringen Sie Ihr Kind mit Liebe, aber ohne Nuckelflasche zu Bett. Zur Befriedigung des Saugbedürfnisses genügt ein Schnuller, manche Kinder bevorzugen auch ein Schmusetuch oder Ähnliches.

So lernt Ihr Kind, aus Becher oder Tasse zu trinken

Es ist ganz normal, dass Ihr Kind anfangs noch Schwierigkeiten damit hat, aus einer Tasse oder einem Becher zu trinken. Ab etwa 10 bis 12 Monaten sollten Sie es aber daran gewöhnen. Natürlich erfordert es feinmotorisches Geschick, die Tasse genau so weit zu kippen, dass der Inhalt zwar in den Mund, aber nicht gleich übers ganze Gesicht läuft. Diese Tipps helfen Ihrem Kind, das Trinken aus dem Becher zu lernen:

- Geben Sie Ihrem Kind zum Üben einen kleinen, durchsichtigen Plastikbecher mit dickem Rand. Wenn es den Flüssigkeitsspiegel sehen kann, wird es mit etwas Übung weniger auf dem Weg zum Mund verschütten.
- Füllen Sie Trinkgefäße anfangs nur zu einem Viertel bis – höchstens – zur Hälfte.
- Nehmen Sie Ihr Kind bei den ersten Trinkversuchen auf den Schoß, so können Sie den Becher ein wenig führen.
- Lehnt Ihr Kind das Trinkgefäß ab, probieren Sie andere Becher aus oder kaufen Sie ihm einen Becher, den es sich selbst aussuchen durfte, oder geben Sie ihm den Becher einfach mal zum Spielen, damit auch die Puppe oder der Teddy daraus trinken können.

Tipp

Erhielt Ihr Kind bisher auch Saft und gesüßten Tee aus der Flasche, sollten Sie diese Getränke in der Flasche zunehmend mit Wasser verdünnen, bis nur noch Wasser in der Flasche ist. Den Saft (besser: Saftschorle mit einem Teil Saft und zwei Teilen Wasser!) oder Tee gibt es nur noch aus dem Trinkbecher.

Tipp

Dem „Kaputtgehen“ des Saugers können Sie ruhig ein wenig nachhelfen, indem Sie nach und nach mit einer sauberen Schere immer wieder ein Stückchen von der Saugerspitze abschneiden.

Den Abschied von der Nuckelflasche erleichtern

- Achten Sie darauf, dass Ihr Kind die Flasche zügig leert. Verwenden Sie spätestens ab dem zweiten Lebensjahr keinen Sauger mehr, sondern besser eine Trinkschnute (z. B. von NUK, erhältlich in Drogeriemärkten). Ersetzen Sie kaputte oder verloren gegangene Sauger nicht mehr.
- Lassen Sie sich die Flasche zurückgeben, sobald Ihr Kind sie geleert hat.
- Geben Sie keinesfalls unverdünnte Säfte, gezuckerten Tee oder zuckerhaltige Limonade aus der Flasche! Weichen Sie von Obstsäften versuchsweise auf 1:1 verdünnten Karottensaft (ohne Honig!) aus. Der enthält weniger Säure und Fruchtzucker.
- Versuchen Sie die Entwöhnung von der Flasche doch mal auf „phantastische“ Art und Weise. Sie könnten z. B. analog zur Schnullerfee („Ein Bär von der Schnullerfee“ von Bärbel Spathelf und Susanne Szesny; Albarello Verlag 1997; 32 S.; 13,70€) auch eine Nuckelflaschenfee erfinden, die die Flaschen großer Kinder einsammelt und sie den kleinen Babys gibt, die so eine Flasche noch dringend brauchen. Im Gegenzug legt sie dafür ein Geschenk vor die Tür.
- Besteht bei Ihrem Kind ein sehr hohes Saugbedürfnis, so kann dies z. B. durch Überforderung oder Belastungsfaktoren wie Trennung der Eltern, Wechsel oder Verlust von Bezugspersonen oder den Eintritt in eine Krabbelgruppe bedingt sein. In solchen Phasen braucht es besonders viel Zuwendung und eventuell auch häufiger den Schnuller, der ihm keinesfalls zur gleichen Zeit entzogen werden sollte.
- Ist Ihr Kind schon im Kindergartenalter, sind Übernachtungsbesuche bei und von Freunden oft eine große Hilfe, denn wer will schon vor den Freunden abends noch aus der Flasche trinken ...

Fremdwort Ordnung: Wie Sie das alltägliche Kinder-Chaos in den Griff bekommen

Kinder scheinen von Natur aus unordentlich zu sein. Genau genommen haben Eltern und Kinder aber nur recht unterschiedliche Vorstellungen von Ordnung. Ärger mit dem Aufräumen gibt es in fast jeder Familie. Mit unseren Tipps lässt sich das Problem jedoch entschärfen.

Für Eltern ist die Wohnung ein Ort der Gemütlichkeit, der Geborgenheit sowie Schutz vor der Außenwelt bietet und den sie gern im geordneten Zustand erhalten möchten. Kinder hingegen wollen ihre Welt erobern, erforschen und gestalten. Ihr Denken und Fühlen wird mehr von der Phantasie als von der Realität bestimmt – Ordnung ist da nur hinderlich. Diese Unterschiede in der Wahrnehmung führen dazu, dass Kinder oft nicht verstehen, warum Eltern sich über verstreutes Spielzeug so aufregen können, und dass Eltern völlig frustriert sind, wenn sie ihr Kind immer wieder erfolglos zur Ordnung anhalten. Nehmen Sie den Kampf um das tägliche Aufräumen ruhig leichter, denn:

Ein gewisses Maß an Unordnung ist sinnvoll!

Sie haben den Begriff „kreatives Chaos" sicher schon gehört. Dass da tatsächlich etwas dran ist, wurde in letzter Zeit von Pädagogen und Psychologen bestätigt:

- Oft entstehen erst ab einem gewissen Ausmaß an aufgestelltem Spielzeug neue Spielideen – Ihr Kind wird kreativ und erfinderisch.
- Natürlich lässt sich der benötigte Legostein oder die beste Farbe für ein Bild dann am leichtesten finden, wenn erst mal alle Legosteine oder Buntstifte auf dem Boden ausgebreitet liegen.
- Setzt Ihr Kind alle Stofftiere oder Puppen um sich herum auf den Boden, werden sie zu aktiven Spielgefährten. Plüschtiere und Puppen sind für kleine Kinder lebendige Wesen, die nicht in den Schrank gehören.
- Gerne stellen Kinder ihre Schätze auch zur Schau (ideal für Sammlerstücke: ein Setzkasten!). Aufgeräumtheit bedeutet für sie Leere, sichtbar angesammeltes Spielzeug aber gibt ihnen ein Gefühl von Reichtum und Fülle – und damit auch Selbstwert.
- Ihr Kind will sich seine eigene Ordnung schaffen, in der es sich zurechtfindet und wohl fühlt. Somit kann es „aufgeräumt" sein, obwohl noch Spielsachen auf dem Boden liegen bleiben, da man später damit besser weiterspielen kann.

Tipp

Bach-Blüten für kleine Chaoten
Chestnut Bud, Clematis
Lassen Sie sich diese Mischung ohne Alkohol in der Apotheke herstellen (rezeptfrei, je nach Apotheke 5 bis 10€). Dosierung: morgens, mittags, nachmittags und abends je 4 Tropfen auf einem Plastiklöffel, Tropfen für kurze Zeit im Mund behalten.

- Im Spiel werden oft über längere Zeiträume bestimmte Themen bespielt, für die Ihr Kind gewisse „Aufbauten" benötigt, etwa ein Indianerzelt oder eine Höhle zum Verstecken. Diese sollten Sie Ihrem Kind bis zu einem gewissen „erträglichen" Ausmaß auch gewähren.

Ab wann können Sie Ihr Kind zur Ordnung erziehen?

Bis zum Alter von etwa vier bis fünf Jahren können Kinder Aufräumen nur spielen. Sie selbst tragen also die Hauptarbeit des Aufräumens und können Ihr Kind mit folgenden Tipps motivieren, Ihnen zu helfen:

- Machen Sie aus dem Aufräumen ein Suchspiel oder einen Wettbewerb: Wer findet die meisten Bauklötze? Schafft Ihr Kind es, schneller seine Autos aufzuräumen als Sie die Bilderbücher?
- Räumen Sie spielerisch auf: Bitten Sie Ihr Kind, seine Puppe zu Bett zu bringen und die Puppenkleider in den Schrank zu legen. Oder geben Sie ihm Besen und Schaufel, um Legosteine oder Bauklötze zusammenzukehren.
- Eins nach dem anderen: Geben Sie Ihrem Kind ganz klar umrissene und einfach zu erledigende Aufgaben, die seine Geduld und Aufmerksamkeitsspanne nicht überstrapazieren. Bitten Sie es etwa, die Plüschtiere vom Boden aufzuheben und an ihren Platz zu setzen. Hat es dies erledigt, tragen Sie ihm eventuell eine weitere Aufgabe auf. So hat es schnell ein Erfolgserlebnis, und Sie können sich mit ihm freuen, dass es schon so gut helfen kann, und es dafür loben.
- Spielzeugkisten kennzeichnen: Kleben Sie passende Aufkleber oder aus einem Spielzeugkatalog ausgeschnittene Fotos auf die verschiedenen Kisten, damit Ihr Kind sehen kann, was wo hineingehört.

Die genannten Tipps funktionieren nicht nur bei Kleinkindern, sondern auch im Kindergarten- und frühen Schulalter! Ab etwa vier Jahren können Sie Ihrem Kind im eigenen Zimmer die Verantwortung für einen bestimmten Bereich wie etwa die Puppenecke oder das Regal mit den Bilderbüchern zuweisen. Mit dem Aufräumen eines ganzen Zimmers sind Kinder bis zum Schulalter völlig überfordert.

Wie Sie Ihrem Kind das Aufräumen schmackhaft machen

- Gehen Sie mit gutem Beispiel voran: Wichtig ist, dass beide Eltern nach der Maxime „Alles wird nach Gebrauch an seinen angestammten Platz zurückgelegt" handeln. Macht nur die Mutter regelmäßig Ordnung, könnte das Kind den Eindruck bekommen, dass Aufräumen nur Aufgabe der Mutter ist!
- Sehen Sie sich mit Ihrem Kind Bilderbücher an, in denen es um Ordnung und Aufräumen geht.

Tipp

Bücher für Kinder ab drei Jahren zum Thema „Aufräumen"

- „Der kleine Aufräumfix" (mit kleinem Plüschhund) von B. Spathelf und S. Szesny (Albarello 2002; 32 Seiten; 13,70€)
- „Aufräumen? Mach ich morgen!" von G. Carolat und S. Mais (Arena 2001; 28 Seiten; 12,95€)

- Der gute Wille zählt: Natürlich hat Ihr Kind eine ganz andere Vorstellung von Ordnung als Sie selbst. Akzeptieren Sie zumindest im Kinderzimmer seine Vorstellungen und sehen Sie darüber hinweg, wenn in den Schubladen die Spielsachen durcheinander fliegen oder noch das eine oder andere auf dem Boden herumliegt.
- Machen Sie den Anfang: Gemeinsam räumt es sich viel leichter auf als allein. Helfen Sie Ihrem Kind zumindest bis zum Schulalter beim Aufräumen. Da der erste Schritt bekanntlich am schwersten fällt, beginnen Sie am besten selbst mit dem Aufräumen und bitten Ihr Kind dann um Mithilfe. Will es nicht mitmachen, helfen oft die oben aufgeführten Tipps wie Wettbewerb oder Suchspiel.
- Beschränken Sie sich auf ein Mindestmaß an Ordnung, dafür aber konsequent! Lassen Sie Ihr Kind die Folgen seiner Unordnung am eigenen Leib spüren: Wenn der Weg zum Bett abends nicht frei ist, können Sie z. B. nicht zu Ihrem Kind ans Bett kommen und ihm daher auch keine Gute-Nacht-Geschichte vorlesen. Wenn herumliegende Kleinteile versehentlich im Staubsauger verschwunden sind, sein Modellauto unter den Holzklötzen zertreten wurde oder wegen fehlender Teile kein Puzzle mehr vollständig ist, wird es selbst erkennen, dass ein gewisses Maß an Ordnung doch ganz nützlich und nicht nur ein „Spleen" der Eltern ist! Das ist wesentlich wirksamer als ständiges Schimpfen und Drohen, insbesondere wenn Sie Ihre Drohungen doch nicht wahr machen oder letzten Endes entnervt selbst aufräumen.
- Geben Sie Ihrem Kind Zeit, sein Spiel zu beenden: Kinder brauchen etwa zehn bis 15 Minuten, um sich vom Spiel sozusagen zu lösen. Erst dann sind sie bereit aufzuräumen.

- Flotte Musik: Singen Sie mit Ihrem Kind beim Aufräumen oder legen Sie die Kassette mit seinen Lieblingsliedern ein. Mit etwas Ablenkung geht das Ordnungmachen gleich leichter von der Hand.
- Kunstwerke dürfen stehen bleiben: Aufwändige Bastelarbeiten und Bauklotz-Wolkenkratzer sollten über Nacht stehen bleiben dürfen. Damit zeigen Sie, dass die Bauwerke wertvoll sind. Muss ein Bauwerk ausnahmsweise doch abgebaut und aufgeräumt werden, hilft es Ihrem Kind oft, wenn Sie ein Foto davon machen!
- Loben Sie Ihr Kind, wenn es Ordnung gemacht hat. Hin und wieder sollten Sie das Aufräumen auch belohnen. Geeignete Belohnungen sind z. B. ein kleines Kästchen für Krimskrams oder ein anderer Gegenstand, der sich zum Ordnunghalten eignet. Sie können Ihr Kind aber auch mit zusätzlicher Vorlese- oder Spielzeit belohnen. Ihr Kind sollte dabei erkennen: Wenn Sie das Kinderzimmer nicht aufräumen müssen, haben Sie mehr Zeit für Ihr Kind.
- Wenn Geschwister gemeinsam aufräumen, ist es sinnvoll, vorher festzulegen, wer z. B. für welche Spielsachen zuständig ist. So kommt es nachher nicht zu Streitereien, wer denn nun mehr aufgeräumt hat.

So viel Ordnung muss auch im Kinderzimmer sein

Auch wenn Sie Ihrem Kind in seinem Zimmer viel Freiheit zugestehen, sollte es einige Regeln einhalten, die der Hygiene dienen:

- Lebensmittel gehören nicht ins Kinderzimmer. Reste und benutztes Geschirr werden spätestens bis zum Schlafengehen in die Küche zurückgetragen. Natürlich können Sie auch die Regel aufstellen, dass im Kinderzimmer prinzipiell nicht gegessen wird.
- Benutzte Kleidung kommt in den Behälter für Schmutzwäsche, damit sie nicht in einer Ecke vor sich hinmuffelt.
- Benutzte Papiertaschentücher gehören in den Papierkorb. Liegen sie herum, erhöht sich die Ansteckungsgefahr für alle anderen Familienmitglieder.

Tipps gegen Chaos im Kinderzimmer

- Räumen Sie auf, bevor Unordnung entsteht: Wenn es zur festen Gewohnheit wird, im Kinderzimmer zwei- bis dreimal täglich aufzuräumen (etwa mittags und abends), kann das ganz große Chaos gar nicht erst entstehen. Je nach Alter Ihres Kindes genügt es, jeweils fünf oder zehn Minuten lang aufzuräumen. Stellen Sie einen Eierwecker, der das Ende dieser Aufräumzeit anzeigt. Ein weiterer Vorteil dieser Aufräummethode ist, dass Diskussionen (warum ich, warum heute aufräumen) mit der Zeit ausbleiben.

Tipp

Führen Sie das Aufräum-Tuch ein! Geben Sie Ihrem Kind ein ausrangiertes großes Tischtuch oder einen Bettüberzug (besonders peppig: mit Textilfarbe in der Lieblingsfarbe Ihres Kindes einfärben). Dieses Aufräum-Tuch wird zum Spielen mit Lego oder Bauklötzen auf dem Boden (wegen Rutschgefahr nur auf einem Teppich oder Teppichboden!) ausgebreitet, dann erst darf Ihr Kind die Kiste(n) mit den Klötzchen oder Legosteinen ausschütten. Das Aufräumen geht damit ganz schnell: Nach dem Spielen einfach alle Tuchenden zusammennehmen und Klötzchen bzw. Steine in die Kiste zurückschütten. Sie können aber auch alles mitsamt dem Tuch in die Kiste geben.

- Überschaubare Spielzeugmenge: Hat Ihr Kind sehr viel Spielzeug, fällt ihm das Aufräumen umso schwerer. Packen Sie lieber einen Teil davon weg und wechseln Sie in regelmäßigen Abständen. Lassen Sie Ihr Kind bei der Auswahl mitentscheiden, da das zeitweise Ausmustern von Spielsachen ja keine Strafmaßnahme sein soll.
- Genügend Stauraum: Um Ordnung machen zu können, braucht Ihr Kind ausreichend stapelbare Kisten, Schubladenschränke und genügend Regalfläche. Diese müssen außerdem gut erreichbar und damit niedrig genug sein. Ab dem Kindergartenalter sind viele kleine statt einiger großer Kisten sinnvoller. Dann kann z. B. Lego je nach Thema (Bauernhof und Zubehör, Baustelle und Zubehör) eingeräumt werden, was Ihrem Kind das Finden erleichtert.
- Lassen Sie Ihr Kind entscheiden: Besprechen Sie, wie es sich „seine" Ordnung vorstellt, z. B. welche Dinge wohin geräumt werden sollen.

AKTUELLES

Schlafen im Elternbett schadet Kindern nicht

Die meisten Eltern haben es ohnehin gewusst, wissenschaftlich bewiesen war es bisher jedoch nicht: Entgegen vieler Bedenken können Kleinkinder ruhig im elterlichen Bett schlafen. Dies ergab eine Studie, die von Forschern der Universität von Kalifornien in Los Angeles durchgeführt wurde. Dazu wurden über 200 Eltern und deren 1974 geborene Kinder mehrfach befragt. Im Alter von fünf Monaten schliefen 35 Prozent der Kinder im Schlafzimmer oder sogar im Bett der Eltern. Im Alter von fünf bis sechs Jahren waren es nur noch 4 Prozent.

Eine spätere Befragung der inzwischen erwachsenen Söhne und Töchter zeigte, dass das Schlafen bei den Eltern langfristig keinen Einfluss auf die Entwicklung der Kinder hatte. Entgegen aller Befürchtungen kam es nicht vermehrt zu Schlafproblemen, psychosexuellen Störungen oder Beziehungsproblemen. Allerdings ließen sich langfristig auch keine positiven Effekte nachweisen, wenn Säuglinge bei den Eltern schliefen.

Mein Tipp:
Ob Sie Ihr Kind, insbesondere Ihr Baby, bei sich im Bett schlafen lassen oder nicht, ist für seine psychische Entwicklung unerheblich. Viel wichtiger ist es, dass alle gut schlafen können. Schläft Ihr Baby bei Ihnen im Bett besser durch, sollten Sie es ruhig dort lassen, wenn dadurch auch Ihre Nachtruhe weniger gestört ist. Die häufig geäußerte Befürchtung, dass das Kind dann nicht mehr aus dem Bett „rauszukriegen" ist, konnte mit den Ergebnissen dieser Studie ebenfalls widerlegt werden.

Muttermilch nicht in der Mikrowelle aufwärmen

Wie die Deutsche Gesellschaft für Ernährung meldet, kann Säuglingsmilchnahrung in der Mikrowelle erwärmt werden, Muttermilch dagegen nicht. Die Gründe nennt Privatdozentin Dr. Mathilde Kersting vom Forschungsinstitut für Kinderernährung, Dortmund. Die Behauptung, in der Mikrowelle erwärmte Säuglingsmilch würde riskante Proteinveränderungen entwickeln, ist wissenschaftlich widerlegt.

Säuglingsmilchnahrung ist aus hygienischen Gründen für jede Mahlzeit frisch zuzubereiten. Wird dennoch Säuglingsmilchnahrung auf Vorrat zubereitet, kann man zur Erwärmung der im Kühlschrank (+4 °C) aufbewahrten Milch die Mikrowelle einsetzen. Unbedingt zu beachten ist dabei aber: Der Inhalt der erwärmten Milchfläschchen kann innerhalb der Flasche unterschiedlich stark erwärmt sein. Die Flaschenwand wird in der Mikrowelle nur wenig erwärmt. Man kann deshalb nicht von der Außentemperatur der Flasche auf die Milchtemperatur schließen. Was sich äußerlich wohl temperiert anfühlt, könnte im Inneren für Babys zu heiß sein. Das Fläschchen ist nach Mikrowellenerwärmung deshalb sorgfältig zu schütteln und die Milchtemperatur unmittelbar vor dem Verfüttern durch Vorkosten zu prüfen. Zur Erwärmung von Muttermilch sind Mikrowellengeräte hingegen nicht geeignet! Im Labor kam es bei Temperaturen zwischen 20 und 50 °C während des Erwärmens von Muttermilch in der Mikrowelle zur deutlichen Verminderung von Lysozym und sekretorischem IgA (Immunglobulin A). Schon bei 20 bis 25 °C wurde die bakterientötende Wirksamkeit der Muttermilch massiv reduziert.

Mein Tipp:
Zur Erwärmung von Muttermilch sollten Sie einen elektrischen Flaschenwärmer mit Umluft bzw. einen so genannten Babykostwärmer verwenden. Bei diesen kann die Temperatur des Wasserbades genau eingestellt werden, vor dem Füttern sollte das Fläschchen aber immer gut durchgeschüttelt und die Temperatur der Milch durch Vorkosten geprüft werden. Muttermilch kann sich übrigens bei längerem Stehen in eine wässrige und eine fetthaltige Phase trennen: Durch vorsichtiges Schwenken (nicht Schütteln!) verteilt sich das aufgerahmte Fett wieder.

Wann sind Kinder reif fürs Töpfchen?

Forscher der Universitäts-Kinderklinik von Philadelphia haben die Eltern von 378 Kleinkindern in regelmäßigen Abständen über die Fortschritte beim Toilettentraining befragt. Dabei kamen sie zu dem Schluss, dass früheres Training die Kinder nicht automatisch auch früher trocken werden lässt. Die Mädchen waren mit knapp drei Jahren trocken, während Jungen es im Schnitt erst mit drei Jahren und zwei Monaten schafften.

Die Studie legt nahe, dass es nicht sinnvoll ist, mit dem Toilettentraining anzufangen, bevor das Kind 27 Monate alt ist. Kinder unter 27 Monaten benötigten 10 bis 14,5 Monate, bis sie trocken wurden. Kinder, bei denen erst im Alter von 29 Monaten damit begonnen wurde, schafften es hingegen in 5 bis 9,5 Monaten. Schäden wie z. B. Verstopfung durch einen zu frühen Beginn des Toilettentrainings ließen sich allerdings nicht nachweisen.

Mein Tipp:
Ein Beginn des Toilettentrainings vor dem 28. Monat bringt keine Vorteile, da sowohl Kinder als auch Eltern durch die längere Trainingszeit eher frustriert sind. Lassen Sie Ihr Kind regelmäßig mitgehen, wenn Sie selbst zur Toilette gehen, damit sein Interesse daran geweckt wird. Der erste Schritt zur Sauberkeitserziehung besteht darin, dass Ihr Kind merkt, dass es etwas in die Windel gemacht hat. Bevor es das nicht wahrnehmen kann, ist es noch nicht reif für die Sauberkeitserziehung.

Immer mehr Kleinkinder brauchen eine Brille

Wie der Präsident des Zentralverbands der Augenoptiker, Thomas Nosch, in Rostock in einem Gespräch mit der dpa ausführte, tragen inzwischen 20 Prozent der Kinder bis drei Jahren eine Brille. Vor zehn Jahren waren es erst 14 Prozent der Kleinkinder. Kinderaugen würden zwar heute durch Fernsehen und Computer viel stärker gefordert als früher, doch löse das keine Sehfehler aus. Diese würden heute einfach früher entdeckt und korrigiert.

Mein Tipp:
Lassen Sie Ihr Kind bereits im ersten Lebensjahr augenärztlich untersuchen, wenn in Ihrer Familie schwere Sehfehler oder Schielen vorkommen, Ihr Kind zu früh geboren wurde, wenn es schielt oder wenn Sie den Verdacht haben, dass es nicht gut sehen kann (es greift z. B. am Spielzeug vorbei). Ansonsten sollten Kinder spätestens mit zwei Jahren von einem Augenarzt untersucht werden.

Schützt Haustierhaltung Kinder wirklich vor Allergien?

Bis vor einigen Jahren war die ärztliche Meinung klar: Haustiere haben in Haushalten, in denen ein Kind mit erhöhter Allergiegefährdung lebt, nichts zu suchen. Doch dann wurden mehrere Studien veröffentlicht, denen zufolge Kinder in Haushalten mit Tieren, insbesondere Katzen, seltener eine Allergie entwickeln. Eine soeben veröffentlichte Studie kommt zu einer etwas differenzierteren Aussage bezüglich Allergiehäufigkeit und Tierhaltung.

Schwedische Forscher befragten die Eltern von über 4.000 Kindern zwei Monate nach deren Geburt sowie am Ende des ersten und zweiten Lebensjahres zu Haustierhaltung und Allergien in der Familie. 11,3 Prozent der Familien ohne allergische Erkrankungen hielten Katzen. Hingegen ergab sich, dass Katzen viel seltener in Haushalten leben, in denen ein Elternteil (Katzen in 4,6 % der Haushalte) oder ein älteres Geschwister (3,7 % Katzenhaltung) unter Asthma oder Heuschnupfen leidet. Bei Hundehaltung waren diese Zusammenhänge nur schwach ausgeprägt.

Mein Tipp:
Die Studie zeigt, dass Katzenhaltung in Allergiker-Familien deutlich seltener ist. Da ist es nur logisch, dass Kinder, die mit Katzen aufwachsen, weniger zu Allergien neigen, stammen sie doch fast dreimal häufiger aus Familien, in denen niemand allergisch ist. Unbestritten ist aber, dass Kinder, die hautnah mit Tieren auf einem Bauernhof aufwachsen, seltener unter Allergien leiden. Es bedarf weiterer Studien, um die genauen Zusammenhänge zu erforschen. Hat Ihr Kind ein erhöhtes Allergierisiko, weil Mutter und/oder Vater und/oder ein Geschwisterkind unter Asthma, Heuschnupfen oder Neurodermitis leiden, ist nach derzeitigem Kenntnisstand von einer Haustierhaltung abzuraten.

Zu frühes Zufüttern macht dick

Immer mehr Kinder sind übergewichtig: Etwa 12 Prozent aller Schulkinder bringen zu viel auf die Waage. Offenbar spielt die Ernährung im ersten Lebensjahr eine wichtige Rolle. Anlässlich der bayerischen Schuleingangsuntersuchungen wurden über 13.000 Kinder gewogen und gemessen; ihre Eltern füllten einen Fragebogen aus, in dem abgefragt wurde, ob und wie lange das Kind gestillt wurde.

Dabei ergab sich, dass das Risiko für Übergewicht mit zunehmender Stilldauer abnahm. Kinder, die mindestens ein halbes Jahr gestillt wurden, hatten ein um über 30 Prozent geringeres Risiko für Übergewicht. Das Risiko einer ausgeprägten Fettsucht wurde sogar um mehr als 40 Prozent gesenkt. Bestimmte Wachstumsfaktoren in der Muttermilch (epidermaler Wachstumsfaktor und Tumornekrosefaktor alpha) können – zumindest im Reagenzglas – die Entwicklung von Fettzellen hemmen. Außerdem hat Muttermilch einen geringeren Energie- und Eiweißgehalt als jede Flaschennahrung, wie Berthold Koletzko, Professor der Abteilung für Stoffwechselkrankheiten und Ernährung am Dr.-von-Haunerschen Kinderspital in München, ausführt. Zusätzlich geht bei Stillkindern die Regulation der Nahrungsaufnahme oft stärker vom Kind aus als bei Flaschenkindern.

Mein Tipp:
Aufgrund dieser Erkenntnisse rät Professor Koletzko dazu, nicht zu schnell zuzufüttern. In den ersten drei Lebensmonaten trinkt ein Säugling täglich ein Fünftel bis ein Sechstel seines Körpergewichts, in den folgenden Monaten ein Sechstel bis ein Siebtel. Erst wenn dieser Bedarf durch die Muttermilch nicht mehr gedeckt werden kann und das Baby nicht mehr zunimmt, sollte zugefüttert werden. Auch eine zu frühe Einführung von Beikost (vor dem fünften Monat) ist nicht zu empfehlen. Dabei ist es nicht der Gemüse- Kartoffel-Fleischbrei, dessen Kalorien zu Buche schlagen, sondern vor allem der abendliche Milch-Getreide-Brei.

Hustentrick bei der Blutabnahme halbiert den Schmerz

Kinder haben meist Angst vor dem Blutabnehmen. Narkoseärzte der Universität Greifswald haben nun, inspiriert von den Erfahrungen der chinesischen Medizin, eine Methode entwickelt und getestet, die den Schmerz des Nadelstichs reduziert. Dazu haben sie 20 jungen Männern zweimal innerhalb von drei Wochen aus einer Handvene Blut abgenommen, und zwar einmal mit, einmal ohne Hustentrick. Es zeigte sich, dass der Stich nur halb so schmerzhaft wahrgenommen wurde, wenn die Probanden während der Blutabnahme gehustet hatten.

Mein Tipp:
Der Hustentrick ist bei Kindern ab drei Jahren möglich, wobei jedoch Kinder, die vor Angst schier außer sich sind, meist nicht zur Mitarbeit bewegt werden können (hier besser Bach-Blüten-Notfalltropfen einsetzen!). Und so funktioniert der Hustentrick: Ihr Kind soll während der Blutabnahme wegsehen und nach Aufforderung des Arztes (oder von Ihnen) einmal husten. Dann bittet der Arzt um einen zweiten Huster und sticht gleichzeitig die Nadel ein, wobei Sie oder eine Helferin den Arm festhalten sollten, damit er nicht verrutscht. Bitten Sie Ihren Arzt bei der nächsten Blutabnahme, es einmal mit diesem Hustentrick zu versuchen, sofern er diese Methode nicht von sich aus vorschlägt.

Draußen rauchen schützt Kinder nicht ausreichend vor Schadstoffen!

Auch Eltern, die zum Rauchen extra vor die Tür gehen, belasten ihre Kinder vermehrt mit Schadstoffen. Das haben inzwischen zwei Studien belegt.

Kalifornische Wissenschaftler suchten in 49 Familien mit Säuglingen nach Nikotin im Hausstaub und in der Raumluft sowie nach Cotinin, einem Nikotin-Abbauprodukt, im Urin der Kinder. Kinder von in der Wohnung rauchenden Eltern waren danach 14-mal stärker belastet als Kinder aus Nichtraucherfamilien. Doch auch wenn die Eltern ausschließlich draußen rauchten, hatten die Kleinen eine fünf- bis achtmal höhere Belastung als rauchfrei aufwachsende Kinder. Eine schwedische Studie untersuchte die Kleinkinder von 366 rauchenden Eltern, von denen 216 angaben, ausschließlich draußen zu rauchen und Türen wie Fenster dabei geschlossen zu halten. Bei diesen 366 Kindern und 433 rauchfrei aufwachsenden Kontrollkindern wurde das Cotinin im Urin bestimmt. Kinder von „Freiluft-Rauchern" hatten danach doppelt so hohe Cotininwerte wie Nichtraucher-Kinder. Rauchten die Eltern dagegen auch in der Wohnung, waren die Cotininwerte auf das 15-fache erhöht.

Mein Tipp:
Ob die befragten Eltern doch nicht so konsequent zum Rauchen nach draußen gingen wie behauptet oder ob der blaue Dunst über Kleidung und Haare der Raucher trotzdem in die Wohnung gelangt, kann mit diesen Studien nicht geklärt werden. Da jedoch Passivrauchen bei Kindern zu einer erhöhten Rate von Atemwegsinfekten und Asthma führt, ist es – auch der eigenen Gesundheit zuliebe – am besten, ganz mit dem Rauchen aufzuhören. Rauchen an der frischen Luft bietet Kindern dagegen nur einen eingeschränkten Schutz. Besonders schädlich ist es, im Auto zu rauchen, wenn Kinder mitfahren. Denn im Wageninneren stellen sich schnell horrende Schadstoffkonzentrationen ein!

Zu viel Sauberkeit schadet der Gesundheit

Eine zu saubere Umgebung kann Allergien begünstigen. Das haben mehrere Studien in der Vergangenheit belegt. So leiden z. B. Kinder, die auf Bauernhöfen aufwachsen, deutlich seltener an Allergien als Kinder aus der Stadt.

Aktuelle Studien konnten nun auch einen Zusammenhang zwischen hohem Hygienestandard und der Entwicklung von chronischen Darmerkrankungen (z. B.

Morbus Crohn oder Colitis ulcerosa) sowie von Typ-1-Diabetes (oft schon im Kindesalter beginnende Form der Zuckerkrankheit) herstellen. Bei genetisch veränderten Mäusen, die häufig an Diabetes erkranken, ließ sich dessen Ausbruch verhindern, wenn die Mäuse ständig mit bakteriellen Infektionen konfrontiert wurden. Die Rate der Neuerkrankungen an Morbus Crohn steigt mit zunehmendem Hygienestandard an. Linderung verspricht die Verabreichung eines „Wurm-Cocktails“. Eier des Schweinebandwurms (im Menschen nur wenige Tage überlebensfähig), zweimal monatlich getrunken, brachte der Hälfte der Colitis-ulcerosa-Patienten und fast drei Vierteln der Patienten mit Morbus Crohn eine Besserung ihrer Beschwerden.

Mein Tipp:
Ein gewisses Maß an Dreck ist gesund! Tägliches Wischen und Staubsaugen ist selbst in einem Haushalt mit Krabbelkind nicht nötig, was sicher alle Mütter freuen wird. Verzichten Sie in jedem Fall auf antibakterielle Reiniger! Eine gute Hygiene ist allerdings in der Küche erforderlich. Die größten „Keimschleudern“ sind hier Geschirrtücher, Spüllappen und -schwämme. Spülen Sie lieber mit einer Bürste als mit einem Schwamm und wechseln Sie Spüllappen bzw. Geschirrtuch möglichst alle zwei bis drei Tage. Ansonsten immer alles gut trocknen lassen!

Soziales Verhalten lernen Kinder am besten voneinander

Kleinkinder entwickeln sozialkompetentes Verhalten vor allem im Spiel miteinander und weniger im Kontakt mit Erwachsenen. Zu diesem Ergebnis kommen Wissenschaftler des Marie-Meierhofer-Instituts für das Kind in Zürich. Drei Jahre lang hat das Forscherteam um Heidi Simoni 17 Mädchen und 12 Jungen im Alter von 8 bis 24 Monaten beim Spielen in einer Kinderkrippe gefilmt und ihr Verhalten zu Hause beobachtet.

Es zeigte sich, dass Säuglinge von Geburt an selber sozial aktiv sind. Sie interessieren sich bereits mit wenigen Wochen nicht nur für ihre Hauptbezugspersonen, sondern auch für andere Kinder. Bei den Erwachsenen suchen die Kleinen vor allem Hilfe, Trost oder Zuneigung. Bei der Beschäftigung mit Gleichaltrigen hingegen geht es stärker um die Herstellung von Kontakten, Parallelspiel, den Tausch von Spielsachen oder um Konflikte. Konfliktsituationen werden untereinander meist gütlich ausgehandelt. Greifen Erwachsene vorschnell ein, nehmen sie den Kindern die Möglichkeit, eigene Lösungen zu erproben und aus Erfahrungen zu lernen. Die Studie ergab außerdem, dass altersgemischte Kleinkindergruppen das Lernen der Spielregeln in der Gruppe fördern. Meist bevorzugen Kinder bis 18 Monate etwas ältere Kinder als Spielgefährten.

Mein Tipp:
Kinder brauchen andere Kinder. So sind bereits ab dem Säuglingsalter Krabbel- oder Spielgruppen empfehlenswert. Genauso wichtig ist es aber, die soziale Kompetenz Ihres Kindes nicht zu unterschätzen. Eltern sollten Freundschaften unter Kleinkindern respektieren und sich bei Konflikten zunächst zurückzuhalten, damit die Knirpse eigene Lösungen finden können.

Hyperaktive Kinder müssen sich draußen austoben

Bei Kindern mit Aufmerksamkeits-Defizit-Störung und Hyperaktivität (ADHS) können Aktivitäten in der freien Natur viele Symptome der Krankheit bessern. Zu diesem Ergebnis kommt eine amerikanische Studie an mehr als 300 Jungen und über 80 Mädchen mit ADHS. Die Kinder unternahmen eine Vielzahl unterschiedlicher Aktivitäten in verschiedenen Umgebungen. Anschließend wurden die Eltern nach dem Verhalten der Kinder befragt.

Die Ergebnisse zeigten, dass es einen Unterschied macht, ob die Kinder sich in einem Innenraum, etwa in einer Turnhalle, austobten oder aber im Grünen, beispielsweise in einem Park. Am meisten besserten sich die Krankheitssymptome und das Verhalten der Kinder nach Aktionen im Grünen.

Mein Tipp:
Natürlich ist tägliche Bewegung an der frischen Luft für alle Kinder wichtig. Besonders segensreich ist sie jedoch für Kinder mit ADHS. In leichten Fällen kann regelmäßige Bewegung im Grünen eine gute Möglichkeit für Sie und Ihr Kind sein, besonders die Unruhe in den Griff zu bekommen. Und da diese Methode leicht verfügbar ist, nichts kostet und keinerlei Nebenwirkungen hat, sollten Sie sie unbedingt einmal ausprobieren.

Zu viel ist ungesund: Kleinkinder nicht überfüttern!

Forscher der University of Melbourne fanden Anzeichen dafür, dass ein Überfüttern in den ersten Lebensjahren den Stoffwechsel möglicherweise ein Leben lang auf „fett" programmieren kann. Versuche mit Laborratten zeigten, dass die Tiere, die in den ersten Lebensmonaten übermäßig Nahrung zu sich genommen hatten, grundsätzlich mehr Gewicht auf die Waage brachten als ihre Artgenossen – unabhängig davon, welche Nahrung sie im Erwachsenenalter erhielten.

Bemerkenswert an der Studie ist die Feststellung, dass jene Babyratten, denen ermöglicht wurde, übermäßig Muttermilch zu trinken, einen erhöhten Wert eines am Stoffwechsel beteiligten Enzyms zeigten, der auch im Erwachsenenalter noch vorhanden war. Das Enzym 11-β-HSD (11-β-Hydroxysteroiddehydrogenase) wird im Fett gebildet und spielt eine wichtige Rolle bei der Umwandlung inaktiven Cortisons in aktives Cortisol. Dieses wiederum beeinflusst unter anderem den Stoffwechsel und den Blutdruck.

Mein Tipp:
Diese Ergebnisse legen nahe, dass die Programmierung des Stoffwechsels bereits in den ersten Lebensjahren vorbestimmt wird. Versuchen Sie also bitte nicht, Ihr Baby oder Kleinkind immer wieder zum Essen zu drängen oder ihm wohlmeinend nachts immer wieder die Milchflasche als „Einschlafhilfe" anzubieten. Babys und Kleinkinder verfügen noch über ein gut funktionierendes Sättigungsempfinden, das ihnen keinesfalls durch Sätze wie „Was auf dem Teller ist, wird aufgegessen!" abtrainiert werden sollte!

Knochen wachsen im Schlaf

US-Forscher der Universität von Wisconsin in Madison konnten an Babylämmern nachweisen, dass Knochen tatsächlich in der Nacht wachsen. Auch Studien am Menschen hatten dies bereits vermuten lassen.

Die Wissenschaftler brachten bei den Lämmern Sensoren an, die die Knochenlänge kontinuierlich alle 167 Sekunden über einen Zeitraum von drei Wochen maßen. Mindestens 90 Prozent des Wachstums fand statt, während die kleinen Lämmer schliefen oder sich ausruhten. Es bildete sich also immer dann neuer Knochen, wenn sich die Tiere niederlegten, und niemals, während sie standen oder sich bewegten.

Die Forscher nehmen nun an, dass das Knochenwachstum auch bei Kindern in den Schlaf- und Ruhezeiten erfolgt und sie deshalb am meisten während der

Nacht wachsen. Das Wachstum ist jedoch kein Kontinuum, sondern verläuft in Schüben.

Mein Tipp:
Diese Studie unterstreicht einmal mehr, wie wichtig ausreichend Schlaf für das Wachstum ist. Legen Sie Ihr Kind in den ersten Lebensjahren auch tagsüber regelmäßig schlafen. Das verhindert, dass es abends völlig überdreht ist und deswegen schlecht einschlafen kann. Außerdem sorgen genügend Bewegung tagsüber und ein ruhiger Tagesausklang ohne Fernsehen für einen besseren Nachtschlaf. Lesen Sie lieber eine entspannende Gute-Nacht-Geschichte vor.

Vitamin-C-reiche Ernährung in der Stillzeit schützt Babys vor Neurodermitis

Muttermilch ist die beste Ernährung für Babys mit erhöhtem Allergierisiko. Da erzähle ich Ihnen nichts Neues. Dass eine gesunde und Vitamin-C-reiche Ernährung der Mutter das gestillte Baby besser vor einer Neurodermitis schützen kann, haben finnische Forscher jetzt herausgefunden. An der Studie nahmen 34 Mütter teil, die selbst an allergischen Erkrankungen litten und ihre Babys über einen Zeitraum von vier bis sechs Monaten ausschließlich oder überwiegend stillten. Die Mütter führten Buch über ihre Essgewohnheiten, die Säuglinge wurden regelmäßig auf die Symptome einer Neurodermitis untersucht.

Es zeigte sich, dass vorwiegend diejenigen Babys eine Neurodermitis entwickelten, die Muttermilch mit einem geringen Vitamin-C-Gehalt erhalten hatten – z. B. weil ihre Mütter wegen Nahrungsmittelallergien auf Obst und Gemüse verzichten mussten. Diejenigen Mütter, die während der Stillzeit Vitamin-C-reiche Nahrungsmittel essen konnten, reduzierten durch den erhöhten Vitamin-C-Gehalt ihrer Milch das Erkrankungsrisiko ihres Kindes deutlich. Wie die finnischen Wissenschaftler betonen, wurde die Konzentration des Vitamin C in der Muttermilch allein durch eine entsprechende Nahrung beeinflusst. Die zusätzliche Einnahme von Vitaminpräparaten erhöhte den Vitamin-C-Gehalt der Muttermilch nicht.

Mein Tipp:
Essen Sie während der Stillzeit abwechslungsreich und bevorzugen Sie Obst und Gemüse. Neigt Ihr Baby zu einem wunden Po, müssen Sie den Verzehr säurehaltiger Obstsorten oft einschränken. Ersatzweise liefert auch Gemüse wie Paprika, Brokkoli und Blumenkohl viel Vitamin C.

Grundstein für gesunde Ernährung wird im Babyalter gelegt

Dass Kinder beim Essen oft ganz schön heikel sein können, ist bekannt. Die Ergebnisse einer aktuellen englischen Studie versprechen möglicherweise Abhilfe. Psychologen der Universität von Birmingham stellten fest, dass sich Geschmacksvorlieben und die visuelle Vorstellung von Nahrungsmitteln bereits im ersten Lebensjahr festigen.

Die untersuchten Kinder entwickelten „visuelle Prototypen“ ihrer bevorzugten Lebensmittel, die mit den Nahrungsmitteln, die sie im ersten Lebensjahr zu essen bekamen, übereinstimmten. Babys, deren erste feste Nahrung Zwieback war, bevorzugten auch in ihrem späteren Leben beige Lebensmittel wie z. B. Kartoffelchips und Pommes. Bekamen die Babys noch vor dem ersten Geburtstag eine abwechslungsreiche Ernährung mit Obst und Gemüse, zeigten sie auch später eine größere Vorliebe dafür. Die Forscher schlussfolgern, dass Kinder den Verzehr bestimmter Lebensmittel verweigern und nicht einmal davon kosten wollen, weil das Essen nicht mit ihren visuellen Vorstellungen vom „idealen Essen“ übereinstimmt. Deswegen seien z. B. grüne Speisen so unbeliebt.

Mein Tipp:
Beginnen Sie bereits im Säuglingsalter, etwa ab dem 9. oder 10. Monat, Ihrem Kind möglichst abwechslungsreiche Kost anzubieten. Machen Sie Ihr Baby mit Farbe, Form und Beschaffenheit gesunder Produkte vertraut. So legen Sie den Grundstein für eine ausgewogene Ernährung. Babynahrung im Glas oder aus der Packung darf dabei auch auf den Tisch kommen, aber bitte nicht ausschließlich.

Nachgiebige Eltern, unglückliche Kinder

Wenn Eltern zu nachsichtig sind, entwickeln sich die Kinder trotz bester Absichten häufig zu sozial unverträglichen Erwachsenen. Zu diesem Ergebnis kommt eine Studie der Harvard School of Public Health. Dan Kindlon und sein Team untersuchten 1.100 Elternpaare mit Kindern zwischen vier und 19 Jahren sowie 700 Teenager. Dabei wurden der Besitz der Kinder, die vorherrschenden Regeln im Haushalt sowie die Einstellung gegenüber Sex und Drogenkonsum analysiert. Es zeigte sich: Je freizügiger und nachgiebiger die Eltern waren, desto größer war die Wahrscheinlichkeit, dass die Kinder als Teenager Drogen und Alkohol konsumierten, Essstörungen entwickelten, unter Depressionen litten oder gemein zu anderen waren.

Nur 12 Prozent der untersuchten Kinder lebten in Familien, in denen feste Regeln und Disziplin herrschten. Diese Kinder nahmen keine Drogen, waren weder aggressiv, gemein, nachlässig oder faul noch unruhig oder depressiv. Ein zentrales Ritual dieser Familien war das gemeinsame Essen. Des Weiteren mussten die Kinder im Haushalt mithelfen und ihr Zimmer selbst aufräumen.

Mein Tipp:
Fordern Sie etwas von Ihrem Kind. Es ist nicht sinnvoll, es vor allen unangenehmen Dingen zu beschützen. Kinder müssen eigene schmerzhafte und frustrierende Erlebnisse machen dürfen, um Erfahrungen fürs Leben sammeln zu können. Fangen Sie ruhig klein an: Wenn Sie nur bei einer einzigen Sache konsequent sind, hat das schon Vorteile für Ihr Kind.

Register

F

G

H

I

K

L

M

N

O

P

R

S

T